地方公務員昇任・昇格試験対策
基本問題集シリーズ２

【第５次改訂版】

地方公務員法
基本問題集
300問

確かな理解のための「重要ポイント解説付き」

令和３年（定年制）までの法改正対応

公人の友社

はじめに

公務員である者は、身分法としての地公法を理解しておく必要がある。それゆえに地公法が、昇任・昇格試験の必携の科目となっている。

地公法は法律科目であるが、日頃の生活に密着し、なじみが深く、比較的に理解しやすい法律である。

だが、試験となるとそうはいかない。簡単のようでも条文をしっかり理解しないと高得点に結び付かない。

また地公法は、試験科目の中で得点科目といわれている。他の法律と違って比較的に得点が得られやすい科目といわれる。しかし逆にこのことは完璧に得点しないと試験では致命傷となり、競争相手と差がつくということである。ゆえに、迷わず得点できる知識の習得が必要である。

ところでこのところ地公法の改定が目まぐるしい。

平成 25 年には配偶者同行休業の新設がある。

平成 26 年には退職管理や人事評価などの新設があり、同年には行政不服審査法の全面改正に伴う地公法の一部改正などがある。

平成 29 年には会計年度任用職員の新設のほか、条件付採用や臨時的任用などの改正がある。

令和 2 年には欠格条項の改正がある。

令和 3 年には国家公務員の定年制の改正に伴う地公法の定年制の改正がある。

これら改正条文や新設条文にも注意を払わなければならない。

さらに最近の地公法の出題傾向をみると、かなり細かな点からの出題が目につく。基本的な知識だけでは正解が難しく、かなり踏み込んだ勉強が必要となっている。

本書では、最近の傾向を踏まえ、問題を解くために必要な知識の「ポイント」を紹介するとともに、問題形式にも穴埋め問題、事例問題、選択問題、図解問題などを取り入れ、300 問を解くのに飽きがこないように工夫してある。

初めての人には、300 問は多いように思えるかもしれないが、一つの問題を色々な角度から解くことによって、理解を一層深めることができるものと考える。最初は苦労するが、徐々に正解率が高まるものと思う。

この 300 問の基本問題集が、皆さんの一助になれれば幸甚である。

昇任・昇格試験スタンダード研究会

目　次

問題編

問題編

1　地方公務員制度の理念

□□□□□

【№001】 地方公務員制度の基本理念の記述として、妥当なのはどれか。

1　地方公務員制度の基本理念に成績主義の原則があり、成績主義の原則に基づき、全ての公務員に対し能力の実証に基づく採用及び昇任が行われている。
2　地方公務員制度の基本理念に全体の奉仕者の原則があり、全体の奉仕者の原則に基づき、公務員に対し全面的に労働基本権が禁止されている。
3　地方公務員制度の基本理念に政治的中立の原則があり、政治的中立の原則に基づき、公務員に対して全ての政治活動が禁止されている。
4　地方公務員制度の基本理念に平等取扱いの原則があり、平等取扱いの原則に基づき、公務員はいかなる場合でも差別的な取扱いを受けない。
5　地方公務員制度の基本理念に情勢適応の原則があり、この原則に基づき、職員の勤務条件が一般労働者との間で不均衡が生じないための保障がある。

ここがポイント

● 地方公務員制度の理念 には、次の６つがある。
① 全体の奉仕者の原則・・・憲法第 15 条を受け、一般職及び特別職に適用される。
② 成績主義の原則・・・・・メリット・システムの確立であり、一般職にのみ適用される。
③ 政治的中立の原則・・・・公正な行政の担保と職員自身を政治的影響から保護することにある。
④ 勤労者としての公務員・・一般職に勤労者としての権利を保障するも、一部権利が制限されている。
⑤ 平等取扱いの原則・・・・合理的な差別は許される。
⑥ 情勢適応の原則・・・・・地方公共団体は、勤務条件を社会一般の情勢に適応する責務を有する。

□□□□□

【No.002】　地方公務員制度の基本理念の記述として、妥当なのはどれか。

1　理念の一つに「情勢適応の原則」があり、この原則は勤務条件にも適用され、職務と責任の特殊性に応じ取扱いに差を設けることは差別に当たらない。
2　理念の一つに「全体の奉仕者」があり、公務員は住民全体の奉仕者として位置づけられており、この理念は全ての公務員に適用される基本原則である。
3　理念の一つに「勤労者としての地方公務員」があり、一般職員の勤務条件を法律に基づかせることによって、勤労者としての権利を保障している。
4　理念の一つに「成績主義の原則」があり、職員の採用等を党派的利益や政治的功績による情実人事の弊害を排除するため、猟官主義が採用されている。
5　理念の一つに「政治的中立の原則」があり、この原則は公正で継続的な行政を確保することにあり、職員自身を政治的影響から保護するものではない。

□□□□□

【No.003】　地方公務員制度の基本理念の記述として、妥当なのはどれか。

1　〔成績主義の原則〕とは、公務員の採用及び昇任は、受験成績など能力の実証に基づくスポイルズ・システムの原則により行わなければならない。
2　〔全体の奉仕者の原則〕とは、公務員は全体の奉仕者であって一部の奉仕者ではないとする基本理念であり、この理念から労働基本権が制限される。
3　〔政治的中立の原則〕とは、公務員は行政の公正な運営を確保するため政治的中立の立場に置かれ、このために全ての政治活動が禁止される。
4　〔平等取扱いの原則〕とは、全て国民は法の下に平等で、人種、信条、性別で差別されないとする原則であり、これは宣言規定で実体的な規定ではない。
5　〔情勢適応の原則〕とは、職員の給与、勤務時間その他の勤務条件は社会一般の情勢に適応するとする原則であり、この原則は長に義務づけている。

2　地方公務員に係る法律

□□□□□

【No.004】 地方公務員に係る法律に関する記述として、妥当なのはどれか。

1　地方公務員には原則として労働基準法が適用されるが、職務の性質により、必要な適用除外規定が地公法に設けられている。

2　地方独立行政法人法に定める特定地方独立行政法人の役員及び職員のうち、役員は地方公務員ではなく、職員は特別職の地方公務員である。

3　条例等により、地方公営企業法第4章の規定が適用される病院事業に勤務する職員は地方公営企業法上の企業職員であるが、地方公営企業等の労働関係に関する法律は適用されない。

4　地方教育行政の組織及び運営に関する法律は、県費負担教職員等の教育公務員の職務と責任の特殊性に基づき、教育公務員の任免、分限、懲戒、服務、研修などを定めている。

5　労働組合法及び労働関係調整法は、地方公営企業の職員に対して適用されるが、単純労務職員に対しては適用されない。

ここがポイント

● 地方公務員に係る法律 には、組織法、身分法及び特例法がある。

■ 組織法 とは、地方公共団体にいかなる種類の地方公務員を置き、その選任は、いかなる方法によるか等を定める法律である。

①<u>自治法</u>は、地方公務員制度に関する中心的な組織法である。地方公共団体の組織及び運営の基本を定める法律であるが、議会、地方公共団体の長、各種行政委員会の執行機関を定め、二章に地方公務員の規定も置いている。

②<u>地方教育行政の組織及び運営に関する法律</u>は、教育委員会の設置、教育長並びに会議、学校その他の教育機関の職員の身分取扱い等を定めている。

③<u>警察法</u>は、警察の組織を定め、公安委員会の委員、警察官、職員等の設置を定めている。

④<u>消防職員法</u>は、消防の組織等を規定するが、その中に、消防職員等の設置を定めている。

⑤<u>地公法</u>は、主に一般職に関する地方公務員の身分取扱いを定めるが、組織面でも、人事委員会または公平委員会の委員や事務局等の設置を定めている。

⑥<u>特定地方独立行政法人</u>は、住民の生活、地域社会及び地域経済の安定等の公共上の見地から、その地域において確実に実施されることが必要な事業及び事務であって、地方公共団体が自ら主体となって直接に実施する必要のないもののうち、民間の主

体に委ねた場合には必ずしも実施されないおそれがあるものと、地方公共団体が認めるものを効率的かつ効果的に行わせることを目的としている。

■ 身分法 とは、地方公務員の身分取扱いを定める法令であり、地方公務員の種類に応じ、次の法律が定められている。

①地公法では、一般職に属する地方公務員の任用、給与、勤務時間その他の勤務条件、分限及び懲戒、服務、研修及び人事評価、福祉及び利益の保護、職員団体等を定めている。

②自治法では、自治法に基づき設置される地方公務員のうち、特に、特別職の身分取扱いについて、定数、任免の方法、任期、兼職兼業の禁止、離職などを定めている。

③労働基準法は、労働者の労働条件の最低基準を定める法律であり、地方公務員の場合は、地公法で定める事項以外は労働基準法が適用される。

・労働基準法は「国家公務員」に適用されない。

■ 特例法 とは、地方公務員法の特例を必要とする法律である。

①教育公務員特例法は、教育を通じて国民全体に奉仕する教育公務員の職務と責任の特殊性に基づき、国、地方の教育公務員の任免、分限、懲戒、服務、研修等の特例を定めている。

②警察法は、都道府県警察の職員のうち、地方公務員の身分を有する者の身分取扱いの特例を定めている。

③消防組織法は、消防長は市町村長が任命し、消防長以外の消防職員は市町村長の承認を得て消防長が任命し、また消防団長以外の消防団員は市町村長の承認を得て消防団長が任命し、非常勤の消防団員の任用、給与、分限、懲戒、服務等については条例で定めること等を定めている。

④地方公営企業法は、地方公共団体の経営する企業の組織、財務、職員の身分取扱い等を定めている。

・地方公営企業の補助職員の任免は企業管理者が行うが、地方公共団体の規則で定める主要な補助職員の任免については、地方公共団体の長の同意が必要である。

・企業職員の勤務条件は、地公法第 24 条第 5 項の規定が適用されず、給与の種類及び基準のみを条例で定めるとしている。

・企業職員は、勤務条件の措置要求、不利益処分の審査請求、職員団体の結成等に関する地公法の規定は適用されず、原則として政治的行為の制限も行われないが、一方、労働基準法は全面的に適用され、労働関係調整法も一部適用されるなど、一般の職員と異なる取扱いが行われている。

⑤地方公営企業労働関係法は、「地方公営企業法」の定める地方公営企業に加えて、「地方公営企業法第 2 条第 3 項に基づく条例又は同法第 4 章の規定を適用するとされた企業」を地方公営企業と定義している。

・地方公営企業労働関係法は、企業職員は一般の職員と異なり、労働組合を結成できる規定を持ち、また当局との間で労働協約を締結することができ、労働協約が条例や規則等あるいは予算と抵触する場合における調整措置、労働争議に関する調停、仲裁等を定めている。

・条例等により地方公営企業法第 4 章の規定が適用される病院事業に勤務する職員は、地方公営企業法上の企業職員であり、地方公営企業等の労働関係に関する法律の適用を受ける。

⑥労働組合法は、労働条件の最低の基準を定めることによって、労働者の保護を図る法律であり、地方公務員にも、原則として労働基準法が適用され、職務の性質により必要な適用除外規定が地公法に設けられている。

・労働組合法及び労働関係調整法は、地方公営企業の職員のほか単純労務職員に適用される。

⑦特定地方独立行政法人は、当該事業の運営における中立性及び公正性を特に確保する必要があるため、その役員及び職員に地方公務員の身分を与えるものであり、身分取扱いについては欠格条項及び解任、報酬、服務などについて特別の規定を置いている。

・特定地方独立行政法人の役員は「特別職の地方公務員」であり、職員は「一般職」の地方公務員である。

□□□□□

【№.005】 地方公務員に係る法律に関する記述として、妥当なのはどれか。

1 〔警察法〕では、都道府県の警察には警察官その他の所要の職員を置くと規定し、警視正以上の階級にある警察官に地公法を適用している。

2 〔地方教育行政の組織及び運営に関する法律〕では、教育委員会の設置、教育長や委員のほか会議などを定めるが、教職員の身分取扱いは定めていない。

3 〔地方独立行政法人法〕では、特定地方独立行政法人の役員及び職員を地方公務員とすると定めており、この役員及び職員には地公法が適用される。

4 〔地方公営企業労働関係法〕では、地方公営企業法で定める事業に従事する者のみを企業職員とし、企業職員には地公法の特定の規定が適用されない。

5 〔労働基準法〕は、労働者の労働条件の最低基準を定める法律であり、地方公務員及び国家公務員の場合も、原則とて労働基準法が適用される。

3　地方公務員の範囲

□□□□□

【No.006】 地方公務員の範囲に関する記述として、妥当なのはどれか。

1　地方公務員とは、地方公共団体に勤務する一般職を指し、地公法が適用されない特別職はこれに含まれない。

2　地方公務員とは、普通地方公共団体に勤務する者を指し、特別地方公共団体に勤務する者はこれに含まれない。

3　地方公務員とは、地方公共団体に勤務する者を指し、従事する事務の性質は問うところではない。

4　地方公務員とは、地方公共団体から勤務の対価として報酬を受ける者を指し、無報酬の者はこれに含まれない。

5　地方公務員とは、地方公共団体に勤務する常勤の者を指し、地方公共団体に勤務する短期間のアルバイト学生はこれに含まれない。

ここがポイント

●地方公務員の範囲

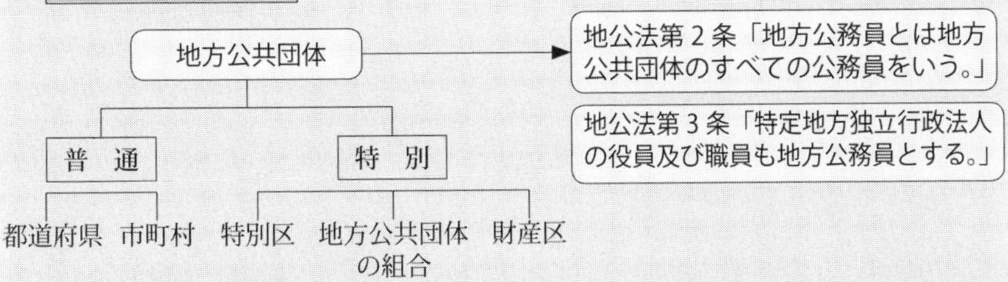
地方公共団体
地公法第２条「地方公務員とは地方公共団体のすべての公務員をいう。」
地公法第３条「特定地方独立行政法人の役員及び職員も地方公務員とする。」
普　通
特　別
都道府県
市町村
特別区
地方公共団体の組合
財産区

○範囲――地方公務員の範囲は、地公法第２条と第３条の規定による。

●判断基準――地方公務員であるか否かの判断ができないときは、次の３点が判断基準とされる。

（①職務が団体の事務か）（②任命行為があるか）（③報酬または給与を受けているか）

□□□□□

【No.007】 地方公務員の範囲に関する記述として、妥当なのはどれか。

1　地公法では、地方公共団体の全ての公務員を地方公務員といい、特定地方独立行政法人の役員及び職員は地方公務員とみなされない。
2　地公法では、普通地方公共団体に勤務する職員及び特別区などに勤務する職員を地方公務員と規定し、財産区の職員を除いている。
3　地公法では、地方公共団体の全ての職員を地方公務員と規定し、これら職員以外の者を地方公務員から除外している。
4　地公法は、身分取扱いに関する統一法規であり、地方公務員のうち、一般職に属する全ての地方公務員を職員と規定している。
5　地公法では、地方公務員として地方公共団体の長の補助機関である職員を指し、地方公営企業の管理者などの任命権者の職員を含めていない。

□□□□□

【No.008】 地方公務員の範囲に関連する記述として、妥当なのはどれか。

1　地公法は、地方公務員の範囲を極めて狭く考えており、地方公務員の範囲は地方公共団体の行政事務を担当する職員に限っており、議会の議員は地方公務員に含めていない。
2　地公法は、地方公務員の範囲を事務の性質、雇用の性質及び報酬の性質の三要素によって地方公務員であるかどうかを判断できない場合には、最終的には人事委員会が決定するとしている。
3　地公法は、地方公共団体の全ての公務員を地方公務員であると位置づけていることから、地方公共団体に勤務する者で一般職にも特別職にも属さない者の存在を予定していない。
4　地公法は、国家公務員法と同様に、特別の知識、経験、技能などが必要な職を特別職として任用することを認めていないため、外国人を勤務させる場合には任命行為によらず私法上の契約によるとしている。
5　地公法は、地方公務員の範囲を極めて広範囲に考えており、任命行為の有無による判断基準に基づき、請負契約で当該地方公共団体の事務を処理する相手方も地方公務員としている。

4　地方公務員の種類

□□□□□

【No.009】　地方公務員の種類に関する記述として、妥当なのはどれか。

1　地方公務員は、職務の性質に応じて一般職と特別職の二つの職種が基本となっているが、例外として、これらの職種以外の者も想定している。
2　地方公務員には地公法が適用されるため、地方公務員である特別職に対しても地公法が当然に適用される。
3　地方公務員は、原則として受験成績なり人事評価に基づき任用などの身分の取扱いがなされ、成績主義の原則が全面的に適用される。
4　地方公務員のうち、一定の任期又は雇用期間を限って任用される者は特別職であることから、任期が定まっている短時間勤務職員は特別職扱いとなる。
5　地方公務員は一般職と特別職とに分けることができるが、一般職と特別職のいずれに属するかは、第一義的には任命権者が決定する。

ここがポイント

● **地方公務員の種類**

一般職
↕
特別職

●区別の基準
①限定列記…………特別職を限定し、特別職以外を一般職とする。
②成績主義の原則…一般職に成績主義を適用する。
③地公法の適用……地公法の適用は原則一般職。特別職は法の定めがあるとき。
④終身職……………一般職は原則終身職である。定年前再任用短時間勤務職員や会計年度任用職員は任期が決まっているが一般職である。

□□□□□

【No.010】　地方公務員の種類に関する記述として、妥当なのはどれか。

1　地方公務員の種類の概念は、地方公務員の全てに対して共通の制度を適用することが必ずしも合理的でないため、公務員としての性質の濃淡や職務の性質に応じ、一定の基準に従った分類で行われる。
2　地方公務員を一般職と特別職に区別する基準として、成績主義の適用の有無と終身職としての性格の有無を挙げることができ、通常特定の事由がある場合も、その身分は法律によって強く保障される。

3　地方公務員の職を一般職と特別職とに区別することは、国家公務員法、地公法のいずれも同様であり、各種審議会の委員、臨時又は非常勤の顧問、参与、嘱託員は、いずれも特別職とされる。

4　地方公務員の職を区別する基準に終身職の有無があり、一般職の職員は原則終身職であるが、特別職は一定の任期あるいは雇用期間を限って任用されるため、任期が定まっている定年前再任用短時間勤務職員は特別職である。

5　地方公務員の種類は一般職と特別職との二種類であり、地方公務員のうち特別職に属する職を限定列記し、一般職に属する職以外の一切の職を特別職としている。

5　一般職と特別職

□□□□□

【No.011】　次の者のうち、地方公務員の一般職に属する者の組合せとして、妥当なのはどれか。

A　交通局長
B　非常勤の消防団員
C　定年前再任用短時間勤務職員
D　警視正以上の階級にある警察官
E　会計年度任用職員

1　AB　2　AC　3　BD　4　CE　5　DE

ここがポイント

● 一般職と特別職

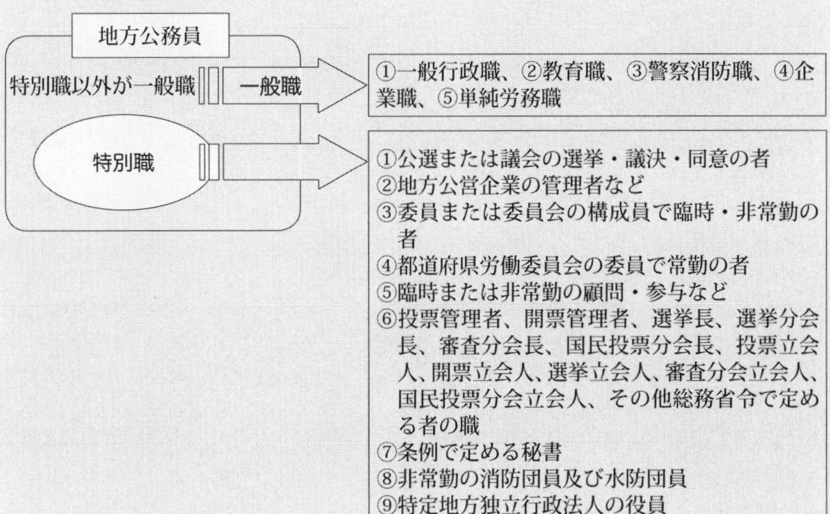

地方公務員
特別職以外が一般職
一般職
①一般行政職、②教育職、③警察消防職、④企業職、⑤単純労務職
特別職
①公選または議会の選挙・議決・同意の者
②地方公営企業の管理者など
③委員または委員会の構成員で臨時・非常勤の者
④都道府県労働委員会の委員で常勤の者
⑤臨時または非常勤の顧問・参与など
⑥投票管理者、開票管理者、選挙長、選挙分会長、審査分会長、国民投票分会長、投票立会人、開票立会人、選挙立会人、審査分会立会人、国民投票分会立会人、その他総務省令で定める者の職
⑦条例で定める秘書
⑧非常勤の消防団員及び水防団員
⑨特定地方独立行政法人の役員

● **一般職** ——（法第３条）

①正式な任用職員・・・長の補助機関の職員、行政委員会の職員、議会事務局の職員、公営企業管理者の補助職員、県費負担教職員、警視庁職員（警視正以上の階級にある警察官は一般職の国家公務員）、消防庁職員、単純労務職員、②臨時的任用職員、③会計年度任用職員、④定年前再任用短時間勤務職員（令５年４月施行）、⑤任期付職員、⑥任期付研究員

○勤務形態—— 一般職には常勤の職と非常勤の職がある。

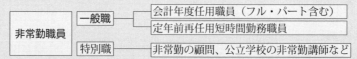

- 非常勤職員
  - 一般職
    - 会計年度任用職員（フル・パート含む）
    - 定年前再任用短時間勤務職員
  - 特別職
    - 非常勤の顧問、公立学校の非常勤講師など

・一般職の一般的非常勤制度は廃止され、令和２年度から「会計年度任用職員」に統一され、令和５年度から、従来の再任用短時間勤務制度に代わり「定年前再任用短時間勤務職員制度」が設けられた。

● **特別職** ——（法第３条）

①就任について公選または地方公共団体の議会の選挙、議会の議決、議会の同意によることを必要とする職

□公選によるもの・・・・・・・地方公共団体の長、議会の議員が該当する。

□議会の「選挙」によるもの・・選挙管理委員会の委員が該当する。

□議会の「同意」によるもの・・副知事及び副市町村長、監査委員、教育長及び委員、人事（公平）委員、指定都市の総合区長、固定資産評価審査委員、農業委員、公安委員、収用委員が該当する。

・教育長は、従来地公法が適用され「一般職」扱いとされていたが、平成26年の法改正で特別職となる。

□議会の「議決」によるもの・・現在、該当する者はいない。

②地方公営企業の管理者及び企業団の企業長の職

・地方公共団体が地方公営企業を経営する場合には、地方公営企業法の定めるところにより、原則として「管理者（企業長）」を置かなければならない。ただし、小規模な地方公営企業では管理者を置かず、地方公共団体の長が代わって行うこともできる。

・管理者は、地方公共団体の長が任命する。

・管理者は、予算の調製、議会への議案の提出などの特定の事項以外は地方公共団体を代表することから、特別職とされている。

・管理者の資格要件については、欠格条項、任期、分限、懲戒、失職等について独自の要件が地方公営企業法で規定されている。

③法令または条例、地方公共団体の規則もしくは規程により設けられた委員及び委員会（審議会その他を含む）の構成員の職で、臨時または非常勤のもの

・法令に基づく委員及び委員会として教育委員会、選挙管理委員会、監査委員などの行政委員会がある。これらの構成員は、本号によって、特別職となる。

・法律または条例によってのみ設置できる「附属機関」である審議会の委員なども、特別職である。なお、地方公共団体の規則や規程で「附属機関」である審議会など

を設置することはできない。

・附属機関に該当しない各執行機関の規則や規程により研究会などを設け、外部の者に委嘱を行った場合、その委嘱を受けた非常勤の者は、特別職となる。

・委嘱といっても、外部者に対する委託や依頼にすぎないときは、地方公務員に当たらない。

④都道府県の労働委員会の委員で常勤のもの

・労働組合法の改正で、条例で定めるところにより、公益委員のうち２人以内を常勤とすることができるされたことに伴い、非常勤の者のみならず条例定められた「常勤」の委員も特別職とされる。

⑤臨時または非常勤の顧問、参与、調査員、嘱託員及びこれらの者に準ずる者の職

・この職の場合は、専門的な知識経験または識見を有する者が就く職であって、当該知識経験または識見に基づき助言、調査、診断、その他総務省令で定める事務を行う者に限られる。

□「学校医」の職は、それが臨時または非常勤である限り特別職に該当する。

□「民生委員」は、地方公務員であり、特別職に該当する。

□スポーツ振興法に基づく「体育指導員」は、「これらの者に準ずる者の職」に該当し、特別職に該当する。

□国の指定統計調査事務に従事する「統計調査指導員」のうち、地方公共団体の長の任命に係るものは特別職の地方公務員である。

□「明るく正しい選挙推進協議会委員」は、地方公務員に該当しない。

⑥投票管理者、開票管理者、選挙長、選挙分会長、審査分会長、国民投票分会長、投票立会人、開票立会人、選挙立会人、審査分会立会人、国民投票分会立会人その他総務省令で定める者の職

・投票管理者等については、従前は⑤の臨時または非常勤の顧問、参与、調査員、嘱託員及びこれらに準ずる者の職に該当する者と解されていたが、その職権行使の独立性の高さなどの特殊性に鑑み、他の特別職とは別の類型として新設された。（令和２年度施行）

⑦地方公共団体の長、議会の議長その他地方公共団体の機関の長の秘書の職で、条例で指定するもの

・一般職の者が特別職の秘書となる場合には、一般職を退職する必要がある。

・特別職の秘書は、知事や議長が離職しても当然に退職する必要はないが、地公法の身分保障がないため、労働基準法の解雇制限に反しない限り任命権者はいつでも解職できる。

⑧非常勤の消防団員及び水防団員の職

・市町村のこれらの職はいずれも地方公務員であるが、ボランティアの性格を有し、職業的公務員でないものとして特別職とされる。

・これらの職の者の身分取扱いは条例で定められる。

⑨特定地方独立行政法人の役員

・特定地方独立行政法人とは、地方独立行政法人のうち、その業務の停滞が住民の生活、地域社会、地域経済の安定に直接かつ著しい支障を及ぼすため、または、その業務運営における中立性及び公平性を特に確保する必要性があるため、その役員及び職

員に「地方公務員」の身分を与える必要がある者として地方公共団体が定款で定めるものをいう。
・役員として理事長、副理事長、理事及び監事が置かれる。

□□□□□
【No.012】 一般職に関する記述として、妥当なのはどれか。

1 一般職は一般の公務員職であり、地公法が全面的に適用されるが、これに対し特別職には地公法が一切適用されない。
2 一般職は一般に現職として勤務する職員を指し、いったん退職した職員が身分取扱いの関係上から一般職に戻ることはない。
3 一般職は、全体の奉仕者としての性格上から政治活動において中立性が要求されるが、特別職には全く政治的な中立性は要求されない。
4 一般職は能力実証主義の任用職であるが、非常勤の職員や臨時の職員も一般職であり、一般職には上司の命令に従って職務を遂行する責任がある。
5 一般職は、正規に任用された職員はもとより条件付採用職員を問わず、また職種を問わないが、特定地方独立行政法人の職員は一般職ではない。

□□□□□
【No.013】 一般職と特別職に関する記述として、妥当なのはどれか。

1 地方公務員には、一般の公務員である一般職と法律上特別な取扱いを受ける特別職の区別があるが、国家公務員には一般職と特別職との区別はない。
2 全ての地方公務員の職は、一般職又は特別職のいずれかの職に分類されており、一般職に属する職以外の全ての職を特別職としている。
3 一般職であれ特別職であれ、もっぱら地方公務員としての職務に従事する者であり、公務の職務以外には他の職務を有することができない。
4 一般職の場合には、常勤の職員と非常勤の職員とに分けることができるが、特別職の場合は非常勤の職に限定され、常勤の職にはできない。
5 一般職は、定年勤務が想定の恒久的な職を基本にしながら臨時的な職にも認められるが、特別職は一定の任期が定められる臨時的な職である。

□□□□□
【No.014】 一般職と特別職に関する記述として、妥当なのはどれか。

1 一般職に属する公務員は、任用されるにあたって成績主義の原則が適用され、受験成績、人事評価その他の能力の実証に基づいて任用される。

2　一般職に属する地方公務員は、常勤の職員と非常勤の職員とに分けられ、このうち非常勤の職員については、争議行為が禁止されていない。
3　一般職に属する地方公務員は、地方公営企業の管理者を含み、この管理者は勤労の対価として給料や諸手当が支払われ、地公法が適用される。
4　特別職に属する地方公務員は、臨時的に任用する職員を含み、この職員はその勤務形態が一般職の職員と異ならないため、地公法が適用される。
5　特別職に属する地方公務員は、任期を定めず任用され、分限処分や懲戒処分の事由に該当しない限り、その意に反して離職させられることはない。

□□□□□
【No.015】　次の職のうち、特別職に属する職の組合せとして、妥当なのはどれか。

A　地方公営企業の管理者の職
B　指定都市の区長の職
C　都道府県労働委員会の委員で常勤の者の職
D　国の統計調査指導員のうち地方公共団体の長が任命する職
E　常勤の公民館長の職

1　ABD　　2　ACD　　3　ACE　　4　BCE　　5　BDE

□□□□□
【No.016】　次の者のうち、特別職に属する職の組合せとして、妥当なのはどれか。

A　地方公営企業の管理者の補助職員
B　警視正以上の階級にある警察官
C　特定地方独立行政法人の役員
D　地方公共団体の長、議長などの秘書の職員
E　専門的な知識経験に基づく臨時又は非常勤の顧問、参与

1　AB　2　AD　3　BC　4　BE　5　CE

□□□□□
【No.017】　特別職に関する記述として、妥当なのはどれか。

1　就任における「公選の職」の特別職には、議員及び長のほか農業委員の一部の委員が該当し、「議会の議決を要する職」には副知事や副市町村長が該当する。
2　特別職には、身分取扱いを統一的に規定した法令が存在しないことから、

行政委員会の委員の身分取扱いにも一切の規定がない。
3　長や議長に「特別職の秘書」を置く場合は、必ず条例で定める必要があり、条例で指定されない場合は、長や議長の秘書であっても、特別職に属しない。
4　「非常勤の消防団員」は、職業的公務員ではない特別職であり、公務災害を受けたときに公務災害補償を受けられるが、退職報奨金は受けられない。
5　「都道府県労働委員会」は、労働委員、使用者委員及び公益委員で構成され、委員のうち、条例の定めにより非常勤とされた委員に限り特別職となる。

□□□□□
【№018】　特別職に関する記述として、妥当なのはどれか。

1　就任にあたり、公選又は議会の選挙、議決若しくは同意による職の者は、全て特別職に該当するため、会計管理者も当然に特別職に該当する。
2　地公法には外国人に関する規定がないため、外国人を臨時又は非常勤の顧問、参与、調査員及びこれに準ずる者の特別職として採用できない。
3　議会の同意を得て長が任命する地方公営企業の管理者は、議会への議案提出など特定な事項を除き、業務を代表して執行する権限を有する特別職である。
4　長や議長の秘書の職で条例で指定する者は特別職として位置づけられるが、一般職の職員が特別職の秘書となる場合でも、一般職を退職する必要はない。
5　特定地方独立行政法人の役員は成績主義に基づかない自由任用職であり、分限や懲戒等において一般職と同一の人事管理がなじまないため、特別職である。

□□□□□
【№019】　特別職に対する関係法規として、妥当なのはどれか。

1　特別職は一般職との兼職が禁止されているが、例外として、一般職との兼務が認められる場合には、その面において地公法が適用される。
2　特別職は身分保障がないことから、常勤であっても、地方公務員等共済組合法及び地方公務員災害補償法による身分取扱いを受けない。
3　特別職には統一的な身分取扱いの規定がなく、地公法の規定が適用されないことから、地公法には特別職に関する規定がない。
4　特別職には地公法の分限規定が適用されないため、特別職である従事労働者には、特別職の分限に関する条例を制定できない。
5　特別職は特殊な立場に立つことから、ゆえに、地公法上の平等取扱いの原則や争議行為等の企画・煽動の規定なども適用されない。

□□□□□

【No.020】 特別職に関する記述として、妥当なのはどれか。

1　委員及び委員会（審議会含む）の構成員の職で臨時又は非常勤の者の職は、非専務職であり、また、その性質上、自由任用職であることにより特別職とされる。ただし、附属機関の構成員は一般職とされる。

2　臨時又は非常勤の顧問、参与、調査員、嘱託員及びこれらの者に準ずる者の職は、専門的な知識経験や識見を有する者に限られず、主に助言、調査、診断その他総務省令で定める事務を行う。

3　非専務職は、地方公務員が本業ではなく、他に生業を有しながら審議会等の臨時や非常勤の委員となる者であるから特別職に位置づけられる。したがって、臨時や非常勤である者は全て非専務職の特別職に該当する。

4　市町村に置かれる非常勤の消防団員及び水防団員の職は、いずれも特別職とされており、非常勤の消防団員などの任用、給与、分限、懲戒、服務などの身分取扱いは条例で定められる。

5　特定地方独立行政法人の職員は当該団体の定款で定める者であり、特別職であり、任用について外部からの公募による採用を含めて成績主義に基づく設立団体の長の任用による。

6 任命権者

□□□□□

【№.021】 任命権者とその職員の組合せとして、妥当なのはどれか。

1 公安委員会……警察職員の任命権者
2 労働委員会……労働委員会事務局の職員の任命権者
3 教育長…………教育委員会事務局の職員の任命権者
4 代表監査委員…監査委員事務局の職員の任命権者
5 会計管理者……出納員その他の会計職員の任命権者

ここがポイント

● 任命権者 ――任命権者とは、職員に対する「任命権」の行使を行う機関をいう。――（法第６条）

●任命権者
①長
②議会の議長
③行政委員会（選挙管理委員会、代表監査委員、教育委員会、人事委員会及び公平委員会、海区漁業調整委員会）
④警視総監（道府県警察本部長）、消防総監（市町村の消防長）、地方公営企業の管理者
⑤法律又は条例に基づく任命権者

□「知事」は、副知事、会計管理者、出納員その他の会計職員、職員、専門委員、教育長及び教育委員、監査委員、人事委員、公安委員、労働委員、地方公営企業管理者、海区漁業調整委員、内水面漁場管理委員、公立大学の学長及び教員等、幼保連携型認定こども園の園長及び教員などの、任命権を有する。

□「市町村長」は、副市町村長、会計管理者、出納員その他の会計職員、職員、専門委員、教育長及び教育委員、監査委員、公平（人事）委員、農業委員、地方公営企業管理者、消防長及び消防団長、公立大学の学長及び教員等、幼保連携型認定こども園の園長及び教員などの、任命権を有する。

○ 任命権者と執行機関 ――任命権者は、執行機関と必ずしも一致しない場合がある。

・公安委員会は警察を管理する執行機関ではあるが、警察職員の任命権者は警視総監または道府県警察本部長である。
・労働委員会と収用委員会の事務局職員の任命権者は、知事である。

・**地方公営企業の管理者**はその業務の執行を代表し企業職員の任命権者であるが、長の補助機関であって、執行機関ではない。
・**県費負担教職員**の身分は市町村の職員とされているが、これらの職員の任命権は「都道府県の教育委員会」に属する。

○ **任命権者の権限**

・**例示**――任命権者は、地公法、条例、規則、規程に従い、職員の任命権、人事評価、休職、免職及び懲戒等を行う権限を有する。
・**等とは**――「任命権」以外の権限として、「人事評価、休職、免職及び懲戒等」を定めて、さらに「等」として、職務命令を発する権限、営利企業への従事等の許可などを行う権限を有している。

○ **長の総合調整権**

・各任命権者の組織及びその運用について均衡を図るため、長に総合調整権が与えられている。
・長は、各執行機関の組織、職員の定数、職員の身分取扱いについて勧告できる。また、組織及び職員の身分取扱い等に係る規則、規程の制定・変更について事前協議を義務づけている。

○ **任命権の委任**

・**委任**――任命権者は、任命権の一部を「補助機関」である「上級」の地方公務員に委任できる。
・委任は、事務の能率化簡素化の点を考慮して行われる。
・「**上級の地方公務員**」とは、当該団体の実態と社会通念によって相対的に判断すべきとされている。

□**公法上の委任**――この委任は、任命権者が「法律」に基づいてその権限を補助機関に委任する、いわゆる、「公法上」の委任である。
□**再委任の禁止**――法律を根拠にした「委任」であるから、受任者がさらに「再委任(復委任)」することはできない。
□再委任の例外――地教行法第26条には、教育委員会が任命権の一部を教育長に委任し、教育長がさらに、その一部を事務局の職員に委任できる規定がある。

［委任］の条件
①委任は任命権者の人事権の一部である。
②委任は任命権者の補助機関にできる。
③委任は補助機関の上級の地方公務員に対してできる。

→

［受任］の条件
①受任者は自己の名と責任で権限を行使する。
②受任者は、原則、再委任することができない。

□□□□□

【No.022】 任命権者の記述の空欄Ａ～Ｆの語句として、妥当なのはどれか。

任命権者とは、職員に対する任命権を行使する機関をいう。この意味で任命権者は任命権を行使する権限を有する者といえる。

だれが任命権者の地位に立つかは［Ａ］において定められる。

地公法は任命権者を［Ｂ］している。

任命権者以外の者が任命権を行使した場合は、当該行為は法律上［Ｃ］な行為となる。

この任命権の行使は職員の身分取扱い上極めて重要であるが、一人の任命権者が全てにわたり行使することは困難であることから、この場合任命権の一部を［Ｄ］の上級の地方公務員に委任できるとされている。

また、この委任は［Ｅ］に基づく権限の分配の変更であり、受任者がさらに再委任することが［Ｆ］と解されている。

	Ａ	Ｂ	Ｃ	Ｄ	Ｅ	Ｆ
1	法律	制限列挙	違法	補助機関	法律	できる
2	法律	概括列挙	不当	執行機関	条例	できない
3	法律又は条例	概括列挙	違法	補助機関	法律	できない
4	法律又は条例	制限列挙	違法	執行機関	法律	できる
5	条例	制限列挙	不当	補助機関	条例	できない

□□□□□

【No.023】 任命権者に関する記述Ａ～Ｅのうち、妥当な組合せはどれか。

Ａ　任命権者は執行機関と一致しない。公安委員会は警察を管理する執行機関であるが、警察職員の任命権者は警視総監又は道府県警察本部長である。

Ｂ　各任命権者の組織及び職員の身分取扱い関して長は総合調整権を有しており、組織や身分に関する規則の制定変更の長への事前協議を義務づけている。

Ｃ　任命権者とは、職員の任命、休職、免職及び懲戒などの人事権を行使する者を指すが、任命権者が他の地方公共団体にわたることはない。

Ｄ　任命権者とはいかなる者であるかは法律によって規定されており、地方公共団体の条例に基づいて設置されることは想定されていない。

Ｅ　任命権者である知事は、副知事、会計管理者、地方公営企業の管理者、幼保連携型認定こども園の園長などのほか消防長及び消防団長を任命できる。

1　AB　2　AD　3　BC　4　BE　5　DE

□□□□□

【No.024】　任命権者に関する記述として、妥当なのはどれか。

1　任命権者は、普通地方公共団体においては当該地方公共団体の長及び当該地方公共団体の執行機関として置かれる行政委員会に限られる。
2　任命権者は、法律の規定に基づいて職員の任命、人事評価、休職、免職及び懲戒などの人事権を有するが、職務命令を発する権限は有しない。
3　任命権者の任命権の内容は地公法に例示されているが、この規定に基づき任命権者に新たな権限を付与できると解されている。
4　任命権者が有する任命権とは、職員の身分取扱いの一切を指すものと解されており、条例及び規則によって制約を受けることはない。
5　任命権者は任命権を行使できるが、任命権者以外の者、例えば、教育委員会の教育長のみの了承のもとに行われた任用行為は、法律上違法と解される。

□□□□□

【No.025】　任命権者に関する記述として、妥当なのはどれか。

1　任命権者となる者は、地公法上に地方公共団体の長、議会の議長、選挙管理委員会などが限定列挙されており、いずれも任命権を有することが法律に明記されている。
2　県費負担教職員の任命権者は都道府県の教育委員会であるが、この教職員の勤務条件については、勤務地の市町村の条例で定めることとされている。
3　任命権者とは、職員の任命、休職、免職及び懲戒などの任命権を行使する権限を有する者を指し、任命権者の権限には、営利企業への従事等の許可や人事評価などは含まれない。
4　任命権者は、職員の任命権、休職、免職及び懲戒などを行う権限を有するが、地公法の権限規定は任命権者に新たな権限を付与するものではなく、人事権を確認的に明らかにしたものである。
5　任命権者は、任命権の具体的な行使の仕方を条例や規則の定めに従って行使しなければならない場合があるが、人事委員会規則の定めに従って行使しなければならない場合はない。

□□□□□

【No.026】 任命権の委任に関する記述として、妥当なのはどれか。

1　地方公共団体の長は、法律関係に基づき、地公法に基づいて有する任命権の全てを自己の補助機関に委任することができる。
2　地方公共団体の長はその任命権を委任できるが、それを委任した場合には、もはやその権限を行使することはできない。
3　地方公共団体の長は、任命権の委任規定に基づき、その権限の一部に限って同じ任命権者である議会の議長に委任することができる。
4　地方公共団体の長は、地公法に基づいて有する任命権について、その補助機関にある地方公務員に対し委任することができる。
5　地方公共団体の長は、法律関係を設定する実体的規定に基づき任命権を委任できるが、その委任を受けた者はそれを再委任することもできる。

□□□□□

【No.027】 任命権の委任に関する記述として、妥当なのはどれか。

1　任命権者は、地公法並びにこれに基づく条例、規則及び規程に従い、職員の任命、人事評価、休職、免職及び懲戒などを行う権限を有するが、このうち懲戒処分に限ってはこれを委任できない。
2　任命権の委任を受けた者がさらに他の者にその権限を委任することは制限されており、教育委員会が任命権の一部を教育長に委任し、教育長がさらにその一部を事務局の職員に委任することは一切できない。
3　任命権者が権限の一部を委任できる補助機関は、当該任命権者の部下に限られ、長が他の執行機関に任命権を委任する場合は自治法の規定による。
4　任命権者には長や議会の議長などがおり、必要があると判断した場合には、その任命権の一部に限り相互に委任することができる。
5　任命権の受任者となり得る者は上級の地方公務員とされ、副知事や副市町村長などの特別職に属する者に限定されている。

□□□□□

【No.028】 任命権の委任に関する記述として、妥当なのはどれか。

1　任命権の再委任は認められないが、他の法律に定めがある場合、例えば、教育委員会が教育委員会規則で任命権の一部を教育長に、教育長がさらにその一部を事務局職員に委任できる場合がある。
2　任命権の委任は、任命権者が権限の一部を相手方に委任する行為であり、知事又は市町村長の場合は副知事又は副市町村長、会計管理者などに委任できるが、その相手方は任命権者の指揮監督を受ける地方公務員に限られない。
3　任命権の委任は任命権者の補助機関に限られるが、この補助機関は当該任命権者の部下に限られず、他の任命権者の補助機関の職員に対しても任命権を委任できる。
4　任命権の委任は上級の地方公務員に対して委任できるが、上級であるか否かの区分は相対的なものではなく、長を補佐する副知事又は副市町村長などの特別職に限られている。
5　任命権の委任は、専決や代決とは異ならず、内部における補助執行であり、この決定は部下の職員が行うが、対外的には任命権者の名で表示され最終責任である任命権者が負う。

7　人事委員会及び公平委員会

□□□□□
【No.029】　人事委員会及び公平委員会の設置図の空欄Ａ～Ｃと、該当自治体との組合せとして、妥当なのはどれか。

	人事委員会	公平委員会
Ａの自治体	必置	―――
Ｂの自治体	どちらかを必置	
Ｃの自治体	―――	必置

（自治体）
ア　町村　イ　広域連合　ウ　特別区　エ　都道府県　オ　指定都市
カ　中核市

	Ａ	Ｂ	Ｃ
1	イ・エ	オ・カ	ア・ウ
2	イ・エ	イ・ウ	ア・カ
3	エ・オ	ウ・ア	イ・カ
4	エ・カ	ウ・オ	ア・イ
5	エ・オ	ウ・カ	ア・イ

ここがポイント

● 人事委員会及び公平委員会 ――（法第７条）

○人事委員会制度は、戦後アメリカから導入された制度である。アメリカの公務員制度の中で、公務員の任用が政党の党利党略に支配されていた官僚制（スポイルズ・システム）から、職業的な公務員が能力の実証に基づいて任用される成績主義（メリット・システム）へと改革される過程で成立した。

●　人事委員会の設置

	人事委員会	公平委員会
●［都道府県］及び［指定都市］	必置	―――
●［指定都市以外の人口 15 万以上の市］及び［特別区］	どちらかを必置	
●［15 万未満の市］、「町村」、［地方公共団体の組合］	―――	必置

・条例――人事委員会及び公平委員会は、地公法に基づき「条例」で設置される。
・意見聴取――人事委員会を置く地方公共団体は、人事委員会の設置に関する条例ま

たは職員に関する条例等を制定し、または改廃するときは、当該「議会」において人事委員会の意見を聞かなければならない。ただし、初めて人事委員会を設置するときはこの限りでない。

□**人事委員会**——都道府県及び指定都市には、人事委員会の設置が義務づけられている。

□**選択**——指定都市以外の人口 15 万以上の市及び特別区は、人事委員会または公平委員会のいずれかを選択できる。

・人事委員会を置かない場合には公平委員会を置かなければならない。

□**公平委員会**——人口 15 万以上の市で人事委員会を置かない市、人口 15 万未満の市、町村、地方公共団体の組合（一部事務組合・広域連合）は、それぞれ公平委員会を置かなければならない。

・地方公共団体の組合が人事委員会を設置することはない。

・**人口**——指定都市以外の市の人口とは、官報で公示された最近の国勢調査またはこれに準ずる人口調査の結果の人口をいう。

・**例外**——財産区には独自の職員を置くことを想定していないから、人事委員会または公平委員会は置かれない。

○**共同設置**——地公法には公平委員会同士の「共同設置」規定があるが、人事委員会同士の共同設置規定はない。人事委員会同士の共同設置は自治法による。

・公平委員会の共同設置は、自治法の「機関の共同設置」の一種であり、共同設置の際には自治法の機関共同設置の規定が適用される。

○**委託**——公平委員会の事務に限り人事委員会への「委託」が認められるが、他の公平委員会への事務委託は、認められない。

○**事務局**——人事委員会には事務局を設置しなければならない。ただし、選択で人事委員会を設置した自治体は事務局を置くこともできるし、置かなくても差し支えない。公平委員会には事務職員を置くこととしている。競争試験を行う公平委員会は例外的に事務局を置ける。

○**公表**——人事（公平）委員会は、条例に定めるところにより、毎年、地方公共団体の長に対し業務の状況を報告しなければならない。

□□□□□

【No. 030】　人事委員会又は公平委員会の設置として、妥当なのはどれか。

1　人事委員会又は公平委員会は、人事機関として任命権者の任命権をチェックするために設置されるが、この両者の間には基本的な権限の相違がない。

2　都道府県、指定都市及び中核市は規模が大きいため、地公法に基づきそれぞれが人事委員会の設置が義務づけられている。

3　都道府県が組織する一部事務組合のみならず都道府県と市町村が組織する一部事務組合も、必ず公平委員会を設置しなければならない。

4　人事委員会を置かない地方公共団体は、地方公共団体ごとに公平委員会の設置が基本であり、公平委員会を共同で設置することは認められない。

5　公平委員会を置く地方公共団体は、公平委員会の事務を他の地方公共団体の人事委員会に委託できるが、この事務の委託先は人事委員会に限られない。

□□□□□

【№.031】　人事委員会及び公平委員会の委員に関する記述の空欄Ａ～Ｅの語句として、妥当なのはどれか。

人事委員会と公平委員会は、３人の委員をもって組織される［Ａ］の機関である。それぞれの委員は長が議会の同意を得て選任するが、委員には年齢制限が［Ｂ］。

特に委員の選任に当たっては、委員の職責上から、欠格条項の該当者と［Ｃ］の該当者を選任できないとする二つの要件がある。

なお、当該委員には厳格な身分保障の措置が講じられており、［Ｄ］があるとき又は非行があるとき以外は罷免されず、この罷免事由に該当する場合でも、長が［Ｅ］の同意を得て罷免する手続が必要とされる。

	Ａ	Ｂ	Ｃ	Ｄ	Ｅ
1	合議制	ない	営利従事	親族の事案	人事委員会等
2	合議制	ない	同一政党	心身の故障	議会
3	合議制	ある	同一政党	心身の故障	人事委員会等
4	独任制	ない	営利従事	心身の故障	議会
5	独任制	ある	同一政党	親族の事案	議会

ここがポイント

●**人事委員及び公平委員**――（法第９条の２）

○**構成**――委員は、国の人事院と同様に「３名」で構成される「合議制」の行政機関である。

○**選任**――委員は、人格が高潔で、地方自治の本旨及び民主的で能率的な事務の処理に理解があり、かつ人事行政に関し識見を有する者のうちから、長が議会の同意を得て選任される。

・年齢制限はない。

・**選任できない場合**――委員は、次の「欠格条項」と「同一政党」の２つの事由に該当する者を選任できない。

□**欠格**――委員は、欠格条項に該当し又は地公法の罰則に規定する罪を犯し処せられた場合には、選任できない。委員になった後で欠格条項に該当した場合には、その職を失う。

□**政党**――委員は、政党の党員にはなれるが、委員のうち２人が「同一政党」に属することはできない。

・もし委員のうち、２人以上が同一の政党に属する場合には、これら委員のうち１人を除く他の委員は、長が議会の同意を得て罷免する。ただし、政党所属関係について異動のなかった委員を罷免できない。
○**罷免**――委員は、「①心身の故障のため職務の遂行に堪えないと認めるとき」、または「②委員に職務上の義務違反その他委員たるに適しない非行があるとき」に罷免されるが、それ以外の事由では罷免されない。
・上記の「①心身の故障または②非行」に該当したときは、議会の同意手続を経て長から罷免される。
・上記の場合、議会の常任委員会または特別委員会において「公聴会」を開かなければならない。
○**兼職**――委員は、「全て」の地方公共団体の「議員」及び「当該」地方公共団体の地方公務員の職と兼ねられないが、附属機関の委員とは兼ねられる。
○**任期**――委員の任期は４年である。ただし、補欠委員の任期は前任委員の「残任期間」である。
○**委員長**――人事（公平）委員会は、委員のうちから委員長を「選挙」しなければならない。
○**勤務**――委員は、人事委員は「常勤又は非常勤」、公平委員は「非常勤」である。
○**服務**――委員は、常勤は地公法の服務規定の「全部」が適用されるが、非常勤の場合は「営利企業への従事等の制限」と「職務専念義務」の規定が適用されない。
○**解職**――委員には、住民の直接請求による「解職請求」の適用がない。

□□□□□
【No.032】　人事委員会及び公平委員会の委員の記述として、妥当なのはどれか。

1　委員が心身の故障のため職務遂行が困難なとき又は委員に職務義務違反や非行があるときは、長が議会の同意の手続を得ずに罷免できる。
2　委員は、職務執行の公正の確保から、全ての地方公共団体の議会の議員や当該地方公務員の職のほか、執行機関の附属機関の委員と兼ねられない。
3　委員の任期は長と同じ４年とされており、前任の委員が辞職したことにより新たに任命された委員の任期も、選任の日から４年とされる。
4　委員は、住民の直接請求である主要公務員の解職請求の対象となっており、請求があれば長が議会に付議し、特別多数議決があれば失職する。
5　委員は特別職であるが、地公法の服務規定が適用され、常勤の委員の場合は服務規定の全部、非常勤の委員の場合は服務規定の一部が適用される。

□□□□□
【№.033】 人事委員会の委員の記述として、妥当なのはどれか。

1 人事委員を常勤とするか非常勤とするかは、当該地方公共団体の長の判断であるが、委員はいずれかの勤務に統一しなければならない。
2 人事委員が罷免事由に該当すれば、長は議会の同意を得て罷免できるが、この場合議会の常任委員会又は特別委員会で公聴会を開かなければならない。
3 人事委員は、人格が高潔でかつ人事行政に関し識見を有する者であれば、民主的で能率的な事務処理の理解までを必要要件とされていない。
4 人事委員のうち2人以上が同一政党に属するときには、同一政党に属する者のうちから長が指名する1人を除く他の者を罷免しなければならない。
5 人事委員は常勤又は非常勤であるが、いずれも自治法の給与その他の給付の規定が準用され、条例の定めるところにより給料及び旅費が支給される。

□□□□□
【№.034】 人事委員会の委員の記述として、妥当なのはどれか。

1 人事委員は、地公法第60条から第63条の罪を犯し刑に処せられたときには委員になれないが、欠格条項に該当しても委員となれる。
2 人事委員は、政党所属関係の罷免事由に該当する場合又は心身の故障若しくは非行などの罷免に該当する以外は、その意に反して罷免されない。
3 人事委員は、2人以上が同一政党に属することになれず、同一政党に属する場合には当該地方公共団体の長の判断で異動した者を罷免きる。
4 人事委員は、当該地方公共団体の議会の議員及び附属機関の委員以外のほか、全ての地方公共団体の地方公務員の職を兼ねられない。
5 人事委員は、常勤又は非常勤のいずれかの委員となり、委員の常勤、非常勤を問わず、一般職に適用される服務規定の全てが適用される。

□□□□□
【№.035】 人事委員会の権限に関する記述として、妥当なのはどれか。

1 人事委員会は、人事評価に関する計画の立案その他人事評価の実施に関する必要な事項について、任命権者に対し勧告することができる。
2 人事委員会は、人事機関及び職員に関する条例の制定改廃に関し地方公共団体の長に意見を申し出ることができるが、議会に対してはできない。
3 人事委員会は、職務権限の一つとして臨時的任用の資格要件を定めることができるが、その資格要件に違反した臨時的任用を取消すことはできない。
4 人事委員会は、社会経済などの諸情勢の変化を見て、毎年少なくとも1回、給料表に定める給料額の増減について勧告しなければならない。

5　人事委員会は不利益処分の中立機関であるが、必要があると認めるときは、不利益処分に関する審査請求の一切の事務を委任することができる。

ここがポイント

● 人事委員会の権限 ―― （法第８条）

■　準立法的権限・・・①法律または条例に基づき、その権限に属せしめられた事務に関し「規則」を定めることができる。

■　準司法的権限・・・

①職員の給与、勤務時間その他の「勤務条件の措置要求」を審査し、判定し及び必要な措置を執る。

②職員に対する「不利益処分の審査請求」に対する裁決をする。

③「職員団体の登録及取消」の事務を執行する。

・人事委員会は、準司法的権限に基づきその権限の行使に関し必要があるときは書類の提出を求め、証人を喚問することができる。

・人事委員会は、審査請求に対する「裁決を除き」審査事務の一部を委任することができる。

■　行政的権限・・・この権限で、次の①～⑨の権限を有する。

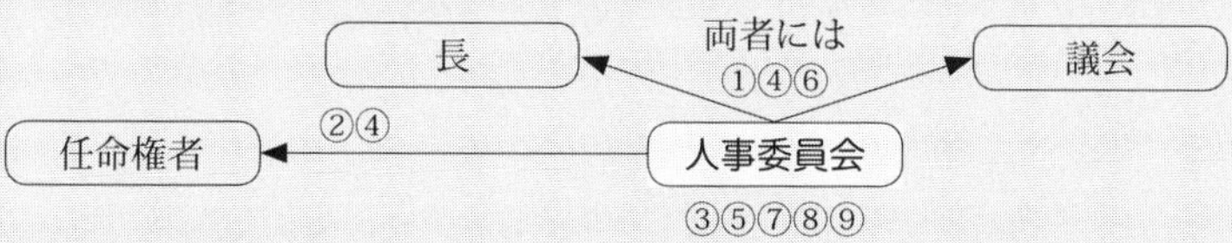

①人事機関及び職員に関する条例等の制定・改廃について、議会及び長に意見を申し出る。

・この権限は人事委員会にあるが、公平委員会にはない。

・人事委員会を置く地方公共団体は、人事行政に関する条例を制定改廃するときは「議会」で、人事委員会の意見を聴かなければならない。

②人事行政の「運営」に関し任命権者に勧告する。

③人事行政に関する事項について調査し、人事記録に関することを管理し及びその人事に関する統計報告を作成する。

④人事評価、給与、勤務時間その他の勤務条件、研修、厚生福利制度その他職員に関する制度について絶えず研究を行い、その成果を議会若しくは長または任命権者に提出する。

⑤職員の競争試験または選考を実施する。

⑥給与、勤務時間その他の勤務条件に関し講ずべき措置について議会及び長に勧告する。

・勧告には強制力はないが、長及び議会に対して道義的な拘束力を有する。

・給料表に関し議会及び長に対して報告または勧告する。

・給料表が適当であるかを少なくとも年１回の報告は「義務」であるが、給料表の勧告は「任意）である。

⑦職員の給与が地公法及びこれに基づく条例に適合して行われることを確保するために、必要な範囲において、職員に対する給与の支払を監理する。

⑧非現業職員の勤務条件に関し、労働基準監督機関としての職権を行使する。

・法第58条に基づき人事委員会が労働基準監督機関となる職員は非現業職員であり、企業職員及び単純労務職員の以外の職員である。

⑨職員の苦情を処理する。

・企業職員及び単純労務職員には苦情の処理に関する規定は適用されない。

○公平委員会の行政的権限は、人事委員会とは異なり、①勤務条件の措置要求、②不利益処分の審査請求、③職員の苦情を処理する権限、④法律に基づきその権限に属せしめられた事務のみが与えられている。

● 権限の委任

権限の一部……「他の機関」または「事務局長」に委任する

苦情・審査……「委員」または「事務局長」に委任する

・**調査などの委任**――人事委員会は、①人事行政に関する調査等、②人事評価、勤務条件等の研究、③競争試験及び選考、④給与の支払の監理、⑤法律または権限に基づきその権限に属した事務で人事委員会規則で定めるものを当該地方公共団体の「他の機関」または人事委員会「事務局長」に委任できる。

・**苦情・審査の委任**――人事委員会は、職員の苦情を処理する事務、不利益処分の審査請求に対する「裁決を除く」審査に関する事務の一部を、「委員」または「事務局長」に委任できる。

● 人事委員会及び公平委員会の共通事項

・**権限1**――両委員会とも、準司法的権限である①勤務条件の措置要求の審査、②不利益処分の審査請求の裁決、③職員団体の登録の取消しに関する口頭審理の権限は、3つとも共通である。

・**権限2**――両委員会とも、職員の苦情処理、規則制定権を有する。

・**権限3**――両委員会とも、法律または条例に基づくその権限の行使に関し必要があるときは、証人を喚問しまたは書類もしくはその写しの提出を求めることができる。

○**刑罰**――両委員会とも、不利益処分の審査請求の審査に際し、①証人として喚問を受けた者が正当な理由なく応じない場合、または②書類の提出を求められて正当な理由なく応じない場合、または③虚偽の書類を提出した場合には、「刑罰」の適用がある。

○**協定**――両委員会とも、人事行政に関する技術的及び専門的な知識、資料その他の便宜の授受のため、国もしくは他の地方公共団体の機関、または特定地方独立行政法人との間に「協定」を結ぶことができる。

○**再審**――両委員会とも、勤務条件の措置要求または不利益処分の審査請求の決定及び処分は、人事委員会または公平委員会によってのみ審査（再審）できる。これは法律問題につき裁判所に出訴する影響を及ぼすものではない。

● 抗告訴訟の取扱い ――（法第8条の2）

○人事（公平）委員会は、人事（公平）委員会の行政事件訴訟法の処分または裁決の地方公共団体を「被告」とする訴訟については、「当該地方公共団体を代表する」。

● 公平委員会の権限の特例等 ――（法第９条）

○公平委員会を置く地方公共団体は、条例の定めるところにより、公平委員会が法第８条第２項に掲げる公平委員会の権限事務のほか、職員の競争試験及び選考並びにこれらに関する事務を行うことができる。

・公平委員会の採用等は選考によるとされていたが、法改正で、「条例で定めた場合」には職員の「競争試験」を行うこともできることとなった。このような公平委員会を「競争試験等を行う公平委員会」という。

○競争試験等を行う公平委員会は、公平委員会の権限事務で公平委員会規則で定めるものを、当該団体の他の機関または競争試験等を行う公平委員会の事務局長に「委任」することができる。

□□□□□

【No.036】　人事委員会の権限に関する記述として、妥当なのはどれか。

1　人事委員会の規則の制定権は立法的権限に基づくものであり、法律に根拠があれば、これに違反しない限りその権限に属する事項に及ぶ。

2　人事委員会の権限は、それが合理的である限り、当該地方公共団体の機関など横の関係において全てを委任することができる。

3　人事委員会が有する権限は、任命権者から独立した人事行政機関としての機能を果たす事項であり、公平委員会も同様な権限を有している。

4　人事委員会が保有する権限として、証人の喚問及び書類の提出要求権が認められているが、この権限は公平委員会には認められていない。

5　人事委員会の勧告的な権限には強制力はないが、地方公共団体の長若しくは任命権者及び議会に対して道義的な拘束力を有する。

□□□□□

【No.037】　人事委員会の権限に関する記述として、妥当なのはどれか。

1　人事委員会は、勤務条件等の研究を行い長等にその結果を提出できるが、研修に関する計画の立案その他の研修方法については任命権者に勧告できない。

2　人事委員会は、国又は他の地方公共団体の機関との間で協定を結ぶ権限を有するが、特定地方独立行政法人との間では協定を結ぶことができない。

3　人事委員会は、職員の給与、勤務時間その他の勤務条件の措置の要求及び不利益処分の審査請求のほか、職員の苦情も処理することができる。

4　人事委員会は、その権限の一部を人事委員会規則で定めるものを事務局長に委任できるが、当該地方公共団体の他の機関に委任することはできない。

5　人事委員会は、不利益処分の審査請求に対する裁決を除く審査請求に関する事務の一部を人事委員に委任できるが、事務局長には委任できない。

□□□□□
【No.038】　人事委員会の権限に関する記述として、妥当なのはどれか。

1　人事委員会は、人事評価、給与、勤務時間その他の勤務条件、研修及び公務災害補償その他職員に関する制度について常時研究を行い、その成果を議会又は長に提出することができる。
2　人事委員会は、人事行政に関する事項について調査を行い、人事記録を管理し、人事に関する統計報告を作成する権限を有しており、その権限の範囲は広く、任命権者の固有の権限にも立ち入る調査などもできる。
3　人事委員会は、苦情処理の事務を処理する権限を有しており、企業職員や単純労務職員からの苦情を処理できるが、この場合、人事委員会はあくまで仲介者であり、苦情処理を強制的に解決することはできない。
4　人事委員会は、職員団体の登録及びその取消しに関する事務を執行し、又非現業職員の勤務条件に関する労働基準監督機関としての職権を行使できる権限を有している。
5　人事委員会は、職員からの勤務条件の措置要求又は不利益処分の審査請求について、なんらかの裁決又は処分を行う権限を有するが、それらの再審を行う権限までは有しない。

□□□□□
【No.039】　人事委員会の行政的権限の記述として、妥当なのはどれか。

1　人事委員会は、当該地方公共団体に関する条例の制定又は改廃について、議会及び長に対して意見を申し出ることができる。
2　人事委員会は、当該地方公共団体の人事行政の運営に関して、専門機関としての立場に立ち、任命権者に対して勧告することができる。
3　人事委員会は、職員に関する条例の制定又は改廃について、長に対し意見を申し出ることができるが、議会には直接、意見を申し出ることができない。
4　人事委員会は、職員の給料表に関して議会及び長に対し、毎年少なくとも年１回報告するとともに、同時に勧告しなければならない。
5　人事委員会は、労働基準法などの適用について、特例が設けられている現業職員の勤務条件に関して、労働基準監督機関としての職権を行使できる。

□□□□□
【No.040】 人事委員会に関する記述として、妥当なのはどれか。

1　人事委員会は、人口15万未満の市、町村のほか一部事務組合に設置することはできないが、広域連合の場合には設置することができる。
2　人事委員会は、不利益処分の審査に際し証人を喚問し、書類の提出を求めることができ、これに正当な理由なく応じない場合には刑罰の適用がある。
3　人事委員会は、人事機関又は職員に関する条例を制定するときは議会及び長に対し意見を述べる権限を有するが、廃止するときはその権限がない。
4　人事委員会は、給与が勤務条件の中心であることから、給与の支払を監理する権限を有し、任命権者の給与の決定に立ち入ることができる。
5　人事委員会は3人の委員をもって組織され、その委員には年齢要件があり、また全ての地方公共団体の地方公務員との兼職が禁止されている。

□□□□□
【No.041】 人事委員会に関する記述として、妥当なのはどれか。

1　人事委員会は、勤務条件の措置要求に関して、法律又は条例に基づく権限の行使が必要であるときには書類やその写の提出を求めることができるし、これに対し正当な理由なく拒む者には罰則を適用することができる。
2　人事委員会は、人事機関又は職員に関する条例の制定改廃に関して議会及び長に意見を述べる権限を有するが、逆にこれらの条例の制定改廃に際し、議会が人事委員会の意見を聴く必要はない。
3　人事委員会は公平委員会と異なり、地公法に基づく人事委員会同士の共同設置は認められないが、人事委員会の事務の簡素化や能率的な運営のために、自治法に基づく共同設置は可能である。
4　人事委員会は、職員の給与や勤務時間に関し、毎年少なくとも1回、給料表や勤務時間が適当であるかどうかについて、議会及び長に対し同時に勧告しなければならない。
5　人事委員会は事務局を必ず設置しなければならない。したがって、選択によって人事委員会を設置した人口15万以上の市及び特別区においても、事務局を設置しなければならない。

□□□□□

【No.042】 人事委員会及び公平委員会に関する会議と議事として、妥当なのはどれか。

1　両委員会の「会議」は、委員が病気や旅行などの事故で会議に出席できないときなどの特定の理由がある場合を除き、全員出席しなければ開けない。
2　両委員会の「会議」は、委員３人が出席しなければ開くことができないため、委員が欠員となった場合、補充されない限り会議を開くことができない。
3　両委員会の「議事」が、委員の配偶者、血族又は姻族である職員に係るものである場合には、当該委員は当然に除斥される。
4　両委員会の「議事」は、出席委員の過半数で決定することとなるが、委員の棄権により可否同数のときには委員長が裁決権を有する。
5　両委員会が「議決」すべき事項で緊急性を要するときには、会議を招集することなく、議決事項を持ち回りによって決定することができる。

ここがポイント

● **人事委員会または公平委員会の「委員長」**――（法第 10 条）

○**選挙**――人事委員会または公平委員会は、委員のうちから委員長を「選挙」しなければならない。

○**役割**――委員長は、委員会に関する事務を処理し委員会を代表する。

○**代理**――委員長に事故があるときまたは委員長が欠けたときは、委員長の指定する委員がその職務を代理する。

● **人事委員会または公平委員会の「議事」**――（法第 11 条）

・**会議**――両委員会とも、「３人」の委員の全員が出席しなければ会議を開くことができない。

・**例外**――両委員会とも、会議を開かなければ公務の運営または職員の福祉若しくは利益の保護に関し著しい支障が生ずると認められる十分な理由があるときは、「２人」の委員が出席すれば会議を開くことができる。

・**過半数**――両委員会とも、議事は出席委員の過半数で決められる。

・**除斥等**――両委員会とも、１人でも、除斥または忌避されると合議体としての存立が危なくなるため、委員の配偶者などの議事においても除斥または忌避されない。

・**議事録**――両委員会とも、議事は「議事録」として記録して残して置かなければならない。

・**必要事項**――両委員会とも、議事に関する必要事項を定めることができる。

● **人事委員会または公平委員会の「事務局」または「事務職員」**――（法第 12 条）

・**人事委員会の場合**――人事委員会には、「事務局」を置き、事務局に事務局長その他の事務職員を置く。ただし、選択により人事委員会を置く地方公共団体は事務局を置かないで「事務職員」を置くことができる。

・事務局職員の定数は条例で定められる。

・公平委員会の場合——公平委員会には「事務職員」を置く。
・兼務——人事委員会は、「委員」に「事務局長の職」を兼ねさせることができる。

□□□□□
【No.043】　人事委員会及び公平委員会の表中の記述として、妥当なのはどれか。

		人事委員会	公平委員会
1	設置	人口15万以上の市及び特別区は人事委員会又は公平委員会の選択が可能であるが、いずれも人口が設置条件となる。	公平委員会は、人口に関係なく町村及び地方公共団体の組合においても設置される。
2	任用	人事委員会を置く地方公共団体の採用は競争試験によるが、ただし、人事委員会規則で定める職は選考による。	人事委員会を置かない地方公共団体の採用は、公平委員会が競争試験又は選考のいずれかの方法による。
3	権限	人事委員会は、人事行政機関として準立法的権限、準司法的権限及び行政的権限を有する。	公平委員会は、人事委員会と同様に準立法的権限及び行政的権限を有するが、準司法的権限は有しない。
4	事務局	人事委員会には事務局を設置しなければならため、人事委員会を選択した自治体にも事務局を置かなければならない。	公平委員会には、事務職員を置かなければならない。
5	勤務	人事委員会の委員は常勤又は非常勤とされる。常勤の委員は職員の服務規定の全部が適用されるが、非常勤の委員は一部に限られている。	公平委員会の委員は、全て非常勤とされている。

□□□□□
【No.044】　人事委員会又は公平委員会の記述として、妥当なのはどれか。

1　人事委員会の委員は常勤でなければならず、公平委員会の委員は常勤又は非常勤のいずれでもよいとされるが、常勤の委員の場合は地公法の服務規定の全てが準用される。
2　所属政党に異動があり、人事委員会の複数の委員が同一政党に属することとなった場合でも、所属政党に異動があった委員は、その任期中に罷免されることはない。
3　人事委員会又は公平委員会は、人事に関する重要事項を審議する機関であることから、委員は、委員の配偶者その他親族と関係のある事案であっても、当該会議から除斥されない。

4　人事委員会においては、事務局を設置しなければならない義務があるため、人口 15 万以上の市及び特別区に人事委員会が設置された場合には、事務局を設置しなければならない。

5　人事委員会又は公平委員会の委員に委員たるに適しない非行があると認められるときには、当該地方公共団体の長は、当該委員を議会の同意を得ずに罷免することができる。

8　欠格条項

□□□□□

【№.045】 欠格条項に関する発言の記述A～Eのうち、欠格条項に該当する者の組合せとして、妥当なのはどれか。

A　私は、政府を暴力で破壊する団体からすでに脱退している者です。
B　私は、過去に被保佐人として宣告を受けた者です。
C　私は、人事委員の職にあって地公法の刑罰に処せられた者です。
D　私は、禁錮以上の刑を受けて現在執行猶予中の者です。
E　私は、当該団体において免職処分を受けて2年を経過しない者です。

1　ABE　　2　ACD　　3　BCD　　4　BDE　　5　CDE

ここがポイント

● 欠格条項 ――欠格条項とは、「職員になれず」または「競争試験や選考を受けることができない者」の要件をいう。

● 地公法が規定する「欠格条項」は、次の4項目である。

［1］禁錮以上の刑（禁錮、懲役、死刑）に処せられ服役中の者または刑の執行猶予中の者

・罰金の刑は、禁錮以上の刑に含まれないため、欠格条項に該当しない。
・刑が不服で控訴している場合には、刑が確定していないため、欠格条項に該当しない。
・禁錮は刑事施設に拘置する。懲役は刑事施設に拘置して所定の作業を行わせることをいう。
・そもそも行政処分ではなく、刑に処せられたことにより自動的に失職する。

［2］当該地方公共団体で懲戒免職を受け当該処分の日から2年を経過しない者

・本号は、当該地方公共団体における懲戒免職を受けた者に限られる。
・処分を受け再度当該地方公共団体の職員となる場合に2年の経過が必要であり、すぐに他の地方公共団体の職員になることを妨げるものではない。

［3］人事（公平）委員の職にあって、地公法第60条から第63条の罰則を受けた者

・人事（公平）委員が地公法の罰則を受けた場合に職員になる資格を失う。
・委員が、職務上知り得た秘密を漏らし、罰金の刑に処せられた場合には、その職を失う。
・罰則は「地公法」によるものであり、他の法律による罰則ではない。

［4］日本国憲法またはその下に成立した政府を暴力で破壊することを主張する政党その他の団体を結成しまたは加入した者

・憲法を暴力的手段によって廃止や改変することを主張する団体を結成しまたは加入

した者は、その後その団体を脱退しても、永久に欠格条項の該当者となる。
・憲法の下に成立した政府とは、国の立法、司法、行政の各機関を含むが、地方公共団体の機関は含まれない。
※（注意）――成年被後見人及び被保佐人は本人を保護するための制度であり、地公法の改正で、成年被後見人及び被保佐人は欠格条項に該当しない。
※（注意）――破産手続きの開始の決定を受けた者は、欠格条項に該当しない。

● 欠格条項の特例

①条例特例――条例で、欠格条項の適用除外（特例）を定めることができる。条例で定めることができる適用除外規定は、失職をしない特例規定であり、欠格条項の追加はできない。
・交通事故で禁錮刑以上の場合の情状酌量を条例で定める場合がある。
②外国人特例――地公法は、任用の資格要件として日本国籍を有していることとは明定していない。したがって、外国人を採用できる。しかし、公の意思の形成または公権力の行使に当たる職（管理職）には、外国人を任用することができない判例がある。

● 欠格条項該当者の取扱い

①採用――欠格条項に反する「採用」は、当然に「無効」である。
○失職――欠格条項に該当するに至ったときは、任命権者による「処分を要することなく」、「失職」する。
②遡及――その無効は、任用時に「遡る」。
③行為――欠格条項者が行った行政上の行為は、法律上は「無効」となるが、「事実上の公務員の倫理」により、善意の第三者に対し「有効」として扱われる。
④給与――欠格条項者に支払った「給与」は、その間の労働の対価として返還は「免除」される。
⑤手当――退職手当は支給されない。また、退職一時金も支給されない。
⑥通知――欠格条項者に対する通知方法は、無効宣言に類する。任用自体が無効であるため、「登庁の要なし」という通知書でたりる。

□□□□□

【No.046】　次の文は、欠格条項に関する記述であるが、a～fの下線の部分で誤りとして指摘できる箇所は、何か所あるか。

公務は広く国民に公開されなければならないが、国民のなかには地方公務員に就かせることが適当でない者がいる。

このため地公法は、職員となるための<u>a 競争試験又は選考の挑戦を妨げてはいない</u>が、合格しても任用できないとする欠格条項がある。

<u>b 欠格条項に該当する者の任用は、当然に取消となる</u>。

任用に当たっては、能力の実証のほか欠格条項に該当しないことの要件があり、この点から欠格条項は<u>c 任用の積極的条件</u>とされ、これに該当すると<u>d</u>

当然に退職となる。

　もしも公務員となり得ない欠格条項者が公務員として行った行為があれば、その行為は原則としてe無効となる。

　地公法では、欠格条項として4項目を掲げており、f条例でその除外例を定めることはできないとしている。

1　誤りは「1」箇所である。
2　誤りは「2」箇所である。
3　誤りは「3」箇所である。
4　誤りは「4」箇所である。
5　誤りは「5」箇所である。

□□□□□

【No.047】　欠格条項に関する記述として、妥当なのはどれか。

1　欠格条項は、任用を制約する基本的条件であるから、当然に制限列挙である。例外として、交通事故を起こし禁錮以上の刑に処せられた者に対し、その情状により特例を認める条例を定めることができる。
2　欠格条項に該当する者は、職員としての採用及び受験資格の二つが否定される。この職員とは一切の地方公務員を指すことから、一般職のみならず特別職も含まれる。
3　欠格条項に、憲法又はその下に成立した政府及び地方公共団体を暴力で破壊することを主張する政党などの団体を結成し又は加入した者があり、この場合、その後その団体から脱退しても永久に欠格条項の該当者となる。
4　欠格条項に職員が該当するに至ったときは、任命権者による処分手続が必要であり、欠格条項の該当者であるため登庁の必要なしとする発令行為を行う必要がある。
5　欠格条項に違反する採用は当然に無効であるが、しかし、欠格条項に該当する者が行った行為は法律上無効とならず、善意の第三者に対しては有効として取り扱われる。

□□□□□

【No.048】　欠格条項に関する記述として、妥当なのはどれか。

1　懲戒免職処分を受けた者は欠格条項に該当し、職員としての適格性を欠くため、将来、当該地方公共団体の職員になることはできない。
2　禁錮以上の刑に処せられた者は欠格条項に該当するが、その刑の執行猶予中の者は欠格条項に該当せず、当該地方公共団体の職員になれる。

3　欠格条項に該当する者を誤って採用した場合には、採用そのものは無効となるが、給与は労働の対価として返還を求めることができない。
4　地公法の刑に処せられた者が人事委員又は公平委員である場合には、委員としての免職に該当するが、欠格条項に該当することはない。
5　日本国憲法を暴力的手段で廃止することを主張する団体に加入していた者でも、その後その団体から脱退していれば、職員として採用できる。

□□□□□
【№.049】　欠格条項に関する記述として、妥当なのはどれか。

1　欠格条項に該当する者は、職員となること及び競争試験や選考を受けることができず、現に職員である者が欠格条項に該当するときは、条例に特別の定めがある場合を除き任命権者による処分を要することなく失職する。
2　欠格条項に該当する者を誤って採用した場合、その採用は無効であり、その者が受けた給料は不当利得として返還しなければならないが、その者の行った行為は事実上の公務員の理論により有効とされる。
3　民法上の制限能力者のうち成年被後見人は、法律上の行為能力を完全には認められない場合があるため欠格条項に該当するが、被保佐人は精神上の障害で事理を弁識する能力が不十分な者であり、欠格条項に該当しない。
4　地方公共団体の職員が禁錮以上の刑に処せられた場合は、直ちにその職を失い、刑の執行を終わり又はその執行を受けることがなくなった場合においても、再び職員となることができない。
5　日本国憲法の下に成立した政府及び地方公共団体を暴力で破壊することを主張する政党その他の団体に属する者は欠格条項に該当するが、これらの団体を脱退した場合は、地方公共団体の職員となる資格を回復する。

□□□□□
【№.050】　地方公共団体から処分を受けた者で、欠格条項該当者は次のどれか。

1　他の地方公共団体において「懲戒の免職」を受け、当該処分の日から２年を経過しない者は、当該地方公共団体の職員になることができない。
2　当該地方公共団体において「懲戒の免職」を受け、当該処分の日から２年を経過しない者は、他の地方公共団体の職員になることができない。
3　当該地方公共団体において「懲戒の処分」を受け、当該処分の日から２年を経過しない者は、当該地方公共団体の職員になることができない。
4　他の地方公共団体において「分限の免職」を受け、当該処分の日から２年を経過しない者は、当該地方公共団体の職員になることができない。
5　当該地方公共団体において「懲戒の免職」を受け、当該処分の日から２年を経過しない者は、当該地方公共団体の職員になることができない。

□□□□□

【No.051】　欠格条項の禁錮刑に関する記述として、妥当なのはどれか。

1　禁錮刑以上の刑に処せられた者は、その執行を終えるまで又はその執行を受けることがなくなるまで、当該職員となることができない。
2　禁錮刑以上の刑に処せられた者は、禁錮、懲役などの刑の言い渡しを受けた者であり、その刑の執行が終えても、当該職員となることができない。
3　禁錮刑以上の刑に処せられた者は、公務に従事することができない者であり、その判決を不服として控訴している者も、当該職員となることができない。
4　禁錮刑以上の刑に処せられた者は、刑の言い渡しを受けたにもかかわらずその刑が執行猶予となれば、当該職員となることができる。
5　禁錮刑以上の刑に処せられた者は、刑の言い渡しの効力の有無にかかわらず職員となる資格を回復しないため、当該職員となることができない。

□□□□□

【No.052】　欠格条項に関する記述として、妥当なのはどれか。

1　成年被後見人及び被保佐人は、民法の規定により家庭裁判所によって宣告を受けた者を指し、これらの宣告を受けた者は欠格条項該当者となり、宣告を取消された後においても当然に資格を回復しない。
2　禁錮刑以上の刑に処せられ、その執行を終わるまでの者又はその執行を受けることがなくなるまでの者は欠格条項に該当するが、刑が不服で控訴している場合には刑が確定していないため、欠格条項に該当しない。
3　懲戒免職の処分を受け当該処分の日から２年を経過しない者は、当該地方公共団体の職員になれないが、その懲戒免職の処分を任命権者が取り消した場合には欠格事由が消滅する。
4　人事委員会又は公平委員会の委員の職にあって、地公法に規定する罪を犯し刑に処せられた者は欠格条項に該当するが、この刑については、一般の職員と同様に罰金刑は含まれない。
5　政府を暴力で破壊することを主張する政党その他の団体を結成又は加入した者は絶対的に欠格者となる。その場合、その下に成立した政府とは内閣を指し、国の立法や司法のほか国の行政機関は含まれない。

□□□□□

【№.053】 欠格条項に関する記述として、妥当なのはどれか。

1　欠格条項に該当する者を誤って地方公共団体の職員として任用した場合、その任用は当然に無効であり、その者に支払われた給料については不当利得であり返還させなければならない。
2　破産宣告を受けた者は、成年被後見人又は被保佐人の宣告を受けた者と同様に、公務の信用を維持するため、破産宣告を受けたことに伴って直ちに欠格条項に該当する。
3　禁錮以上の刑に処せられた者は、その執行が終わるまでは当該地方公共団体の職員となることができないが、禁錮以上の刑の言渡しを受けたにもかかわらず刑の執行猶予中の者は、欠格条項に該当せず、任用の資格を有する。
4　懲戒免職を受けた者は、処分の日から一定期間を経過しない間はその処分を行った地方公共団体の任用の資格を失うが、他の地方公共団体は、処分の日から一定期間内であってもその者を採用することができる。
5　日本国憲法又はその下に成立した政府を暴力で破壊することを主張する団体に加入した者は、地方公共団体の職員となることができないが、これらの団体を脱退して一定期間を経過した場合は、この限りでない。

□□□□□

【№.054】 欠格条項の違反任用の説明Ａ～Ｅのうち、妥当な組合せはどれか。

A　欠格条項者の採用行為は、当然無効である。
B　欠格条項者の行政行為は、事実上の公務員の理論により無効である。
C　欠格条項の該当の間の給与は、返還の必要がない。
D　欠格条項者には、勤務期間の退職一時金が支給される。
E　欠格条項者には、法律上の措置を要せず、無効宣言で足りる。

1　ABC　　2　ACE　　3　BCD　　4　BDE　　5　CDE

9　職員に適用される基準

□□□□□

【No.055】　次の「基準の通則」の記述の空欄A～Dの語句として、妥当なのどれか。

職員に適用される基準の通則には、［A］と［B］があり、前者は地公法の［C］を、後者はその［D］を保障する基本的な理念である。

	A	B	C	D
1	成績主義の原則	平等取扱の原則	民主性	能率性
2	全体奉仕者原則	情勢適応の原則	能率性	民主性
3	成績主義の原則	住民福祉の原則	能率性	民主性
4	住民福祉の原則	法令適合の原則	民主性	能率性
5	平等取扱の原則	情勢適応の原則	民主性	能率性

ここがポイント

● 職員に適用される基準

平等取り扱いの原則……………民主制を保障（法第13条）

○対象――全て「国民」は、この法律の適用について平等に取り扱わなければならず、人種、信条、性別、社会的身分もしくは門地によって、または地公法第16条第4号に規定する場合を除く外、政治的意見もしくは政治的所属関係によって差別されない。

○国籍――国民とは、日本国籍を有する者を指し、外国人は含まれない。

○規定――平等取扱いの原則は単なる宣言規定ではなく、実体的な規定である。

○差別――合理的差別は許される。

○審査――差別された職員は、不利益処分の審査請求ができる。

○罰則――平等取扱いの原則に違反した場合には「罰則の適用がある」。

情勢適応の原則…………………能率性を保障（法第14条）

○措置――「地方公共団体」は、この法律に基づいて定められた給与、勤務時間その他の勤務条件が社会一般の情勢に適応されるように、「随時」、適当な措置を講じなければならない。

○義務――情勢適応の原則は、「地方公共団体」に求めた原則であり、この義務を実行するのが各機関であり、任命権者であり、人事委員会である。

○代償――情勢適応の原則は、公務員の労働基本権の制限による「代償措置」とされている。

○適用――情勢適応の原則は、企業職員及び単純労務職員にも適用される。

○勧告——人事委員会は、「随時」、「勤務条件」の規定により講ずべき措置について、地方公共団体の「議会」及び「長」に勧告することができる。
・この勧告は、勤務条件の勧告であり、地公法第 26 条の給料表の勧告とは異なる。
・勧告を行うか否かは人事委員会の裁量である。
・勧告は、企業職員及び単純労務職員には及ばない。
○罰則——情勢適応の原則に違反しても「罰則の適用がない」。

□□□□□
【№.056】 平等取扱いの原則に関する記述として、妥当なのはどれか。

1　平等取扱いの原則は、近代国家の大原則であり、憲法に規定する法の下の平等の理念に基づき全ての差別を禁止するものである。
2　平等取扱いの原則は、政治的な差別を認めず、政府を暴力で破壊する団体に帰属したことによって差別を受けることを禁止している。
3　平等取扱いの原則は憲法に基づく要請であり、全ての国民について適用される原則であるが、この国民には外国人は含まれない。
4　平等取扱いの原則は、あらゆる性的差別を禁止するため、採用で警察官を男性に限り、看護師を女性に限ることはできない。
5　平等取扱いの原則は民主主義に欠くべからざる基盤であるが、あくまで精神規定であり、この原則に反しても罰則を受けることはない。

□□□□□
【№.057】 平等取扱いの原則に関する記述として、妥当なのはどれか。

1　平等取扱いの原則は、憲法の規定を受けた原則であり全ての国民に適用されるが、外国人には適用されないため、外国人を採用することはできない。
2　平等取扱いの原則は、憲法の保障が具体化された原則であり採用時にも適用されるため、採用時の職務内容で男女の性的差別を設けることはできない。
3　平等取扱いの原則は、地公法の適用に当たり重要な原則であり個人の信条にも適用され、どの政治団体に属するかで差別を受けることはない。
4　平等取扱いの原則は、政治上の信条に基づく原則でもあり政治的中立に適用され、政治的意見や政治的所属関係によって差別されることは許されない。
5　平等取扱いの原則は、個々の職員に対する人事評価の判定やその職務と責任の特殊性に応じてその取扱いに差を設けることは、差別とならない。

□□□□□
【No.058】　平等取扱いの原則に関する記述として、妥当なのはどれか。

1　平等取扱いの原則は、憲法第14条の法の下の平等を受けた原則であり、全ての国民に対して平等を適用することは憲法に基づく要請である。
2　平等取扱いの原則は、労働基準法にも定めがあり、国籍による差別の禁止を明記しており、その適用は採用のみならず採用後にも及ぶ。
3　平等取扱いの原則は、地公法の適用に当たっての最も重要な原則の一つであるが、それは実体的な規定ではなく、単なる宣言規定とされる。
4　平等取扱いの原則は、男女の差別を禁止しており、「男女の均等な機会待遇の確保法」の雇用の男女の機会及び待遇の規定も、地方公務員に適用される。
5　平等取扱いの原則の違反者に対しては、1年以下の懲役又は50万円以下の罰金の規定を持つが、これに対し差別された職員は審査請求ができない。

□□□□□
【No.059】　情勢適応の原則に関する記述として、妥当なのはどれか。

1　情勢適応の原則は、公務員の勤務条件において、民主主義の原則とともに地公法で定める職員に適用される基準の通則となっている。
2　情勢適応の原則は、職員の勤務条件を社会一般情勢の変化に対応して、適時、適切に対応させる措置を地方公共団体の長に求めるものである。
3　情勢適応の原則は、社会経済情勢に対応し、硬直的な状況を打破するため自治体の財政運営の適正化を図ることを目的として設けられた原則である。
4　情勢適応の原則は、職員の経済的な権利であり、地方公務員のうち一般職に適用される原則であって、地方公営企業に勤務する職員には適用されない。
5　情勢適応の原則は、職員の勤務条件に関して、民間企業の一般労働者との間に不均衡をもたらさぬように保障する原則である。

□□□□□
【No.060】　情勢適応の原則に関する記述として、妥当なのはどれか。

1　情勢適応の原則は、職員の勤務条件を社会情勢に適応した保障を行うことによって、職員の公務に対する意欲を引き出すことにある。
2　情勢適応の原則は、労働基本権の制限の代償措置として、職員に社会一般の情勢に適応するように勤務条件に関する措置要求の権利を保障している。
3　情勢適応の原則は、職員の給与、勤務時間その他の勤務条件が社会一般情勢に適応することの措置を、人事委員会に対して求めたものである。
4　情勢適応の原則は、職員の勤務条件を決定するに当たっては、職務内容が類似している国家公務員との均衡を図ることを義務づけている。
5　情勢適応の原則は、給与その他の勤務条件の適応を実行する地方公共団体の長などに課した責務であり、その措置が講ぜられないときは、罰則の適用がある。

□□□□□
【№.061】 情勢適応の原則に関する記述として、妥当なのはどれか。

1　情勢適応の原則に基づき、職員の勤務条件を社会一般の情勢に適応するように、人事委員会はその講ずべき措置について議会及び長に勧告することができるが、この勧告は任意であって義務ではない。
2　職員の勤務条件を社会一般の情勢に適応するように、随時、適当な措置を講じなければならない義務の主体は、地方公共団体ではなく地方公共団体の長である。
3　職員の勤務条件を社会一般の情勢に適応するように、随時、適当な措置を講ずべき勤務条件には、経済的給付に関する事項、提供されるべき勤務の量に関する事項及び執務環境や職場秩序に関する事項であって、勤務の提供に付帯するものは含まない。
4　職員の勤務条件を社会一般の情勢に適応するように、人事委員会が行う勧告は、毎年少なくとも1回、勤務条件が適当であるか否かについて勧告として行うことにある。
5　情勢適応の原則に基づき、職員の勤務条件を社会一般の情勢に適応するように措置することの人事委員会の勧告に対し、それを受け取った議会や長は措置の参考にすれば足り、その対処に関し説明責任を有しない。

10　職員の任用

□□□□□

【No.062】　職員の任用の記述の空欄AとBの語句として、妥当なのはどれか。

職員の任用は、［A］と［B］とに基づいて行わなければならない。

	A	B
1	全体の奉仕者の原則	住民福祉の原則
2	成績主義の原則	平等取扱いの原則
3	政治的中立の原則	法令適合の原則
4	適正化の原則	効率化の原則
5	公務遂行の原則	能率主義の原則

ここがポイント

● **職員の任用**

○地公法は、「**任命**」と「**任用**」の２つの用語を使っている。両語とも「特定の人を特定の職に就ける」ことを意味する。

・「**任命**」が職につける権限または権限を行使する行為に重点を置くのに対し、「**任用**」は職に就くこと、または引き続き就く状態に重点を置いている。両語には本質的な差異はない。

● **任用の根本基準**――（法第14条）

○**実証**――職員の任用は、地公法の定めるところにより、「受験成績」、「人事評価」、「その他の能力の実証」に基づいて行わなければならない。

● **任用の方法**――（法第15条の2）

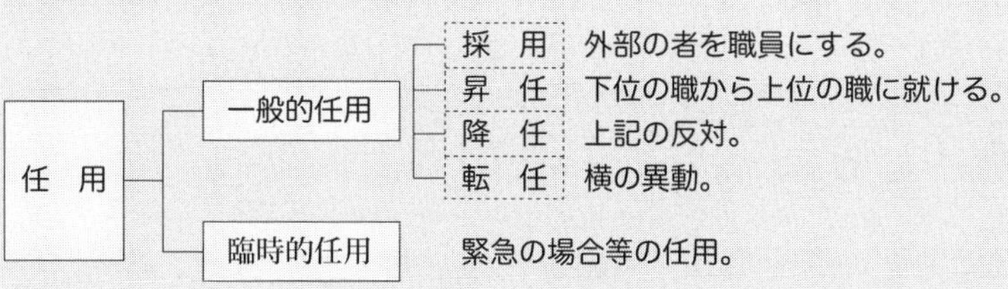

○**種類**――任用の種類として、地公法は、「職員の職に欠員を生じた場合」に、採用、昇任、降任及び転任の４つの方法を定めている。「これ以外の任用はない」。

□ **[採用]・・・職員以外の者を職員の職に任命すること（臨時的任用を除く）をいう。**

・採用は、正式任用の方法の一つであるから、臨時的任用は含まない。

・採用は、職員となろうとする者の「同意」を要する行政処分であり、昇任、降任及び転任は、自ら同意して職員になった後に行われる処分である。

□ [**昇任**]・・・**職員をその職員が現に任命されている職より上位の職制上の段階に属する職員の職に任命することをいう。**

・昇任は、能力の実証及び適性に基づいて行われる。

・昇任の場合は、給与制度の「昇格」を伴うのが一般的であるが、等級別基準職務表に複数の等級がある場合は、昇任を伴わない昇格もある。

□ [**降任**]・・・**職員をその職員が現に任命されている職より下位の職制上の段階に属する職員の職に任命することをいう。**

・下位の職制上の段階に属する職に発令されることなく、給料表の適用における「降格」は、降任に該当しない。

・降任は、分限処分とし行われるものであるから、その手続に従って行わなければならない。

・役職定年制の導入（令５年４月施行）により、「処分ではなく」、管理監督者が他の職へ「降任」される場合がある。

□ [**転任**]・・・**職員をその職員が現に任命されている職以外の職員の職に任命することであって昇任及び降任に該当しないものをいう。**

・転任は、昇任及び降任以外の方法による異動であり、いわゆる、横滑りの異動を意味する。

・転任は、昇任と同じく職務命令により行われ、職員はこれを拒むことができない。

・転任は、職務命令が裁量権を逸脱していない限り、不利益処分には該当しない。

・役職定年制により、管理監督者が他の職へ「転任」される場合がある。

□ [**標準職務遂行能力**]・・・職制上の段階の「標準的な職」（職員の職に限る）の職務を遂行する上で発揮することが求められる能力として「任命権者」が定めるものをいう。

・標準的な職は、「職制上の段階」及び「職務の種類」に応じて任命権者が定める。

・標準職務遂行能力は、人事評価の基準となり、任用における基本となる。

・標準職務遂行能力は、給与の基準となる「等級別基準職務表」が定める「標準的」な職務遂行能力を意味し、その能力が発揮されて、昇給または昇格が行われる。

・等級別基準職務表は、「条例」で定められる。

○地方公共団体の長及び議会の議長「以外」の任命権者は、標準職務遂行能力及び標準的な職を定めようとするときは、あらかじめ地方公共団体の長に協議しなければならない。

● 任用の原則

■ 成績主義の原則

○成績主義の原則の主なる目的は、政治的関与を排除するためである。

○成績主義の原則は、単に任用の根本基準にとどまるものではなく、それ以外の身分取扱い、例えば、給与の決定についても当然に妥当する。

○成績主義の原則に反する任用を企てたり、命じたり、あるいは、ほう助した者は、刑罰の対象となる。

■ 平等取扱いの原則

○平等取扱いの原則は、広く任用の機会の提供を図る原則である。公務に有能な人材を確保することは結果であり、直接のねらいではない。

□□□□□

【No.063】 任用の根本基準に関する記述として、妥当なのはどれか。

1　職員の任用とは、人事行政の最も重要な部分の一つであり、適材を確保しながら、人事委員会が特定の者を特定の職に就けることをいう。
2　職員の任用は、受験成績や人事評価その他の能力の実証に基づいて行われる、いわゆる、猟官主義（スポイルズ・システム）を採用している。
3　職員の任用は、優秀な人材を確保し優れた職員を育成することにあり、成績主義の原則に違反し任用を行った者に対しては、罰則の規定が適用される。
4　職員の任用には、受験成績や人事評価その他の能力の実証が必要であるが、その他の能力の実証については、免許や学歴などは含まれない。
5　職員の任用は、成績主義の原則が根本基準とされており、適材適所の人事配置を阻害する平等取扱いの原則の適用は受けない。

□□□□□

【No.064】 任用の用語の意義に関する記述として、妥当なのはどれか。

1　〔採用〕とは、職員の職に欠員が生じた場合において、職員以外の者を職員の職に任命することをいい、臨時的任用の場合も採用となる。
2　〔昇任〕とは、職員をその職員が現に任命されている職より、上位の職制上の段階に属する職員の職に任命することをいい、選考による任命に限られる。
3　〔降任〕とは、職員をその職員が現に任命されている職より、下位の職制上の段階に属する職員の職に任命することをいい、分限処分の降任に限られる。
4　〔転任〕とは、職員をその職員が現に任命されている職以外の職員の職に、任命することであって、昇任及び降任に該当するものも含まれる。
5　〔標準職務遂行能力〕とは、職制上の段階の標準的な職の職務を遂行する上で発揮することが求められる能力として、任命権者が定めるものをいう。

□□□□□

【No.065】 任用の用語の意義に関する記述として、妥当なのはどれか。

1　「採用」は、職員になろうとする者の同意を要する行政処分と解されており、採用内定の通知を出したとしても、任命権者は採用義務を負わない。

2　「昇任」は任命権者が発令するが、この発令は職務命令として行われるものではないため、職員は昇任を拒むことができる。
3　「降任」は、職員の意に反する任命の方法であるから、降任を行うときは法律又は条例に定める事由による場合でなければ行うことができない。
4　「転任」は、すでに他の職にあったことにより、ある程度能力の実証が得られている者が対象となり、条件付採用期間中の職員は対象とならない。
5　標準職務遂行能力の「標準的な職」は職制上の段階及び職務の種類に応じ任命権者が条例で定めるが、長以外の任命権者が定めるときは長に協議する必要がある。

□□□□□
【№.066】　成績主義の原則の主なる目的として、最も妥当なのはどれか。

1　成績主義の原則は、近代法の基本理念の一つであり、公務を国民全体のものとするため、広く一般国民に公開することを原則としている。
2　成績主義の原則は、単に任用の根本基準にとどまらず、職員の任用に直接住民の意思を反映させ、行政の安定性や能率性を確保する原則である。
3　成績主義の原則は、公務に有能な人材を確保し、優れた職員として育成し、職員の任用に党派的情実の介入を防ぐための原則である。
4　成績主義の原則は、公務能率の向上という公益に合致するとともに職員の政治的中立性を保障することにより、職員の利益を確保する原則である。
5　成績主義の原則は、公務と私生活との分離により、人事の不公正な弊害を除く必要上、職員に全体の奉仕者としての観念を植えつける原則である。

□□□□□
【№.067】　成績主義の原則に関する記述として、妥当なのはどれか。

1　成績主義の原則は、公務能率の増進のために欠くことのできない原則であるが、均分的正義を実現するために欠くことができない条件ではない。
2　成績主義の原則は、任用についての根本基準にとどまるものであって、それ以外の身分取扱い、例えば、給与の決定については適用されない。
3　成績主義の原則は、任用において、地方公共団体の能率を向上させる基盤ともなり、それが住民福祉を増進するための絶対的な要件ともなる。
4　成績主義の原則は、職員の任用に適用され、この職員とは一般職の職員の全てであるが、特定地方独立行政法人の職員には適用されない。
5　成績主義の原則に反する任用を企て、命じ、ほう助した者も刑罰の対象となるが、刑罰は違反の任用が実際に行われたことを要件としている。

11 任命の方法

□□□□□
【No.068】 職員の任命の方法の記述として、妥当なのはどれか。

1　職員の任命は、職に人を就けることであり、職員の職の欠員の有無にかかわらず、採用、昇任、降任及び転任のいずれか一の方法で行うことができる。
2　職員の任命で、正式又は臨時に任用された職員が赤字団体などとなり、過員により離職した後の再採用の際には、優先措置を受ける資格を有する。
3　職員の任命には、採用、昇任、降任及び転任の四種類があり、地方公共団体の長のみが、この四種類のいずれか一の方法で行うことができる。
4　職員の任用には一般的任用と臨時的任用とがあるが、いずれの場合においても、採用、昇任、降任及び転任の任命の方法を持っている。
5　職員の任命には、採用、昇任、降任及び転任があり、人事委員会はこれらの任命のうち、いずれによるべきかの一般的基準を定めることができる。

ここがポイント

● **任命の方法**――（法第17条）
○**任命**――職員の任命は、職員の職に「欠員を生じた場合」に行うことができる。
○**方法**――任命権者は、採用、昇任、降任または転任のいずれかの方法により、職員を任命することができる。

● **任命の「人事委員会の権限」**
①**基準作成**――「人事委員会」は、任命の方法のうちの「いずれかによるべきか」についての「一般的基準」を定めることができる。（法第17条②）
②**実施**――競争試験または選考を実施する。（法第18条）
③**選考承認**――人事委員会の定める職について、任命権者が選考により、採用及び昇任を行うことを承認する。（法第17条の2）
④**規定整備**――正式任用の職員が、職制もしくは定数の改廃または予算の減少に基づく廃職または過員により職を離れた後に、復職する場合の資格要件などを定めることができる。（法第17条の2③）
⑤**みなし合格**――人事委員会の定める職に採用候補者名簿がなく（法第21条①）、かつ人事行政の運営上必要である場合、その競争試験または選考に相当する「国」または「地方公共団体」の競争試験または選考に合格した者を、その職の選考に合格した者とみなすことができる。（法第21条の2③）

■ 採用の方法 ――（法第17条の2）

採用	人事委員会を置く	人事委員会	競争試験
	人事委員会を置かない	任命権者	競争試験または選考

○方法――人事委員会を置く地方公共団体においては、職員の採用は、「競争試験」によるものとする。

・ただし、人事委員会規則（競争試験を行う公平委員会を置く地方公共団体は、公平委員会規則）で定める場合には、「選考」（競争試験以外の能力の実証に基づく試験をいう）によることを妨げない。

● 試験機関 ――（法第18条）

○採用のための競争試験（採用試験）または選考は、人事委員会（任命権者）が行う。

・共同または委託――ただし、人事委員会等は、「他の地方公共団体」の機関との協定によりこれと共同して、または「国」もしくは「他の地方公共団体」の機関との協定によりこれらの機関に委託して、採用試験または選考を行うことができる。（行実36）

● 採用試験の公開平等 ――（法第18条の2）

○採用試験は、人事委員会等の定める受験の資格を有する全ての国民に対して、平等の条件で公開されなければならない。

● 受験の阻害及び情報提供の禁止 ――（法第18条の3）

○試験機関に属する者その他の職員は、受験を阻害し、または受験に不当な影響を与える目的をもって特別もしくは秘密の情報を提供してはならない。

・罰則――上述の規定に違反した場合は、3年以下の懲役または100万円以下の罰金に処せられる。

● 受験の資格要件 ――（法第19条）

○人事委員会等は、受験者に必要な資格として、職務の遂行上必要であって、「最少」かつ「適当」な限度の「客観的」、かつ「画一的」な要件を定めることができる。

● 採用試験の目的及び方法 ――（法第20条）

・目的――採用試験の目的は、受験者が、当該採用試験に係る職の属する職制上の段階の「標準的」な職に係る「標準職務遂行能力」、及び当該採用試験に係る職についての「適性」を有すかどうかを、正確に判定することにある。

・方法――採用試験は、「筆記試験」「その他の人事委員会等が定める方法」により行われる。

● 採用候補者名簿の作成及びこれによる採用 ――（法第21条）

○名簿――人事委員会を置く地方公共団体における採用試験による職員の採用については、人事委員会は、「試験ごとに」、採用候補者名簿を作成する。

・名簿記載――採用候補者名簿には、採用試験において合格点以上を得た者の「氏名」及び「得点」を記載する。法改正で、「得点順」という考え方はなくなった。

・採用候補者名簿による職員の採用は、任命権者が、人事委員会の提示する当該名簿に記載されている者の中から行われる。

・採用候補者名簿に記載された者の数が採用すべき者の数より少ない場合、その他の人事委員会規則で定める場合には、人事委員会は、他の最も適当な採用候補者名簿に記載された者を加えて提示することを妨げない。

任用	要　　件	共通事項
採用	当該採用試験の結果に基づき	職の「標準職務遂行能力」及び職の「適性」を判定する。
	当該選考の結果に基づき	
昇任	受験成績、人事評価その他の能力実証に基づき	
	選考、人事評価その他の能力実証に基づき	
降任	人事評価その他の能力実証に基づき	
転任	人事評価その他の能力実証に基づき	

■ **選考による採用** ——（法第 21 条の 2）

○**判定**——選考の目的は、当該選考に係る職の属する「職制上の段階」の標準的な職に係る「標準職務遂行能力」、及び当該選考に係る職についての「適性」を有するかどうかを、正確に判定することにある。

・選考による職員の採用は、任命権者が、人事委員会等の行う選考に合格した者の中から行う。

・**みなし合格**——人事委員会等は、その定める職員の職について採用候補者名簿がなく、かつ人事行政の運営上必要であると認める場合には、その職の採用試験または選考に相当する国または他の地方公共団体の採用試験または選考に合格した者を、その職の選考に合格した者と「みなす」ことができる。

■ **昇任の方法** ——（法第 21 条の 3）

○**判定**——職員の昇任は、任命権者が、職員の「受験成績」、「人事評価」、「その他の能力の実証」に基づき、任命しようとする職の属する「職制上の段階（部・課・係）」の標準的な職に係る「標準職務遂行能力」及び当該任命しようとする職についての「適性」を有すると認められる者の中から行われる。

● **昇任試験または選考の実施** ——（法第 21 条の 4）

昇任 | 人事委員会を「置く・置かない」にかかわらず | 競争試験または選考による

○**昇任方法**——任命権者が職員を人事委員会規則で定める職（人事委員会を置かない地方公共団体においては任命権者が定める職）に昇任させる場合には、当該職について昇任のための競争試験（昇任試験）または選考を行わなければならない。

・**意見聴取**——人事委員会は、上記の人事委員会規則を定めようとするときは、あらかじめ任命権者の意見を聴くものとされている。

・**資格者**——昇任試験は、人事委員会等の指定する職に「正式に任用された職員」に限り受験することができる。正式任用ではない条件付採用職員は受験資格を有しない。

■ **降任及び転任の方法** ——（法第 21 条の 5）

□**降任**——「降任」の場合は、任命権者が、当該職員の人事評価その他の能力の実証に基づき、任命しようとする職の属する「職制上の段階」の標準的な職に係る「標準職務遂行能力」、及び当該任命しようとする職についての「適性」を有すると認められる職に任命することができる。

□**転任**――「転任」の場合は、任命権者が、職員の人事評価その他の能力の実証に基づき、任命しようとする職の属する「職制上の段階」の標準的な職に係る「標準職務遂行能力」、及び当該任命しようとする職についての「適性」を有すると認められる者の中から行われる。

□□□□□

【No.069】 任命の方法の採用に関する記述として、妥当なのはどれか。

1　採用試験は、受験資格を有する国民に対して平等の条件で公開されなければならないが、この国民には外国人は含まれず、外国人は採用できない。
2　採用試験は、人事委員会などが行うこととなっているため、人事委員会などが他の地方公共団体の機関と共同し又は委託して行うことはできない。
3　採用試験は、職制上の段階の標準的な職の「標準職務遂行能力」を有するかを判定するものであり、「職の適性」を判定するものではない。
4　採用候補者名簿に記載された者の数が採用者数より少ないときには、人事委員会は、他の最も適当な採用候補者名簿に記載された者を提示できる。
5　採用試験は、筆記試験その他の方法により行われ、合格点以上を得た者の氏名及び得点が、その得点順に記載さる。

□□□□□

【No.070】 任命の方法の昇任に関する記述として、妥当なのはどれか。

1　任命権者が職員を人事委員会規則で定める職に昇任させる場合には、当該職について、必ず昇任のための競争試験を行わなければならない。
2　昇任試験は、人事委員会規則で定める受験の資格を有する全ての職員に対して平等な条件で公開されるため、条件付採用期間中の職員も対象となる。
3　昇任は、受験成績、人事評価その他の能力の実証に基づき、任命する職の標準職務遂行能力及び職の適性を有する者の中から行われる。
4　昇任者は人事委員会規則で定める職に任命されるが、人事委員会が昇任の職を定めるときは、長の意見を聴かなければならない。
5　昇任試験の機関に属する者その他の職員は、受験を阻害し又影響を与える秘密の情報を提供してはならないが、この規定に違反しても罰則の適用はない。

□□□□□

【No.071】　任用の運用に関する記述として、妥当なのはどれか。

1　その職を保有したまま他の職に任用されることを「兼職」という。
2　一定の職にある者が他の一定の職を当然に占めることを「事務従事」という。
3　ある職員に他の職に就くことを命ずることを「充て職」という。
4　任命権者を異にする職員の交流のことを「派遣」という。
5　法令に基づく公共機関へ職員を送ることを「出向」という。

ここがポイント

●　任用の「運用」

①「兼職」（併任・兼務）――職員がその職を保有したまま、他の職に任命されること。「自治法」の規定に基づく他の地方公共団体への派遣も含まれる。

②「充て職」――法令等の規定により、一定の職にある職員が当然に他の一定の職をも併せて占めるものをいう。

③「事務従事」――職員に対し、同一の地方公共団体の他の任命権者に属する職務を行うことを命ずることをいう。「自治法」に基づくものである。

・具体的な発令行為は必要なく、職務命令を発すれば足りるものであり、兼職とは異なる。

④「出向」――同一の地方公共団体において、任命権者を異にする職へ任用する場合に、元任命権者が機関相互間の職員の交流に際して行う発令形式をいう。

・知事部局から教育委員会などへの異動を「出向」という。

⑤「派遣」――「自治法」に基づく国への派遣や他の地方公共団体への派遣。「公益法人派遣法」に基づく公益法人等への派遣。「地共済法」に基づく法令に基づく公共機関への派遣などがある。

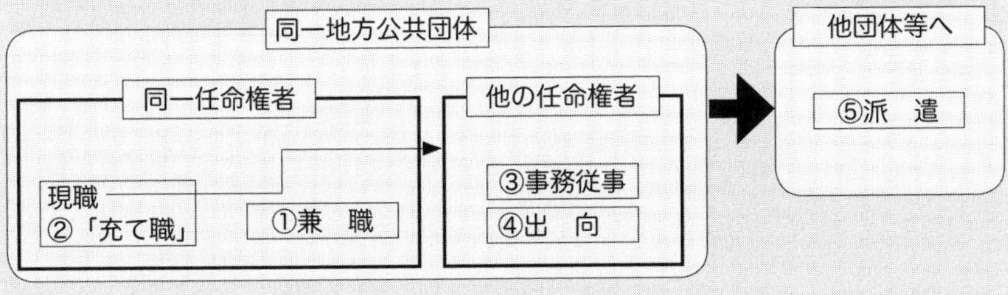

□□□□□

【№.072】 職員の離職に関する関係図の空欄A～Eの語句として、妥当なのはどれか。

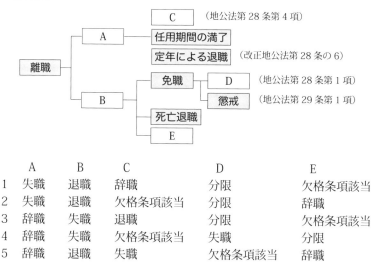

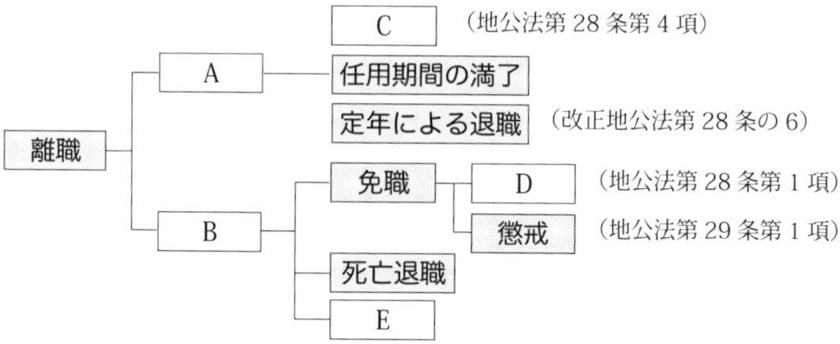

	A	B	C	D	E
1	失職	退職	辞職	分限	欠格条項該当
2	失職	退職	欠格条項該当	分限	辞職
3	辞職	失職	退職	分限	欠格条項該当
4	辞職	失職	欠格条項該当	失職	分限
5	辞職	退職	失職	欠格条項該当	辞職

ここがポイント

● **離職**――職員が公務員としての身分を失い、あるいは地方公共団体のとの勤務関係から離脱することは、一般に離職という。

○**種類**――地公法には、職員の離職については統一的な規定が置かれておらず、それぞれの個所において必要な規定が置かれているが、離職の種類を大別すると、「失職」と「退職」の二つに大別される。

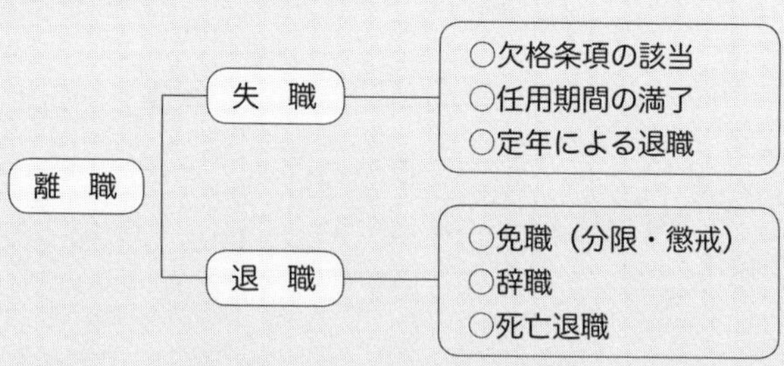

①**失職**――失職とは、職員が一定の事由に該当することにより、なんらの行政処分によることなく当然に離職する場合をいい、これは、欠格条項に該当する場合、任用期間の満了の場合、定年による退職の場合がある。

②**退職**――退職とは、職員が行政処分に基づき離職する場合をいい、免職（分限免職と懲戒免職に限られる）の場合、辞職の場合、死亡退職の場合がある。

○**地公法に基づかない**――「辞職」と「死亡退職」は、地公法の規定に基づくものではない。

□□□□□

【No.073】　職員の離職に関する記述として、妥当なのはどれか。

1　辞職は職員本人の申し出によるが、辞職の効力の発生時期は辞令が交付されたときであり、それまでの間は、職員は退職願を提出した後も公務員としての身分を有する。
2　職員が地公法に定める欠格条項に該当するに至ったときは、何らの手続を要せずにその身分を失うこととされ、条例で欠格条項の一部を適用しない旨を定めることは認められない。
3　職員が公務員の身分を喪失すると、地方公共団体との間の特別権力関係は消滅し、これに基づく権利義務も消滅するものとされ、この職員の在職中の行為には懲戒処分ができず刑罰を科すこともできない。
4　職員が定年に達したときは、当該年度の末日までの間において条例で定める日に自動的に離職するが、その離職により公務に著しい支障が生ずる場合、任命権者は５年を限度として１回に限り勤務延長ができる。
5　職務上の義務に違反し又は職務を怠ったことにより懲戒免職を受けた職員は、処分の日から２年間は、当該地方公共団体及び他の地方公共団体の職員となることができない。

□□□□□

【No.074】　職員の退職に関する記述として、妥当なのはどれか。

1　職員は、一身上の都合によって任意に辞職することができるが、その退職願が任命権者に受理されたときに、はじめてその効力が生ずる。
2　職員の退職願は、書面をもって行われ、退職発令が交付されるまでは、いつでも自由に撤回することができると解されている。
3　職員がいったん提出した退職願を撤回する場合は、必ず文書をもって、その旨を任命権者に申し出なければならない。
4　職員が任命権者の勧奨を受けて退職願を提出した場合においても、任命権者が退職発令をした以上は、職員の退職の効力は変わらない。
5　職員の退職の効力は、本人の了知できる状態に達したときではなく、任命権者が相手方に退職発令の発信を行った時点で生ずると解されている。

□□□□□

【No.075】 競争試験及び選考の表中の記述として、妥当なのはどれか。

	競争試験	選考
1	競争試験は、特定の職に就けるために、不特定多数の者のうちから競争によって選抜する方法である。	選考は、特定の個人が特定の職に就く能力を有するか、選考の基準に適合しているかを判定する方法である。
2	競争試験は、受験者が相互に競争関係に立ち、職員を採用する場合に限り選抜する方法である。	選考は、職員を昇任させる場合に選抜する方法である。
3	競争試験は、受験者が相互の関係に置かれ、試験の結果、受験者間の能力の優劣が明らかとなり、その順位が定まる。	選考を受ける者の間に競争の関係はないが、受験者間には順位がつく。
4	競争試験は、資格要件において補充する職員の数が多い場合に実施される。	選考は、資格要件において、補充する職員の数が少ない場合に実施される。
5	競争試験の結果、採用候補者名簿には得点順に、その氏名と得点が記載される。	選考の結果、採用候補者名簿には、合格点以上を得た者の氏名及び得点が記載される。

ここがポイント

● 競争試験と選考

●競争試験とは、特定の職に就けるべき者を不特定多数の者のうちから競争によって選抜する方法である。

●選考とは、競争試験以外の能力の実証に基づく試験をいう。
特定の者が特定の職に就く能力を有するか否かを判定する方法である。選考を受ける者の間には競争関係はない。

□採用――「採用」は、次による。

①人事委員会を『置く』地方公共団体は・・・競争試験による。ただし、人事委員会規則で定める職については、選考によることができる。

②人事委員会を『置かない』地方公共団体は・・競争試験または選考のいずれかによる。

○目的――競争試験及び選考は、当該選考の職の属する職制上の段階の標準的な職に係る標準職務遂行能力、及び当該選考の職についての適性をするかどうかを正確に判定する目的を持つ。

□昇任――「昇任」は、人事委員会を「置く・置かない」にかかわらず、競争試験または選考による。

● 競争試験及び選考方法の 特例

○実施者――採用のための競争試験又は選考は、人事委員会または任命権者が行うものとする。

・共同・委託――ただし、人事委員会等との機関との協定によりこれと「共同」して、または、国もしくは他の地方公共団体の機関との協定によりこれらの機関に「委託」して採用試験または選考を行うことができる。
□共同実施――人事委員会または任命権者は、他の地方公共団体の機関との協定によって競争試験または選考を共同で実施することができる。
□実施委託――人事委員会または任命権者は、協定によって、国または他の地方公共団体の機関に競争試験または選考を委託することができる。
□みなし合格――「採用候補者名簿がなく」、かつ「人事行政の運営上必要がある」と認める場合においては、国または他の地方公共団体において、能力の実証がなされた者を任用する職の選考に合格した者と見なすことができる。

□□□□□
【No.076】　競争試験及び選考に関する記述として、妥当なのはどれか。

1　競争試験又は選考は、職員として最もふさわしい者を選択する具体的手段であり、これを実施する主体は人事委員会又は公平委員会に限られる。
2　競争試験又は選考を効果的に行う方法として、他の地方公共団体の機関との協定により共同実施ができるが、委託しての実施はできない。
3　競争試験又は選考の例外として、採用候補者名簿がある場合でも、国又は他の地方公共団体の合格者を当該職の選考に合格した者とみなすことができる。
4　競争試験又は選考は任命の前提となる行為であり、人事委員会を置く地方公共団体における職員の採用及び昇任のときに限って実施できる。
5　競争試験又は選考の差異は、競争試験では受験者が競争の関係に置かれ、その能力が判断されるが、選考では選考の職務の適性を有するかで判断される。

□□□□□
【No.077】　競争試験に関する記述として、妥当なのはどれか。

1　競争試験は能力を実証する手段であるが、その能力とは職員になれる資格ではなく、職員の職の標準職務遂行能力及び職の適性を有するかである。
2　競争試験は、情実を排除し公正に実施するためにその受験を阻害した者に対し懲戒処分を課することができるが、罰則を科することはできない。
3　競争試験は、職に必要な職務遂行能力を有するか否かの特定の個人のために行う事務であるから、受験者から受験手数料を徴収することもできる。
4　競争試験は受験者の競争によって選抜する方法であり、人事委員会を置く地方公共団体の職員の採用及び昇任に限って認められている。

5　競争試験は、客観的な標準職務遂行能力を正確に判定するために実施されるため、筆記試験の方法のみによらなければならない。

12 条件付採用及び臨時的任用

□□□□□
【No.078】 条件付採用制度に関する記述として、妥当なのはどれか。

1　条件付採用制度は、公務員特有の制度であり、実地で能力を実証するために、職員の採用は全ての職員を条件付とし、例外を認めていない。
2　条件付採用制度は、職員の標準職務遂行能力及び職の適性の実地の実証を確認する制度であり、実証し得る場合にはその条件付の期間を短縮できる。
3　条件付採用制度は、標準職務遂行能力などの実地の実証を確認する制度であり、条件付採用期間中の者であっても、優秀な者を昇任させることができる。
4　条件付採用制度は、条件付採用期間中に当該職員の能力の実地の実証が得られないときには、人事委員会がその条件付期間を延長することができる。
5　条件付採用制度は身分保障を行わない制度であり、したがって、条件付採用期間中の職員は、勤務条件に関する措置要求を行うことができない。

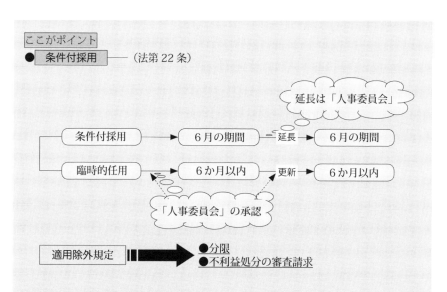

ここがポイント

● 条件付採用 ――（法第22条）

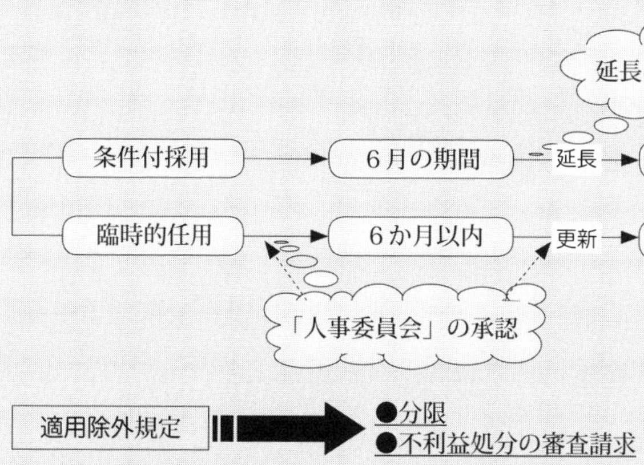

①適用――条件付採用は、原則、「全て」の一般職の職員の「採用」の場合にのみ適用される。
・この条件付は、正式任用でないこと、すなわち、身分保障の適用がないことを意味している。

・条件付採用は、職務遂行能力を判断する制度であり、「非常勤職員」も対象となる
・**例外 1**――「臨時的任用」は、職務遂行能力とは関係がなく正式な任用手続をとるひまがないときの臨時的な措置であり、条件付採用の適用がない。
・**例外 2**――「再任用職員」の場合は、すでに職務遂行能力が実証されているため、条件付採用の適用がない。
・**例外 3**――「会計年度任用職員」の条件付採用は、原則 6 か月のところ、「1 月の期間」とする特例がある。

一般職（非常勤職員）	会計年度任用職員	条件付　「あり」、ただし、1 か月
	定年前再任用短時間勤務職員	条件付　「なし」

②**趣旨**――条件付期間は、労働基準法の「試用期間」と同じ趣旨である。
③**解除**――条件付期間中に、標準職務遂行能力及び職の適性の実地の実証が得られないときは、「将来に向かって」採用を「解除」できる。この条件付は法定の附款の「解除条件」である。
④**期間**――条件付期間は、6 月の期間である。この期間を「短縮」することはできない。
・**延長**――この期間に職務能力の実証が得られないときは、「人事委員会」は、人事委員会規則（人事委員会を設置しない地方公共団体においては地方公共団体の規則）で定めるところにより条件付採用の期間を「1 年を超えない範囲内で」延長できる。
・この延長できる事由を「勤務日数」不足としている。
・人事委員会を置かない地方公共団体においては、地方公共団体の規則で定めるところにより条件付採用の期間を「1 年を超えない期間内で」延長することができる。
・期間を定めて任用するケースとしては、「任期付採用（期限付採用）」がある。
⑤**任用**――条件付職員の「転任」は可能であるが、「昇任」は認められない。昇任は正式任用者に限られる。
⑥**判例**――最高裁は、条件付採用制度は、成績主義の貫徹にあること及び正式採用するか否かを決する最終段階の選択方法としてとらえられ、適格性の有無の判断は、正式採用職員の場合に比較して任命権者により「広い裁量権」が与えられていると考えるべき、と判示している。
⑦**適用除外 1**――条件付職員には「分限」が適用されない。ただし、条例があれば分限の適用を受ける場合もある。
○**適用除外 2**――条件付職員には行政不服審査法の規定も適用されない。したがって、「不利益処分の審査請求」ができない。
※会計年度任用職員の場合は 1 月の期間は条件付であり、この間は分限及び不利益処分の審査請求ができない。
⑧**訴訟提起**――条件付職員は不利益処分を受けても審査請求ができないが、取消訴訟を提起することはできる。
⑨**手続**――任命権者が条件付期間中に特別の措置を執らない限り、その終了日の翌日において正式採用となる。この正式採用には「別段の通知または発令行為を必要と

しない」。

⑩**服務適用**——条件付職員には服務規律の適用があり、服務規律に違反すると「懲戒処分の対象」となる。

⑪**措置要求**——条件付職員は、勤務条件について不服があるときは「勤務条件の措置要求」を行うことができる。

⑫**解雇予告**——条件付採用期間は、労働基準法に規定する「試の試用期間」と解され、条件付職員を免職（罷免）する場合、その職員の勤務が14日を超えるときは、労働基準法の解雇予告が適用される。

□□□□□

【No.079】　条件付採用制度の記述の空欄A～Fの語句として、妥当なのはどれか。

地公法は、職員の［A］は、実地により能力を実証するため、原則として全て条件付のものとしている。

この「条件付」とは、正式任用でないこと、すなわち、［B］の適用がないことを意味している。この「条件」は法定の附款であり、［C］である。

条件付の期間は6月の期間が原則であるが、人事委員会はその期間を1年を超えない範囲内で延長することができる。その事由を［D］としている。

具体的には、実地により能力が実証された場合は発令行為を［E］、正式任用となり、実証が得られない場合のみ免職となる。

この免職に対しては、行政不服審査法の規定が［F］。

	A	B	C	D	E	F
1	採用	身分保障	解除条件	勤務日数	要せず	適用されない
2	採用	身分保障	停止条件	勤務態度	要し	適用されない
3	任用	服務規定	停止条件	勤務日数	要せず	適用される
4	任用	身分保障	解除条件	勤務日数	要せず	適用されない
5	任用	服務規定	停止条件	勤務態度	要し	適用される

□□□□□

【No.080】　条件付採用制度に関する記述として、妥当なのはどれか。

1　職員の採用は、競争試験によって能力の実証を得て行われるが、職員の職業選択の自由を保障することから条件付採用制度が設けられている。
2　条件付採用期間中の職員の勤務成績が良好でないと判断した場合でも、条件付採用期間の終了前に特別の措置を取らない限り正式採用となる。
3　条件付採用期間中の職員の意に反して免職とする処分を行う場合には、法律に定める事由によらなければならない。
4　条件付採用期間中の職員に対し分限処分を行うに当たっても、公正の原則は働くが、分限を条例で定め、当該職員の身分保障を行うことはできない。
5　条件付採用期間中の職員は、身分保障に関する規定の適用を受けられないが、任命権者の不利益処分については行政不服審査法に基づく審査請求ができる。

□□□□□
【No.081】 条件付採用制度に関する記述として、妥当なのはどれか。

1　条件付採用制度は、臨時的任用職員及び非常勤職員には適用されないが、定年退職者を定年前再任用短時間勤務職員として任用する場合には適用される。
2　条件付採用職員は、条件付採用期間中に特別の措置を執らない限り、正式採用となり、正式採用に当たって相手方に通知又は発令行為を必要とする。
3　条件付採用期間中に能力の実証が得られなかったときは、任命権者はその職員の採用を採用時にさかのぼって解除できる。
4　条件付採用職員は、正式な任用の職員でないためその期間中に昇任させることはできないが、転任や特別昇給を与えることは差し支えない。
5　条件付採用期間中の職員を罷免する場合で、その職員が 14 日を超えて使用されていた場合には、労働基準法の解雇予告に関する規定が適用される。

□□□□□
【No.082】 条件付採用制度の記述として、妥当なのはどれか。

1　条件付採用期間中の職員は、採用後 6 か月間、その職務を良好な成績で遂行したときは正式に採用されるが、この条件付期間中は勤務条件に関して不服があっても、勤務条件の措置要求を行うことはできない。
2　条件付採用期間中の職員は、同一の職場における人事評価によって標準職務遂行能力を実証する必要があることから、条件付採用期間中は転任などが認められない。
3　条件付採用期間中の職員は、地公法に定める身分保障に関する規定が適用されないため、地方公共団体は条件付採用期間中の職員の分限について、条例で必要な事項を定めることができない。
4　条件付採用期間中の職員は、その職務を良好な成績で遂行したときに正式採用となるが、この条件付採用期間は労働基準法に規定のある試の試用期間に当たる。
5　条件付採用期間中の職員は、その意に反して不利益処分を受けた場合には行政不服審査法に基づく審査請求を行うことができることから、取消訴訟を提起する場合には訴願前置主義が採用される。

□□□□□
【№083】　条件付採用の期間の記述として、妥当なのはどれか。

1　条件付採用期間は、能力の実証を実地で得る期間であり、原則として採用の日から6か月間であるが、条例で定めればその期間を短縮できる。
2　条件付採用期間は、原則として採用の日から6月の期間であるが、6月満了前に人事評価を行い無事満了すれば、6月後に身分保障を受ける。
3　条件付採用期間は、原則として採用の日から6月の期間であり、正式なものと採用する場合には、相手方への通知又は発令行為が必要である。
4　条件付採用期間は、原則として採用の日から6月の期間であるが、人事委員会は、この期間をさらに1年間延長することができる。
5　条件付採用期間は、原則として採用の日から6月の期間であるが、この間の勤務日数によって期間延長の特別扱いすることは、一切認められない。

□□□□□
【№084】　条件付採用と正式採用との相違の記述として、妥当なのはどれか。

1　条件付採用の職員は、正式採用の職員と異なり、その職で6か月の期間の勤務が正式採用の条件であるが、条件付期間中の不利益処分には行政訴訟で争える。
2　条件付採用の職員の職名は正式採用の職員と変わらないが、給与の等級及び号給の決定については、正式採用職員とは別途に行われる。
3　条件付採用の職員は、分限に関する規定の適用を一切受けないが、正式採用の職員は、分限に関する規定の適用を受ける場合もある。
4　条件付採用の職員には、正式採用の職員にある身分保障の規定が適用されないため、服務規定の適用がなく、服務違反に対して懲戒処分を受けない。
5　条件付採用の職員を正式採用するか否かは任命権者の裁量に属し、正式採用の職員と異なり、解雇予告なしで免職させることもできる。

□□□□□
【№085】　臨時的任用に関する記述A～Eのうち、妥当な組合せはどれか。

A　臨時的任用者は、緊急の場合及び臨時の職の場合に限り認められる。
B　臨時的任用者は、正式任用に際し優先権が与えられる。
C　臨時的任用者は、定数にかかわらず採用される。

D　臨時的任用者は、給料、旅費及び一定の手当が支給される。
E 臨時的任用者は、服務規定、懲戒処分に関する規定の適用を受ける。

1　ABC　　2　ACE　　3　ADE　　4　BCD　　5　CDE

ここがポイント

● **臨時的任用** ――（法第 22 条の 3）

職員の任用
- 一般的任用
- 臨時的任用　①緊急の場合、②臨時の場合、③採用候補者名簿がない場合

□**臨時的任用**は、人事委員会を『置く』地方公共団体は、任命権者が、「人事委員会の規則」で定めるところにより、常時勤務を要する職に「欠員が生じた場合」に、「①緊急の場合」、「②臨時の職の場合」、「③人事委員会に採用候補者名簿がない場合」の３つのうち、いずれかに該当する場合に臨時的任用を行うことができる。
・上記のとおり、臨時的任用には欠員が生じた場合の要件のほかに、緊急の場合などの３つのいずれかに該当する要件が必要である。
・「人事委員会に採用候補者名簿がある場合」でも、緊急または臨時の場合は臨時的任用ができる。
□**臨時的任用**は、人事委員会を『置かない』地方公共団体は、任命権者が「地方公共団体の規則」で定めるところにより、常時勤務を要する職に「欠員が生じた場合」で「①緊急の場合」、「②臨時の職の場合」に限り臨時的任用を行うことができる。
・「非常勤」の職に欠員が生じた場合には臨時的任用ができない。
● **一般職** ――臨時的任用職員とは「一般職」に属する地方公務員である。
・臨時的任用職員はフルタイムで任用される者であり、「常勤職員が行うべき業務に従事する」。

①**期間**――臨時的任用は、人事委員会の「承認」を得て６月の期間を超えない期間で行うことができる。
②**承認**――上述の場合、人事委員会の承認を得て６月の期間を超えない期間で更新もできる。その都度の承認に代えて、事前に「包括的な承認も」可能である。
・「人事委員会の承認を得て」とは臨時的任用を行うとする「職」についての承認であって、臨時的任用を行う者個々についての承認ではない。
③**資格要件**――適格者を得るために、「人事委員会」は、臨時的任用職員の「資格要件」を定めることができる。
・任命権者が人事委員会で定めた資格要件に違反する場合は、当該臨時的任用を取り

消すことができる。
④**定数**――臨時的任用職員は、定数にかかわらず任用（臨時的な採用）ができる。
⑤**身分規定**――臨時的任用職員には、服務、懲戒に関する身分規定が適用される。
・また、勤務条件の措置要求を行うことができ、職員団体に加入することもできる。
⑥**適用除外**――臨時的任用職員には、「分限」が適用されない。ただし、条例があれば分限の適用を受ける場合もある。
⑦**適用除外**――臨時的任用職員には行政不服審査法の規定も適用されない。したがって、「不利益処分の審査請求」ができない。
⑧**訴訟**――分限または不利益処分取消、または無効の確認を求めて訴訟を提起することはできる。
⑨**処遇**――常勤職員が行うべき業務に従事するため、自治法第 204 条に基づき、給料、旅費及び一定の手当が支給される。（令和２年度施行）
・正式任用ではないため、転任や昇任はあり得ないし、昇給が行われることもあり得ない。
・原則として、地方公務員等共済組合法及び地方公務員災害補償法の適用を「受けない」。
⑩**優先権**――臨時的任用職員には、正式任用に際し優先権を与えない。

● **特別法に基づく臨時的任用**

①「補助教職員の確保法」に基づき、女子教職員の出産休暇に際し、当該教職員の職務を補助させるため臨時的任用が認められている。
②「地公育児休業法」に基づき、職員の育児休業に際し、配置換え等でも当該職員の業務を処理することが困難な場合には臨時的任用が認められている。

□□□□□
【No. 086】　臨時的任用に関する記述として、妥当なのはどれか。

1　臨時的任用は、正式任用の特例であり、条件付採用の制度は適用されないが、一定の能力の実証に基づいて任用が行われる。
2　臨時的任用は、緊急の場合、臨時の職の場合及び人事委員会に採用候補者名簿がない場合に、人事委員会を置かない地方公共団体でも適用される。
3　臨時的任用の期間は６か月の期間を超えない期間であるが、必要なときは、任命権者はさらに６か月の期間を超えない期間に限り、何回でも更新できる。
4　人事委員会を置く地方公共団体の臨時的任用には、人事委員会の承認が必要であり、具体的には、臨時的任用を行う職と個々の職員の承認である。
5　臨時的任用職員は、職名、勤務条件の措置要求、職員団体の加入などが正式任用の職員と同様であり、常勤職員として条例に基づき給料が支給される。

□□□□□

【No.087】　臨時的任用職員に関する記述として、妥当なのはどれか。

1　臨時的任用の職員が服務義務に違反した場合には、懲戒処分の対象となるが、その懲戒処分が職員の意に反すれば、不利益処分の審査請求ができる。
2　臨時的任用は正式任用の特例であり、臨時的任用ができるのは、人事委員会を置く地方公共団体において採用候補者名簿がない場合に限られる。
3　臨時的任用を３か月の期間でした者を、さらに３か月の期間臨時的任用をしたときは６か月以内の期間となり、この場合、さらに引き続いて任用できる。
4　臨時的任用の職員には、分限処分に関する規定が適用されないが、当該職員の分限に関して条例で必要な事項を定めることはできる。
5　臨時的任用の職員であった者が正式採用された場合には、臨時的に任用されていた期間を条件付採用の期間として算入することができる。

□□□□□

【No.088】　臨時的任用に関する記述として、妥当なのはどれか。

1　人事委員会を置く地方公共団体の任命権者は、常時勤務を要する職の欠員の有無にかかわらず、長の規則で定めるところにより、緊急の場合、臨時の職の場合及び人事委員会に採用候補者名簿がない場合に、臨時的任用を行うことができる。
2　人事委員会に採用候補者名簿がある場合には、任命権者は採用候補者名簿に登載されている者から採用しなければならず、緊急性又は臨時的があってもそれだけでは臨時的任用ができない。
3　臨時的任用は、フルタイムの任用で通常の事務事業に要する職に充てる場合の任用であり、かつ常勤の職員が行うべき業務に従事するため、勤務の対価としての給料のほか旅費及び一定の手当が支給される。
4　任命権者が臨時的任用を行う場合、人事委員会を置く地方公共団体は人事委員会の承認が必要であり、この承認は職員個々に対する承認であるが、その都度の承認に代わり事前に包括的な承認を得ることもできる。
5　人事委員会は、臨時的任用につき任用される者の資格要件を定めることができるが、任命権者が人事委員会の規定に違反する場合でも、その臨時的任用を取消すことはできない。

□□□□□
【No.089】 臨時的任用のａ～ｆの下線の記述として、妥当な組合せはどれか。

職員の任用は、一般的任用（正式任用）によることが建前でるが、例外として臨時的任用が認められている。臨時的任用職員にはａ臨時的に任用される顧問、調査員、嘱託員なども含まれる。

臨時的任用を行うに当たって、人事委員会を置く団体の場合は人事委員会の承認手続が必要であるが、ｂ人事委員会を置かない団体の場合は任命権者の判断で特段の手続を必要としない。

臨時的任用は正式任用の例外であるから、競争試験又は選考の方法による能力の実証を必要としないが、適格者を得るためにｃ任命権者は資格要件を定めることができる。ｄこの資格要件に合致しない違反行為があるときは取り消すこともできる。

臨時的任用ができる場合は、常時勤務を要する職に欠員が生じた場合に地公法で定める三つの場合に限定されており、ｅ採用候補者名簿がある場合は臨時的任用ができない。

臨時的任用職員の身分取扱いは、条件付採用期間中の職員とほぼ同じであり、ｆ転任や昇給もあり得る。

1　妥当なのは「a、b、e」である。
2　妥当なのは「a、c、f」である。
3　妥当なのは「b、d」である。
4　妥当なのは「b、c」である。
5　妥当なのは「d、e、f」である。

13 会計年度任用職員制度

□□□□□
【No.090】 会計年度任用職員制度に関する記述として、妥当なのはどれか。

1　会計年度任用職員は、行政需要の多様化等に対応し、公務の能率的かつ適正な運営を推進するために制度化された特別職の非常勤職員である
2　会計年度任用職員には、常時勤務の職員の勤務時間と同一のフルタイムの者と、非常勤の職員の勤務時間に比し短いパートタイムの者の二類型がある。
3　会計年度任用職員の採用は、人事委員会を置く地方公共団体では競争試験により、人事委員会を置かない地方公共団体では競争試験又は選考による。
4　会計年度任用職員の任期は、その採用の日から同日の属する会計年度の末日までの期間の範囲内において任命権者が定めるとされる。
5　会計年度任用職員の条件付採用については、その任期が一会計年度に限られることから、原則として6か月のところ3か月とする特例がある。

ここがポイント

● 会計年度任用職員制度 ―― (法第22条の2)

・地方公共団体における行政需要の多様化等に対応し、公務の能率的かつ適正な運営を推進するため、令和2年度から「一般職」の「非常勤職員」である「会計年度任用職員制度」が施行されている。

一般職「非常勤職員」	会計年度任用職員
	定年前再任用短時間勤務職員（令5年4月施行）

○制度の2つの類型

	採用	任期	条件付	定数	給付	服務	営利従事
フル	競争又は選考	任命権者が決定	1月適用除外有	制限無	給料・手当・旅費	適用有	不可
パート					報酬・費用弁償・期末		可

①「フルタイムの者」―― 一会計年度任用の職を占める職員の職員であって、その1週間当たりの通常の勤務時間が常時勤務を要する職を占める職員の1週間当たりの通常の勤務時間と「同一」の時間である者

②「パートタイムの者」―― 一会計年度を超えない範囲内で置かれる非常勤の職（短時間勤務の職を除く）を占める職員であって、その1週間当たりの通常の勤務時間が常時勤務を要する職を占める職員の1週間当たりの通常の勤務時間に比し「短い」時間である者

○採用――会計年度任用職員の採用は、地公法第17条の2の採用の方法の規定にか

かわらず、「競争試験」または「選考」による。

・競争試験によらず、面接や書類選考等による適宜の能力実証によることも可能である。

○**任期**——会計年度任用職員の任期は、一会計年度を超えない範囲で（その採用の日から同日の属する会計年度の末日までの期間の範囲内)、「任命権者」が定める。

・任命権者は、採用の際に、当該会計年度任用職員に対しその任期を明示しなければならない。

○**更新**——任命権者は、会計年度任用職員の任期がその採用の日から同日の属する会計年度の末日までの期間に満たない場合には、当該会計年度任用職員の勤務実績を考慮した上で、当該期間の範囲内においてその任期を更新することができる。この場合でも任命権者は、更新の際に当該会計年度任用職員に対してその任期を明示しなければならない。

・**再任用**——当該会計年度任用の職と同一の職務内容の職が翌年度にも設置される場合には、同一の者が平等取扱いの原則や成績主義の下で客観的な能力実証を経て再度任用されることはあり得る。

・会計年度任用職員が翌年度も任用を希望した場合、公募による試験や面接を行わず、職務実績などの実証を行うことで再び任用できる「公募によらない再度任用」を認めている。

・国は、国の非常勤職員に当たる期間業務職員の「公募免除」の上限を原則2回としている点を強調した上で、制度を構築するように通知している。公募免除回数は自治体でバラつきがある。

○**配慮義務**——任命権者は、会計年度任用職員の採用または任期の更新に当たっては職務の遂行に必要かつ十分な任期を定めるものとし、必要以上に短い任期を定めることにより採用または任期の更新を反復して行うことのないよう配慮しなければならない。

・短時間の任期を設定した上で、任期の更新を繰り返し、結果として継続した長期の任用とすることや、再度の任用の際に退職手当や社会保険料等を負担しないようにするため、新たな任期と前の任期の間に一定の空白期間を設けるなどは不適切である。

○**条件付**——会計年度任用職員の条件付採用については、その任期が一会計年度に限られていることから、原則として6か月のところ「1か月」とする特例が設けられている。

○**定数外**——会計年度任用の職は、毎年度の予算編成の中で職の設置が査定され、議会による予算の議決により認められるものとなり、定数管理上は臨時の職かつ非常勤の職として自治法上の条例定数の「対象外」となる。

○**給付**——フルタイムの会計年度任用職員については、「給料」、「手当」及び「旅費」の支給の対象となり、パートタイムの会計年度任用職員については、「報酬」、「費用弁償」のほか「期末手当」が対象となる。

○**服務関係**——会計年度任用職員（フルタイム・パートタイム）であっても、職務専念義務や信用失墜行為の禁止などの規定が適用され（下記のパートタイムの営利企業への従事等の制限を除く)、これに違反する場合には懲戒処分の対象となる。

・営利企業への従事等の制限――会計年度任用職員のうち「パートタイムの者」は、その勤務形態の多様性を踏まえ、営利企業への従事等の制限の「対象外」となっている。
○**適用除外**――会計年度任用職員の場合は「1月は条件付きであり」、この期間は分限及び不利益処分の審査請求ができない。
○人事行政の運営等の公表――フルタイムの会計年度任用職員に関しては、その任用や勤務条件等について、任命権者から地方公共団体の長に対する報告や長による公表等の対象となる。
○**その他**――会計年度任用職員は、任期の定めのない常勤職員等と同様、勤務条件に関する措置要求や、不利益処分に関する審査請求などの規定が適用される。
・会計年度任用職員の休暇については、労働基準法に定める年次有給休暇、産前産後休業、育児時間及び生理休暇等が適用される。

□□□□□
【№.091】 会計年度任用職員制度に関する記述として、妥当なのはどれか。

1 会計年度任用職員の任用や勤務条件などに関しては、条例に基づき、任命権者から地方公共団体の長への報告や長による公表などの対象となる。
2 会計年度任用職員は、常時勤務を要する職を占める職員の1週間当たりの勤務時間と同等な勤務時間上、給料、手当及び旅費の支給の対象となる。
3 会計年度任用職員は、非常勤職員と同様な任用であり、その勤務形態の多様性を踏まえ営利企業への従事等の制限の対象外となっている。
4 会計年度任用職員には、職務専念義務や信用失墜行為の禁止などの規定が適用されず、したがって、これに違反する場合も懲戒処分の対象とならない。
5 会計年度任用職員は条件付の対象者であり、その条件付の期間には、条件付採用職員と同様に、分限及び不利益処分の審査請求の規定が適用されない。

14　定年前再任用短時間勤務職員制度

□□□□□

【No.092】　定年前再任用短時間勤務職員制度に関する記述として、妥当なのはどれか。

1　定年前再任用短時間勤務職員制度は、条例定年に達した日以後に退職した職員を定年退職日相当日まで当該短時間勤務の職に採用できる制度である。

2　定年前再任用短時間勤務職員制度は、定年制の引き上げに伴う措置であり、選考に基づくことなく、本人の希望により継続して勤務できる制度である。

3　定年前再任用短時間勤務職員については、常時勤務を要する職に昇任し、降任し又は転任することも可能である。

4　定年前再任用短時間勤務職員とは、条例年齢以上のため退職した者であることから、この制度の採用には条件付採用の規定が適用される。

5　定年前再任用短時間勤務職員は、懲戒処分の対象となり、その対象となる行為は当該定年前再任用短時間勤務職員として勤務した違反行為に限られる。

ここがポイント――（法第22条の4～第22条の5）・・・（令和5年4月施行）

●法第22条の4――**定年前再任用短時間勤務職員**とは、「条例年齢」以降の勤務について定年退職日相当日（65歳）前まで短時間勤務を希望する職員をいう。「短時間勤務職員」ともいう。

○**制度**――制度は、「常勤の職員と同様な形態をとりながらも」、短時間の勤務により効率的な業務運営を行うことをねらいとする制度である。

・**退職**――この定年前再任用短時間勤務制度を希望する者は「退職」しなければならない。

○**条例年齢**――条例年齢は、国の職員につき定められている国家公務員法第60条の2第1項に規定する年齢（60歳）を基準として定められる。

・**対象外**――ただし、臨時的任用職員、任期付職員等、法により任期を定めて任用される職員、非常勤職員は除かれる。

・**選考**――条例年齢以上の退職者を、条例で定めるところにより従前の勤務実績その他の人事委員会規則で定める情報に基づく「選考」により、短時間勤務の職に採用する。

○**選択**――60歳の条例年齢の時点で、引き続きフルタイムで勤務するか、または定年前再任用短時間勤務職員として勤務するかの選択がある。

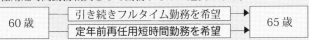

○**任期**――任期は、採用の日（60歳）から定年退職日相当日（65歳）までである。

・従来の再任用短時間勤務は、1年を超えない範囲で延長及び再延長が可能であったのに対し、この定年前再任用短時間勤務の任期は「定年退職日相当日」までとなっている。

・**制限①「条例年齢以上の者は採用できない」**―――その者を採用する定年前再任用短時間勤務の職の定年退職日相当日（65歳）を経過した者であるときは、その者を当該職に採用できない。

・**制限②「定年退職経過者には認められない」**―――その職員を昇任、降任または転任する定年前再任用短時間勤務の職の定年退職日相当日（65歳）を経過した者であるときは、当該定年前再任用短時間勤務職に昇任、降任または転任することはできない。

・**制限③「常時勤務職への変更は認められない」**―――定年前再任用短時間勤務職員を、途中から、「常時勤務を要する職」に昇任、降任または転任することはできない。

○**条件付**――定年前再任用短時間勤務制度の採用には条件付採用の規定が適用されない。

○**地公法の適用**――定年前再任用短時間勤務職員は「一般職」に属するため、地公法が全面的に適用される。

○**懲戒処分**――定年前再任用短時間勤務職員が、条例年齢以上の退職者となった日までの引き続く職員としての在職期間、または、かつて採用されて定年前再任用短時間勤務職員として在職していた期間中に、地公法、もしくは地公法第57条に規定する特例を定めた法律またはこれらに基づく条例、地方公共団体の規則、規程に違反した場合には、懲戒処分の対象となる。

○**兼職の禁止**――定年前再任用短時間勤務職員として採用された職員は、議会の議員、長もしくは監査委員などと兼職できない。

○**経過措置**――従前の「再任用制度」は廃止され、その対象となっていた60歳から65歳までの期間は、定年引上げによる常時勤務か、またはこの定年前再任用短時間勤務での勤務期間に置き換わるため、定年引上げ完成までの間は、従来の再任用短時間勤務については、引き続き再任用の対象となる必要な経過措置が置かれている。

●**法第22条の5――地方公共団体の組合の場合における定年前再任用短時間勤務職員の任用**

○上述の地公法第22条の4の規定は、地方公共団体の組合を組織する地方公共団体の任命権者にも、準用される。

●**定年前再任用短時間勤務制と高齢者部分休業制の比較**

	定年前再任用短時間勤務制	高齢者部分休業制
身分	非常勤職員（短時間勤務の職）	常勤職員
定数	定数外（常勤職員と区別して別途管理）	定数内
期間	60歳から定年退職日まで	条例で定める年齢から定年退職日まで
復帰	常勤勤務への復帰は不可	常勤勤務への復帰は可

□□□□□

【No.093】 定年前再任用短時間勤務職員制度に関する記述として、妥当なのはどれか。

1　この制度の短時間勤務職とは、常勤の職員と異なる形態をとり、1週間当たりの勤務が常勤勤務時間に比して短い時間である職をいう。
2　この制度の短時間勤務職への採用は、臨時的任用職員や非常勤職員などを除く一般職が対象であり、条例で定める年齢に達したときに適用できる。
3　この制度の対象となる職員は、退職者に限らず、短時間勤務職への採用を希望できるが、すでに定年退職日を経過している場合には希望できない。
4　この制度は、条例年齢日から定年退職日までの間に短時間勤務職に転任させることができる制度であり、短時間勤務職への昇任や降任は認められない。
5　この制度の短時間勤務職は、普通地方公共団体及び特別区に限って認められる制度であり、地方公共団体の組合には認められない。

15 人事評価

□□□□□

【№.094】 人事評価に関する記述として、妥当なのはどれか。

1 地公法には人事評価に関する根本基準があるが、この基準は職員に対する人事評価を公正に行うことを地方公共団体の長に課したものである。
2 職員の人事評価は、職員の職務遂行において発揮した能力を評価する技法であり、職務遂行における結果の業績を評価する技法ではない。
3 職員の人事評価は、職員の任用、職員の給与その他の人事管理の基礎として活用するために実施するものであり、分限処分の基礎とするものではない。
4 職員の人事評価の基準及び方法に関する事項などは、地方公共団体の長が定める責任であるが、人事委員会はこの人事評価の実施に関して勧告できる。
5 職員の人事評価は、職員の執務に関して定期的に実施しなければならず、また任命権者は、人事評価の結果に応じた措置を講じなければならない。

ここがポイント――(法第23条)

● 人事評価 とは、地公法第23条では、職員の任用、給与、分限その他の人事管理の基礎とするために、職員が「①その職務を遂行するに当たり発揮した能力」及び「②挙げた業績」を把握した上で行われる勤務成績の評価をいうとしている。

・つまり、勤務成績の評価は「能力評価」と「業績評価」に求めている。

□能力評価――「①その職務を遂行するに当たり発揮した能力」、いわゆる「能力評価」は、潜在的能力や業務に関係のない能力、人格等を評価するものではなく、能力評価に係る評価期間において職員が職務を遂行する中で、任命権者が定めた標準職務遂行能力が発揮されたかを評価する。

・例えば、採用試験や昇任試験は標準職務遂行能力を「有するか」どうかを判定するのに対し、能力評価は標準職務遂行能力が「発揮されたか」どうかを評価する。

□業績評価――「②挙げた業績」とは、いわゆる、「業績評価」である。この評価は、人材育成に活用することから、評価者と被評価者とであらかじめ目標を設定した目標管理が求められる。

○公正評価――職員の人事評価は、公正に行われなければならない。平等とは異なる。

・評価には主観が入ることは避けられないが、恣意的であってはならない。

○評価活用――任命権者は、人事評価を「任用」、「給与」、「分限」「その他の人事管理」の基礎として活用する。

・分限の事由には、「人事評価または勤務の状況を示す事実に照らして、勤務実績が良くない場合」には、「降任」又は「免職」としている。

○実施――「任命権者」は、職員の執務に対して、「定期的」に、人事評価を行わなければならない。
○規定――任命権者は、人事評価の「基準及び方法」に関する事項その他人事評価に関し、必要な事項を定めることができる。
・長の総合調整――任命権者が上記の事項を定めるときは、「長及び議長」以外の者であるときには、あらかじめ長に協議する必要がある。
○措置――任命権者は、人事評価の実施の結果に応じた措置を講じなければならない。
○勧告――人事委員会は、人事評価の実施に関し任命権者に「勧告」することができる。

□□□□□
【No.095】　人事評価に関する記述として、妥当なのはどれか。

1　人事評価とは、職員が職務を遂行するに当たり発揮した能力のみならず、職務遂行により挙げた業績を把握した上で行われる勤務成績の評価をいう。
2　人事評価は、職員の任用、給与、分限に限定し、人事管理の基礎とするために行う勤務成績の評価であり、人事評価は公正に行わなければならない。
3　人事評価の基準及び方法など必要事項は任命権者が定めるが、任命権者が長以外の者であるときは、当該事項を長に協議しなければならない。
4　人事評価は公正でなければならないが、任命権者は人事評価の実施の結果に基づいて必要な措置を講ずることができる。
5　人事評価は、人事委員会を置く地方公共団体において実施する義務があり、人事委員会は人事評価の実施に関して任命権者に勧告することができる。

□□□□□
【No.096】　人事評価に関する記述として、妥当なのはどれか。

1　人事評価とは、任用、給与、分限などの人事管理の基礎とするために、職員の職務遂行の発揮能力のみを把握した上で行われる勤務成績の評価をいう。
2　任命権者は、職員の執務について定期的に人事評価を行わなければならないが、その人事評価の結果に応じた措置までは講じる必要がない。
3　職員の人事評価は、公正に行われなければならず、任命権者は人事評価を任用、給与、分限その他の人事管理の基礎として活用する。
4　人事評価の基準や方法に関する事項は任命権者が定めるが、この場合、任命権者が議会の議長であるときは、あらかじめ長に協議しなければならない。
5　人事委員会は、給与、勤務時間その他の勤務条件に関し講ずべき措置を任命権者に勧告できるが、人事評価の実施に関しては任命権者に勧告できない。

16 給与・勤務時間その他の勤務条件

□□□□□
【No.097】 勤務条件に関する記述として、妥当なのはどれか。

1 地公法で使用される「勤務条件」という用語は、労働関係法規において、一般の雇用関係にいう「労働条件」と異にする内容である。
2 勤務条件とは、職員が地方公共団体に勤務を提供する諸条件であり、自己の勤務を提供し又は提供を継続するかを決心する利害関係事項である。
3 勤務条件を性質別にみると、経済的給付に関する事項と労働提供の仕方に関する事項とに分類できるが、勤務時間は前者に分類される。
4 勤務条件に関して、職員に権利を付与し又は義務を負わせる場合のほか、勤務条件として何を条例で定めるかは、条例制定権者の裁量ではない。
5 勤務条件は条例で定めることとされているが、これは、勤務条件の決定の方法及び決定の結果について、職員への配慮を払う必要があるからである。

ここがポイント

● **給与、勤務時間その他の勤務条件の根本基準** ——（法第 24 条）

・**勤務条件**——「給与、勤務時間その他の勤務条件」という用語は、地公法第 24 条のほか、第 46 条（措置要求）、第 55 条（職員団体の交渉）で使用され、第 52 条の職員団体の定義では、「勤務条件」という用語が使用されている。

・**法制意見**——地公法の「勤務条件」という言葉は、「労働関係法規において、一般の雇用関係についていう 『労働条件』に相当するもの、すなわち、給与及び勤務時間のような、職員が地方公共団体に対して勤務を提供するについて存する諸条件で、職員が自己の勤務を提供し、またはその提供を継続するかどうかの決心をするにあたり、一般に当然に考慮の対象となるべき利害関係事項であるものを指す」と解されている。（法制意見昭 26）

・**分類**——勤務条件は、職員に対する経済的給付に関するものと、職員に対する経済的給付以外に関するものとに、分類することができる。

勤務条件	●経済的給付	①勤務の反対給付	・給与（給料、手当、その他）
		②費用の支給	・旅費、被服等の支給
		③災害の補償	・公務災害補償
		④その他	・公務外の傷病扶助
	●経済的給付以外（労働提供の仕方）	①勤務時間的基準	・勤務時間、休日、休暇、休憩
		②通常勤務以外の勤務	・宿日直、時間外勤務
		③職場執務環境	・安全、衛生

□□□□□

【No.098】 勤務条件に関する諸原則として、妥当なのはどれか。

1 〔条例主義の原則〕は、職員の給与、勤務時間その他の勤務条件を条例で定めることとする原則であるが、この原則は、団体協約の締結権が制限されている職員には適用されない。
2 〔平等取扱いの原則〕は、近代法の基本理念の一つであり、憲法が定める法の下の平等に由来するもので、合理的な理由の有無にかかわらず差別することを禁止する原則である。
3 〔平等取扱いの原則〕は、勤務条件の基本原則であり、個々の職員の具体的な給与を職務の困難性や責任の度合い、又は人事評価などで決定することは、平等取扱いの原則に反する。
4 〔情勢適応の原則〕は、地方公務員の場合は労働基本権が制約されており、その代償措置として、職員の給与などについて適切な措置を講ずべきことを人事委員会に課する原則である。
5 〔情勢適応の原則〕は、公務員の勤務条件が社会経済情勢に適応することを求める原則であり、人事委員会が勤務条件の調査を議会又は長に報告することは、この原則の現れである。

ここがポイント

● 「勤務条件」とは、職員が勤務を提供し、または提供を継続するか否かを決定するにあたって考慮の対象となるべき事項であり、地公法には、給与及び勤務時間その他の勤務条件と規定されている。

● **勤務条件に関する諸原則**

① **条例主義の原則**　――（法第 24 条）

○**条例事項**――地公法第 24 条では、「職員の給与、勤務時間その他の勤務条件は、「条例」で定める」と規定している。したがって、規則で定めることはできない。

・その理由は、職員の給与は、直接、間接に住民の負担に基づくものであることから、その内容を住民に明らかにし、住民の意思を反映した条例によって決定されるべきものであることによる。

○**保障機能**――条例主義の原則は、団体協約締結権が制限されている職員の勤務条件を保障する機能も有している。

② **平等取扱いの原則**――（法第 13 条）

○ **13 条規定**――地公法第 13 条では、「全て国民は、地公法の適用について平等に取り扱わなければならず、人種、信条、性別、社会的身分もしくは門地によって、または地公法第 16 条 5 項に規定する場合を除くほか、政治的意見もしくは政治的所属関係によって差別されてはならない」と規定している。

○**基本原則**――平等取扱いの原則は、憲法が定める法の下の平等に由来するもので、情勢適応の原則とともに、職員の任用、勤務条件全般にわたる基本原則である。
○**合理的差別**――平等取扱いの原則は、「合理的な理由なくして」差別することを禁止するものである。
・例えば、個々の職員についての具体的な給与を、職務の困難性や責任の度合い、人事評価などによって決定することは、何ら平等取扱いの原則に反することではない。
③ **情勢適応の原則** ――（法第 14 条）
○ **14 条規定**――地公法第 14 条では、「地方公共団体は、給与、勤務時間その他の勤務条件が社会一般の情勢に適応するように、「随時」、適当な措置を講じなければならない」と規定している。
○**代償措置**――地方公務員の場合は労働基本権が制約されており、また勤務条件は条例で定めることとしている。そのため、その代償措置として、職員の給与が社会経済情勢に適応するように、「随時」、適切な措置を構ずべき義務を「地方公共団体」に課したものである。
○**原則の表れ**――人事委員会が職員の勤務条件について調査を行い、議会や長に報告することなどを定めているのは、情勢適応の原則の現れである。

□□□□□
【№.099】 勤務条件に関する諸原則に関する記述として、妥当なのはどれか。

1 〔条例主義の原則〕は、職員の勤務条件が住民の意思を反映した条例によるとする原則であり、団体協約が制限されている職員の勤務条件を保障する趣旨ではない。
2 〔平等取扱いの原則〕は、地公法に基づいて平等に取り扱われなければならないとする原則であり、この原則は外国人に対しても及ぶとされる。
3 〔平等取扱いの原則〕は、合理的な理由なくして差別することを禁止する原則であり、職員の給与を職の困難性や責任の度合いで決定できる。
4 〔情勢適応の原則〕は、公務員にも労働基本権が認められている趣旨から、民間労働者との均衡上の代償として規定されている原則である。
5 〔情勢適応の原則〕は、地方公共団体が職員の給与、勤務時間等が一般社会情勢に適応する措置を講ずる精神規定であり、措置を講ずる義務規定ではない。

□□□□□
【№.100】 勤務時間、休日、休暇等に関する記述として、妥当なのはどれか。

1 地方公務員は、勤務時間等について労働基準法の適用を受けないため、職員の勤務時間等を条例で定める場合でも、労働基準法の基準に左右されない。
2 休日とは、正規の勤務時間においても勤務を要しない日をいい、国民の祝日や国の行事の行われる日はこれに当たるが、年末年始は休日に当たらない。
3　休暇とは、職員が任命権者の承認を得て勤務を免除される制度をいい、休暇には、年次有給休暇、病気休暇及び介護休暇の三種類がある。
4　勤務時間、週休日、休日、休暇などを定めるに当たっては、国及び他の地方公共団体の職員との間に権衡を失しない均衡の原則が働くと解されている。
5　正規の勤務時間とは、経常的な業務を行うためにあらかじめ定められた時間であり、この正規の勤務時間には休憩時間も含まれる。

ここがポイント

●一般職の地方公務員の「給与、勤務時間その他の勤務条件」は、地公法の規定により条例で定めることとされている。

●地方公務員は、勤務時間等について、ほとんど全面的に労働基準法の適用を受けるため、職員の勤務条件等を条例で定める場合には労働基準法に定める基準を下回ることができない。基準を上回る場合は何ら問題ない。

①　**正規の勤務時間**

○**正規の勤務時間**――正規の勤務時間とは職員が任命権者の指揮監督の下に職務に専念することを義務づけられている時間をいう。

○**休憩除く**――正規の勤務時間は、休憩時間を除き 1 週間当たり 38 時間 45 分である。

○**平均時間**――4 週間を平均した 1 週間の正規の勤務時間が 38 時間 45 分である場合を含む。

○**勤務制限 1**――「育児または介護を行う職員」が請求した場合には、「職務に支障がある場合を除き」、午後 10 時から翌日午前 5 時までの勤務が制限される。

○**勤務制限 2**――「3 歳未満の子を養育する職員」が請求した場合は、「職務に支障がある場合を除き」、超過勤務をさせてはならない。

○**宿日直**――任命権者は、「労働基準監督署の許可」を受けて、断続的な宿日直勤務を命ずることができる。

②　**休憩時間**

○**休憩時間**――休憩時間とは、職員が勤務時間の途中において勤務から解放されて、自己の時間として利用できる時間であるが、職務の遂行に必要があるときは休憩時間を臨時に変更することもできる。

○**労基法上**――休憩時間は、労働基準法では労働時間が 6 時間を超える場合には少なくとも 45 分、8 時間を超える場合には少なくとも 1 時間とされている。勤務時間が 6 時間を超える場合は 1 時間、継続して一昼夜にわたる場合は 1 時間 30 分としている自治体もある。(労働基準法の基準を上回る場合はかまわない)

○ **3 つの原則**――休憩時間には労働基準法上 3 つの原則がある。

a 勤務時間の途中に与えなければならない。

b 同一事業所の全職員に一斉に与えなければならない。

c 職員の自由に利用させなければならない。

③　**週休日**

○**週休日**――週休日は、正規の勤務時間を割り振らない日をいう。労働基準法第 35

条の休日に当たり、毎週少なくとも１回与えることが原則である。
・週休日は、日曜日及び土曜日である。
○**変更**――週休日に特に勤務を命ずる必要がある場合には、週休日の変更を行うことができる。この週休日の変更は、必ず事前に、所定の様式で行わなければならない。
○**振替**――公務のために週休日に勤務することを命ぜられた職員に対して、週休日を、他の勤務日に振り替えることができる。
○**半日**――定められた期間内にある勤務日の勤務時間のうち、半日勤務時間を勤務を命ずる必要がある日に割り振ることもできる。

④ **休日**

○**休日**――休日は正規の勤務時間が割り振られているが、特に勤務を命ぜられた場合を除き、勤務しない日をいう。
・休日とは、「国民の祝日」、「年末年始の間」、「国の行事の行われる日」である。
○**週休日にあたる場合**――休日が「週休日」に当たる場合には、その日は休日とせず、週休日とする。
○**代休日**――休日に勤務を命ずる場合は、当該休日に代わる日、すなわち、代休日を指定することができる。
○**休日給**――休日に勤務をした場合には、正規の勤務時間内であれば「休日給」が支給され、正規の勤務時間外ならば「超過勤務手当」が支給される。
・休日に勤務した場合、代休日を指定され、その代休日に勤務しなかったときには休日給は支給されない。

⑤ **休暇**

○**休暇**――休暇とは、一定の事由のある場合、職員が任命権者の承認を得て勤務することを一時的に免除される勤務条件上の制度をいう。
○**種類**――休暇の種類は、大きく分けて「年次有給休暇」「病気休暇」「特別休暇」「介護休暇」の４つがある。
○**法令と条例**――休暇には、「法令によるもの」と「条例によるもの」とがあり、前者には、公民権行使等休暇、年次有給休暇、妊娠出産休暇などがある。
○**有給**――労働基準法では、年次有給休暇についてのみ「有給」の休暇と定めている。

□□□□□

【№.101】　勤務時間に関する記述として、妥当なのはどれか。

1　勤務時間とは、職員が職務に専念する義務を有する時間をいい、この勤務時間は正規の勤務時間を指し、超過勤務や休日勤務の時間は含まれない。
2　正規の勤務時間は、休憩時間を含め１週間当たり38時間45分であるが、ただし、４週間を平均した１週間当たり38時間45分である場合も含む。
3　育児又は介護を行う職員が請求した場合には、午後10時から翌日午前５時までの勤務が制限されるため、職員の請求を受理しなければならない。
4　任命権者は、公務のため臨時又は緊急の必要があるときは超過勤務を命ずることができるが、この場合必ず事前に命令し、必ず事後に確認される。
5　任命権者は、労働基準監督機関の許可を受け、職員に対し、正規の勤務時間以外の時間に断続的な宿日直勤務を命ずることができる。

□□□□□
【No. 102】　休憩時間に関する記述として、妥当なのはどれか。

1　休憩時間とは、職員が勤務時間の途中に勤務から解放されて自己の時間として利用できる時間であり、職員は勤務から完全に離れることができる。
2　休憩時間は、職員が勤務時間の途中に疲労回復のため勤務を離れることを権利として保障される時間であり、勤務時間に含まれる。
3　休憩時間は、勤務時間（超過勤務の時間を含む）が6時間を超える場合には1時間が与えられるが、この時間は労働基準法の規定に基づいている。
4　休憩時間には、労働基準法上①勤務時間の途中に与える、②同一事業所の全職員に一斉に与える、③職員の自由に利用させる原則があり、例外はない。
5　休憩時間は、疲労回復のための時間であり、通常12時からの時限とされ、職務の性質によって個別にその時限を定めることはできない。

□□□□□
【No. 103】　週休日に関する記述として、妥当なのはどれか。

1　週休日とは、正規の勤務時間を割り振られない日をいい、労働基準法の休日に当たり、土曜日、日曜日、祝日のほか年末年始がこれに該当する。
2　週休日に勤務した場合は、当該週休日を他の勤務日に振り替えることができるが、人事院規則では週休日の前後4週間の範囲内としている。
3　週休日は、定められた期間内にある勤務日の勤務時間のうち半日勤務時間を、勤務を命ずる必要がある日に割り振ることができる。
4　週休日とは、労働基準法の休日に当たり特に勤務することを命ぜられた場合を除き、正規の勤務時間においても勤務することを要しない日をいう。
5　週休日は、労働基準法では毎週少なくとも1回を原則とするが、自治体では毎4週間につき8日とし、毎4週間につき4日以上にはできない。

□□□□□
【No. 104】　休日に関する記述として、妥当なのはどれか。

1　休日は、正規の勤務時間として割り振られていないが、特に勤務を命ぜられる場合を除き勤務することを要しない日をいう。
2　休日は、正規の勤務時間においても勤務を要しない日をいい、国民の祝日に関する法律に規定された休日と年末年始の休日の二種類に限られている。
3　休日に勤務した場合には、その勤務に替えて他の日の勤務を免除されたときであっても、休日給が支給される。
4　休日は、正規の勤務時間においても勤務を要しない日であり、休日が週休日にあたる場合は、その日は休日とせず週休日となる。
5　休日に特に勤務を命ずる場合は、当該休日に代わる日を代休日に指定することができるが、この代休日は同一週内でなければならない。

□□□□□
【No.105】 休暇に関する記述として、妥当なのはどれか。

1　休暇とは、任命権者の承認を得て勤務を一時的に免除される制度であり、条例で認められるのは病気休暇、特別休暇及び介護休暇の三種類に限られる。
2　病気休暇は、療養のため勤務ができないと認められる必要最小限度の期間が与えられ、給与の減額免除の期間は1回に付き引き続く180日である。
3　公民権行使休暇は、選挙権などの権利行使又は公の職務執行の休暇であり、職員の請求を拒むことや請求された時刻を変更することはできない。
4　年次有給休暇は職員の請求により与えられるが、逆に任命権者は時季変更権を有することから、休暇目的にかかわらず変更権の行使ができる。
5　休暇は勤務条件であるから、条例で定めなければならず、条例で定める場合に、年次有給休暇などは労働基準法で定める基準を下回ってはならない。

□□□□□
【No.106】 給与に関する諸原則の記述として、妥当なのはどれか。

1　〔条例主義の原則〕とは、給与を住民の前に明らかにする必要上、職員の給与は、条例又は規則に基づかない限り支給できないとする原則である。
2　〔職務給の原則〕とは、職員の給与はその職務と責任に応ずるものでなければならないとする原則であるが、職員の給与には生活給も加味されている。
3　〔均衡の原則〕とは、職員の給与の決定に当たり諸般の事情を考慮するとする原則であり、人事委員会の給与勧告はこの原則に基づくものではない。
4　〔給与支払いの原則〕とは、給与の支払いは通貨で、直接職員に、その全額を支払わなければならないとする原則であり、この原則の例外はない。
5　〔労働基準法適用の原則〕とは、労働基準法の規定は国家公務員法及び地公法で特に明文をもって適用除外とされるもの以外は、全て適用するとする原則である。

ここがポイント

●給与の６つの原則

①**職務給の原則**――（法第24条①）

○**職務給の原則**――職務給の原則とは、職員の「職務」と「責任」に応じて給与が決定される原則である。だが、現行給与制度には生活給や年功給も加味されている。

・職務給の原則によって、同一の職務に同一の額が支払われる。

②**均衡の原則**――（法第24条②）

○**均衡の原則**――均衡の原則とは、給与は生計費、国または他の地方公共団体の職員の給与、地方公営企業などの経営状況、民間の労働者の賃金などを考慮して決定する原則である。

○**給与勧告**――人事委員会の給与の勧告は均衡の原則に基づいている。

○**考慮事項**――企業職員の給与も、生計費、同一または類似の職種の国・地方公共団体の給与、当該地方公営企業の経営状況を考慮して定めなければならない。

○**均衡事項**――均衡の原則では、「勤務条件」は「給与」と異なり、国または他の地方公共団体の職員との均衡であって、「民間との均衡」は明記されていない。

③**条例主義の原則**――（法第25条）

○**条例主義の原則**――条例主義の原則とは、給与は条例で定めなければならないとする原則である。

○**条例事項**――給与条例に掲げる事項は、次のとおりである。

一　給料表

二　等級別基準職務表

三　昇給の基準に関する事項

四　時間外勤務手当、夜間勤務手当、及び休日勤務手当に関する事項

五　前号に掲げるものを除くほか、自治法に規定する手当を支給する場合には、当該手当に関する事項

六　非常勤の職その他勤務条件の特別な職があるときは、これらについて行う給与の調整に関する事項

七　前各号に規定するものを除くほか、給与の支給方法、及び支給条件に関する事項

□「**給料表**」には、職員の職務の複雑、困難及び責任の度に基づく等級ごとに明確な給料額の幅を定めていなければならない。

□「**等級別基準職務表**」には、職員の職務を等級ごとに分類する際に基準となるべき職務の内容を定めていなければならない。

・等級別基準職務表は、自治体に散見した給料表の「わたり」という不適当な給与制度の運用を適正するため、地公法の改正によって設けられた。

○**支給根拠**――給与（給料・手当の種類等）は、自治法第204条、地公法第24条及び条例に基づいて支給される。

○**教員給与**――県費負担教職員の給与は都道府県の給与条例による。

○**条例事項１**――条例主義の原則により、給料は条例に基づかなければいかなる金銭

または有価物も支給できない。各種手当も条例事項である。

○**条例事項 2**——条例主義の「理由」は、一つには職員の給与は住民自治の原則に基づいて住民の同意が必要であること。もう一つは職員に対して給与を保障することにある。

○**給与条例 1**——給与条例の「提案権」は、地方公共団体の長及び議員の双方にある。緊急を要する場合には長の専決処分も可能である。

○**給与条例 2**——給与の「改定」は、時期の遡及も可能であり、会計年度を超える場合には過年度支出として処理される。

○**給与条例 3**——職員の給与、勤務時間その他の勤務条件に関する事項を全面的に規則で定めるよう条例で委任することはできない。

○**給与条例 4**——　一般行政職員の給与は、給料表や具体的な額を条例で定めなければならないが、企業職の職員及び単純労務職の職員の給与は条例主義の適用がなく、団体協約により決定され、条例では「給与の種類」と「基準」のみが定められる。

④ **重複給与支給禁止の原則**——（法第 24 条③）

○**重複給与支給禁止の原則**——重複給与支給禁止の原則とは、職員が他の職と兼ねる場合に重複して給与の支給を受けることができないとする原則である。しかし、いずれか高い方の支給を受けることはできる。

・**特別職との兼務**——職員が特別職を兼ねることは法律上禁止されていないため、特別職の報酬を受けることができるが、職員の給与と重複して受けることはできない。

・**適用除外**——企業職の職員及び単純労務職の職員には重複給与支給禁止規定の適用がない。これらの職員が重複給与支給禁止を適用する職を兼ねたときは、その職員は重複給与の支給が禁止されるため、結果的に双方から給与を受けることができないからである。

⑤ **給与支払いの原則**——（法第 25 条②）

○**給与支払の原則**——給与支払いの原則とは、職員の給与は、原則として、「通貨」で、「直接」職員に、「全額」を支払わなければならないとする原則である。

・給与とは、職員の勤務に対する報酬として支給される一切の有価物をいい、給料のほか各種手当の全てが含まれる。

・給与には、勤務に基づいて支給される「被服」「生産物の現物」も含まれる。ただし、職務に関連して支給される被服は給与に含まれない。具体的には、「旅費」「共済組合の給付」「公務災害補償」「貸与被服」「食料費をもって支弁する弁当」などは給与に含まれない。

□「**通貨とは**」——通貨とは強制通用力のある貨幣をいう。したがって、「小切手」は通貨ではない。また「現物支給」は条例に規定がある場合に可能である。

□「**直接払い**」——直接払いは、直接本人に支給しなければならない原則であるが、海外出張や病気療養中のときなどは家族への支給が認められる。また給与の「口座振替」は、条例の有無にかかわらず本人の同意がある場合に限り可能である。

□「**全額払い**」——全額払いは、給与の全額を支給しなければならない原則であるが、特例として、法律または条例に根拠がある場合はこの限りでない。組合費の天引きは条例または二四協定に基づかない限り違反となる。

○**定期昇給**——定期昇給は、絶対的な権利または義務ではない。

・給与条例の定期昇給に関する規定は、要件を満たした職員に対して、昇給に関する処分についての実体上または手続上の権利を与えたものとは解されない。

⑥ **労働基準法の適用**

○**労基法の適用**——地方公務員には、特に明文をもって適用除外されているものを除き、労働基準法の規定が適用される。

・労働基準法の規定は、国家公務員には適用されない。

●**給料表に関する報告及び勧告**　(法第 26 条)

○**報告・勧告**——人事委員会は、毎年少なくとも 1 回、給料表が適当であるかどうかについて、議会及び長に同時に「報告」しなければならない義務がある。

・同時に「勧告」しなければならないものではない。

・また、給料表の「勧告」は、給料額を「増減」することが適当であるときに限って行われる。

○**勧告対象**——給与勧告制度は、人事委員会のみに認められている制度であり、公平委員会にはこの権限が与えられていない。

○**給与以外**——給料以外の事項、例えば、各種手当などの調査研究の結果を議会及び長に報告または勧告する場合は、給料表に関する報告及び勧告の規定に基づくものではなく、人事委員会の権限に基づく規定による。

○**勧告効力**——勧告の効力は、法律上、それは強制力を有するものではない。

○**制度除外**——企業職員及び単純労務職員には報告及び勧告の制度は適用されない。

●**給料の支給条件**

○**給料とは**——給料とは正規の勤務時間による勤務に対する報酬であって、給与の中から諸手当を除いたもの、すなわち、給料表に定める給料月額と給料の調整額とを合わせたものをいう。

○**給料の減額**——給料は、ノーワーク・ノーペイの原則によって、欠勤、遅参、早退などによる勤務をしない時間に対しては、その部分に対する給与が減額される。

○**休職者の給与**——地方公務員法の分限規定によって、休職者に給与の一部が支給される場合がある。

○**給与請求権の譲渡・放棄・時効等**——給与請求権の基本権の譲渡または放棄は、原則として認められない。

・例外として、職員の申出により、給与支払者が職員の生活及び公務の遂行に支障がないと判断した限度で認められる場合がある。

○**給与請求権**——給与請求権には労働基準法の適用があり、その行使をできる時から「5 年」(労働基準法の改正で 2 年から 5 年、当分の間 3 年) で時効となる。これらの期間を経過したときは絶対的に消滅し、その後の支払いは違法となる。

□□□□□

【№107】 給与に関する諸原則の記述として、妥当なのはどれか。

1 〔条例主義の原則〕により、職員の給与は条例に基づかずに給料、手当、賞与、労働の対価である金額を支給できず、有価証券での支給もできない。
2 〔職務給の原則〕により、職員の給与はその職務と年齢に応ずるものでなければならず、全てにわたって完全に職務給の原則が実現されている。
3 〔均衡の原則〕により、職員の給与は職務内容が類似している国及び他の地方公共団体の職員の給与との均衡を図って定めるとされる。
4 〔給与支払いの原則〕により、職員の給与は通貨で、直接職員に、全額を支払わなければならないが、通貨支払の例外として小切手払いが認められる。
5 〔重複給与支給禁止の原則〕により、職員の給与は、特別職を兼ねる場合には重複給与支給の禁止に抵触するため、特別職の報酬を受け取れない。

□□□□□

【№108】 給与決定の原則の記述として、妥当なのはどれか。

1 〔条例主義の原則〕とは、職員の給料は条例に基づかなければいかなる金銭又は有価物も支給できないとする原則であり、各種手当はこの原則によらない。
2 〔職務給の原則〕とは、職員の給与はその職務と責任に対応し貢献度に応じて決定されなければならないとする原則であり、生活給を加味することはできない。
3 〔均衡の原則〕は、比較の給与決定であり、職員の給与は生計費並びに国又は他の地方公共団体の職員の給与、民間事業者の賃金などを考慮して決定されるとする原則である。
4 〔給与支払いの原則〕とは、職員の給与は通貨で支払わなければならないとする原則であり、給与の一部であっても、現物による支給は一切認められていない。
5 〔給与支払いの原則〕に基づく職員の給与は、法律又は条例に規定がある場合を除き直接職員に支給されるとする原則であり、口座振替も本人の同意なしに行える。

□□□□□

【№109】 給与に関する事項の記述として、妥当なのはどれか。

1 給与とは、職員が提供した勤労に対する対価を意味し、支給される金銭その他の有価物をいう。具体的には給料を指し各種手当は含まれない。

2　給与は、勤務の対価であることから、旅費などは実費弁償の給付として給与に該当しないが、退職手当や公務災害補償は給与に該当する。
3　給与は、どの原則で決定するかは自由であり、公務員の場合は職員団体との労使交渉で決定されるため、地公法の原則に従い決定されない。
4　給与は、職員の正規の勤務時間の勤務に対する報酬で、特に給与の中心的なのが給料であり、給料の中から諸手当を除いたものが給与である。
5　給与は、給与の諸原則に基づき支給されるが、民間の労働者の場合と同様に勤務の提供に対する対価であるため、労働基準法にいう賃金と同一である。

□□□□□
【No. 110】　給与に関する記述として、妥当なのはどれか。

1　給与は、法律又は議会の議決に基づく条例に基づかなければこれを支給することができないため、労使間の団体交渉による支給は認められない。
2　給与は、通貨で、直接職員にその全額を支給しなければならない原則があり、例外として食事の提供、衣服の貸与、宿舎の提供の現物支給が認められる。
3　給与は、人事委員会において、給料表が毎年少なくとも1回適当であるかどうかが決定され、議会及び長に対して勧告される仕組みとなっている。
4　給与は議会の議決を経た条例に基づき決定されるが、給与は労働基準法などの制約を受け、労働基準法に定める基準を下回る条例を制定できない。
5　給与は議会の議決を経た条例で定められるが、その職員の給与条例の提案権は当該地方公共団体の長に専属する権限であり、議会の議員にはない。

□□□□□
【No. 111】　給与に関する記述として、妥当なのはどれか。

1　〔単純労務職員の給与〕は、給与の種類と基準のみを条例で定めれば足りるため、その他の具体的な額などの内容は条例で定めることを要しない。
2　〔市町村の小中学校に勤務する教職員の給与〕は都道府県が負担するが、その教職員の給与条例については、当該市町村で定めなければならない。
3　〔非常勤職員の給与〕は報酬と称され、報酬の額及び支給方法を条例で定めれば足りるため、その他の各種手当は規則で定められる。
4　〔地方公営企業の職員の給与〕は、一般行政職員と同様に給与条例主義の原則が全面的に適用されるが、具体的な事項は団体協約によって決められる。
5　〔臨時的任用職員の給与〕は、別段の定めがない限り地公法の規定が適用されないため、予算の範囲内で賃金を支払うことができる。

□□□□□

【№.112】 給与表の記述の空欄A～Dの語句として、妥当なのはどれか。

職員の給料表は、職員の職務の複雑、困難及び[A]の度に基づく等級ごとに明確な給料額の幅を定めなければならないとする[B]の原則を掲げ、地公法第25条第3項では、条例に掲げる具体的な事項を挙げている。

しかしながら、この[B]の原則によらず、いわゆる『わたり』を行う自治体が散見した。

国はこの[B]の原則を徹底するために平成26年に地公法を改正し、地方公共団体の職員の給与に関する条例に、新たに[C]を規定した。

一方、給与などの人事管理の基礎となる人事評価は[D]の類型として任命権者が定めるとされているが、[C]と[D]は密接な関係を有している。

だが、法律的には、[C]は条例で定められ、[D]は任命権者が定めることとされている点から、[C]が上位にあることになる。

	A	B	C	D
1	責任	職務給	給料表	標準職務遂行能力
2	能力	能率給	標準職務遂行能力	等級別基準職務表
3	責任	職務給	等級別基準職務表	標準職務遂行能力
4	責任	能率給	等級別基準職務表	標準職務遂行能力
5	能力	職務給	給料表	等級別基準職務表

□□□□□

【№.113】 給料表に関する報告及び勧告として、妥当なのはどれか。

1　給料表の適否について、人事委員会又は公平委員会は、毎年少なくとも1回、議会及び長に報告する義務を有する。
2　給料表の適否について、人事委員会は、毎年少なくとも1回、議会及び長に報告し、同時に勧告する義務を有する。
3　給料表の適否について、人事委員会は、先に長に報告し、議案として審議されるときまでに議長に報告する義務を有する。
4　給料表の適否について、人事委員会は、給料額を増減することが適当であると判断したときに、議会及び長に勧告できる。
5　給料表の適否について、人事委員会から勧告があるときは、長は当該勧告に拘束され、その勧告に従って手続を執る義務を有する。

□□□□□
【No. 114】　修学部分休業に関する記述として、妥当なのはどれか。

1　修学部分休業は、任命権者の職務命令に基づき修学資金の援助を受けながら、職員の公務能力の修学を支援する勤務上の便宜を図る制度である。
2　修学部分休業は、職員が大学その他の条例で定める教育施設における修学のため、一定期間完全に職務から離れる制度である。
3　修学部分休業は、具体的な権利として職員に付与された制度であるから、職員の申請に対して、任命権者はその申請を承認しなければならない。
4　修学部分休業の対象となる者は、臨時的任用職員、任期付採用職員及び非常勤職員を除く全ての一般職の職員である。
5　修学部分休業は、承認の期間中は給与が減額されて支給され、当該職員が休職又は停職の処分を受けた場合には、休業承認の効力を失う。

ここがポイント

● **修学部分休業**——（法第 26 条の 2）

○**修学部分休業**——修学部分休業は、職員が大学その他の条例で定める教育施設において「修学」のための休業を認める制度である。

○**対象外**——修学部分休業は、臨時的任用職員、法律により任期を定めて任用されている職員（任期付職員、定年前再任用短時間勤務職員）、非常勤職員、企業職職員（地公企第 39 条）、単純労務職員（地公労法附則第 5）には認められていない。

○**承認 1**——修学部分休業は、「公務に支障がなく」、かつ「当該職員の公務に関する能力の向上に資すると認める場合」に認められる。

○**承認 2**——修学部分休業は、当該修学に必要と認められる期間として「条例で定める期間中」、一週間の勤務時間の一部について勤務しないことを任命権者が承認する制度である。

・大学等で学習する自己啓発等休業が「完全な休業」であるのに対し、修学部分休業は「勤務時間の一部のみの部分休業」である。

・教員には教育職員免許法による一定の期間完全に職務から離れる大学院就学休業制度があるが、修学部分休業とはその目的を異にする。

○**効力失効**——修学部分休業をしている職員が、「休職」または「停職」の処分を受けた場合には、休業承認の効力を失う。

○**給与減額**——修学部分休業の職員には、条例で定めるところにより「減額」した給与が支給される。

● **高齢者部分休業**——（法第 26 条の 3）

○**高齢者部分休業**——高齢者部分休業は、高齢者として条例で定める年齢に達した職員が申請した場合において、公務の運営に支障がないときに認められる制度である。

○**承認**——高齢者部分休業は、当該職員が条例で定める年齢に達した日以後の日で当該申請において示した日から当該職員の定年退職日までの期間中、一週間の勤務時間の一部について勤務しないことを承認する制度である。
・高齢者部分休業の、「職員が申請した場合」、「公務の運営に支障がないと認めるとき」、「条例で定めるところにより」、「一週間の勤務時間の一部」については、修学部分休業と同じであり、高齢者部分休業と修学部分休業の違いは、高齢者部分休業には修学部分休業において必要とされる「当該職員の能力の向上に資すると認めるとき」という要件がないことである。
○準用――高齢者部分休業については、地公法上の修学部分休業の次の一部が準用される。
・高齢者部分休業をしている職員の給与は、退職手当に関する部分を除き修学部分休業と同じである。
・高齢者部分休業をしている職員が休職または停職の処分を受けた場合には、承認の効力を失う。
○代替――制度により休業する職員の代替えとして短時間勤務職員を採用することができる。

□□□□□
【No. 115】　高齢者部分休業に関する記述として、妥当なのはどれか。

1　高齢者部分休業は、高齢の職員がフルタイムの勤務を定年まで希望しない場合に、公務に支障がないときに認められる休業制度である。
2　高齢者部分休業は、定年に備えてボランティアなどを可能にするが、この休業を若年層の任期付短時間勤務職員のワークに期待する制度ではない。
3　高齢者部分休業は、任用や勤務形態の多様化の一環として制度化された休業であり、国家公務員法を準用した制度である。
4　高齢者部分休業は、定年退職日から５年を超えない範囲内で条例で定める期間を遡った日後の日で、申請した日から定年退職日までの期間とされる。
5　高齢者部分休業は、１週間の勤務時間の一部について勤務を要しないことを承認する制度であり、勤務しない時間の給与は減額されない。

17 休業

□□□□□
【No. 116】 自己啓発等休業の記述として、妥当なのはどれか。

1 自己啓発等休業ができる職員がこれを申請した場合において、公務の運営に支障がないと認める場合に限り、任命権者が承認する制度である。
2 自己啓発等休業は、条例の定めにより、3年を超えない範囲内で条例で定める期間に認められ、その期間中は職を保有するが職務には従事しない。
3 自己啓発等休業は、大学等の課程の履修と国際貢献活動として外国での奉仕活動に認められるが、当該奉仕活動の国内の準備行為には認められない。
4 自己啓発等休業の職員は、当然に職員としての服務を有することから、職務専念義務、信用失墜行為の禁止、守秘義務の地公法の適用を受ける。
5 自己啓発等休業の職員には給与は支給されないが、勤勉手当や期末手当はそれぞれの基準日に在職しない場合も支給される。

ここがポイント

● 休業 ――(法第26条の4)

○種類――職員の休業には、①「自己啓発等休業」、②「配偶者同行休業」、③「育児休業」及び④「大学院修学休業」の4つがある。

・育児休業と大学院修学休業は、別の法律で定められている。

① 自己啓発等休業 ――(法第26条の5)

○自己啓発等休業――自己啓発等休業は、職員の自己啓発及び国際協力の機会を提供することを目的として、職員の自発的な大学等の課程の履修または国際貢献活動を可能とするための休業制度である。

・身分――自己啓発等休業をしている職員は、自己啓発等を開始したときに就いていた職または自己啓発等休業の期間中に異動した職を保有するが、職務には従事しない。

・対象外――自己啓発等休業は、臨時的任用職員、法律により任期を定めて任用されている職員(任期付職員、再任用職員)、非常勤職員には認められない。

・承認――自己啓発等休業は、職員が申請した場合において、公務に支障がなく、かつ当該職員の公務に関する能力の向上に資すると認める場合に認められる。

・期間――自己啓発等休業の期間は、3年を超えない範囲で、各地方公共団体ごとに休業事由に応じて条例で適切な期間を定める国の通達がある。

・無給――自己啓発等休業をしている期間には、給与が支給されない。

・失効――自己啓発等休業の承認を受けた職員が、休職または停職の処分を受けた場合には、承認の効力を失う。

・取消――任命権者は、職員が当該自己啓発等休業の大学等課程の履修、または国際貢献を取り止めその他条例で定める事由に該当するときには、取消すことができる。

② 配偶者同行休業 ――（法第26条の6）

○配偶者同行休業――配偶者同行休業は、職員が外国での勤務その他の条例で定める事由により、「外国」に住所または居所を定めて滞在する、その配偶者と生活を共にするための休業をいう。

・承認――配偶者同行休業は、職員が申請した場合において、公務の運営に支障がないと認めるときに、当該申請した職員の勤務成績その他の事情を考慮した上で、「3年」を超えない範囲で「条例」で定める期間に認められる。

・延長――配偶者同行休業は、条例で定める期間を超えない限り、原則として「1回」に限り延長できる。

・失効――配偶者同行休業は、職員が休職または停職の処分を受けた場合、配偶者が死亡しまたは配偶者でなくなった場合には、承認の効力を失う。

・代替1――配偶者同行休業において、任命権者は、職員から申請があった場合に、職員の配置換えその他の方法によって当該申請した職員の業務を処理することが困難であると認めるときは、①任用期間を定めた採用、②臨時的任用のいずれかを行うことができる。

・代替2――上述、任用期間を定めて採用した職員については、当該申請期間の範囲内で、任用を更新できるし、その任期中、他の職に任用することもできる。

・配偶者同行休業のための臨時的任用の職員には、「地公法」の臨時的任用の規定は適用されない。

・当該職員は、その期間中は職員の身分を保有するが、「給与は支給されない」。

③ 育児休業 ――（地方公務員の育児休業等に関する法律）

○育児休業、育児短時間勤務及び部分休業は、子を養育する職員が勤務を継続しながら育児を行うことを行政が支援する制度である。

□育児休業――育児休業とは、「生後3歳」に満たない子どもを養育する職員が、当該子が「3歳」に達する日までの期間を限度として、育児休業をする制度である。

・請求――育児休業の承認を受ける者は、育児休業をしようとする期間の初日及び末日を明らかにして、任命権者に承認を請求しなければならない。

・任命権者は、職員から育児休業の請求があるときは、当該職員の業務を処理するための措置を講ずることが著しく困難である場合を「除き」、承認しなければならない。

・対象――育児休業の対象となる職員は、一般職の男女を問わない。両親が同時に取得することも可能である。

・条件付採用職員にも与えられるが、臨時的用職員その他の条例で定める職員等は、育児休業をすることができない。

・失効――育児休業の承認は、当該職員が休職または停職の処分を受けた場合には、その効力を失う。

・延長――育児休業をしている職員は、任命権者に対して育児休業の期間の延長を、条例で定める事情を除き、「1回」に限り、請求できる。

・給与と手当――育児休業の期間には、「給与が支給されない」。ただし、条例の定めるところにより、期末手当と勤勉手当は支給される。

□**育児短時間勤務**――育児短時間勤務とは、小学校就学の始期に達するまでの子を養育する職員が、常時勤務を要する職を占めたまま、勤務形態のいずれかの希望する日及び時間帯において勤務することができる制度である。

□**部分休業**――部分休業とは、小学校就学の始期に達するまでの子を養育する職員が、正規の勤務時間の始め、または終わりに、1日を通じて2時間を超えない範囲で認められる制度である。

④ **大学院修学休業** ――（教育公務員特例法）

○**大学院就学休業**――大学院修学休業とは、公立の小学校、中学校、高等学校、中等教育学校、特別支援学校、幼稚園及び幼保連携型認定こども園の主幹教諭、指導教諭、養護教諭、栄養教諭、主幹保育教諭、保育教諭、または教師が、「専修免許状の取得を目的」として大学院の課程等に在学し、その課程を履修するための休業制度である。

・**申請**――大学院修学休業の許可を受ける教諭等は、期間を明らかにして申請し、任命権者の許可を受けなければならない。

・**身分**――大学院修学休業をしている教諭等は、地方公務員としての身分を保有するが、職務には従事しない。

・**無給**――大学院修学休業の期間には、給与が支給されない。

・**失効**――大学院修学休業の許可は、教諭等が休職または停職の処分を受けた場合は、その効力を失う。

□□□□□

【No. 117】 配偶者同行休業の記述として、妥当なのはどれか。

1　配偶者同行休業は、職員が外国に勤務する場合、外国に住所を定めて滞在する戸籍上の配偶者に限り配偶者と生活を共にするための休業制度である。

2　配偶者同行休業は、公務の運営に支障がないと認めるときに任命権者が承認する制度であり、承認に際し申請職員の勤務成績は考慮されない。

3　配偶者同行休業の期間は、2年を超えない範囲内において条例で定める期間であるが、条例で定めるところにより休業期間の延長を申請できる。

4　配偶者同行休業の効力は、当該職員が休職又は停職を受けた場合や配偶者の死亡の場合に失効するが、配偶者でなくなった事由では失効しない。

5　配偶者同行休業の申請期間中、職員の配置換え等で申請職員の業務処理が困難な場合には、任期を定めた採用又は臨時的任用によって対処できる。

□□□□□

【№.118】 育児休業の記述として、妥当なのはどれか。

1　育児休業は、地公法に基づく制度で、子を養育する職員が勤務を継続しながら育児することを容易にし、職業と家庭との調和を図る制度である。
2　育児休業は、任命権者の承認を受けて、就学に満たない子を養育するために当該子が6歳に達するまで休業することができる制度である。
3　育児休業は、子を養育する職員の継続的な勤務を促進する制度であり、一般職の男女職員に認められるが、両親が同時に取得することはできない。
4　育児休業の期間中の職員には給与が支給されないが、当該育児休業に係る子が1歳に達するまでは、共済組合から育児休業手当金が支給される。
5　育児休業は、小学校就学までの子を養育するため希望日及び時間帯に勤務する勤務に認められるが、勤務時間の一部を勤務しない勤務には認められない。

□□□□□

【№.119】 大学院修学休業の記述として、妥当なのはどれか。

1　大学院修学休業は、公立学校の教職員が任命権者の許可を受け、4年を超えない範囲内において、大学院の課程などに在学するための休業である。
2　大学院修学休業をしている教職員は、その休業期間中は職務に従事しないため、地方公務員としての身分は有しない。
3　大学院修学休業をしている期間は、公立学校の当該教職員は職務に従事しないが、特例として条例に基づき若干の給与が支給される。
4　大学院修学休業は、条件付採用期間中の教職員、臨時的に任用された教職員、及び初任者研修を受けている教職員は、その対象とならない。
5　大学院修学休業の許可は、当該大学院修学休業をしている教職員が休職や停職の処分を受けた場合でも、その効力を失わない。

18 分限と懲戒の基準

□□□□□

【No. 120】 分限及び懲戒の基準に関する記述の空欄Ａ～Ｄの語句のうち、妥当なのはどれか。

分限及び懲戒の適用に当たっては、地公法は全て［ Ａ ］でなければならないと規定している。

このうち、分限では、最も重要な［ Ｂ ］については地公法自体で定める事由に、［ Ｃ ］を地公法に定める事由又は条例（人事委員規則）に定める事由によらなければならないと規定している。

さらに懲戒では、職員の身分上極めて重要なことであるから、［ Ｄ ］に定める事由によらなければならないと規定している。

	Ａ	Ｂ	Ｃ	Ｄ
1	公正	免職及び降任	休職及び降給	地公法
2	公正	免職	降任及び休職	地公法又は条例
3	公正	免職及び降給	休職	地公法
4	平等	免職及び降任	休職及び降給	地公法又は条例
5	平等	免職	降任及び休職	条例

ここがポイント

● **分限と懲戒の基準**――（法第27条）

○**公正の原理**――全て職員の分限及び懲戒については、公正でなければならない。

○**事由**――職員は、この「法律」で定める事由による場合でなければ、その意に反して「降任」されまたは「免職」されず、この「法律または条例」で定める事由による場合でなければ、その意に反して「休職」されず、または「降給」されることがない。（法第27条第2項・令5年4月施行）

・「**降任**」には、役職定年による場合も該当する。（令5年4月施行）

・「**降給**」には、「条例」のみならず、役職定年の導入に伴い、「法律」に基づき他の職への降任等に伴う「降給」の場合も該当する。

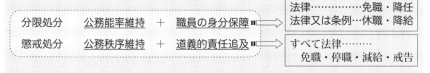

分限処分　公務能率維持 ＋ 職員の身分保障 ⇒ 法律……………免職・降任／法律又は条例…休職・降給

懲戒処分　公務秩序維持 ＋ 道義的責任追及 ⇒ すべて法律………免職・停職・減給・戒告

■**分限処分とは**――分限処分とは、公務能率の維持、改善及び適正な行政運営の確保という観点から行われる処分である。また分限処分は、職員の身分保障でもある。

■**懲戒処分とは**――懲戒処分とは、職員の一定の義務違反に対する道義的責任を問うことにより、地方公共団体の規律と公務の秩序維持を図ることを目的とする。

・職員は、この法律に定める事由による場合でなければ、懲戒処分を受けることがない。
・懲戒の「法律の事由」は、免職、停職、減給及び戒告とされる。

● **分限と懲戒の関係**

① **「同一の事由の場合」**

・**選択**――　一つの行為が、分限処分と懲戒処分の事由に該当する場合には、いずれの処分を行うかは、任命権者の裁量とされている。
・**両方**――また、分限処分と懲戒処分の「両方」を行うこともできる。
・例えば、職務命令に従わない場合は懲戒処分の対象となるが、その行為が職員の性格に根ざしている場合はその職に必要な適格性を欠くものとして分限処分の対象となる場合もあり得る。
・**複数の処分**――同一事由で、二つの「分限処分」を行うことは可能である。
・例えば、分限休職と分限降任を併せて行える。だが、同一事由で二つの「懲戒処分」を行うことはできない。
・**裁量**――その任命権者の裁量は「自由裁量」であるが、「まったく」の自由裁量ではない。

② **「2つの処分を行う場合」**

・**免職の場合**――分限の「免職」と懲戒の「免職」は、いずれも職員の身分を失わせる処分であるから、両者を重ねて行う必要がない。
・分限免職が行われた後で在職中の懲戒事由が判明しても、分限免職を取消して、遡って懲戒免職にすることはできない。
・**免職以外の処分**――免職以外の分限処分を受けた職員に対し懲戒処分を行うこと、またその逆に、懲戒処分を受けた職員に対し分限処分を行うことは可能である。
・その理由は、分限と懲戒はその目的が異なるからである。したがって、分限休職の職員に懲戒処分を行える。

□□□□□

【№.121】　分限及び懲戒の基準のうち、分限処分に該当する組合せはどれか。

A　戒告　B　停職　C　降任　D　休職　E　降給　F　減給

1　ABC　　2　ABF　　3　BCD　　4　CEF　　5　CDE

□□□□□
【No. 122】 分限及び懲戒の基準に関する記述として、妥当なのはどれか。

1 職員は、法律の事由によらなければ分限の免職処分が適用されず、その事由に、裁判所による勾留などの刑事事件に関し起訴された場合などがある。
2 職員は、法律の事由によらなければ分限の休職処分が適用されず、その事由に、人事評価又は勤務状況の事実に照らし勤務実績がよくない場合がある。
3 職員は、法律の事由によらなければ懲戒の戒告処分が適用されず、その事由に、職務上の義務に違反し又は職務を怠った場合などがある。
4 職員は、条例の事由によらなければ分限の降任処分が適用されず、その事由に、職員の性格等に起因するその職に必要な適格性を欠く場合などがある。
5 職員は、法律の事由によらなければ懲戒の停職処分が適用されず、その事由に、心身の故障のため長期の休養を必要とする場合などがある。

□□□□□
【No. 123】 分限及び懲戒の基準の表中の記述として、妥当なのはどれか。

		分限	懲戒
1	目的	分限は、公務の秩序維持を図ることを目的とする。	懲戒は、公務の能率維持かつその適正な運営の確保を図ることを目的とする。
2	処分	分限は、職員の特定の不当行為に対する処分である。	懲戒は、その制裁を目的として職員の道義的責任を追及する処分である。
3	裁量	分限は、一定の事由がある場合に行われる自由裁量の余地がある処分である。	懲戒は、自由裁量の余地が全くない処分である。
4	手続	分限は、何らかの行政処分を伴う処分であり、身分上の変動をもたらさない処分である。	分限は、何らかの行政処分を伴わない処分であり、身分上の変動をもたらす処分である。
5	効果	分限は、身分保障を意味し、積極的な行政行為がないものは結果として不利益でも、分限処分とならない。	懲戒は、勤務関係の存在を前提として発動されるため、その関係が消滅したときは懲戒処分ができない。

□□□□□
【No. 124】 分限及び懲戒の基準に関する記述として、妥当なのはどれか。

1 退職者には、過去の義務違反に対し遡って懲戒処分ができないため、地公法第 29 条の懲戒の一定要件を備える場合でも、定年前再任用短時間勤務中に懲戒処分はできない。

2　同一地方公共団体で異なる任命権者の職を兼務する場合には、それぞれの任命権者が懲戒処分を行うことができるが、処分はいずれか一方による。
3　同一地方公共団体で任命権者を異にして異動したときは、前の任命権者の下の義務違反について、後の任命権者が懲戒処分を行うことはできない。
4　異なる地方公共団体の職を兼務し身分上の義務違反があれば、いずれの地方公共団体も懲戒処分ができるが、一方が免職で他方が停職は認められない。
5　一つの行為が分限と懲戒の事由に該当する場合に、いずれの処分を行うかは任命権者の裁量とされており、その両方を行うことはできない。

ここがポイント

● **退職前の在職期間中の事由による懲戒処分**——（法第 29 条）

○**懲戒処分の例外**——一度退職した者が、再び任用されたときは、過去の在職中の義務違反に対し懲戒処分を行うことができないのが原則であるが、地公法第 29 条による一定の要件を備える場合には、後の採用後に懲戒処分を行うことができる。

①**法第 29 条②**——職員が「**特別職地方公務員等**」となった場合

・職員がいったん退職し、職員以外の職（特別職地方公務員等）についた後、再度職員となった場合、退職前の職員としての在職期間中の事由が懲戒処分の対象となる場合である。

②**法第 29 条③**——職員が「**定年前再任用短時間勤務職員として採用**」された場合（令5年4月施行）

・定年前再任用短時間勤務職員として採用された職員の場合、「退職前の職員としての在職期間中の事由」や、「以前に定年前再任用短時間勤務職員として在職した期間中の事由」が懲戒処分の対象となる場合である。

□**「同一」の地方公共団体内における懲戒処分**

・**異動の場合**——任命権者を異にして異動したときは、前の任命権者の下における義務違反について、後の任命権者が懲戒処分を行うことができる。

・**兼職の場合**——異なる任命権者に属する職を兼職している場合には、それぞれの任命権者が懲戒処分を行うことができるが、いずれか一方による。

□**「異なる」地方公共団体の職を兼務している場合の懲戒処分**

・**職務上の違反の場合**——職務上の義務違反については、職務の属する地方公共団体において懲戒処分を行うことができる。

・**身分上の違反の場合**——身分上の義務違反については、いずれの地方公共団体においても懲戒処分を行うことができる。この場合、一方の地方公共団体で免職処分となり、他方の地方公共団体で停職処分になることもあり得る。

19 分限処分

□□□□□
【No. 125】 分限処分の次の事由A～Fに関する記述として、妥当なはどれか。

A　その職に必要な適格性を欠く場合
B　刑事事件に関し起訴された場合
C　人事評価又は勤務状況を示す事実に照らして勤務実績がよくない場合
D　心身の故障のために長期の休養を要する場合
E　全体の奉仕者たるにふさわしくない非行のある場合
F　条例に定める事由に該当する場合

1　AとDの場合は、分限の「降任」又は「免職」の処分ができる。
2　AとFの場合は、分限の「降任」又は「免職」の処分ができる。
3　BとCの場合は、分限の「休職」の処分ができる。
4　DとEの場合は、分限の「降任」又は「降給」の処分ができる。
5　DとFの場合は、分限の「休職」の処分ができる。

ここがポイント

●**分限処分**――（法第27条）

○事由――分限処分は、最も重要な「免職」及び「降任」については『地公法』に定める事由に、「休職」及び「降給」は『地公法または条例』に定める事由によらなければならない。（令5年4月施行）

□法改正で、「降任」には役職定年による場合も含まれる。

□法改正で、「降給」には条例に基づく場合と「法律」の役職定年による他の職への降任等に基づく場合とがある。

●**分限処分の種類**――（法第28条）

○地公法は、分限処分として、次の4種類を定めている。

①**免職**――職員として身分を失わせる処分。

②**降任**――現に有する職よりも、下位の職に任命する処分。

○事由――「免職及び降任」の事由は、次の4つに限られている。

a 人事評価等に照らし勤務実績がよくない場合
b 心身の故障で勤務に堪えられない場合
c その職の適格性を欠く場合
d 職制、定数の改廃等による廃職、過員などの場合

・効果――分限免職は、処分の目的は異なるが、身分を失わせる効果は懲戒免職と同様である。
・該当せず――職員の願いによる辞職の発令は、職員がその意思により職員としての身分を失うものであり、懲戒免職に該当しない。

○４つの事由

a 人事評価または勤務状況を示す事実に照らし勤務実績がよくない場合

・例えば、飲酒とか賭事などのために出勤状況が不良である場合などが該当する。
・例えば、市の総務課長の職にある者がしばしば遅刻したとき（長崎地裁）。正規の手続によらず引き続き欠勤したとき（東京高裁）の例がある。

b 心身の故障のため勤務の遂行に支障またはこれに堪えられない場合

・心身の故障のため、職務の遂行に支障がありまたはこれに堪えない場合である。
・上記の具体的措置として、①心身の故障のため短期の「病気休職」とする場合、②その意に反し長期の「休職」をさせる場合。③この事由で「降任または免職」にする場合の判断がある。現実の措置として病気休職、休職そして免職の順をたどる。

c その職に必要な適格性を欠く場合

・上記ａとｂは、その職に必要な適格性を欠く場合に該当する場合も少なくないが、ａとｂは「外面的」に判断されるものであり、ｃの適格性は「内面的」で判断される。
・適格性の有無は、主として職員の素質、性格、能力などに起因し職務の円滑な遂行に支障がある場合などで判断される。
・例えば、警察官が加害者にいきなり暴力をふるったとき（神戸地裁）。教員が校長の再三の命令にもかかわらず教科記録等を放置したとき（長崎地裁）、上司に対する放言あるいは組合機関誌に上司に対する侮辱的記事を掲載したとき（東京地裁）がある。

d 職制、定数の改廃、予算の減少により廃職、過員が生じた場合

・職制もしくは定数の改廃または予算が減少したため、職制が廃止され、あるいは人員が過剰となった場合である。
・例えば、予算の減少によって消防本部の消防職員を分限免職にする場合がある。
・過員により離職した職員には、その復職に際して他の採用と異なる優先的な扱いを受ける。

※「降任」の事由は、分限事由のほか、「役職定年」による他の職への降任の場合もある。

③ **休職** ――職員を、一定期間職務に従事させない処分。

○事由――休職事由は、次の地公法及び条例で規定する事由に限定されている。

a 心身の故障のため、長期の休養を要する場合 b 刑事事件に関し起訴された場合 c 条例で定める事由の場合（条例で人事委員会規則が定める事由としている）

・効果――分限休職は処分の目的は異なるが、職務を従事させない点では懲戒停職と同様の効果を持つ。
・定数外――分限休職者を「定数外」として取り扱うことができる。復職時に定員に欠員がないときは、それを理由に再び休職にできる。

□「**心身の故障**」の休職の期間は、条例で定める３年を超えない範囲で、休養を要する程度に応じ任命権者が定める。

・「心身の故障」の場合には免職、降任及び休職（故障が長期）の場合があり、この心身の故障の場合には任命権者は、指定医師をしてあらかじめ診断を行わせなければならない。

・長期にわたり回復の見込みがないときは降任または免職となる。

□「**刑事事件**」による休職処分は起訴前にできないが、起訴と同時にしなければならないものではない。

・「刑事事件」による休職処分は、刑事事件が裁判所に係属する期間である。

・刑事事件に関し休職処分とするか否かは、任命権者の自由裁量であり、犯罪の成否、身体の拘束その他の事情の有無を問わない。

・採用以前の刑事事件についても、採用後に事実を知った段階で休職処分にできる。

○**復職**――休職期間が満了したときは、その際何らかの発令がない限り、その満了の日の翌日にその職員は当然復職することになる。

・休職中の職員から自発的に退職の願いがある場合は依願退職を発令でき、復職を命ずることなく休職のまま退職させることができる。

④**降給**――職員が現に決定されている給料の額より低い額の給料に決定する処分。

・降給には期間の限定がない。給料そのものが変更される。

・**事由**――降給の事由は、「条例」による場合のほか、役職定年の導入に伴い、地公法に基づき他の職への降任等に伴い「降給」する場合が規定され、「法律の事由」による場合も該当することとなる。

a 法律または条例で定める事由の場合

・最近、降給事由を条例で定める自治体が多くなっている。

・**条例**――降給条例では、勤務実績が良くない場合その意に反して降給されることがあると、定めるケースが多い。

● **分限の特色**

○**併課**――分限は、同一事由で「２つの分限処分」を行うことも可能である。

・例えば、分限休職と分限降任の２つの処分を併せ行える。

○**遡及**――分限処分は、過去にさかのぼって処分を行うことができない。

● **分限処分の手続及び効果**――（法第 28 条③）

○**手続**――職員の意に反する免職、降任、休職及び降給の手続及び効果は、法律に特別の定めがある場合を除くほか、「条例」で定めなければならない。

○**説明書**――分限処分の場合でも、相手方に対して処分説明書を交付しなければならない。しかし、処分説明書の交付は処分の効力の発生要件ではない。したがって、処分説明書の交付がなくても、処分そのものが適法に行われている限り「有効」である。

・**例外**――「役職定年」による他の職への降任等、または他の職への降任等に伴う降給は不利益処分にあたらず、処分説明書の交付を必要としない。

・15日以内——分限処分を受けた職員から処分説明書の請求を受けたときは、任命権者はその請求日から15日以内に処分説明書を交付しなければならない。

○効力——分限の効力は、任命権者の意思表示が本人に到達した時に発生するため、過去に「遡って」分限処分をすることはできない。

● 分限規定の適用除外 ——（法第29条の2）

○適用除外——分限規定の適用除外とは、法令上の根拠によらず、また法令で定めた事由によらず、さらに分限処分の手続及び効果に関する条例によることなく、その意に反して免職、降任、休職または降給のいずれの処分もできることを意味する。

・言い換えれば、分限規定の適用除外者は、分限規定による身分保障の適用がないことを意味する。

・例外——上述の場合、原則として分限規定は適用されないが、例外として「条例」で免職などの処分を行う場合の基準と手続を定めることができるとされている。

・対象——分限規定の適用除外規定は、「条件付採用期間中の職員」（「会計年度任用職員」の条件付1か月間）、及び「臨時的任用職員」に適用される。

○団体交渉——「企業職員」及び「単純労務職員」に対する降任、免職及び休職の基準に関する事項は、団体交渉の対象となっている。

● 分限処分の救済

○救済——分限処分の救済として、職員は、人事委員会または公平委員会に不利益処分の審査請求をすることができ、その結果に更に不服があるときには裁判所に出訴することができる。

● 労働基準法の適用

□労基法第19条適用——職員が公務上負傷しまたは疾病にかかり休養する期間その後30日間、並びに産前産後の女子職員が休業する期間その後30日間は、原則として分限免職ができない。

・ただし、「行政官庁」の認定を受けたときは、30日前の免職予告または予告手当の支給なしに分限免職にすることができる。

□労基法第20条適用——分限免職及び懲戒免職を行う場合には、原則として少なくとも30日前に解雇の予告をしなければならず、30日前に解雇予告をしない場合には、30日分以上の平均賃金を支払わなければならない制限がある。

・ただし、「天災事変」等のために事業の継続が不可能な場合、または「職員の責に帰すべき事由」について分限免職をすべき場合で、いずれも「行政官庁」の認定を受けたときは、30日前の免職予告または予告手当の支給なしに、分限免職にすることができる。

□□□□□

【No.126】　分限処分に関するa～hの下線の記述として、妥当な組合せはどれか。

分限処分とは、a 職員の身分保障の限界をいい、職員が安心してその職務に専念できるように保障している。

一方地公法は、勤務実績がよくないなど一定の事由がある場合は本人の意に反する不利益処分を受けるとし、b 不利益処分を受ける場合を限定している。

分限処分の適用に当たっては、c 公正の原則は適用されず、公正の中心課題は処分の程度が適正であるかどうか、他の処分と均衡がとれているかどうかで判断される。したがって、d　任命権者が分限処分を行うか又は分限処分のどの処分を行うかは法規裁量とされている。

例えば、分限処分では e その職に必要な適格性がないという事由で減給の処分にできる。

分限処分の規定は、f 一般的任用による職員の場合は正式任用の否とにかかわらず適用されるが、g 臨時的任用による職員の場合はその職の臨時的性質及び任用の特殊性から適用されない。

特別職の場合は、原則として地公法の適用を受けないため、h それぞれの職の設置の根拠となる法律・条例・要綱などの規定されたところによる。

1　妥当なのは「a、b、g、h」である。
2　妥当なのは「a、b、d、f」である。
3　妥当なのは「a、c、d、h」である。
4　妥当なのは「b、g、h、f」である。
5　妥当なのは「b、c、e、h」である。

□□□□□

【No.127】　分限処分に関する記述として、妥当なのはどれか。

1　分限処分は、公正かつ能率的な行政運営を確保するための職員の意思に基づく処分であり、不利益な身分上の変動をもたらさない処分である。
2　地方公務員法は、分限処分として免職、降任、休職及び降給の四種類を定めているが、特に必要があれば条例で分限の種類を加えることができる。
3　分限処分は、職員の身分から生ずる法律上の利益の限界を意味し、分限処分の事由に該当するかの判断は任命権者の自由裁量に全く委ねられている。
4　分限処分としての免職、降任、休職及び降給の手続及び効果は、法律に定めがある場合のほか条例で定めることとされている。
5　分限処分を行う場合も労働基準法の規定に従わなければならず、例外なく、労働基準法上の解雇の予告又は予告手当の支給の規定が適用される。

□□□□□
【№.128】 分限処分に関する記述として、妥当なのはどれか。

1 分限処分を行うかどうか、また分限事由のいずれの処分を行うかは、公正の原則に違反しない範囲において任命権者の自由裁量となる。
2 分限処分のねらいは、職員の一定の義務違反に対する道義的な責任を問うことにより、公務における規律と秩序維持を図ることにある。
3 任命権者が職員を分限免職にすることは本人の意に反する処分であるから、この免職を行う場合に限り人事委員会の承認を得なければならない。
4 条件付採用期間中に心身の故障を生じ短期間で治療できるときは、病気休暇により処理し、長期の療養を要する場合は休職処分にできる。
5 分限処分の規定が除外されるのは、身分保障を行うことが適当でない条件付採用職員と臨時的任用職員であり、この職員にはいかなる分限処分も行えない。

□□□□□
【№.129】 分限処分に関する記述として、妥当なのはどれか。

1 分限処分は、公務秩序の維持や改善及び適正な行政運営を確保する観点から、一つの事由について二種類以上の分限処分の併課はできない。
2 分限免職は、職員としての身分を失わせる点では懲戒免職と同じであるが、分限免職は退職手当や退職年金で不利益を受けない点で異なる。
3 分限規定は、条件付採用期間中の職員及び臨時的任用職員には適用されないため、これらの職員に対し条例に基づく分限処分は全くありえない。
4 分限免職には、労働基準法が適用されず、職員が公務上負傷し又は疾病にかかり休養する期間、その後30日以内でも分限免職ができる。
5 分限処分によりその意に反し任命権者から降給処分を受けることがあるが、降給処分は、条例の事由に基づく分限処分に限られている。

□□□□□
【№.130】 分限処分の降任及び免職に関する記述として、妥当なのはどれか。

1 職制又は定数の改廃や過員によって離職した場合でも、復職については、人事委員会の定めにより他の採用と異なる優先扱いを受けない。
2 人事評価等に照らして勤務実績がよくない場合に意に反し降任又は免職の処分を受けることがあるが、出勤状況が不良の場合には処分を受けない。
3 その職に必要な適格性を欠く場合とは、主として職員の素質、性格、能力などの職員自身に内在する要因によって判断される。

4　心身の故障のため職務の遂行に支障があり又はこれに堪えない場合には、これを降任又は免職にしなければならず、その意に反して休職にはできない。
5　職制又は定数を改廃し、その改廃を根拠に、職員をその意に反して一方的に降任又は免職にすることは、法が容認するところである。

□□□□□
【No.131】　分限処分に関する記述として、妥当なのはどれか。

1　分限処分は、同一の事由に基づき二つの分限処分を併せて行うことができないため、例えば、収賄事件で起訴された職員に対し分限休職と分限降任を同時に行うことはできない。
2　分限処分を行うに際しては、任命権者は、職員に対し処分の事由を記載した処分説明書を交付しなければならないが、この処分説明書の交付がなかったとしても当該処分の効力に影響を与えない。
3　職制若しくは定数の改廃又は予算の減少により廃職又は過員を生じた場合は、その意に反して職員を降任にすることができるが、免職にはできず、他の職への配置転換をしなければならない。
4　職員が、刑事事件に関し起訴され分限処分としての休職処分を受けた場合には、心身の故障のため長期の休養を要する場合の休職処分と異なり、公務上の影響が大きいため、当該職員は職員としての身分を保有しないとされる。
5　降給は、現在の給料額よりも一定期間に限って低い額の給料に決定する処分であり、人事異動に伴い職務や責任の変更により給料が低くなることも、降給処分に当たる。

□□□□□
【No.132】　分限処分に関する記述Ａ～Ｄのうち、妥当な組合せはどれか。

Ａ〔分限免職〕は、公務能率を維持する見地から職員の意に反して身分を失わせる処分であり、身分を失う効果において懲戒免職と同じであり、また法律上の処分、意思表示を要件として職を失う失職も分限免職の一種である。
Ｂ〔分限休職〕は、職を保有させたまま一定期間職員を職務に従事させない処分であり、処分の目的は異なるが、職務に従事させない点では懲戒停職と同じ効果を持つ処分である。
Ｃ〔分限降任〕は任用の方法の一つであるが、他の任用の方法である採用、昇任又は転任と異なり、職員に不利益を与える処分であるため、分限処分に位置づけられている。ただし、役職定年による降任は不利益処分に当たらない。
Ｄ〔分限降給〕は、職員が、現に決定されている給料の額よりも低い額の給料に決定する処分であり、それは一定期間に限られ、その期間の満了とともに自動的に元の給料額に復する。

1　AB　2　AC　3　AD　4　BC　5　BD

□□□□□
【№133】　分限処分の休職処分に関する記述として、妥当なのはどれか。

1　分限休職は、心身の故障のために長期の休養を要する場合及び刑事事件に関して起訴された場合に限り適用される法律事由の処分である。
2　分限休職は、刑事事件の場合にも認められ、これを職処分とするか否かは任命権者の自由裁量であり、起訴前においても休職処分にできる。
3　分限休職は、その意に反する処分であり、職員に不利益を与える重大な処分であるから、処分事由説明書の交付のない行為は無効である。
4　分限休職は、その休職期間が満了した場合には当然に復職し、なお心身の故障のため職務遂行に支障があっても分限免職にできない。
5　分限休職を行う場合、心身の故障の場合には医師の診断書が必要であり、その診断書は本人が提出したものでなく、任命権者が指定したものに限られる。

□□□□□
【№134】　分限処分の刑事事件に関する記述として、妥当なのはどれか。

1　刑事事件に関し起訴された場合において、かつ、裁判所に身柄が拘束された場合に限って、任命権者は即、休職処分にしなければならない。
2　刑事事件に関し起訴された場合に、その犯罪の成否を問わず、その職員を休職処分にするか否かは任命権者の自由裁量である。
3　刑事事件に関し起訴されたと採用前の事実を採用後に知ったときには、もはや当該職員を休職処分にできない。
4　交通事故を起こした場合に、刑事事件に関し起訴される前に休職の事由とすることについて、これを条例で制定することはできる。
5　刑事事件に関し起訴され禁錮刑が確定したときには、任命権者は、地公法に基づき当該職員を休職処分にしなければならない。

□□□□□

【No. 135】　分限処分の手続に関する記述として、妥当なのはどれか。

1　分限処分は、懲戒処分の場合と異なり、職員にとって軽い不利益処分であるため、分限処分の事由の処分説明書を交付する義務はない。
2　分限処分は、職員の身分に不利益をもたらす処分であるから、処分辞令書とともに不利益処分の処分説明書の交付がなければ、法的効果は生じない。
3　分限処分の手続として、必ず不利益処分に関する処分説明書を交付しなければならず、この処分説明書の交付は処分の効力の発生要件である。
4　分限処分は、職員としての身分から生ずる法律上の利益の限度を意味するため、処分事由に対する処分説明書の交付のない行為は、当然に無効となる。
5　分限処分を受けた職員から処分説明書の請求を受けたときには、任命権者はその請求日から 15 日以内に処分説明書を交付しなければならない。

20 定年制

□□□□□

【No.136】 役職定年に関する記述として、妥当なのはどれか。

1 役職定年の対象範囲は、管理監督職として管理職手当を受けている者に限られ、これに準ずる者は、役職定年による管理監督者の対象とならない。
2 役職定年の対象となる管理監督職は、異動期間に管理監督職以外の職に降任又は転任するものとされ、他の管理監督職への降任や転任は認められない。
3 役職定年の対象となる管理監督職は、地公法の特例に該当すれば管理監督職を占めたまま引き続き勤務できるが、他の職への昇任は認められない。
4 役職定年の管理監督職の勤務上限年齢については国との配慮を必要とするが、管理監督職の範囲は、国と他の地方公共団体との配慮が必要である。
5 役職定年の対象となる管理監督職に特別の事情や欠員の補充が困難で公務に著しい支障が生ずる事由があれば、1年を単位に延長が認められる。

ここがポイント

■ 役職定年制 ―― (法第28条の2)・・・(令5年4月施行)

○役職定年制は、組織の新陳代謝を確保し、組織活力を維持するための制度として導入された管理監督職の「勤務上限年齢制」をいう。

○**上限年齢**――管理監督職の勤務上限年齢は、「条例」で定められる。

・勤務上限年齢は自治体の条例で定めることとなるが、自由に定めることはできず、条例を定めるに当たっては、国(60歳を基本)及び他の地方公共団体の職員との間に権衡を失しないように適当な配慮が払わなければならない。

・**例外措置**――ただし、役職定年制に関し職員の年齢別構成等の特別の事情がある場合には、例外措置を講ずることができる。

○**役職定年の対象**――役職定年の対象範囲は、「管理職手当の対象職」及び「これに準ずる職」であって、条例で定める者を指す。その具体的な範囲を定めるに当たっては、国及び他の地方公共団体の職員との間に権衡を失しないように適当な考慮が払わなければならない。

・国は、管理監督職勤務上限年齢を適用することが著しく不適当な職として医師や歯科医師の一部を除外していることから、地方公共団体においても同様な措置がとられる。

・**原則**――任命権者は、管理監督者で、管理監督職の「勤務上限年齢到達職員」について、「異動期間」(管理監督職勤務上限年齢に達した日の翌日から最初の4月1日までの期間)に、「管理監督職以外の職」、または「管理監督職の勤務上限年齢が当該管理監督者の年齢を超える管理監督職」へ（これらの職を「他の職」という）の降任または転任により、管理監督職以外の職に異動させる必要がある。

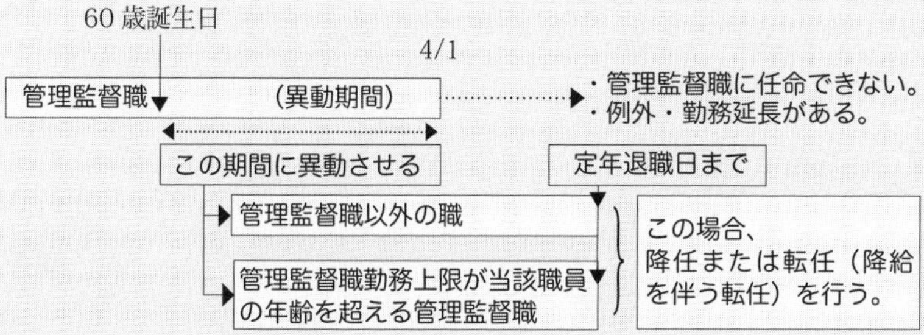

・例外――ただし、上述の場合でも、次の場合はこの限りでない。
・例外①――異動期間において、地公法の「他の規定」により当該管理監督者について、他の職への「昇任」、「降任」もしくは「転任」をした場合
・例外②――地公法第 28 条の 7 の規定により、管理監督者を引き続き勤務（勤務延長）させることとした場合
○条例事項――他の職への降任または転任を行うにあたって、任命権者が遵守すべき基準に関する事項その他の他の職への降任等に関する必要事項は、「条例」で定めなければならない。

● **管理監督職への任用制限**――（法第 28 条の 3）
○任用の制限――管理監督職勤務上限の年齢に達している者を異動期間の末日以降、新たにその管理監督職に採用、昇任、降任または転任させることは「禁じられている」。
・なお、これらの規定による降任または降給を伴う転任は、地公法第 27 条第 2 項にいう「この法律で定める事由による」降任または降給であるから、職員の意に反しても降任または降給されうる場合に当たる。
・任用制限の適用除外（法第 28 条の 4）――管理監督職に関する規定は、臨時的任用職員、任期付職員など、法律により任期を定めて任用される職員には適用されない。

● **管理監督職勤務上限年齢による降任等及び管理監督職への任用の制限の特例**

役職定年（60 歳）	1 年	2 年	3 年	4 年	5 年
	課長補佐等に降任				
	役職延長	課長補佐等に降任			
	役職延長	再延長	課長補佐等に降任		
	役職延長	再延長	再々延長	課長補佐等に降任	

○任用制限の特例（延長）――（法第 28 条の 5）

・次の 2 つの場合には、定年退職となる管理監督職員を引き続き当該職で勤務させることができる。

「法律事由」による延長	原則 1 年延長――最長 3 年まで
「特定管理監督職群の条例事由」による延長	原則 1 年延長――最長 5 年まで

■ 「法律事由」による延長

○特例延長の「事由」――「公務の運営に著しい支障が生ずると認められる事由」がある場合において、条例で定める次の事由がある場合には、延長が認められる。

① 当該職員の職務の遂行上の「特別の事情」を勘案し、当該職員の他の職への降任等により支障が生ずる場合

② 当該職員の職務の特殊性を勘案して、当該職員の他の職への降任等により、当該管理監督職の「欠員の補充が困難」となる場合

□延長――条例の定めにより、管理監督者に係る異動期間の末日の翌日から起算して「1 年を超えない期間内」で異動期間を延長し、引き続き当該管理監督者に管理監督職を占めたまま勤務させることができる。

□再延長――延長の期間が到来する場合、引き続き事由が存在するときは条例の定めにより、1 年を超えない期間内で期間を延長することができる。

□再々延長――再延長の期間が到来する場合、引き続き事由が存在するときは条例の定めにより、1 年を超えない期間内で期間を延長することができる。

○ 3 年限度――ただし、最長「3 年」を超えることはできない。

■ 特定管理監督職群の条例事由による延長 （法第 28 条の 5 第 3 項）

・特定管理監督職群とは、職務の内容が相互に類似する複数の管理監督職であって、これらの欠員を容易に補充することができない年齢別構成その他の事情がある管理監督職として「人事委員会規則」で定める管理監督職をいう。

・延長事由――上述の「法律事由」に該当し延長することができる場合を「除き」、他の職員への降任等をすべき「特定管理監督者」について、その管理監督者の他の職への降任等により、その特定管理監督職の「欠員の補充が困難」となり、公務運営に著しい支障が生ずる事由として条例で定める事由があるときに延長できる。

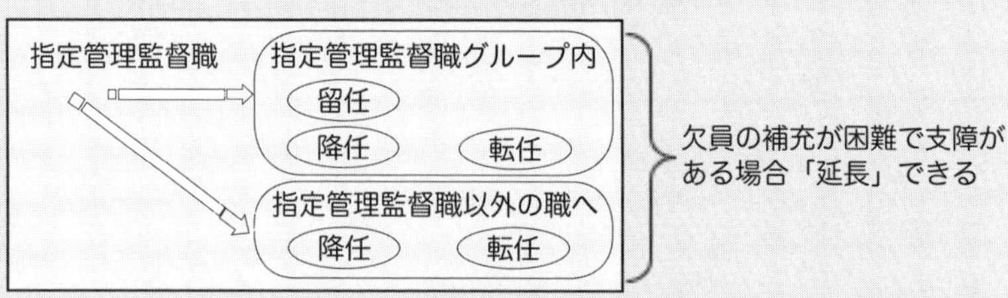

□延長等――条例の定めにより、当該管理監督者に係る異動期間の末日の翌日から起算して「1 年を超えない期間内」で「延長」し、①引き続き管理監督職を占めたま

ま勤務させ、②同じ特定管理監督職群の中に含まれる「他の管理監督職」に降任、転任させることができる。

□**再延長・再々延長**――特定管理監督職にも、「再延長」、「再々延長」の制度がある。

・**最長５年**――特定管理監督者の場合は、異動期間の延長について全体の年数制限がなく、定年退職日までの延長、再延長、再々延長が可能である。いわゆる、「最長５年」まで可能となる。

○**条例化**――異動期間の延長及び当該延長に係る職員の降任または転任に関し必要な事項は、条例で定めなければならない。

○不利益処分にあたらず――役職定年制による他の職への降任等に該当する降任をする場合、または他の職への降任等に伴い降給をする場合は不利益処分にあたらず、したがって、処分説明書の交付を必要としない。

□□□□□

【No. 137】　役職定年に関する記述として、妥当なのはどれか。

1　管理監督職にある者が上限年齢に到達したときは、管理監督職以外の職に降任又は転任をしなければならず、異動期間に他の職への昇任は認められない。
2　管理監督職の上限年齢に到達した者を異動期間の末日の翌日以後において、当該管理監督職に採用することは認められないが、転任の場合は認められる。
3　上限年齢に達した管理監督職に、職務遂行上の特別な事情がある場合や勤務に特殊性がある場合には、引き続き当該職で勤務させることができる。
4　特定管理監督職群に属する管理監督職員とは、職務内容が相互に類似する複数の管理監督職で、欠員補充が容易でない者として条例で定める者をいう。
5　上限年齢に達した管理監督職の退職により公務運営に著しい支障が生ずる場合には、勤務の延長が認められ、最長５年の延長が認められる。

□□□□□

【No. 138】　定年制に関する記述として、妥当なのはどれか。

1　定年制による退職は、欠員の補充が困難な理由がある場合などの定年の延長を除き、条例で定める日に何らの処分を要することなく効力が発生する。
2　定年制により退職する地方公務員の定年年齢は、国家公務員の定年を基準としなければならず、地公法で65歳と定められている。
3　定年制による退職は、職員の新陳代謝を図るために条例に基づき実施され、一般行政職のみならず臨時的任用職員にも適用される。
4　定年制による退職は、法律に基づく統一的な任命権者の再使用の余地のない自動的な退職であるが、労働基準法の解雇制限の規定が適用される。

5　定年制による退職は、職員が定年に達した日以降における最初の3月31日までの間において、規則で定める日に退職する。

ここがポイント

●定年制

定年制	●役職定年（改正法第28条の2～第28条の5）
	●定年退職（改正法第28条の6）
	●定年延長（改正法第28条の7）

■定年による退職——（法第28条の6）・・・（令5年4月施行）

○定年制——職員は、定年に達したときは、定年に達した日以後における最初の3月31日までの間において、条例で定める日（定年退職日）に退職する。

○国の基準——職員の定年は、「国の職員」に定める定年を基準として「条例」で定められる。

・具体的には、国の職員につき定める国家公務員法第60条の2第1項に規定する年齢を基準として定められる。国は改正後「65歳」である。

・経過措置——年齢は、令和5年度から13年度までに、60歳から65歳まで、2年に1歳ずつ段階的に引き上げられる。

・条例で別の定めが可——地方公共団体の職員に関し、①その職務と責任に特殊性があること、または②欠員の補充が困難であることにより、国の職員につき定める定年を基準として定めることが「実情に即さないと認めるとき」は、当該職員の定年については、「条例で別の定めをすることができる」。

・権衡——定年退職日を条例で定める場合には、国及び他の地方公共団体の職員との間に権衡を失しないように適当な配慮が払わなければならない。

・適用除外——定年による退職規定は、臨時的任用職員、任期付職員、その他の法律により任期を定めて任用される職員及び非常勤職員には適用されない。

・労基法の適用除外——定年による退職は、任命権者の再使用の余地のない自動的退職であり、解雇ではないため、労働基準法の「解雇制限の適用がなく」、「解雇予告の適用もない」。

■定年退職の特例——（法第28条の7）・・・（令5年4月施行）

・定年延長——任命権者は、定年退職者に、下に掲げる「事由」があるときは、条例により、引き続き勤務させることができる。

○延長の「事由」——延長は、「公務の運営に著しい支障が生ずると認められる事由」として、条例で定める次の事由がある場合である。

① 当該職員の職務の遂行上の「特別の事情」を勘案し、退職により支障が生ずる場合

② 当該職員の職務の特殊性を勘案して、退職により「欠員の補充が困難」となる場合

□延長——条例の定めにより、定年退職日の翌日から起算して「1年を超えない範囲内」で、期間を延長することができる。

□再延長——

・再延長（役職の場合）——役職定年による再延長は、「異動期間」を延長した管理監

督者であって、引き続き事由が存在するときは、1年を超えない範囲内で延長できる。

・**再延長（役職以外）**――役職以外の職員の延長期間が到来する場合に、「延長の事由」が引き続きあると認めるときは、1年を超えない範囲内で条例で定めるところにより延長できる。

□**再々延長**――再延長の期間が到来する場合、引き続き事由が存在するときは1年を超えない範囲内で再延長することができる。

・**3年限度**――ただし、当該期間は「定年退職日」の翌日から起算して「3年」を超えることはできない。管理監督職の場合は、当該職に係る「異動期間」の末日の翌日から起算して3年を超えることはできない。

○**協議**――定年延長は、「任命権者」が決定権を有する。行政委員会がその基準を定める場合には、長と協議する必要がある。

○**身分**――定年延長された職員の身分は、原則として一般の職員と同じであり、分限処分や懲戒処分の適用があり、その他給与条例、退職手当の通算などの適用がある。

■**その他**

● **情報提供・意思確認制度**

○**制度の新設**――任命権者は、当分の間、職員が60歳に達した日の「前年度」に、60歳以後の任用、給与、退職手当に関する情報を提供するものとし、職員の60歳以後の「勤務の意思を確認するよう」努めるものとする。

● **給与に関する措置**

○**均衡の原則**――地方公務員についても、国家公務員の「給与」及び「退職手当」について以下の措置が講じられることを踏まえて、「均衡の原則」（地公法第24条）に基づき、条例において、必要な措置を講ずるように要請されている。

・**給与水準**――当分の間、60歳を超える職員の給料月額は、60歳前の7割水準に設定するとされる。

・**退職手当**――60歳に達した日以後に定年前の退職を選択した職員が不利にならないように、当分の間、「定年」を理由とする退職と同様に、退職手当は算定される。

□□□□□

【№139】　定年制に関する記述として、妥当なのはどれか。

1　地方公務員の定年は、国家公務員の定年引上げに伴い将来65歳となり、今後60歳から65歳まで毎年1歳ずつ段階的に引き上げられる。

2　定年の引上げに伴う措置として役職定年制が導入され、管理職手当が支給されている管理監督者の役職定年の条例年齢は60歳とし、例外措置はない。

3　60 歳を超える職員の給与月額は、当分の間、民間の給与及び退職手当の措置を踏まえ、条例において 60 歳前の 7 割水準を設定することができる。
4　任命権者は、職員が 60 歳に達する日の前年度に、60 歳以後の任用、給与、退職手当などの情報を提供し、60 歳以後の勤務の意思を確認する必要がある。
5　役職定年の導入に伴い他の職へ降任する場合又は他の職への降任等に伴い降給する場合には、不利益処分に該当する。

□□□□□
【№ 140】　定年退職制に関する記述として、妥当なのはどれか。

1　定年退職制には、新たな人材の登用と組織の活性化の意味合いがあるが、ベテラン職員の経験を活用する仕組みは組み込まれていない。
2　定年退職日は国の定年を基準に定められるが、欠員の補充が困難であることにより国の基準が実情に即さないときは、条例で別の定めが可能である。
3　定年退職制は、地公法に基づき地方公務員に適用されることから、法令により任期を定めて任用される職員にも適用される。
4　定年退職制の特例として特別事情や職務の特殊性がある場合には、規則による事由に基づき、引き続き当該職員の職で勤務させることができる。
5　定年退職制の特例による勤務の延長は、定年退職日の翌日から起算して 1 年を超えない範囲で認められ、最長 5 年の延長が認められる。

□□□□□
【№ 141】　定年制に関する記述 A ～ D のうち、妥当な組合せはどれか。

A　職員が定年に達し、その退職で公務の運営に著しい支障が生ずると認められる場合には、条例に基づき、期限を定めずに勤務させることもできる。
B　定年制は国を基準に定めるも、実情に即さないときは条例で別の定めができるが、国及び他の地方公共団体との間に権衡を失しない配慮が必要である。
C　定年退職者の異動期間を延長した場合に、さらに異動期間を延長する場合には、その期限は異動期間の末日から 3 年までに限られる。
D　定年延長の決定権は当該地方公共団体の長に専属するため、行政委員会が定年延長の基準を定める場合には、長と協議する必要がある。

1　AB　2　AC　3　AD　4　BC　5　BD

21 懲戒処分

□□□□□
【No. 142】 懲戒処分に関する記述として、妥当なのはどれか。

1 「懲戒」は、職員の責任を問う処分であるが、どの処分を発動するか否かは任命権者の裁量に委ねられており、処分の撤回も任命権者の裁量である。
2 「戒告」は、職員の規律違反の責任を確認するとともにその将来を戒める処分であり、懲戒処分としては一番重い処分である。
3 「停職」は、職員を職務に従事させない処分であり、職務に従事させない点では分限処分の休職と同じであるが、停職処分は給料が支給されない。
4 「減給」は、一定期間、給与の一定割合を減額して支給する処分であり、給与の基本額そのものを変更して給与額を減ずるものである。
5 「免職」は、職員の規律違反に対する制裁として職員としての地位を失わせる処分であるが、退職手当などにおいては分限免職と同じである。

ここがポイント

● **懲戒処分**――（法第 29 条）

○**懲戒処分とは**――懲戒処分とは、職員の一定の義務違反に対する道義的責任を問うことにより、地方公共団体の規律と公務の秩序維持を図ることを目的とする。

● **懲戒処分の種類**

①免職――職員として身分を失わせる処分。
②停職――職員を一定期間職務に従事させず、その期間は給与を支給しない処分。
③減給――職員の給与の「一定割合」と「一定期間」、減額して支給する処分。
④戒告――職員の規律違反の責任を確認するとともに、その将来を戒める処分。

● **懲戒処分の事由には、次の３つがある。**

事由	①法令等に違反した場合。 ②職務上の義務に違反し、及び職務を怠った場合。 ③全体の奉仕者としてふさわしくない非行がある場合。

○**裁量**――懲戒処分を行うか否かは、自由裁量である。

○**裁量の基準**――懲戒処分の対象となる事由を類型化して類型ごとにいかなる処分の対象とするかの「基準」や「指針」が定められている場合には、それは、「裁量権」行使の基準として遵守すべきであり、この基準に合致しない処分は、いわゆる平等原則違反等の評価がされる。

条件	①処分種類…………地公法の４つの処分に限られる。 ②処分併課…………懲戒処分の中での併課はできない。 ③説明書の交付……交付義務がある。ただし、交付がなくても処分の効果に影響はない。 ④処分の遡及………処分は遡及しない。 ⑤損害賠償責任……処分と損害賠償責任は別である。

①**種類**――懲戒処分は、上述の４つの処分に限られる。
・「矯正措置」としては、４つの処分に限定されないが、訓告、始末書の提出、口頭注意は懲戒処分ではない。
・訓告や始末書の提出等の措置は、制裁的実質を備えないものに限られていることから、それらの措置を懲戒処分として行うことはできない。
②**併課**――懲戒処分は、１つの義務違反に対し２種類以上の懲戒処分を併課できない。
・同一職員に「複数」の義務違反がある場合には、個別に懲戒処分を行うことができるし、また、全体を勘案した一つの懲戒処分を行うこともできる。
③**説明書**――懲戒処分の場合も不利益処分の説明書を交付しなければならない。ただし、処分説明書の交付は処分の効力に影響を及ぼさない。
④**遡及**――懲戒処分は、原則として遡及して処分を行えない。（分限も同様である）
⑤**賠償**――懲戒処分を受けた者が当該団体に損害を与えた場合には、民法上または自治法上の損害賠償を請求することもできる。
⑥**関係**――懲戒処分は、すでに特別権力関係にない者に対して行えない。しかし、罰則を科することはできる。
・すでに分限免職を行った職員に対し、後で懲戒免職を行うことはできない。
・依願退職をした職員に対し懲戒免職を行うことができない。
⑦**裁判中**――事件が裁判所で係属する間においても懲戒免職の手続を進めることができる。
・刑事事件が取調中に処分保留となった場合でも、処分の決定を待つまでもなく、懲戒処分の手続を進めることができる。

● **懲戒権者**

□「**同一の地方公共団体**」の異なる任命権者に属する職を兼務している場合は、いずれの任命権者も懲戒処分をでき、一方の任命権者の懲戒処分が他方の任命権者を拘束する場合がある。
・同一地方公共団体内で任命権者を異にする異動があった場合でも、前の任命権者の下における義務違反について、後の任命権者が懲戒処分を行うことができる。
□「**異なる地方公共団体**」の職を兼務している場合、それぞれの任命権者は独自の立場で懲戒処分を行うことができるが、一方の任命権者の懲戒処分は他方の任命権者を拘束することにはならない。
・懲戒免職の処分を受け、当該処分の日から２年を経過しない者であっても、当該処分を受けた地方公共団体以外の地方公共団体の職員となることができる。

● **取消・撤回** ――懲戒処分の取消及び撤回はできない。ただし、例外として、「取消は」、人事委員会の判定または裁判所の判決があればできる。

・例外――任命権者は、原則として懲戒処分の「取消ができない」が、例外として、懲戒処分において「重大かつ明白な」瑕疵（＝無効）がある場合または重大な事実の誤認がある場合に、任命権者は取消し、改めて処分を行うことができる。

●特例――次の特例がある。

①法第29条②――**職員がいったん退職し、「特別職地方公務員等となった場合」**

○職員がいったん退職し、職員以外の職（特別職地方公務員等）についた後、再度職員となった場合、退職前の職員としての在職期間中の事由が懲戒処分の対象となる。

・**要件1――特別職地方公務員等とは、**当該地方公共団体の特別職に属する地方公務員、他の地方公共団体もしくは特定地方独立行政法人の地方公務員、国家公務員もしくは地方公社その他の業務が地方公共団体もしくは国の事務もしくは事業と密接な関連を有する法人のうち、条例で定めるものに使用される者または公益的法人等への一般職の地方公務員の派遣等に関する法律に規定する退職派遣者のことであり、これ以外の民間企業などへの法人に使用されるものは、含まれない。

・**要件2**――職員が任命権者の「要請」に応じて特別職地方公務員等となるために「退職」した場合である。それ以外の目的での退職は含まれない。

・**要件3**――特別職地方公務員等として在職した「後」、任命権者の要請に応じて特別職地方公務員等となるために退職をしたことを前提とし、または公益的法人等への一般職の地方公務員の派遣等に関する法律に基づいて「職員として採用された場合」である。

・**要件4**――地公法の懲戒に該当する事由が、「職員」としての在職期間中に生じたものである場合である。

・上述により、任命権者は、「特別職地方公務員等」として勤務している期間中の事由を理由として、懲戒処分を行うことはできない。

②法第29条③――**職員が定年前再任用短時間勤務職員として採用された場合**

（令5年4月施行）

○定年前再任用短時間勤務職員として採用された職員の場合、退職前の職員としての在職期間中の事由や以前に定年前再任用短時間勤務職員として在職した期間中の事由が、懲戒処分の対象となる。

●手続・効果――手続及び効果は、「法律」に定めがある場合（教育公務員の特例、労働基準法による制限）のほか、「条例」で定める。

・**条例規定の範囲**――ただし、条例で、「懲戒処分を消滅させる規定、懲戒処分を創設する規定」や「懲戒処分の執行猶予を規定」することはできない。

・**団体交渉**――企業職員及び単純労務職員については、団体交渉の対象として、労働協約を締結できる（地公労法7②）。

・**制限**――懲戒免職を受けたときは、退職手当条例の定めるところにより、退職手当は支給されず、懲戒免職または停職処分を受けたときは地方公務員等共済組合法に基づく長期給付の一部が制限される。

・**到達主義**――懲戒処分の効果の発生は「到達主義」による。本人に到達したときに発生する。

●懲戒処分の特例

□**懲戒処分の対象**――懲戒処分は、分限処分の場合のように条件付採用期間中の職員および臨時的任用職員に対する適用除外はない。これらの職員であっても、職務に従事している以上服務規程に従うことは当然であり、その違反については懲戒処分の対象となる。

□労働基準法による懲戒処分の制限

・解雇予告と予告手当——懲戒免職を行う場合には、原則として少なくとも30日前に解雇の予告をしなければならず、30日前に解雇予告をしない場合には30日分以上の平均賃金を支払わなければならない制限がある。ただし、「天災事変」や「行政官庁」の認定を受けたときは、解雇予告または予告手当の支給なしに懲戒免職にすることができる。

・「行政官庁」とは、非現業職員（事務職員の場合）は「人事委員会」であり、現業職員（企業職員・単純労務職員）の場合は「労働基準監督署長」の認定を受ける手続が必要である。

□訴訟の提起

・起訴——職員が審査機関の判定に不服があるときに訴訟を提起できるが、この訴訟は、「不利益処分の審査請求」に対する人事委員会または公平委員会の裁決を経た「後」でなければ提起できない。「訴願前置主義」が採用されている。

□□□□□

【No. 143】 懲戒処分に関する記述として、妥当なのはどれか。

1　懲戒処分は、職員の道義的な責任を追及する制裁であるから、職員としての身分を取得する前の非行行為に対しても懲戒処分を行える。

2　懲戒処分は、現職の職員が懲戒の事由に該当する場合に処分を行えるが、すでに退職している者には、原則として遡及して処分を行えない。

3　懲戒処分には、戒告、減給、停職及び免職の四種類があるが、一個の義務違反に対し二種類以上の処分を併課することもできる。

4　懲戒処分は、特別権力関係に基づき職員の指揮監督権を有する者が処分を行う権限を持つことから、任命権者その他の管理監督者が処分を行使できる。

5　懲戒処分は任命権者に専属する権限であり、処分が職員に重大な影響を与えることから、その補助機関たる上級の地方公務員には委任できない。

□□□□□

【No. 144】 次の文は、懲戒処分に関する事例であるが、a～gの下線の部分で**誤り**として指摘できる箇所は、何か所あるか。

県総務課の職員Xは、この4月、教育委員会事務局の職員と併任されていたが、賭博行為を行っていたとして逮捕され、裁判が継続している。

a　教育委員会事務局職員の懲戒権者である教育長は、この事態を重く受け止め、b事例は公務員としての職の信用を著しく傷つけた非行として懲戒処分の対象となるとしたが、c 事件が裁判所で係属する間には懲戒免職の手続を進めることができないと判断した。

　これを聞いた職員Ｘは、懲戒免職は、公務員関係から排除する処分であり、身分そのものを失うため、d 身分上の権利義務の一切が消滅するとして e 処分が下されたならば、訴訟を提起する考えを示した。

　懲戒権者は、予告等を行わず免職とするために、f 労働基準法に基づき労働基準監督署長の認定を受ける手続を取り、職員Ｘを懲戒免職に処したため、これを不服として職員Ｘは、g 裁判に訴え、裁判の判決で免職の撤回を勝ち取った。

1　誤りは「2」箇所である。
2　誤りは「3」箇所である。
3　誤りは「4」箇所である。
4　誤りは「5」箇所である。
5　誤りは「6」箇所である。

□□□□□

【No. 145】 懲戒処分の記述Ａ～Ｇの（ア、イ）のいずれかを選ぶとき、妥当なのはどれか。

Ａ　種類・・・地公法は懲戒処分として四種類を定めているが、条例でさらに懲戒処分の種類を加えることが（ア．できる、イ．できない）。
Ｂ　責任・・・懲戒処分は職員が負う責任であり、任命権者の裁量で行われるが、懲戒の原因には職員の故意又は過失を（ア．要する、イ．要しない）。
Ｃ　措置・・・懲戒処分に関連する措置として実際には訓告などの措置があり、訓告などにおいて制裁的実質をそなえる措置は（ア．許されない、イ．許される）。
Ｄ　事由・・・懲戒処分の事由に法令等の違反、非行、職務上の義務違反があるが、職務を怠る場合は（ア．処分事由に該当する、イ．処分事由に該当しない）。
Ｅ　遡及・・・懲戒処分は、職員としての義務違反に対して科される制裁であり、（ア．処分は遡及する、イ．処分は遡及しない）。
Ｆ　複数・・・同一職員に複数の義務違反がある場合には、全体を勘案して一個の懲戒処分に（ア．できる、イ．できない）。
Ｇ　手続・・・懲戒処分の手続及び効果は、法律に特別な定めがある事項を除き（ア．規則で、イ．条例で）定めなければならない。

	Ａ	Ｂ	Ｃ	Ｄ	Ｅ	Ｆ	Ｇ
1	ア	ア	イ	ア	イ	ア	ア
2	ア	イ	イ	ア	イ	ア	イ
3	イ	イ	ア	ア	イ	ア	イ

4　イ　ア　ア　イ　ア　イ　イ
5　イ　イ　ア　イ　イ　イ　ア

□□□□□
【No.146】　懲戒処分に関する記述として、妥当なのはどれか。

1　懲戒処分は、任命権者が職員の一定の義務違反に対し公務能率の増進を図る処分であり、これによって地方公共団体における規律と公務遂行の秩序を維持することを目的とする。
2　懲戒処分の事由は、地公法及びその特例法以外の法令に違反した場合にも該当するが、この場合、それが職員の職務に関連するものである場合に限って懲戒処分の対象となる。
3　懲戒処分を行う場合には、不利益処分の処分説明書を交付しなければならない義務があり、またこの処分説明書は行政不服審査法に基づく教示としての意味を持つことから、処分の効力に影響を及ぼすと解される。
4　懲戒処分に対して不服があっても、職員は任命権者に対し懲戒処分の撤回を求めることはできないが、その取消は、人事委員会又は裁判所に求めることができる。
5　懲戒処分の場合は、当該地方公共団体の職員でなくなった場合でも遡って処分の対象にできるし、また一旦退職した後に定年前再任用短時間勤務職員に採用された場合でも、退職前の事由を理由として懲戒処分の対象にできる。

□□□□□
【No.147】　懲戒処分に関する記述として、妥当なのはどれか。

1　同一地方公共団体の異なる任命権者に属する職を兼職する職員に対しては、いずれの任命権者も懲戒処分を行うことができるが、一方の任命権者が行った懲戒処分は他方の任命権者を拘束しない。
2　懲戒処分の種類は法定され、いずれの処分を行うかは任命権者の裁量に任されており、数個の義務違反に対して一つの懲戒処分を行うことができ、一つの義務違反に対して二種類以上の処分を併せて行うこともできる。
3　懲戒処分の撤回は処分を行った任命権者の判断によって行うことができるが、懲戒処分の取消しは、人事委員会若しくは公平委員会の判定又は裁判所の判決によってのみ行うことができる。
4　任命権者が懲戒処分を行う場合には、処分を受ける職員に対して処分の事由及び審査請求の教示を記載した不利益処分に関する処分説明書を交付しなければならないが、この処分説明書の交付の有無は処分の効力に影響しない。
5　懲戒処分は分限処分と制度の趣旨が異なるが、処分の効果には共通するものがあり、任命権者は無給休職中の職員に対して重ねて減給処分や停職処分を行うことができない。

□□□□□
【No. 148】 懲戒処分の刑事事件に関する記述として、妥当なのはどれか。

1　刑事事件で起訴された職員の有罪判決又は無罪判決にかかわらず、処分を行う場合は懲戒処分のいずれかに限られ、分限処分によることはできない。
2　刑事事件で起訴された職員が懲戒処分を受けた場合に、その刑事事件で無罪が確定したときは、その懲戒処分が無効となる。
3　刑事事件で起訴された職員が懲戒処分を受けた場合に、その刑事事件で禁錮以上の刑が確定したときは、その職員を懲戒免職としなければならない。
4　刑事事件で起訴された職員が懲戒処分を受けた場合に、その刑事事件で無罪が確定したときは、懲戒処分を分限休職に変更しなければならない。
5　刑事事件で起訴された職員の有罪判決又は無罪判決にかかわらず、懲戒処分を行うかどうかは、任命権者の自由裁量に属する。

□□□□□
【No. 149】 懲戒処分の取消と撤回の記述として、妥当なのはどれか。

1　懲戒処分の取消は既往の効果を覆すため、違法な懲戒処分であっても、人事委員会の判定又は裁判所の判決がなければこれを取消すことができない。
2　任命権者が行った懲戒処分の取消又は撤回は、懲戒処分に瑕疵がある場合に限り、任命権者がその処分を取消又は変更しまた撤回できる。
3　任命権者が一旦行った懲戒処分を取消又は変更し撤回することは、職員に利益を与えることになるため、任命権者の裁量とされる。
4　懲戒処分を取消又は撤回できるか否かは、懲戒処分が違法な場合に限り取消又は撤回し得るものであり、適法な場合には取消又は撤回は認められない。
5　懲戒処分の撤回は、任命権者の懲戒処分に重大かつ明白な瑕疵がある場合に限り、裁判所の判決によってのみ撤回が認められる。

22 服務の根本基準

□□□□□

【№.150】 服務の根本基準に関する記述として、妥当なのはどれか。

1 服務の根本基準は、憲法に根拠はなく、地公法にある。
2 服務の根本基準は、職員が特別権力関係を受諾したことにより生ずる。
3 服務の根本基準は、職員が現に職務を執行している時間内に適用される。
4 服務の根本基準は、法律の服務基準であり、条例による服務義務はない。
5 服務の根本基準は、根幹基準であり、この規定違反は懲戒処分の対象となる。

ここがポイント

● **服務の根本基準**――（法第30条）

○**法第30条**――地公法第30条は、「全て職員は、全体の奉仕者として公共の利益のために勤務しかつ職務の遂行に当たっては、全力を挙げてこれに専念しなければならない」と規定している。この規定は憲法第15条第2項の「全体の奉仕者」の規定を受けたものである。

○**2つの基準**――服務の根本基準は、「全体の奉仕者の精神」と「職務専念義務」から成り立っている。

○**意義**――服務の根本基準である職務専念義務は、「倫理的」な意義を持ち、また、地方公共団体と公務員の関係から「契約的」な意義を持っている。

○**適用範囲**――服務の根本基準は、職員が現に職務を執行している場合だけでなく、勤務時間外、休職あるいは停職のように、現に職務を執行していない場合にも適用される。

○**根幹規定**――服務の根本基準は、地方公務員制度の根幹をなす規定である。この規定自体は精神的ないし倫理的な規定であり、この規定違反は懲戒処分の対象とならない。ただし、この規定の精神に反する行為は、法令等及び上司の職務上の命令に従う義務、信用失墜行為の禁止、職務に専念する義務などの個別の服務規定違反として措置される。

● 服務の「根拠」

・服務に関する義務に従う「根拠」は、具体的な服務規定を待つまでもなく、いわゆる「特別権力関係」に服することを受諾することによって発生する。

● 分類 ——地公法上の義務は、「職務上の義務」と「身分上の義務」とに分類される。

職務上の義務	身分上の義務
①服務の宣誓	①信用失墜行為の禁止
②法令等及び上司の職務上の命令に従う義務	②秘密を守る義務
③職務に専念する義務	③政治的行為の制限
	④争議行為等の禁止
	⑤営利企業への従事等の制限

□□□□□

【No.151】 職員の服務に関する記述として、妥当なのはどれか。

1　服務とは職務に服することであって、服務の基準は全体の奉仕者として職務の遂行を求める地公法にその根拠を置くものである。

2　服務の宣誓は、職員が服務上の義務を負うことを確認し宣誓する事実上の行為であり、任命権者に対して宣誓する行為である。

3　服務の根本基準は、職務の遂行に必要な一つは全体の奉仕者として公共の利益のために勤務すべき義務であり、もう一つは職務専念義務である。

4　服務の義務は、職務に服する職員が守るべき義務で地公法に基づき課せられる義務であり、条例及び規則に基づく服務の義務はない。

5　服務の義務は本人の承諾に根拠を置くものであり、服務の義務に関する規定に違反した場合には懲戒処分の対象となるが、罰則の対象にならない。

□□□□□

【No.152】 職員の服務に関する記述として、妥当なのはどれか。

1　公務員の服務義務の根拠は地公法にあり、この地公法の服務規定に基づいて服務に対する義務を負うとされる。

2　公務員には、行政が住民の信託と負担で運営されるため、公務員倫理が強く求められ、罪を犯せば住民の信頼を損ねるため分限処分の対象となる。

3　全体の奉仕者という服務基準は、職員の職務執行中に該当する基準であり、勤務時間外や休職の職員の職務執行外には該当しない基準である。

4　職員は、採用に当たって服務の宣誓を行わなければならない義務を有するため、義務である服務の宣誓を拒否すれば、分限処分の対象となる。

5　特定の人が地方公務員となる場合には、誠実かつ公正に職務を執行することの服務の宣誓を、当該地方公共団体の住民に対してしなければならない。

□□□□□

【No.153】 服務の宣誓に関する記述として、妥当なのはどれか。

1　職員は、新たに職員となったその都度、職務上の義務を負うことを確認し、倫理的な自覚を促すために服務の宣誓が求められる。
2　職員は、採用時において、地公法の定めるところにより、倫理的自覚を促す目的を持つ服務の宣誓をしなければならない。
3　職員は、服務上の義務を負うことを確認し、任命権者に対して、誠実かつ公正に職務を執行することを宣誓しなければならない。
4　職員の服務の宣誓は、職務上の義務に当たらないため、服務の宣誓を拒否した場合でも懲戒処分を受けることはない。
5　職員は、服務の宣誓を行うという事実上の行為によって、はじめて職員に対する服務義務が発生すると解されている。

ここがポイント

● **服務の宣誓**――（法第31条）

○**目的**――服務の宣誓は、職員の倫理的自覚を促すことを目的とする制度である。

○**根拠**――地公法第31条は、服務の宣誓は、「条例」の定めるところにより、宣誓しなければならない。（自治体で宣誓内容が異なる）

○**行為**――服務の宣誓は、職員が誠実かつ公正に職務を執行することを宣誓する行為である。

・住民に宣誓――服務の宣誓は、職員が服務上の義務を負うことを確認し、当該地方公共団体の「住民」に宣誓する「事実上の行為」である。

○**発生**――職員の服務上の「義務」は、服務の宣誓を行うことによって生じるものではなく、辞令交付による「特別権力関係」に服することを受諾することによって生じる。

・**その都度**――服務の宣誓は、新たに職員になったその都度行なわなければならず、退職した職員が再び職員として採用されたときは改めて行う必要がある。ただし、定年前再任用短時間勤務職員の場合は除かれる。

○**違反**――服務の宣誓を行うことは職員の義務であり、宣誓を行なわない場合には、服務義務違反となり、懲戒処分の対象となる。

□□□□□

【No. 154】 職務上の義務と身分上の義務とに区分するとき、次のＡ～Ｈのうち、「身分上の義務」の組合せとして、妥当なのはどれか。

Ａ　法令等に従う義務
Ｂ　信用失墜行為の禁止
Ｃ　職務命令に従う義務
Ｄ　秘密を守る義務
Ｅ　職務に専念する義務
Ｆ　政治的行為の制限
Ｇ　営利企業への従事等の制限
Ｈ　争議行為等の禁止

1　Ａ　Ｃ　Ｆ　Ｇ　Ｈ
2　Ｂ　Ｃ　Ｅ　Ｆ　Ｇ
3　Ｂ　Ｄ　Ｆ　Ｇ　Ｈ
4　Ｃ　Ｄ　Ｅ　Ｆ　Ｇ
5　Ｄ　Ｅ　Ｆ　Ｇ　Ｈ

□□□□□

【No. 155】 職務上の命令と身分上の命令の表中の記述として、妥当なのはどれか。

	職務上の命令	身分上の命令
1	この命令は、上司から地公法を根拠として発せられる。	この命令は、上司から特別権力関係を根拠として発せられる。
2	この命令は、職務の遂行に直接関係のある特定の者に発せられる	この命令は、身分取扱い上、不特定の者に発せられる。
3	この命令は、職務の遂行に必要な名札の着用を発生させる。	この命令は、職務の遂行に関係のある出張命令を発生させる。
4	この命令は、職員の指揮監督権を有する職務上の上司から発せられる。	この命令は、職務上の上司及び身分上の上司から発せられる。
5	この命令は、上司から文書又は口頭により発せられる。	この命令は、要式行為とされており、文書により発せられる。

23 法令等に従う義務

□□□□□

【No.156】 法令等に従う義務に関する記述として、妥当なのはどれか。

1 法令等に従う義務は、職務遂行に当たっての法令遵守の義務であり、公務員関係での服務義務の一つであるから、身分上の義務に位置づけられている。
2 法令等に従う義務は、公務員の憲法尊重と擁護義務の規定から、公務に携わる職員の義務であり、勤務時間中に限らず勤務時間外にも適用される。
3 法令等に従う義務は、公務の中で重要な義務であるから、法令等に従う義務の違反は、懲戒処分のみならず刑罰の対象となる。
4 法令等に従う義務は、職員の職務の遂行に関連する法令等に従う義務を指し、職員の職務の遂行と直接関係のない法令等の違反問題は生じない。
5 法令等に従う義務の法令等には、法規的な性質を有する法律のほか条例や規則も含まれるが、単なる規程や要綱は含まれない。

ここがポイント

● **法令等に従う義務** ——（法第32条）

①**法令等とは**——法令等とは、法律、条例、規則、規程、要綱などを指す。

・法令等に従う義務は、「法律による行政の原理」と「行政の適法性の原則」に基づいている。

②**職務関係法令**——法令等に従う義務は、職員が担当する職務に関する法令等に限られる。

・職員が「一市民」として遵守しなければならない法令等は含まれない。

③**勤務時間中**——法令等に従う義務は、職員の職務の遂行時間に限られる。

・残業などの命令がある場合は、その時間も含まれる。

④**違法判断**——職員には、法令等の違法判断の能力はない。

・**無効と違法**——法令等に違法性があっても、「重大かつ明白な瑕疵がある場合（＝無効)」を除き、職員には違法性を判断する能力が与えられていない。

・**重大と明白は無効**——ただし、法令等に従うに当たって上司の職務命令に「重大かつ明白な瑕疵がある場合」は、無効な命令として、これに従う義務を負わない。

⑤**違反**——法令等に従う義務は、単なる「精神規定」ではない。法令等の義務違反は「罰則」の対象とならないが、「懲戒処分」の対象となる。

・事務職員が勤務時間中に道路交通法に違反しても、法令等に従う義務違反は生じないが、運転手である職員が職務としての運転中に道路交通法に違反したときは、法令等に従う義務の違反となる。

□□□□□

【No.157】　法令等に従う義務の記述として、妥当なのはどれか。

1　当該義務は、法律による行政の原理や行政の適法性の原則に基づかない。
2　法令等に明白な瑕疵がある場合には、職員はこれに従う義務を有しない。
3　義務範囲は広く、職員の職務の執行に関係がある法令と否とを問わない。
4　義務は、法令処理の違反を防止するにあり、法令の解釈まで制限しない。
5　法令等に違法性があっても、職員は違法性の有無、無効を判断できない。

□□□□□

【No.158】　法令等に従う義務に関する記述として、妥当なのはどれか。

1　職員が法令等に従う義務を有する法令等とは、職務を遂行するための法令等であり、職員が一市民として遵守する法令等を指しているわけではない。
2　職員が道路交通法規に違反した場合には、それが職務と直接に関係のない個人的な事柄でも法令等に従う義務の違反となり、懲戒処分の対象となる。
3　職員が職務に関連して刑法の収賄を収受したときは、法令等に従う義務の違反とならないが、信用失墜行為の禁止に該当し懲戒処分の対象となる。
4　職員は、職務を遂行するに関連する法令等に従わなければならず、その法令等とは、国の法律及び政令はもとより、国の府省令や国の通達も含まれる。
5　職員は、執行機関の規則や地方公営企業の管理者が定める企業管理規程に従わなければならないが、任命権者が定める訓令には従う義務を有しない。

24 上司の職務上の命令に従う義務

□□□□□
【No.159】 上司の職務上の命令に従う義務として、妥当なのはどれか。

1 上司の職務上の命令は、階層的に上下をなす二人以上の上司の命令に矛盾がある場合は、より上位の者の命令より直近上位の者の命令が優先する。
2 上司の職務上の命令は、職員の職務上の命令に限定されることから、職務上の上司は身分上の上司ではないため、身分上の命令を出すことができない。
3 上司の職務上の命令は、上司から部下職員に発するものであり、当該職務命令の適法性を確保するため、つねに要式行為を取らなければならない。
4 上司の職務上の命令は、上司から発せられる職務上の命令であり一応適法の推定を受けるが、上司の職務命令に職員も実質的な審査権を有している。
5 上司の職務上の命令は、その職員を指揮監督できる者が発する命令であり、命令を受ける職員の職務の範囲内であることが必要要件である。

ここがポイント

● **上司の職務上の命令に従う義務** ――（法第32条）

○**上司の職務上の命令に従う義務**――この義務は、地方公共団体における組織が統一的な意思の下で秩序正しく運営されるために、上司と部下の間に命令服従関係を求めるものである。

・**特別権力関係**――職員が上司の職命令に従う義務を負うことになるのは、職員が地方公共団体の特別権力関係に入るからである。

● **上司とは**

○職務上の上司とは、その職員との関係において、指揮監督の権限を有する者をいう。地位の上位の者は必ずしも全て上司ではない。職務に関する職と職との上下の関係にあることが必要である。

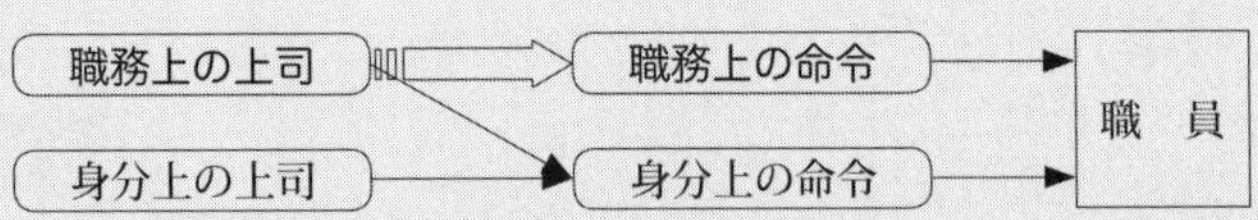

□「**職務上の上司**」とは、職員に対し職務命令を発し、指揮監督する権限を有する者をいう。

・職務上の上司は、職務上の命令のみならず、身分上の命令を発することができる。

□「**身分上の上司**」は、職務上の命令を発することができず、職員の任免や懲戒等その身分取扱いの身分上の命令のみを発しえるにとどまる。

・上司は、通常は一致するが、分離する場合もある。
・例えば、知事部局の職員が選挙管理委員会の事務に従事することを求められた場合、知事は身分上の上司であり、選挙管理委員会の上司は職務上の上司である。

● **職務上の命令と身分上の命令**

□「**職務上の命令**」は、職務の執行に直接関係する命令であり、例えば、公文書を起案する命令、出張の命令などがある。
□「**身分上の命令**」は、職務の執行とは直接の関係を有しない命令、例えば、病気療養の命令、名札着用の命令などがある。

● **職務命令の要件**

○上司の職務上の命令は、一般に「職務命令」と呼ばれている。
・要件――「職務命令」が有効に成立するためには、次の要件を充足していなければならない。

職務命令の要件	主　体	①職務上の上司の権限内の命令であること。 ②複数の命令は、より上位の命令が直近上位より優先。
	内　容	①職員の職務に関する命令であること。 ②実行可能な命令であること。

① **職務上の命令は権限ある職務上の上司の命令であること。**

○職務命令が有効に成立するためには、まず、職務上の上司が発した職務命令でなければならず、地位が上級であっても職務上の上司でない者が発した指示や依頼は職務命令たりえない。
○同一の職務について、２人以上の上司の命令が矛盾するときは、より「上位の命令」が「直近上位の命令」より優先する。
・例えば、部長と課長の命令が矛盾する場合には、部長の命令が優先する。

② **職務上の命令は職務に関するものであること。**

・上司の職務上の命令は、その職員の職務に関するものでなければならない。
・通常の場合、税務課の職員に保健衛生の事務に関する命令は「無効」である。
・職務命令は、職務の遂行を内容とするものに限られず、職務の必要上から生活上の制限が及ぶ場合もあり、その例として居住場所の制限がある。

③ **職務上の命令は実行不可能な内容であってはならない。**

・職務命令は、法律上、事実上において、不可能なものであってはならない。
□「法律上の不能」とは、廃止された条例に基づいて地方税の徴収を命じられた場合である。
□「事実上の不能」とは、消滅した物件の収用を命ずることや、知識、経験が皆無の者に工事の設計を担当させる場合である。

④ **職務上の命令は要式行為に限られない。**

・職務命令は、要式行為ではないから、口頭によっても文書によっても可能であり、特段の制限はない。

● 職務命令の拘束力

重大かつ明白な瑕疵ある命令 → 無　効

上記以外の瑕疵ある命令 → 有　効

□『無効』の場合――上司の職務命令が当然に無効である場合、すなわち、職務命令に「重大かつ明白な瑕疵がある場合」には、部下はこれに従う義務はない。

・これに対し、上司の職務命令に取消の原因となる瑕疵があるに止まるとき、あるいは違法な命令であるかどうか疑義があるに過ぎない場合には、一応「有効」である推定を受け、その命令に従う義務がある。

・心神喪失または抵抗できない程度の「強迫」によって発した命令は、意思のない行為として「無効」となるが、「詐欺」、「脅迫」などの行為は、「取り消し」うべき行為となる。

・違法判断――部下には、その職務命令の違法性を判断する能力はない。

・意見具申――上司の職務命令に疑義があるときには、部下は上司に対し意見を具申することができる。

□『有効』の場合――上司の職務命令が「違法である」場合には、有効な職務命令としてこれに従う義務を負う。だが、「まったく違法」の場合や「明らかに違法」の場合は、無効な職務命令となるため、これに従う義務を負わない。

● 職務命令の違反

○違反――職務命令に違反すれば、刑罰の対象とならないが、懲戒処分の対象となる。

● 行政実例

・名札着用――行実では、職務の遂行上必要があると認められる限り、名札の着用について職務命令を発することができるとしている。

・宿日直――行実では、職員に宿日直の勤務を命令する場合、労基法の規定に基づき行政官庁の許可を要することとなっているが、当該手続を経ないで宿日直の勤務を命令し、職員がその命令を拒否した場合に、その職員に対して、職務命令に従わなかったものとして、懲戒処分を行うことができるとしている。

□□□□□

【№.160】　職務命令で無効な命令となる組合せとして、妥当なのはどれか。

A　重大かつ明白な瑕疵ある命令
B　明白な瑕疵ある命令
C　違法な命令
D　まったく違法な命令
E　明らかに違法な命令

1　ABD　2　ACD　3　ADE　4　BCE　5　CDE

□□□□□

【No.161】 上司の職務上の命令に従う義務の事例のa～fの下線の記述について、妥当な組合せはどれか。

職員は、事務職員として建設課の窓口業務を担当していた。

あるとき建設課長から、a 知識、経験が皆無の工事の設計も担うように、b 口頭で命ぜられた。

職員は、この職務命令に疑義があったため、このc 取消されるべき瑕疵ある職命令に従えば、その行為及び結果については責任を負わなければならないと判断した。

その結果、d 上司に意見を具申し、上司のe 職務命令が当然に無効であることを判断する審査権を発動した。

これに対し上司は、地公法第32条の「上司の職務上の命令に従う義務」を持ち出し、この地公法の規定に違反した場合には、f 懲戒処分のみならず刑罰の対象となる旨の忠告を行った。

1　妥当なのは「a、c、e、f」である。
2　妥当なのは「a、b、c」である。
3　妥当なのは「b、e、f」である。
4　妥当なのは「b、d」である。
5　妥当なのは「c、d、e」である。

□□□□□

【No.162】 上司の職務上の命令に従う義務として、妥当なのはどれか。

1　職員は、職務命令に重大な瑕疵があることが客観的に明らかであるときは、これに従う義務を生ぜず、その結果に対しても免責される。
2　職員は、権限のある上司から発せられた職務命令に従う義務を有するが、上司の詐欺や脅迫による意思決定に瑕疵ある命令は、無効な命令とされる。
3　職員は、上司の職務命令に従う義務を有するため、その職務命令に重大かつ明白な瑕疵がある場合であっても、これに従う義務がある。
4　職員は、上司の職務命令である制服の着用や名札の着用の命令に従う義務があるが、職員の私生活に関する命令であれば、これに従う義務を有しない。
5　職員は、職務遂行に必要なものであれば、職員の私生活の規律に触れる職務命令に対しても、これに従う義務を有する。

□□□□□

【№.163】 上司の職務上の命令に従う義務として、妥当なのはどれか。

1　職務命令を発する上司とは、職務機能の上級下級の関係を前提として職務の指揮監督権を有する者のほか、身分的に上位の地位にある者が含まれる。
2　職務命令は、命令を受ける職員の職務に関するものでなければならず、通常その職員に割り当てられる固定的な職務に限られ、特命事務は除かれる。
3　職務命令を受けた職員が転任すれば効力を失うが、機関命令はその機関の地位を占める職員が交替後も、その地位を占める限り引続き効力を有する。
4　職務命令に取消されるべき瑕疵があるときは、一応無効の推定を受けるため、権限ある機関で判断されるまでその命令に従う拘束性を有しない。
5　県費負担教職員に対する職務命令は、都道府県教育委員会が有し、市町村の教育委員会は職務上の上司の職務上の命令を発することができない。

□□□□□

【№.164】 上司の職務命令に従う義務の無効に関し、妥当なのはどれか。

1　職員に宿日直勤務を命ずる場合には、労働基準法の規定に従って行政官庁の許可を必要とするが、当該許可を受けない宿日直勤務を命ぜられた場合でも無効の命令とならず、この命令に従う義務がある。
2　職員が上司の職務命令を審査することができるか否かが問題となるが、職務専念義務に違反して職場を放棄するように命じられた場合には、職員は内容を審査できるが、無効の命令とはならず、この命令に従う義務がある。
3　職員は職務命令に重大かつ明白な瑕疵がある場合にはこれに従う義務を負わないが、急用で庁用車の運転手が制限スピードを超えて運転することを命じられた場合は、無効の命令とならず、この命令に従う義務がある。
4　職務命令が有効であるためには、法律上又は事実上可能な内容でなければならないが、知識経験が皆無の者に建築設計を命ずる職務命令は無効の命令とならず、この命令に従う義務がある。
5　職務命令に対して、予算がないにもかかわらず支出命令に従って公金を支出した場合には、違法であるが取消うべき瑕疵がある命令となり、無効の命令とはならないため、この命令に従う義務がある。

問題編

□□□□□
【No. 165】 職務命令の有効要件として、妥当なのはどれか。

1　職務命令が有効であるためには、直近の上司から発せられることが必要条件であり、直近の上司以外の上司が発した職務命令は「無効」である。
2　職務命令が有効であるためには、法律上又は事実上可能な命令でなければならず、政治的行為の制限に反する行為を命ずるものは「無効」である。
3　職務命令が有効であるためには、その命令が職務遂行上必要なものでなければならず、職務上の上司が職員に名札の着用を命ずる命令は「無効」である。
4　職務命令が有効であるためには、要式行為に基づき文書によらなければならず、その限りにおいて、口頭による職務命令は「無効」である。
5　職務命令が有効であるためには、特定の職員に対し命令が行われることが必要条件であり、不特定の職員に対する職務命令は「無効」である。

□□□□□
【No. 166】 職務命令の拘束力の記述として、妥当なのはどれか。

1　職務命令が形式的な適法性を欠く場合は、権限のある者が取消すまで一応「有効」な推定を受け・・・・・・受命者を拘束する。
2　職務命令に重大かつ明白な瑕疵がある場合は、権限のある者が取消すまで一応「有効」な推定を受け・・・・受命者を拘束する。
3　職務命令が取消されるべき瑕疵がある場合は、権限のある者が取消すまで一応「有効」な推定を受け・・・・受命者を拘束する。
4　職務命令が無効である場合は、権限のある者が取消すまで一応「有効」な推定を受け・・・・・・・・・・・・受命者を拘束する。
5　職務命令が単に違法な命令である場合は、権限のある者が取消すまで一応「無効」な推定を受け・・・・・・受命者を拘束しない。

25 信用失墜行為の禁止

□□□□□

【No. 167】 信用失墜行為の禁止に関する記述として、妥当なのはどれか。

1　信用失墜行為の禁止は、全体の奉仕者として住民の信託を受けて公務に従事する立場からの倫理上の規範であって、法律上の規範ではない。
2　信用失墜行為に当たる行為は、公務員としての品位を傷つける職務に関連する非行に限られており、直接に職務と関連のない行為は含まれない。
3　信用失墜行為は全職員への不信となる行為であり、職員の勤務時間外の行為及び職員のプライバシーに属する行為については除かれる。
4　信用失墜行為は公務の信用を傷つける行為であり、信用失墜行為に当たるか否かは一般的な基準がなく、任命権者が社会通念に基づき判断する。
5　信用失墜行為は戒められるべき行為であり、信用失墜行為の禁止に違反した場合には罰則が適用されるばかりか、懲戒処分の対象ともなる。

ここがポイント

● **信用失墜行為の禁止**――（法第33条）

○**失墜行為とは**――信用失墜行為とは、その「職の信用を傷つけ」、または職員の「職全体の不名誉となる行為」を指す。

・**禁止の趣旨1**――職員が直接職務を遂行するに当たっての行為はもちろん、職務外の行為であっても、その結果として当該職員の職に対する住民の信頼が損なわれ、あるいは住民の公務全体に対する信用が失われた場合には、その後の公務遂行について著しい障害が生ずるおそれがあることから、職員に義務づけられたものである。

・**禁止の趣旨2**――職員は、地方公共団体の「住民」から公務執行の信託を受けており、全体の奉仕者として公共の利益のために勤務すべき義務を負っており、このような職員の地位の特殊性に基づき、一般国民の場合以上に、「高い行為規範」が要求される。

信用失墜行為
- ●職の信用を傷つける行為 ⇒ 争議行為、職務規定違反
- ●職全体の不名誉となる行為 ⇒ 飲酒運転など

□**職の信用を傷つける行為**――「職の信用を傷つけ」とは、当該職員が占めている職の信用を損なう行為であり、職務に関連して非行を行った場合である。

・例えば、争議行為、職務規定違反、職権の濫用や収賄を行って職務上の便宜を図ることなどが該当する。

□**職全体の不名誉となる行為**――「職全体の不名誉となる行為」とは、職務に関連する非行も含まれるが、必ずしも直接に職務とは関係のない私的な非行も含まれる。

・例えば、勤務時間外の飲酒運転、常習の賭博、不道徳なスキャンダルなどがある。

● **信用失墜行為の禁止**

○**明文化**――信用失墜行為の禁止は、倫理上の規範にとどまるものではなく、法律上の規範として明文化されている。

・**勤務内外を問わない**――禁止規定は、勤務時間の内外を問わない。

・**犯罪有無を問わない**――禁止規定は、犯罪の有無を問わない。職権濫用、収賄など公務員の身分を前提とした刑法上の犯罪が該当し、公務員の身分と関係なく行われる犯罪（暴行・傷害・詐欺・恐喝・道路交通法違反）も対象となる。

・**他の義務違反ともなる**――禁止規定は、他の服務義務違反、例えば、争議行為等の禁止規定に違反したことが同時に信用を失墜させる行為となる場合もある。

・**粗暴な態度も含まれる**――来庁者に対して粗暴な態度をとったときも、常識に反する言動や行為そのものが信用失墜行為となることもある。

○**失墜行為の判断**――信用失墜行為に該当するか否かは最終的には「任命権者」が「社会通念」に基づき、事例に即して判断することになる。ただし、任命権者の恣意的な判断を許すものではない。

● **信用失墜行為の禁止規定の違反**

・**懲戒処分**――信用失墜行為の禁止規定に違反すると、「法令に違反する場合」と「全体の奉仕者たるにふさわしくない非行のあった場合」に該当し、懲戒処分の対象となる。しかし、罰則の適用はない。

□□□□□

【No.168】　信用失墜行為の禁止に関する記述として、妥当なのはどれか。

1　信用失墜行為とは、公務の不名誉となる行為でその職の信用を傷つける場合を指し、職員の職全体の不名誉となる行為を指すものではない。

2　信用失墜行為は、職員が職務を遂行する上での職員の勤務時間内における行為を指し、勤務時間外の行為は禁止事項に当たらない。

3　信用失墜行為は、住民の信託を裏切る行為であり、職員が直接職務を遂行するに当たっての行為はもちろん、職務外の行為であっても該当する。

4　信用失墜行為は、全体の奉仕者たるにふさわしくない行為を指し、信用失墜行為の禁止に関する行為に該当する場合には刑罰の対象となる。

5　信用失墜行為の禁止は、職員の不名誉となる行為が犯罪になる場合に該当し、犯罪行為にならない場合には、信用失墜行為の禁止に当たらない。

□□□□□

【№ 169】 信用失墜行為の内容に関する記述として、妥当なのはどれか。

1　職権濫用や収賄などの刑法上の犯罪がある場合に、その犯罪が公務員の身分を前提としたものでなければ、信用失墜行為に当たらない。
2　服務規定違反である、例えば、リボン闘争を行った場合には争議行為等の禁止規定の違反となるが、信用失墜行為には当たらない。
3　窓口事務担当者が、来庁者に対し用件を受け入れられないと主張して粗暴な態度をとった程度の場合には、信用失墜行為に当たらない。
4　勤務時間外に職務と直接の関係なく飲酒運転で事故を起こしたときでも、死亡者が出なかった場合には、信用失墜行為に当たらない。
5　服務義務に関する規定の直接の違反でなくても、サラ金業者から借金を繰り返し職場にサラ金業者が来庁する場合には、信用失墜行為に当たる。

□□□□□

【№ 170】 信用失墜行為の罰則と懲戒処分について、妥当なのはどれか。

1　信用失墜行為の禁止に違反したとき、その違反した行為が職務に関連する場合は地公法上の罰則規定が適用されるが、職務に関連しない場合は罰則規定が適用されない。
2　信用失墜行為の禁止に違反した場合でも、地公法上の罰則規定は適用されないが、懲戒処分は、その違反した行為が職務に関連しない行為であっても対象となる。
3　信用失墜行為の禁止に違反すれば地公法上の罰則規定が適用され、その違反した行為が職務に関連する場合は懲戒処分の対象となり、職務に関連しない場合には分限処分の対象となる。
4　信用失墜行為の禁止に違反すれば地公法上の罰則規定が適用されるが、その違反した行為が破廉恥罪に該当する場合には、刑法その他の罰則規定が優先して適用される。
5　信用失墜行為の禁止に違反しても地公法上の罰則規定は適用されないが、その違反した行為が刑法に定める罪に該当する場合に限り、懲戒処分の対象となる。

26 秘密を守る義務

□□□□□

【No.171】 秘密を守る義務に関する記述として、妥当なのはどれか。

1　職員には、在職中は職務上知り得た秘密を漏らしてはならない義務が課せられているが、公務員の身分を有しない退職後はこの義務が解除される。

2　職員が法令による証人や鑑定人等となり職務上知り得た秘密に属する事項を発表する場合には、任命権者の許可を受けなければならない。

3　職員が職務上の秘密を発表する場合には、任命権者の許可を必要とし、これに対する任命権者の許可は、法律に定めがある場合以外は拒否できない。

4　職員には秘密を守る義務があり、秘密を守る義務に違反した場合には罰則の適用があるが、第三者がそそのかしても罰則の適用はない。

5　職員は、一般的に了知されていない秘密を守らなければならないが、その秘密の中の職務上知り得た秘密は職務上の秘密の一部である。

ここがポイント

● **秘密を守る義務**――（法第34条）

○**秘密とは**――秘密とは、「一般に了知されていない事実」であって、それを一般に了知せしめることが、「一定の利益の侵害になると客観的に考えられるもの」を指す。

・**秘密の内容**に関しては、次のものが対象となる。

□**対象①**――保護されるべき法益相互の比較をしながら判断しなければならないが、一般に知られることが個人の不利益になると客観的に考えられる事項、

□**対象②**――本人にとって他人に知られたくない事項（個人的秘密）

□**対象③**――公表することにより行政目的を達成することができなくなる事項（公的秘密）

○**２つの秘密**――秘密については、「形式秘密」と「実質秘密」とがあり、客観的にみて秘密に該当するものが実質秘密であり、秘密を指定する権限のある行政庁により明示的に秘密の指定がなされたものが形式秘密である。

・**秘密の推定**――秘密の推定は、最終的には客観的な実質秘密であるかどうかで判断される。ゆえに秘密は、公的秘密であっても私的秘密であっても客観的にみて秘密に該当するもの、すなわち、「実質秘密」でなければならない。

・**押印文書**――公文書に秘密の印が押印されているものは「形式秘密」に該当する。

・**人事記録**――職員の履歴書などの人事記録は一般には秘密に属する事項である。

○**公的秘密**――何が公的な秘密に属するかは法令または上司の命令による。

○種類――秘密には、「職務上の秘密」と「職務上知り得た秘密」とがある。

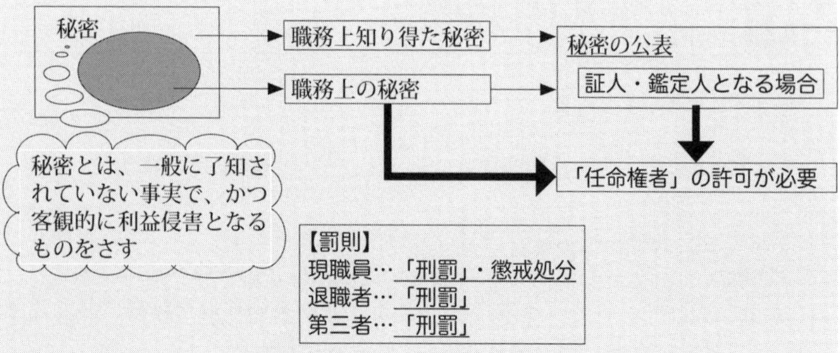

□職務上の秘密――「職務上の秘密」とは、職員の職務上の所管に属する秘密である。

□職務上知り得た秘密――「職務上知り得た秘密」とは、職員が職務執行上知り得た秘密をいう。

○黙認――秘密を守る義務には、秘密事項を文書や口頭で漏らすことをはじめ、秘密事項の「漏えいを黙認する」場合も含まれる。

■　職務上の秘密――

○職務上の秘密とは、職員の職務上の所管に関する秘密を指す。

・職務上の秘密には、法令で秘密とされているもの、上司の命令で秘密とされているもののほか、未発表の公文書なども含まれる。

■　職務上知り得た秘密――

○職務上知り得た秘密とは、職員が自己の職務を執行するにあたって実際に知った秘密を指す。 職務に関連して知り得たものを含むが、逆に職務と関係のない秘密は含まれない。

・範囲――職務上知り得た秘密は、職務上の秘密より「広く」、職務上の所管に関する秘密のほか、職務上知り得た個人的な秘密も含まれる。

● 秘密事項の公表

・秘密は、原則として公表してはならない。

・例外として、法令による「証人、鑑定人等」となる場合にはその秘密を公表することができる。

□職務上の秘密の公表――許可が「必要」

・上述の場合でも、「職務上の秘密」を公表する場合には任命権者の許可が必要である。

・例えば、職員が不利益処分の審査における証人となって職務上の秘密を発表する場合や、人事委員会が行う調査、審理等に関し職務上の秘密を発表する場合には、任命権者の許可を必要とする。

□職務上知り得た秘密を公表――許可が「不要」

・職務上知り得た秘密を公表するときには任命権者の許可を必要としない。

・職員が、「職務に関係のない一私人として」証言、鑑定する場合も許可を必要としない。

●　証人等となる場合――証人・鑑定人等となる場合として、次の場合がある。

□『裁判所』の証人または鑑定人となる場合――民事事件や刑事事件に関し裁判所で

証人として訊問される場合がある。
□『**議会**』の調査権による証人となる場合——地方公共団体の議会が事務に関する調査を行い、関係人の出頭、証言、記録の提出を請求する場合がある。
□『**人事委員会**』等が証人を喚問する場合——人事委員会または公平委員会が証人喚問などを求めた場合などがある。
・**任命権者の許可**——任命権者は、法律に特別の定めがある場合を「除いて」、秘密の発表について、許可を与えなければならない。

●**対象職員**

・現職員はもちろん、その職を退いた後も秘密を漏らしてはならない。

●**罰則**

○守秘義務の違反に対する処罰関係は、次のとおりである。
①現職職員は・・・・・・・・・・・・・・・・「刑罰」と「懲戒処分」が対象となる。
②退職職員の違反に対しては・・・・・・・・「刑罰」のみが対象となる。
③秘密を漏らす行為の企て者の第三者は・・・「刑罰」のみが対象となる。
○**軽い刑罰**——秘密を漏らした職員は、地公法第60条で定める刑罰「(1年以下の懲役または50万円の罰金)」の対象となる。
○**特例刑罰**——地公法以外に、特定の職員について特別な罰則規定がある。
・**地税法**——地方税に関する調査事務に従事する者または従事した者が知り得た秘密を漏らした場合
・**統計法**——統計調査に関し総務大臣からの情報及び知り得た個人または法人の秘密を漏らした場合
・**児童福祉法**——児童相談所において相談、調査等の秘密を漏らした場合
・**刑法**——医師または薬剤師等であった者が業務上の秘密を漏らした場合

□□□□□
【No.172】　秘密を守る義務に関する記述として、妥当なのはどれか。

1　職員は、厳正にして公正な行政執行上秘密を守る義務を負うが、何が公的な秘密に属するかは原則として法令又は上司の命令によると解される。
2　職員は、一定の利益の侵害となる秘密を守る義務を負い、その義務違反に対して懲戒処分を受けることがあるが、刑罰に処せられることはない。
3　職員は、実質的な秘密と形式的な秘密であるとを問わず秘密を守る義務を負い、任命権者の許可を得たときに限り秘密事項を公表することができる。
4　職員は、一般に了知されていない事実の秘密を守る義務を負うが、人事委員会の権限に基づき秘密を公表するときは、任命権者の許可を必要としない。
5　職員は、秘密を守る義務を負うが、職員が法令による証人として職務上の秘密を公表するときは、任命権者は必ずその許可を与えなければならない。

□□□□□

【No.173】 職務上の秘密と職務上知り得た秘密の表中の記述として、妥当なのはどれか。

		職務上知り得た秘密	職務上の秘密
1	対象	職務上知り得た秘密は、公的秘密のみならず個人的秘密も対象となる。	職務上の秘密は公的秘密が対象となり、個人的秘密は対象とならない。
2	範囲	職務上知り得た秘密は、自らの担当職務に関する秘密のほか担当外の事項でも、職務に関連するものは含まれる。	職務上の秘密は、職務上知り得た秘密の一部であり、両者の範囲は異なっている。
3	公表	職務上知り得た秘密を公表しなければならない場合には、任命権者の許可を必要とする。	職務上の秘密を公表しなければならない場合には、任命権者の許可を要せずに公表できる。
4	立場	職務上知り得た秘密の公表は、訴訟事件の法令による証人又は鑑定人となる場合に限定されている。	職務上の秘密の公表は「証人、鑑定人等」となる場合で、訴訟事件のほか議会の百条調査の場合にも及ぶ。
5	違反	職務上知り得た秘密義務違反者には、1年以下の懲役又は50万円以下の罰金が科せられる。	職務上の秘密義務違反者には、懲戒処分が科せられるが、刑罰は科せられない。

□□□□□

【No.174】 秘密を守る義務の記述の空欄A～Eの語句として、妥当なのはどれか。

秘密とは、一般に了知されていない事実であって、それを了知せしめることが一定の利益の侵害となる［A］に考えられるものをいう。

法令による証人や鑑定人等となって［B］に属する事項を発表する必要がある場合は、［C］の許可を必要とする。

これは、証人や鑑定人等としての証言等の重要性を優先させて発表する利益と、［D］の利益の調整と調和を図るためであり、［C］は［E］に特別の定めがある場合を除き許可を拒むことができない。

	A	B	C	D	E
1	客観的	職務上の秘密	任命権者	行政上	法律
2	客観的	職務上知り得た秘密	任命権者	社会上	条例
3	客観的	職務上の秘密	人事委員会	行政上	法律
4	主観的	職務上知り得た秘密	任命権者	行政上	条例
5	主観的	職務上の秘密	人事委員会	社会上	条例

□□□□□
【No. 175】　秘密を守る義務に関する記述として、妥当なのはどれか。

1　秘密には、形式的な秘密と実質的な秘密とがあり、官公庁が秘密であることを明示している部外秘や極秘などの文書は、実質的な秘密に該当する。
2　秘密には、職務上の秘密と職務上知り得た秘密とがあり、職務上知り得た秘密は、たまたま他の職場の職員から知り得た秘密も含まれる。
3　秘密は、公正な行政執行上保持しなければならず、法令による証人や鑑定人などとなり発表する場合においても、任命権者の許可を求める必要がある。
4　秘密には、職務上の秘密と職務上知り得た秘密とがあり、両者の範囲は異なり、職務上の秘密の方が職務上知り得た秘密より範囲が広い。
5　秘密は、その法益が公共又は個人の利益に直接かかわる問題であるため、行政罰だけでなく、刑事罰によってその法益が保護されている。

□□□□□
【No. 176】　秘密を守る義務に関する記述として、妥当なのはどれか。

1　秘密とは、形式的に秘密の指定がなされているだけで足り、秘密は非公知の事実であって、実質的にそれを保護に値するものを指すものではない。
2　漏らしてはならない秘密には、職務上知り得た秘密と職務上の秘密とがあり、両者の範囲は異なり、前者は後者の一部である。
3　職務に関する秘密であっても、他の法益に基づく要請で公表する場合があり、その公表は、訴訟関係の法令による証人や鑑定人となる場合に限定される。
4　職務上の秘密でない秘密は、公表の許可を要せず、証人や鑑定人となった場合でも、一般の証言や鑑定などの原則に従って行動することとなる。
5　職務上の秘密を漏らした職員は、地公法の罰則が適用されるが、秘密を漏らす行為を企てた者やそそのかした者などの第三者を罰することはできない。

□□□□□
【No. 177】　秘密を守る義務に関する記述として、妥当なのはどれか。

1　秘密を守る義務の直接の目的は、住民の個人秘密や企業秘密を守ることであり、秘密がみだりに外部に漏洩されることを防ぐためにある。
2　秘密を守る義務には、行政に対する信頼の確保があり、秘密事項を文書や口頭で漏らすことをはじめ、秘密事項の漏えいを黙認する場合も含まれる。
3　職員が法令による証人や鑑定人等となり、職務上知り得た秘密に属する事項を公表するときは、任命権者の許可を得なければ当該事項を公表できない。
4　任命権者は、職員が証人等となるために職務上の秘密を公表する許可を求めたときは、公務に支障が生ずるときでも、公表の許可を与える必要がある。
5　職員が秘密を漏らしたときは、懲戒処分と刑罰の対象となり、退職者が漏らしたときは、3年以下の懲役又は100万円以下の罰金に処せられる。

□□□□□
【№178】　秘密を守る義務に関する記述として、妥当なのはどれか。

1　秘密は、保護法益の内容からみて公的秘密と個人的秘密とに分けられるが、職務上の秘密は全て公的秘密であり、職務上知り得た秘密には公的秘密と個人的秘密とがある。
2　最高裁判所は、「秘密とは、非公知の事実であって、秘密を指定する権限のある行政庁により明示的に秘密の指定がなされたものをいう」と判示し、形式秘密説を採用している。
3　職員が裁判所で証人となって職務上の秘密を発表する場合には、司法手続における真実追及の重要性から、当該職員は、任命権者の許可を得ることなく職務上の秘密を発表できる。
4　職員が職務上知り得た秘密を守る義務に違反した場合には、懲戒処分とともに刑事罰の対象となるが、秘密を漏らすことをそそのかした者については刑事罰の対象とならない。
5　議会が職員を証人として職務上の秘密に属する事項について発表を求める場合には、任命権者の承認を必要とし、任命権者がその承認を拒む場合は、理由を疎明して職員に当該発表の許可を与えないことができる。

□□□□□
【№179】　秘密を守る義務に関する記述として、妥当なのはどれか。

1　形式秘密説では、秘密とは、秘密を指定する権限のある行政庁により明示的に秘密の指定がなされたものであるとしており、現在の通説となっている。
2　税務職員が特定個人の滞納額を漏らすのは職務上知り得た秘密の漏洩であり、教員が生徒の家庭事情を公にするのは職務上の秘密の漏洩である。
3　個人情報保護条例が開示や提供を禁止する情報は秘密であるから、職員が違反し当該情報を漏らしたときには、地公法の守秘義務の違反となる。
4　秘密を漏らした義務違反の職員には、地公法が定める各種義務に違反したときに科される刑事罰の中で、最も重い刑事罰が科される。
5　退職者が在職中に知り得た秘密を退職後に漏らしたときには、既に公務員関係の外にいても懲戒処分の対象となり、また刑事罰にも問われる。

27 職務に専念する義務

□□□□□

【No.180】 職務に専念する義務の記述として、妥当なのはどれか。

1　職務に専念する義務は、職務上の注意力のみならず精神活動の面でも、注意力の全てを職務の遂行に用いなければならない義務である。
2　職務に専念する義務は、正規の勤務時間に対して適用される義務であり、時間外勤務又は休日勤務の場合には適用されない義務である。
3　職務に専念する義務は基本的な義務であり、地方公共団体の長の裁量によりその必要性がある場合に、例外として免除することが認められる。
4　職務に専念する義務は、当該地方公共団体が処理する自治事務に専念する義務を指し、この義務については、法定受託事務に対する専念義務はない。
5　職務に専念する義務は、職務上の注意力の全てをその職務遂行のために用いるため、勤務時間の内外を問わず職員に課せられる義務である。

ここがポイント

● **職務に専念する義務**――（法第35条）

○**専念義務**――職員は、全体の奉仕者として公共の利益のために、しかも全力を挙げて職務に専念しなければならない職務専念義務を有する。

・しかし、この義務は、「無定量」な勤務を求めるものではなく、「合理的な理由」がある場合には、職務に専念することの義務の免除が制度的に認められている。

○**要請**――職務専念義務は、全体の奉仕者としての地位に基づく公法上の責務であり、強い倫理的要請によるものである。

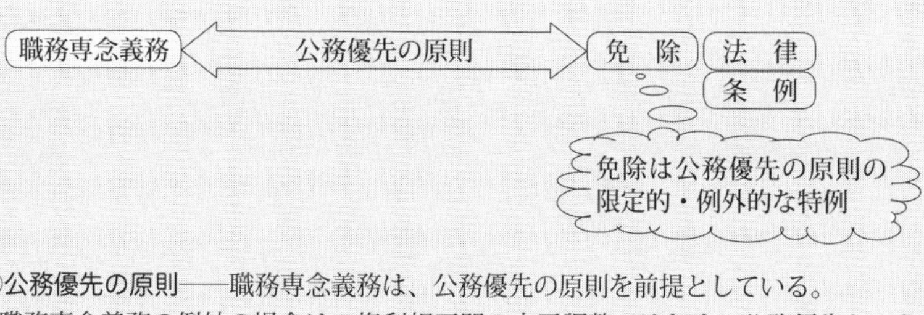

○**公務優先の原則**――職務専念義務は、公務優先の原則を前提としている。

・職務専念義務の例外の場合は、権利相互間の水平調整ではなく、公務優先という基本原則に対する限定的、例外的な特例である。

○**対象事務**――職務専念義務は、職員の勤務時間中に当該地方公共団体が「なすべき責を有する職務」にのみ従事することを求めている。

・「なすべき責を有する職務」には、自治事務のみならず法定受託事務も含まれる。

・「なすべき責を有する職務」には、地方公共団体が共同設置した機関の事務、事務従事とされた共済組合及び公務災害補償基金の事務も含まれる。
○**勤務時間**――職務専念義務は、「正規の勤務時間」のみならず「超過勤務時間」及び「休日勤務時間」にも課せられる義務である。
○**専念**――職務専念義務は、職員の精神的、肉体的な活動の全てを勤務に集中しなければならない義務である。
・職務に直接関係ないプレート着用は、精神活動の面からみれば注意力の全てが職務の遂行に向けられなかったものと解される判例がある。
○**違反**――職務専念義務に違反すると、懲戒処分の対象となるが「罰則の対象とはならない」。

● **職務専念義務の免除**

○**免除根拠**――職務専念義務は、「法律」または「条例」に特別の定めがある場合に限り、免除できる。
■□「**法律**」に「免除根拠」がある場合
①「分限の休職」・・・・・・(地公法)・分限は強制的な専念の免除である。
②「懲戒の停職」・・・・・・(地公法)・職は保有するが職務に従事させない強制的な専念の職免である。
③「在籍専従の許可」・・・・(地公法)・休職者として扱われ、許可が有効の間の専念の免除である。
④「適法な交渉への参加」・・(地公法)・役員以外の者で在籍専従以外の職員が出席するときの専念の免除である。
⑤「病者の就業禁止」・・・・(労安法)・伝染病等にかかった職員に対し専念の免除である。
⑥「育児休業」・・・・・・・(地公育休業法)・3歳に満たない子を養育するための休業の承認である。
⑦「介護休業」・・・・・・・(育児休業法)・家族介護等を行う場合の専念の免除である。
⑧「労働基準法等の休暇等」・(労基法)・労働基準法の年次有給休暇や生理休暇などの規定を受け、職免条例で定められた事項の専念の免除である。
■□「**条例**」に「免除根拠」がある場合
①「**条例**」で定められる週休日、休日、休暇、休憩などがある。
・上述のうち、労働基準法にもとづく部分は法律に基づき条例で定められる職免である。
ア．年次有給休暇・・・・労基法に基づき条例で定められる。
イ．産前産後の就業休暇・・労基法に基づき条例で定められる。
ウ．生理休暇・・・・・・・労基法に基づき条例で定められる。
②「**職免条例**」で定められるものがある。
・「**職免条例**」に基づく事例として、次のものがある。
ア．研修を受ける場合
イ．厚生に関する計画の実施に参加する場合
・**承認手続**――上述のアの研修とイの厚生計画の参加、これ「以外」の職務専念義務

の特例は、人事委員会が定めることとされているため、この「２つ以外」の職免を条例で定めるときは、任命権者は、あらかじめ人事委員会の承認を得なければならない。

③**特例に基づく人事委員会の定め**――職務専念義務の特例に関する「条例の委任」に基づき「人事委員会が定める場合」には、次のものがある。

ア．伝染病予防法による交通遮断または隔離の場合
イ．風水震火災その他の非常災害による交通遮断の場合
ウ．風水震火災その他の天災地変による職員の現住居の滅失または破壊の場合
エ．その他交通機関の事故等の不可抗力の原因による場合
オ．証人、鑑定人、参考人として国会、裁判所、地方公共団体の議会その他の官公署へ出頭する場合
カ．選挙権その他公民としての権利を行使する場合

● **職務専念義務が当然に「免除されない」** 場合がある。

・職務専念義務は、当然に免除されない場合がある。それは、ある行為を認めることと、勤務時間中における職務専念義務を免除するか否かは、別の問題であるからである。

○**具体例**――当然に「免除されない」場合には、次のものがある。これらの行為の場合には、「任命権者の許可」を得る必要がある。

①営利企業への従事等をする場合
②勤務条件に関する措置要求をする場合
③不利益処分に関する審査請求をする場合
④職員団体の指名した役員などとして適法な交渉をする場合
⑤国または他の地方公共団体の事務に従事する場合
⑥県費負担教職員の職免の場合

・県費負担教職員の服務は市町村教育委員会が監督するとされているため、市町村の職免条例により、その免除は市町村の教育委員会の承認が必要である。

● **職免と給与との関係**

○**職免と給与の関係**――職務専念義が免除された職員に、免除された勤務時間に給与を支給するか否かは給与条例に基づいて、職務専念義務の免除とは別に任命権者が判断する。この場合、別途給与減免の手続を行えば、給与を受けることができる。

□□□□□

【No. 181】　職務に専念する義務の記述の空欄Ａ～Ｄの語句として、妥当なのはどれか。

職員は、全力を挙げて職務に専念しなければならない。これが公務員の根本基準であり、この根本基準を含む規定として具体化したものが職務専念義務である。この職務専念義務と［ A ］は最も基本的な義務である。

基本的な義務である職務専念義務には例外が認められている。

職務専念義務の免除は、［ B ］に対する例外を認めることであり、この免除

は［C］のある場合において、かつ必要な最小限の範囲で認めるものである。
職務専念義務の免除は、法律又は条例に特別の定めがある場合に限り免除できるが、法律によって当然に免除されものに［D］などがある。

	A	B	C	D
1	信用失墜行為の禁止	労働基本権の原則	公正的理由	公民権行使
2	信用失墜行為の禁止	公務優先の原則	合理的理由	懲戒停職
3	政治的行為の制限	公務優先の原則	経済的理由	措置要求
4	職務命令に従う義務	労働基本権の原則	公正的理由	公民権行使
5	職務命令に従う義務	公務優先の原則	合理的理由	分限休職

□□□□□
【№.182】 職務に専念する義務に関する記述として、妥当なのはどれか。

1　職務専念義務は、服務の根本基準を更に服務規定として具体化した義務であるが、倫理的な要請に基づく義務ではない。
2　職務専念義務は、職務上の注意力の全てをその職責遂行のために用いることを指し、この職責遂行は当該地方公共団体が有する職務に限られない。
3　職務専念義務は、全体の奉仕者としての地位に基づく公法上の責務であり、職員の勤務時間の内外を問わず職員に課せられる義務である。
4　職務専念義務は、これを免除された場合においても公務員たる身分を失うわけではないため、この間に営利企業への従事等の制限規定が適用される。
5　職務専念義務は、全体の奉仕者としての地位に基づく公法上の責務であり、この義務に違反すると懲戒処分及び罰則の対象となる。

□□□□□
【№.183】 職務に専念する義務に関する記述として、妥当なのはどれか。

1　職務専念義務は、身分上の義務であり、合理的な理由がある場合には、職務に専念することの義務の免除が制度的に認められる。
2　職務専念義務は、職員の正規の勤務時間に限り適用される義務であり、超過勤務時間及び休日勤務時間には課せられない義務である。
3　職務専念義務は、法律又は条例に特別の定めがある場合に免除できるが、この法律には、地公法のほか労働基準法も該当する。
4　職務専念義務は、職員の精神的及び肉体的な活動の全てを勤務に集中する義務であるが、職務に直接関係ないプレート着用は義務違反とならない。
5　職務専念義務は、勤務条件の措置要求や勤務時間中の職員団体の交渉を適法に行う場合には、地公法の規定により当然に免除される。

□□□□□

【No. 184】　職務に専念する義務に関する記述として、妥当なのはどれか。

1　職員は、勤務時間中は職務に専念しなければならないが、この場合の勤務時間とは条例で定める正規の勤務時間のことをいい、超過勤務及び休日勤務を命ぜられた時間は含まれない。

2　職員が職員団体の運営のための会合に参加する場合には、あらかじめ職員団体が会合について任命権者の許可を受けた上で、個々の職員は、職務専念義務の免除について任命権者の承認を得なければならない。

3　職員が勤務時間中に地公法の規定に基づき勤務条件に関する措置の要求をする場合は、法律又は条例に特別の定めがなくても、当然に職務専念義務が免除される。

4　不利益処分に対する審査請求は、職員に保障される法律上の権利であり、当該職員及びその代理人である職員が勤務時間中に口頭審理へ出頭する場合には、職務専念義務の免除について任命権者の承認を得る必要はない。

5　職員が研修を受ける場合や厚生計画の実施に参加する場合、任命権者は職員の職務専念義務を免除することができるが、その際任命権者は、あらかじめ人事委員会の承認を得なければならない。

□□□□□

【No. 185】　職務専念義務は、『A. 地公法に基づき当然に免除される』場合、『B. 地公法に基づくが当然に免除されない』場合、『C. 条例に基づき免除される』場合がある。免除の根拠A～Cと次の事例ア～カの組合せとして、妥当なのはどれか。

ア．　休職処分を受けた場合
イ．　不利益処分に関する審査請求を行う場合
ウ．　在籍専従の許可を受けた場合
エ．　勤務条件に関する措置要求を行う場合
オ．　研修を受ける場合
カ．　厚生に関する計画の実施に参加する場合

	A	B	C
1	〔ア・ウ〕	〔イ・エ〕	〔オ・カ〕
2	〔ア・カ〕	〔イ・オ〕	〔エ・ウ〕
3	〔ア・エ〕	〔ウ・カ〕	〔イ・オ〕
4	〔ウ・エ〕	〔ア・イ〕	〔オ・カ〕
5	〔ウ・エ〕	〔ア・カ〕	〔イ・オ〕

□□□□□

【№186】 職務専念義務の免除に関する記述として、妥当なのはどれか。

1 職員の職務専念義務が免除されたときには、免除された時間の給与についてはノーワーク・ノーペイの原則が適用されず、給与は減額されない。
2 職員には、法律又は条例に基づく職免が認められ、また労働基準法が原則として適用されるため、労働基準法に基づく職務専念の免除もあり得る。
3 職員には、合理的な理由があれば職免が認められ、任命権者から営利企業への従事許可を受けた場合は、同時に職務専念義務が免除されたこととなる。
4 職員の職免の申請手続によって、初めて職務専念義務が免除されるのであって、申請に基づかない職務専念義務の免除はあり得ない。
5 職員は、地公法に基づき休職、停職、病気休暇などの職務専念義務が免除され、条例に基づき休日、年次有給休暇の職務専念義務が免除される。

□□□□□

【№187】 職務専念義務の免除に関する記述として、妥当なのはどれか。

1 職員が勤務条件に関して措置の要求をし、また不利益処分に対して審査請求をすることは職員に保障されている法律上の権利であり、職員がこれらの行為を勤務時間中に行う場合は、当然に職務専念義務が免除される。
2 職員が国家公務員や特別職の職を兼ねる場合は、その兼職の許可自体が職員としての勤務時間及び注意力の一部を割くことを前提としているため、別途、職務専念義務の免除についての任命権者の承認を必要としない。
3 職務専念義務が免除された勤務時間に給与を支給するか否かは、給与条例の定めるところに任されており、在籍専従職員に対しても条例の定めがあれば、給与を支給することができる。
4 職員が職員団体の運営に特に必要な会合に参加する場合、あらかじめ職員団体が包括的に任命権者の許可を受けていれば、個々の職員に対する職務専念義務の免除についての任命権者の承認は必要としない。
5 任命権者は、職員が行政に関する講演を行う場合など特別の事由のある場合には、条例に基づき職員の職務専念義務を免除することができるが、特別の事由による免除の場合は、あらかじめ人事委員会の承認を得なければならない。

28 政治的行為の制限

□□□□□

【No. 188】 政治的行為の制限に関する記述として、妥当なのはどれか。

1　政治的行為の制限の趣旨は、地方公共団体の行政の公正な運営を確保することにあり、職員を政治的影響から保護する趣旨ではない。

2　政治的行為の制限規定は、公権力の行使に関する一般行政職員に適用され、企業職員及び単純労務職員の全てに適用されない。

3　政治的行為の制限に違反した場合には、公務員の政治的中立性から懲戒処分の対象となるが、地公法に基づく刑罰が科せられることはない。

4　政治的行為の制限規定に基づき一党一派に偏してはならないため、職員が特定の政党の構成員となり他の職員を政党に勧誘することは、禁止される。

5　政治的行為の制限規定に基づく一定の政治的行為は許されており、職員は、当該勤務地外において公の施設を利用して政党活動ができる。

ここがポイント

● 政治的行為の制限 ――（法第 36 条）

○目的――政治的行為の制限は、職員の政治的中立性を保障することにより、「行政の公正な運営の確保」と「職員の利益を保護する」ことを目的としている。

・これは、「スポイルズ・システム」の弊害を防止することにある。

○政治的行為には、絶対的制限と条件的制限とがある。

構成員になることは禁止されない。

絶対的制限（禁止）―― 政党の結成、政党の役員、政党への勧誘

条件的制限（制限）―― 政治的目的 ／ 政治的行為

政治的目的：特定の政党その他の政治的団体、又は特定の内閣もしくは地方公共団体の執行機関を支持し又は反対する政治的目的

政治的行為：

①選挙運動…………………… ［勤務地内制限］
②署名活動…………………… ［勤務地内制限］
③募金活動…………………… ［勤務地内制限］
④庁舎等に文書等を掲示… ［内外制限］
⑤条例で定める事項……… ［勤務地内制限］

職員の適用除外……（企業職員）（単純労務職員）

処罰規定は、 職員………懲戒処分の対象となる。
　　　　　　 第三者……特に刑罰規定はなし

■**絶対的制限**――「絶対的制限」とは、政治的目的の有無を問わず、また勤務地の内外を問わず制限する次の行為をいう。
①政党等の結成に関与すること。
②政党等の役員になること。
③政党等の構成員になるように、または、ならないように勧誘運動をすること。
○**構成員**――職員が政党等の「構成員」となることは制限されない。
○**勧誘運動**――勧誘運動とは、不特定または多数の者を対象として組織的に相手の決意を促す行為を指し、少数の友達に入党を勧める場合は該当しない。
■**条件的制限**――「条件的制限」とは、①「特定の政党その他の政治的団体」、または「特定の内閣」もしくは「地方公共団体の執行機関」を支持しまたはこれに反対する政治的目的をもって、②あるいは、公の選挙または投票において、特定の人または事件を支持しまたはこれに反対する「政治的目的」をもって、「政治的行為」を行うことをいう。
・**いずれかを欠く場合**――政治的目的と政治的行為の「いずれかを欠く場合」には制限の対象とならない。
○**政治的行為**――条件的制限の「政治的行為」には、次の5つがある。
【1】政治的目的をもって、選挙運動を行うこと。・・・・・・・(勤務地内で制限)
【2】政治的目的をもって、署名活動を行うこと。・・・・・・・(勤務地内で制限)
【3】政治的目的をもって、募金活動を行うこと。・・・・・・・(勤務地内で制限)
【4】政治的目的をもって、庁舎、公共施設に文書・図画を掲示または施設等を利用すること。・・・・・・・・・・・・(勤務地の「内外」で制限)
【5】政治的目的をもって、条例で定める政治的行為をすること(勤務地内で制限)
○**例外**――当該職員が、都道府県の支庁もしくは地方事務所または指定都市の区もしくは総合区に勤務するときは、当該支庁もしくは地方事務所または区もしくは総合区の所管区域外において、上記【1】から【3】及び【5】に掲げる政治的行為をすることができる。

● 制限職員

○**制限規定①**――制限規定は、一般行政職員、教育職員、警察消防職員に適用される。
・**制限規定②**――制限規定は、条件付採用期間中の職員、定年前再任用短時間勤務職員、会計年度任用職員(フル・パートとも)、臨時的任用職員にも適用される。
・**制限規定③**――制限規定は、職員としての身分を有する限り、休職、休暇、停職、在籍専従、職務専念義務の免除など、職務に従事していない者にも適用される。
○**適用除外**――
□「企業職員」(管理職を除く)及び「独法職員」の大部分、及び「単純労務職員」は、その性格や職務が一般行政事務の職員と異なる特殊性があることから、適用除外とされている。
□「教育職員」は、制限規定は適用されないが、国家公務員の例によるため、全国的に制限される。
○**特別職**――特別職は、原則として政治的行為の制限規定の適用を受けないが、人事委員及び公平委員は適用を受ける。
○**職員団体**――職員団体が政治的行為を行うことについて、地公法は禁止していない

問題編

が、職員団体の行為が職員自体の行為となるものである場合に限り、一定の制限を受ける。

・職員団体が公の選挙で、選挙告示前に特定の人に対して推薦する旨の意思決定をした行為は、違法とならない。

● **公職選挙法に基づく制限**

・**特定公務員の禁止**――地公法の制限規定の適用を受ける者でも、公職選挙法により、「特定公務員」（選挙管理委員会の職員、警察官、徴税の吏員等）は「勤務地外であっても」選挙運動が禁止されている。

・**地位利用の禁止**――「地方公務員」は、一般職たると特別職たるを問わず、「その地位を利用して」の選挙運動が禁止されている。

・**教育公務員の禁止**――「学校長及び教員」は、児童生徒及び学生に対する教育上の地位利用による選挙運動が禁止されている。

・**地盤培養行為の禁止**――職員が、「衆参議院の議員」になろうとするとき、選挙区において職務上の旅行等の機会を利用して、選挙人に挨拶することなどの「事前運動が」禁止されている。

● **第三者のそそのかし行為等**

○**何人も**――「何人も」、職員に対して政治的行為を行うことを求め、そそのかし、あおってはならず、また職員が行為をなし、なさないことに対する代償または報復を受けない。

・「何人」には、一般職、特別職のほか、一般住民も含まれる。

・**不利益を受けない**――職員は、これら違法な行為に応じなかったことの故をもって不利益処分を受けることはない。

・もし、不利益を受けた場合には、不利益処分の審査請求ができる。

● **罰則関係**

○**職員**――職員が、政治的行為の制限規定に違反しても、「罰則の適用はない」。ただし、職員の場合は懲戒処分の対象となる。

○**第三者**――職員以外の第三者の「そそのかし行為等」についても、「罰則の適用がない」。

○**国と地方の違い**――地方公務員と国家公務員とでは取扱いが異なり、「国家公務員の場合は刑罰の対象となる」。

□□□□□

【№ 189】　政治的行為の制限の趣旨として、妥当なのはどれか。

1　政治的行為の制限は、行政の公正な運営の確保にあり、合理的で必要やむを得ない限度にとどまる制限である限り、憲法も許容するところである。

2　政治的行為の制限は、全ての国民に、集会、結社、言論、出版などの表現の自由を保障する憲法に違反する疑いが強い制限であると解されている。

3　政治的行為の制限は、情実任用が行われる弊害を打破するための制限であり、いわゆる、行政に内在するスポイルズ・システムの特性を保護する点にある。

4　政治的行為の制限は、公務員の政治的中立性、すなわち、行政の公正な運営を確保することにあり、職員を政治的影響力から保護するものではない。

5　政治的行為の制限は、身近な政府である地方公務員に対し制限規定を持つ特徴があるが、国家公務員に対しては政治的行為の制限規定を持たない。

□□□□□

【№190】　絶対的制限と条件的制限とに区分するとき、次のＡ～Ｆのうち、「前者」の組合せとして、妥当なのはどれか。

A　政党その他の政治的団体の構成員となる。
B　政治目的を持って庁舎や公共施設等を利用する。
C　政党その他の政治的団体の結成に関与する。
D　公の選挙で不特定の人に投票を勧誘する。
E　政治団体の構成員となるよう勧誘する。
F　政党等の役員となる。

1　ABD　　2　BCF　　3　CDE　　4　CEF　　5　DEF

□□□□□

【№191】　政治的行為の制限の政治的目的として、妥当なのはどれか。

1　職員は、政治的目的の有無にかかわらず、公の選挙又は投票において、投票をするように又はしないよう勧誘運動をすることができない。

2　職員は、政治的目的の有無にかかわらず、寄付金その他の金品の募集に関与することができず、また寄付金などを与えることもできない。

3　職員は、政治的目的の有無にかかわらず、政党その他の政治的団体の構成員となるよう若しくはならないように、勧誘運動をすることができない。

4　職員は、政治的目的の有無にかかわらず、文書や図画を地方公共団体の庁舎又は特定地方独立行政法人の庁舎や公共施設に掲示することができない。

5　職員は、政治的目的の有無にかかわらず、署名運動を企画し又は主宰するなど、これに積極的に関与することができない。

□□□□□

【№192】　政治的行為の制限の政治的行為として、妥当なのはどれか。

1　政治的目的を持つ選挙運動は制限されるが、職員が公務に関係ない少数の友達に特定候補者の推薦文書を出す程度では、選挙運動に該当せず、「制限されない」。
2　政治的目的を持つ署名活動は制限されるが、制限は職員が署名活動を企画し又は主宰等の積極的関与であり、職員自身が署名する行為も「制限される」。
3　政治的目的を持つ募金活動は制限されるが、職員が選挙に寄付金その他の金品の募集に当たる行為のみならず、その提供する行為も「制限される」。
4　政治的目的を持ち庁舎や公共施設に文書や図画の掲出を行うことは制限されるが、職員が当該文書や図画を公営住宅に掲出することは「制限されない」。
5　政治的目的を持ち条例で定める政治的行為を行う場合も制限されるため、職員が条例で定められた政治的目的を持ち行動する場合も「制限される」。

ここがポイント

●「政治的行為」の事例

□ ［地方公共団体の執行機関に関連して］
・職員が特定の法律の制定に反対すること自体は特定の政党、内閣などに反対することにならない。
・職員が特定の条例の制定改廃を支持したり反対したりすることは、地方公共団体の執行機関に対するものと見なされない。
・職員が直接請求の署名をすることは、公の選挙または投票に該当しない。
・職員が議会解散請求に署名のみを行うことは可能である。
・職員のうち選管の職員が市長の解職請求の「代表者」とし署名収集を行うことは、署名に積極的に関与することに該当する。

□ ［公の選挙又は投票に関連して］
・職員が選挙事務所で勤務時間外に無給で経理事務を手伝うことは、制限行為に該当しない。
・職員が勤務時間外に無給で候補者のポスターを貼ることは、制限行為に該当するおそれがある。
・職員が勤務地内で特定候補者の推薦人として選挙公報に氏名を連ねることは、制限行為に該当する。
・職員が公務に全く関係のない少数の友人に特定候補者を推薦する文書を出す場合は、勧誘運動に該当しない。

□ ［署名活動に関連して］
・職員が特定の政党に反対する目的をもって、署名活動を企画しまたは主宰することなど積極的に関与することは、禁止される。
・職員が単に法律の制定自体に反対する目的をもつて、署名運動を企画しまたは主宰するなどこれに積極的に関与した場合は、特定の政党または内閣などの字句を使用した場合でも、制限行為に抵触しない。

□ ［募金活動に関連して］
・職員が選挙のための寄付金の募集はできないが、職員自身が寄付金を提供することは、差し支えない。

□ ［文書又は図画に関連して］
・文書または図画を地方公共団体の庁舎または施設などに掲出する行為は区域の制限がなく、全国的に禁止されている。公の施設には公営住宅も含まれる。
・庁舎の一部を職員団体に貸与した場合でも、その事務室などを所有し管理していれば、庁舎などに該当する。
・職員が地方公共団体が所有または使用する自動車に候補者のポスターを貼ることは、禁止されている。
□ ［条例の制定に関連して］
・条例で規定できる行為は、「政治的行為」に関するものであって、条例によって「政治的目的」を定めることはできない。

□□□□□
【№193】 政治的行為の制限の政治的行為として、妥当なのはどれか。

1 職員は、当該職員の属する「勤務地内」で政党の結成に関与できず、また政党の構成員となり政党の役員となることも制限される。
2 職員は、当該職員の属する「勤務地内」で政治的目的を持ち、寄付金その他の金品の募集に関与できないため、寄付金などを与えることも制限される。
3 職員は、当該職員の属する「勤務地内」で特定の政党その他の政治的団体を支持し、選挙事務所で時間外に無給で経理事務を手伝ことも制限される。
4 職員は、当該職員の属する「勤務地内」で政治的目的を持ち、公の選挙で少数の友達に候補者の推薦文書を出すことは、勧誘運動に該当し制限される。
5 職員は、当該職員の属する「勤務地内」で地方公共団体の執行機関を反対するなどの目的を持ち、署名活動を企画するなどの積極的な関与は制限される。

□□□□□
【№194】 政治的行為の制限の政治的行為として、妥当なのはどれか。

1 政治的行為の制限は、公務員の政治的中立性から条件付採用期間中の職員に適用されるが、単純労務職や臨時的任用職員については適用されない。
2 政治的行為の制限は、一定の政治的目的を持ち政治的行為が伴う場合に制限され、そのいずれかを欠く場合には政治的行為の制限対象とならない。
3 政治的行為の制限は、行政が政党政治と無関係であり得ないため、行政の公正な運営を確保するために、勤務時間内の政治的行為に対し制限を受ける。
4 政治的行為の制限は、公務員の政治的中立性を確保し行政の公正な運営を確保するために、職員団体の政治的行為についても適用される。
5 政治的行為の制限は、職員を政治的影響から保護する観点から地公法で制限列挙する事項に限られ、条例で更に政治的行為を制限することはできない。

□□□□□

【No.195】 職員の政治的中立性の保障に関するａ～ｇの下線の記述について、妥当な組合せはどれか。

職員には、特定の政治的行為を行うことが制限されている。

これは、職員の政治的中立性を保障することによって地方公共団体の行政の公正な運営を確保するとともに、ａ職員の利益を保護することにある。いわゆる、ｂスポイルズ・システムを保護することにある。

この目的を達成するため、地公法は、ｃ何人も職員に対し一定の政治的行為を行うことを求め、そそのかし若しくはあおってはならないとし、ｄこの違反に対する刑罰規定を設けている。

さらに地公法は、ｅ職員がそれらの違法な行為に応じなかったことの故をもって不利益な取扱いを受けることはないことを明確に規定している。

したがって、例えば、禁止されている政治的行為を行うように上司から求められた場合、ｆそれに応じなくても懲戒処分の事由に当たらない。だが、ｇもしこれを理由として不利益を受けた場合でも、不利益処分の審査請求をすることはできないとされている。

1　妥当なのは「a、c、e、f」である。
2　妥当なのは「a、d、g」である。
3　妥当なのは「a、c、f、g」である。
4　妥当なのは「b、c、e、f」である。
5　妥当なのは「b、d、e、g」である。

□□□□□

【No.196】 政治的行為の制限の職員に関する記述の空欄Ａ～Ｄの語句として、妥当なのはどれか。

地公法は『職員』の政治的行為に制限を課しているが、この『職員』には企業職員及び独法職員の大部分及び［Ａ］は含まれない。また教育職員も地公法の政治的行為の制限規定が適用されず、［Ｂ］の例による。

また地公法が適用される職員であっても、公職選挙法に基づく特定公務員である［Ｃ］については、選挙運動を禁止している。

地公法で定める職員が政治的行為の制限規定に違反した場合には、罰則の適用を［Ｄ］、服務違反として懲戒処分の事由となる。

	A	B	C	D
1	警察消防職員	国家公務員法	選挙管理委員会の職員	受け
2	単純労務職員	政治資金規正法	警察官	受けず
3	単純労務職員	国家公務員法	選挙管理委員会の職員	受け
4	単純労務職員	国家公務員法	警察官	受けず
5	警察消防職員	政治資金規正法	徴税の吏員	受け

□□□□□

【No. 197】 政治的行為の制限職員として、妥当なのはどれか。

1 政治的行為の制限規定は、一般行政職員や警察消防職員に適用されるが、臨時的任用職員、会計年度任用職員、在籍専従職員については適用されない。
2 公立学校の教育公務員には、地公法の政治的行為の制限規定が適用され、国家公務員法の政治的行為の制限規定は適用されない。
3 政治的行為の制限規定は、企業職員の大部分及び単純労務職員には適用されないが、特定地方独立行政法人の職員の大部分に適用される。
4 公務員の身分を有する職員であっても、休職、休暇、停職などを受けて職務に従事していない場合には、政治的行為の制限規定は適用されない。
5 職員が職員団体の行動の一環として政治的行為を行うときでも、当該職員が政治的行為の制限規定を受けることは当然である。

□□□□□

【No. 198】 政治的行為の制限の制限職員として、妥当なのはどれか。

1 A市の消防署に勤務する消防職員が特定の地方公共団体の執行機関を支持する目的をもって寄付金の募集に関与することは、A市の区域の内外を問わず、制限されている。
2 A市の保健所に勤務する一般行政職員がA市議会議員選挙の立候補者の推薦人として職と名前を表示し、A市の保健所区域内の有権者にハガキを送付することは、制限されない。
3 A市の中学校に勤務する教諭がB市の中学校のPTAの総会の挨拶の中で、特定の政党の構成員となるように積極的に勧誘運動をすることは、禁止されている。
4 A市に勤務する課長がA市の執行機関に反対する目的をもって自治法の規定に基づくA市条例改廃の直接請求の代表者となり、積極的に署名活動をすることは、制限されている。
5 A市の土木事務所に勤務する技術職員がB市にある市営住宅の建物に特定の政党を支持する目的を持って政党のポスターを貼り、立て看板を立て掛けることは、制限されない。

□□□□□

【№.199】　政治的行為の制限に関する下の解釈として、妥当なのはどれか。

> 地公法第36条「職員は、①特定の政党その他の政治的団体又は②特定の内閣若しくは地方公共団体の執行機関を支持し、又はこれに反対する目的をもって、あるいは公の選挙又は投票において③特定の人又は④事件を支持し又はこれに⑤反対する目的をもって、次に掲げる政治的行為をしてはならない」。

1　上述①で、「特定」とは、その対象となる政党、内閣、地方公共団体の執行機関の固有の呼称が明示されている場合に限られる。
2　上述②で、「特定の内閣」とは、過去の内閣のみならず現在及び将来の内閣を意味し、「地方公共団体の執行機関」とは長のみを意味する。
3　上述③で、「特定の人」とは、法令の規定に基づく正式の立候補届出を出した候補者のみならず、立候補しようとする意思を持つ者も含まれる。
4　上述④で、「特定の事件」とは、法令の規定に基づいて、正式に成立した地方公共団体の議会の解散請求及び国会において議決された特別法などをいう。
5　上述⑤で、「目的をもって」とは、支持し又は反対する当該対象が具体的、かつ明確に特定されていない場合も含まれる。

□□□□□

【№.200】　政治的行為の制限の違反の責任として、妥当なのはどれか。

1　職員は、政治的中立性を確保する観点から、政治的行為の制限に違反した場合には懲戒処分の対象となり、さらに刑罰に処せられる。
2　教育公務員は、国家公務員の例による政治的な制限規定を受けるため、政治的行為の制限に違反した場合には、刑罰の適用を受ける。
3　職員以外の第三者が制限されている政治的行為を行うように職員をそそのかした場合においては、第三者が刑罰に処せられる。
4　特別職が、制限されている政治的行為を行うように職員に求めた場合においては、その特別職が刑罰に処せられる。
5　国家公務員には国家公務員法が適用され、政治的行為の制限に違反した場合には、懲戒処分のみならず刑罰に処せられる。

□□□□□

【No. 201】 公職選挙法等の職員の政治的活動の制限の記述として、妥当なのはどれか。

1　職員は、在職中公職の立候補者となることができないが、職員のうち単純労務職員又は全ての企業職員は、在職のままで立候補することができる。
2　職員は、公職選挙法の制限規定の対象となるが、特別職に属する地方公務員については、公職選挙法における制限の対象とならない。
3　職員は、原則として在職中に立候補することができないが、立候補をしたときは、立候補者の当選が確定した日に職員を辞したものとみなされる。
4　職員のうち、選挙管理委員会の職員、警察官及び徴税の職員は、在職中、全国的に一切の選挙運動をすることができない。
5　職員は、その地位を利用して選挙運動ができず、その地位利用とは職務上の地位と選挙運動等の行為が結びついている場合に限られない。

□□□□□

【No. 202】 政治的行為の制限に関する記述として、妥当なのはどれか。

1　職員は、企業職の大部分と単純労務職員を除き政治的行為の制限規定の適用を受けるが、特別職であれば、政治的行為の制限の適用を全く受けない。
2　職員は、いかなる地域でも文書又は図画を地方公共団体の固定施設に掲示できないが、地方公共団体が所有する自動車に貼ることはできる。
3　職員は、政党その他の政治的団体の結成に関与できないが、政党その他の政治的団体とは、政治資金規正法の政治団体と同一範囲で支部も含まれる。
4　職員が派遣職員の場合には二つ以上の地方公共団体の職員の身分を併せ有する者となるが、派遣先地方公共団体の政治的行為の制限を受ける。
5　職員が地方事務所や県税事務所に勤務する場合においては、所管区域外で、政治目的を持つ署名運動に積極的に関与することができる。

29 争議行為等の禁止

□□□□□

【No. 203】 争議行為等の禁止に関する記述として、妥当なのはどれか。

1　職員は、使用者たる住民に対して同盟罷業、すなわち、ストライキを行うことが禁止されるが、怠業その他の争議行為まで禁止されない。
2　職員は、地方公共団体の機関の活動能率を低下させる怠業的行為など、その行為の態様を問わず、業務の正常な運営を阻害する行為が禁止される。
3　何人も、争議行為を企て又はその遂行を共謀し、そそのかし、あおる等の行為は禁止されるが、第三者がこれに違反しても罰則の適用はない。
4　職員が争議行為等の禁止規定に違反した場合でも、地方公共団体に対して、法令等に基づく保有する任命上又は雇用上の権利をもって対抗できる。
5　職員が技能労務系職員及び企業職員である場合には、地公法の争議行為等の禁止規定が適用されないため、争議行為等を行うことができる。

ここがポイント

● **争議行為等の禁止**――（法第 37 条）

○**争議行為とは**――争議行為等とは、全体の奉仕者として公共の利益のために勤務する職務の特殊性から、同盟罷業、怠業その他の業務の正常な運営を阻害する一切の争議行為をいう。

○**争議行為**――「争議行為」は、一般に地方公共団体の正常な業務の運営を阻害する行為であり、「怠業的行為」とは、地方公共団体の機関の活動能率を低下させる行為である。

● **争議行為の相手方**

・**相手方①**――「地公法に基づく」争議行為の相手方は、地方公共団体の機関を代表する使用者としての「住民」である。

・**相手方②**――「地公労法に基づく」争議行為の相手方は、企業職員の場合は「地方公営企業等」であり、単純労務職員の場合は「地方公共団体」である。

・**相手方③**――地公法、地公労法とも、使用者である住民をとらえるか、使用者を住民を代表する経営主体ととらえるか、表現上の差にすぎない。

● 争議行為の形態

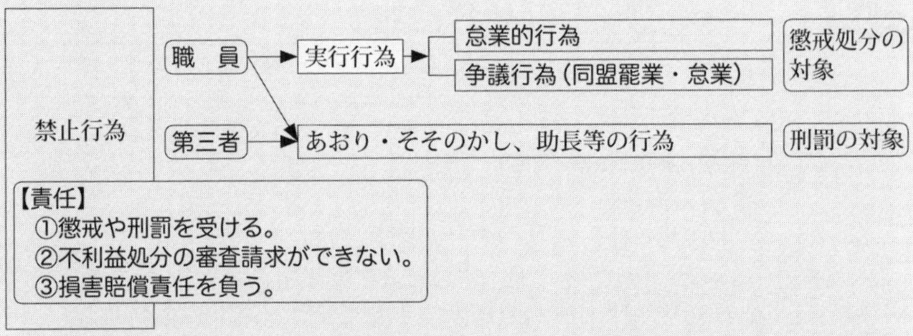

○形態――争議行為は、争議行為等の「実行行為」と、争議行為等の実行行為を計画しまたは助長する「あおり等の行為」に分けられる。また実行行為は、さらに争議行為と怠業的行為とに分けられる。

● 禁止される争議行為

① 争議行為は、その目的のいかんを問わず一切禁止される。

・他の労働団体の労使紛争を支援する「同情スト」や政治的課題の解決を要求する「政治スト」も争議行為等に該当する。

② 争議行為は、その行為の態様を問わず、業務の正常な運営を阻害するものをいう。

・リボン、はちまき、腕章などの着用も、業務運営に支障を及ぼすときは争議行為等に該当する。

・適法に承認された年次有給休暇を利用して違法な争議行為に参加した場合には争議行為に該当する。

・ハンスト及びビラの配布などの宣伝活動は、「勤務時間の内外を問わず」地方公共団体の業務の正常な運営を阻害する場合には争議行為に該当する。

● 争議行為等の計画、助長等の行為

□地公法――地公法は、「違法行為の企てやあおり等の行為」については、「何人」に対しても禁止している。「何人」とは職員に限らず、それ以外の第三者も含まれる。

□地公労法――地公労法は、「職員ならびに組合員及び役員」が争議行為等を共謀し、そそのかし、またはあおることを禁止している。（地公労法には第三者に対する規定がない）

○予防――計画しまたは助長する行為を予防的な見地から、その前段階において禁止している。

・行為の企て――「行為の企て」とは、争議行為などを実行する計画の作成その行為の会議などの開催などをいう。当然にその準備行為も含まれる。

・共謀――「共謀」とは、二人以上の者が争議行為等を実行するための共通の意思決定を行うことをいう。

・そそのかす――「そそのかす」とは、人に対し争議行為等を実行する決意を促す教唆をいう。

・あおる――「あおる」とは、文書等で争議行為等を実行する決意を生ぜしめる、またはすでに生じている決意を助長させる煽動を意味する。

○**法律違反**――「違法行為の企てやあおり等の行為」は、そのような行為がなされたこと自体が「法律違反」であり、必ずしも争議行為等が実行されたことを要しないものと解されている。

● **対象職員**

・**対象職員**――争議行為等が禁止されているのは「職員」であり、職員である限り、企業職員や単純労務職員も含まれる。

①**地公法の適用職員**――　一般職員（行政職、教育職、警察消防職）は、地公法の規定に基づき争議行為等が禁止される。

・**職員と団体**――地公法は、一般職員の場合は職員に対してのみ争議行為を禁止し、職員団体には禁止規定を置いていない。しかし職員団体の争議行為は、職員団体を組織している機関を構成する職員の行為に他ならないから、職員団体として争議行為が禁止されていないということではない。

②**地公労法の適用職員**――企業職員や単純労務職員は地公法ではなく、地公労法第11条及び附則第4条に基づき争議行為等が禁止される。

・企業職員の場合には、職員及び労働組合に対して争議行為の禁止規定を置いている。

・地公法には、一般職員の地方公共団体の機関の活動能率を低下させる「怠業的行為」の禁止規定があるのに対し、地公労法には怠業的行為の禁止規定がない。

● **違反したとき**

○対抗できない――地公法第37条第2項では、第1項の争議行為等の規定に違反したときは、その行為の開始とともに地方公共団体に対し法令または条例、規則及び規程に基づいて保有する任命上または雇用上の権利をもって「対抗できなくなる」ものとしている。

・上記は、当該職員に対する法令上の保護を全て否定し、任命権者が一方的に処分できることを規定したものではなく、職員の側から対抗すること、すなわち、権利の主張ができないことを意味する。

[　①　懲戒処分・刑罰の対象　]

■『一般職員』の場合

●職員の実行行為のとき・・・・・・・・・「懲戒」の対象となる。

●職員・第三者のあおり等の行為のとき・・「刑罰」の対象となる。

□**実行行為＝懲戒処分**――「地公法」の規定に基づく「一般職員」が「争議行為等を行ったとき」は「懲戒処分」の対象となるが、刑罰の対象とはならない。

□**あおり等＝刑罰**――　一般職員が、あおり等を行ったときは「刑罰」の対象となる。

・また第三者も、あおり等の行為による刑罰のみが対象となる。

・刑罰――　一般職員の争議行為等を共謀し、そそのかし、またはあおった者は、「何人を問わず」、「3年以下の懲役または100万円以下の罰金」に処せられる。

■**『企業職員』の場合**

□**実行行為＝懲戒処分**――「地公労法」の規定に基づく、企業職員・単純労務職員・独法職員が争議行為を行った場合は地公労法第11条にそれぞ違反するが、争議行為等の方法によっては、法令及び上司の職務上の命令に従う義務、職務専念義務に違反することになり、これらの違反を事由として「懲戒処分」の対象となる。

・懲戒処分として免職処分をする場合には地公労法第12条の「解雇」となり、解雇を受けた職員は、「労働委員会」に不当労働行為の申立てができる。

□あおり等――「罰則」の規定が設けられていない。行政罰及び民事責任の対象となるだけである。

・その理由は、地方公営企業の運営を規制する各事業法に規定する罰則や刑法の刑罰規定により確保されるからである。

・地方公営企業または地方公共団体の機関が職員の争議行為等に対抗する手段として作業所閉鎖（ロック・アウト）を行ってはならないことが、地公労法で定められている。

[② 不利益処分に関する審査請求ができない]

・職員が争議行為に違反したときは、法令に基づき保有する権利及び不利益処分に関する審査請求をする権利など、「雇用上の権利を主張することができい」。この説が有力である。

・しかし、争議行為等を行ったかどうかについて争いがある場合には、不利益処分の審査請求ができる。

[③ 損害賠償責任を負う]

・民間企業の労働組合の正当な争議行為については、使用者に損害を与えても民事責任は免責されるが、公務員の「労働組合」の場合は民事上の責任は免責されない。

・すなわち、職員団体または労働組合は、地方公共団体に損害を与えたときは民法上の不法行為として損害賠償責任を負う。

□□□□□

【No. 204】 争議行為等の禁止に関する記述として、妥当なのはどれか。

1 争議行為等の禁止には、同盟罷業又は怠業その他の争議行為を行った場合があり、この場合、懲戒処分の対象となるが刑罰までの責任は課せられない。

2 争議行為等の禁止には、住民に対する同盟罷業や怠業があり、地方公共団体の機関の活動能率を低下させる程度では禁止行為の対象とならない。

3 一般職の全ての職員に対して争議行為等の禁止規定が適用されるため、職員の争議行為の対抗手段として、地方公共団体の機関は作業所閉鎖を行える。

4 同盟罷業や怠業等の態様で争議行為等が禁止されない場合があり、職員が争議行為を行うことを全面的かつ一律に禁止しているわけではない。

5 目的によって争議行為等が禁止されるわけではないため、争議行為のあおり等に対し、社会的に責任の重い刑罰規定を適用することはできない。

□□□□□

【No. 205】　争議行為等の禁止の次の関係図に関する記述として、妥当なのはどれか。

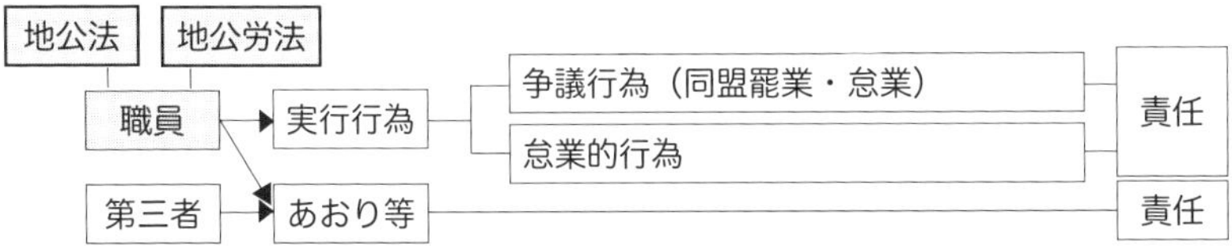

1　争議行為等は、地公法で禁止される職員と地公労法で禁止される職員がおり、後者には警察消防職員と企業職員が該当する。
2　地公法でいう職員には、長に対して同盟罷業や怠業等の争議行為を禁止し、又は地方公共団体の機関の活動を低下させる怠業的行為も禁止している。
3　地公法が適用される職員には怠業的行為を禁止する規定があるが、地公労法でいう企業職員には怠業的行為を禁止する規定がない。
4　地公法が適用される職員には争議行為等を禁止しているが、職員団体には禁止規定がないことから、職員団体としての争議行為等を禁止していない。
5　あおり等の行為は、地公法が適用される職員を含む全ての人に禁止しかつ罰則を適用するが、企業職員の場合は地公労法に基づき罰則のみが適用される。

□□□□□

【No. 206】　争議行為等の禁止に関する記述として、妥当なのはどれか。

1　争議行為そのものが職員の勤務条件の改善を図るものであれば、それは争議行為等の禁止事項に該当しないとする解釈が一般的である。
2　争議行為とは、地方公共団体の業務の正常な運営を阻害する行為をいい、争議行為を計画する会議の開催行為などは争議行為に含まれない。
3　争議行為等の禁止に違反した職員は、不利益処分に関する審査請求を除き保有する一切の任命上又は雇用上の権利を主張することができない。
4　地方公務員は、一般の行政職員であれ企業職員又は単純労務職員であれ、いわゆる、労働三権のうち争議権は認められていない。
5　争議行為に参加したにとどまる職員の場合でも、その行為の開始とともに懲戒処分の対象となり、懲役刑又は罰金刑の対象ともなる。

□□□□□
【No.207】 争議行為等の禁止に関する記述として、妥当なのはどれか。

1 争議行為は、その行為の目的が職員の適正な条件を確保する職員団体の主張を貫徹するものであるときは、一部が容認される場合もある。
2 争議行為という場合、職員の行動によって正常な運営が阻害されたという具体的な結果が現実に発生することが必要要件とされている。
3 自治体の正常な運営を阻害する目的で年休の時季指定をした場合は、結果的に争議行為が実施されなかったとしても、年休が成立する余地はない。
4 任命権者が争議行為の禁止規定に沿って行った処分に対し、職員は不利益処分の審査請求ができないが、給与その他の給付については審査請求ができる。
5 職員が勤務時間中に登録職員団体又は労働組合に従事する場合において組合休暇で対応することは、地公法の争議行為等に該当し、禁止されている。

□□□□□
【No.208】 争議行為等の禁止に関する記述として、妥当なのはどれか。

1 争議行為等が禁止されている職員は一般の行政職員であり、地方公営企業の職員や単純労務に雇用される職員については禁止規定がない。
2 争議行為は、実行行為と実行行為を計画し又は助長するあおり等の行為とに分けられ、あおり等の行為はさらに争議行為と怠業的行為とに分けられる。
3 職員が争議行為を実行したとき又は職員の争議行為等を計画助長する行為をしたときは、その行為に対して刑事責任が適用される。
4 職員が争議行為を実行し、その行為によって地方公共団体に経済的損害を与えた場合でも、民法上の責任が問われることはない。
5 任命権者は、職員が争議行為等の禁止規定に違反したときでも、職員を恣意的に処分できず、法令上必要な処分説明書の交付の手続を執る必要がある。

□□□□□
【No.209】 禁止される争議行為等の記述A～Eのうち、妥当な組合せはどれか。

A 業務運営に支障があるリボン、はちまき、腕章などの着用行為
B 適法に承認された年次有給休暇を利用する争議行為への参加行為
C 庁舎内での勤務時間外の職場大会への参加行為
D 闘争方法として庁舎等にステッカーなどを貼る行為
E 争議行為を実行するための準備行為

1 ABC　2 ABE　3 BCD　4 BDE　5 CDE

□□□□□
【No. 210】　争議行為等の禁止に関する記述として、妥当なのはどれか。

1　争議行為とは、一般に地方公共団体の正常な業務の運営を阻害する行為などを指すが、職員が行う争議行為を全面一律に禁止しているわけではない。
2　争議行為には直接実行する行為があるが、勤務時間内の職場大会や年次有給休暇を取得して争議行為に参加した場合には、実行行為にならない。
3　争議行為とは、業務の正常な運営を阻害する場合に該当し、業務運営に支障があっても、リボン、はちまき、腕章などの着用は争議行為に該当しない。
4　争議行為には、争議行為を計画し又は助長する行為も含まれるため、これらの行為については、職員に限らず職員以外の第三者も対象となる。
5　争議行為は、超過勤務や宿日直の命令に組織的に拒否する場合には該当せず、これらの拒否闘争は職務命令の違反や職務専念義務の違反に該当する。

□□□□□
【No. 211】　争議行為等の禁止に関する記述として、妥当なのはどれか。

1　争議行為の概念には、地方公共団体の執務能力を低下させる正常な業務の運営の阻害、すなわち、直接実行する行為に至らないものは除かれる。
2　争議行為が予想されるときは、説得だけでなく必ず職務命令を発しなければならず、後の処分関係から職務命令は必ず文書で行わなければならない。
3　職員から争議行為のための年次有給休暇の申請があるときは、当局は労働基準法の時季変更権を行使できないが、制止の措置を講じる必要がある。
4　争議行為には、直接実行する行為と争議行為のあおりやそそのかす等の助長行為とがあり、これらの行為に抵触する職員には、刑罰を科すことができる。
5　職員の勤務条件は、労使間の闘争で決まるものではなく条例で決まるため、職員が争議行為等に出ることは、全体の奉仕者たる職員の性格に反する。

□□□□□
【No. 212】　争議行為等の禁止に関する記述として、妥当なのはどれか。

1　地公法が禁止する争議行為の遂行を共謀し、そそのかし若しくはあおり又はこれらの行為を企てた者は、職員だけではなく職員以外の第三者であっても処罰される。
2　争議行為を行った職員は、その行為の開始と共に任命上又は雇用上の権利を行使できないため、争議行為を理由とする懲戒処分に対してだけではなく、それ以外の事由による懲戒処分に対しても審査請求ができない。
3　地方公共団体の長が職員の懲戒処分を行う場合には、一般に不利益処分に関する処分説明書を交付しなければならないが、争議行為を理由とする懲戒処分の場合には当該処分説明書を交付する必要がない。

4　地公法が禁止する争議行為とは、同盟罷業のみをいい、単に地方公共団体の機関の活動能率を低下させる目的で怠業的行為を行っただけでは違法といえない。

5　争議行為の実行行為そのものを行った者は刑罰に処せられるが、争議行為の実行の計画又は助長する準備行為を行った者については、その結果として実際に争議行為が行われない限り、刑罰に処せられることはない。

□□□□□

【No.213】　争議行為に関する最高裁の判例として、妥当なのはどれか。

1　最高裁の判例では、警職法改正反対のように、政治目的のための争議行為が表現の自由として特別に保障されるとしても、争議行為自体が禁止されている公務員がこれを行うことは許されないとした。

2　最高裁の判例では、地方公務員は、勤労者としての労働基本権の保障を受けず、また私企業の労働者の労働条件の決定という方式は妥当せず、ゆえに、地方公務員の労働基本権は、地方公務員を含む住民全体ないしは国民全体の共同利益のために調和するように制限されることも、やむを得ないとした。

3　最高裁の判例では、立法を求め、政治的課題の解決を要求する政治ストは争議行為等のうちでも違法性の度合いが一層高く、情状の重いものと一般的に考えられるとした。

4　最高裁の判例では、職員に対し争議行為をそそのかしても、その行為により実際に職員に新たに違法行為を実行させる決意を生じさせなければ、処罰の対象にならないとした。

5　最高裁の判例では、年次有給休暇の取得は労働者の当然の権利であり、地方公共団体の業務の正常な運営の阻害を目的として職員が年次有給休暇を一斉に取得し、職場の放棄や離脱する行為は、争議行為に当たらないとした。

□□□□□

【No.214】　争議行為の違反の責任の記述として、妥当なのはどれか。

1　職員は、禁止されている争議行為を実行したときには、その実行行為に対して懲戒処分を受けるが、刑事責任を受けることはない。

2　職員は、禁止されている争議行為を実行したときには、その実行行為に対して懲戒処分を受け、さらに刑事責任を受けることがある。

3　職員は、禁止されている争議行為の助長する行為をしたときには、その助長行為に対して懲戒処分を受けるが、刑事責任を受けることはない。

4　職員は、禁止されている争議行為の実行行為に対して刑事責任を受けるし、職員以外の第三者が争議行為を助長したときにも刑事責任を受ける。
5　職員は、禁止されている争議行為を実行したときでも、その実行行為に対して当該地方公共団体から賠償責任を問われることはない。

□□□□□
【No.215】 争議行為等のあおる行為等の記述として、妥当なのはどれか。

1　あおる等は、職員団体の役員に限って当該行為が禁止されない。
2　あおる等は、職員以外の第三者が争議を煽動する行為である。
3　あおる等が、職員団体の指令による場合は職員団体が刑罰の対象となる。
4　あおる等は、職員のみが刑罰の対象となり第三者は刑罰の対象とならない。
5　あおる等は、未遂はもとより予備の段階の準備行為も含まれる。

30 営利企業への従事等の制限

□□□□□

【No.216】 営利企業への従事等の制限の記述として、妥当なのはどれか。

1 職員は、商業や工業等の私企業を営むことが制限されるが、私企業を営むことを目的とする会社その他の団体の役員となることまでは制限されない。
2 職員が自ら営利を目的とする私企業を営むとき又は報酬を得て事務に従事するときは、勤務時間中に限って長から従事許可を得る必要がある。
3 任命権者の営利企業への従事許可が不統一にならないように、人事委員会を置く地方公共団体では、長が規則によりその基準を定めることができる。
4 営利企業への従事許可は、職員の職と当該営利企業との間に特別の利害関係がなく、かつ職務の公正円滑な執行に支障がないときなどに認められる。
5 職員が報酬を受ける場合であっても、商業、工業等の営利企業に従事等する場合でなければ、任命権者の許可を得ずに報酬を受けることができる。

ここがポイント

● 営利企業への従事等の制限 ——(法第38条)

○規定の趣旨——営利企業への従事等の制限は、全体の奉仕者としての使命から、職務の公正さを確保し、職務に対する集中心を保持し、常に良好な健康状態で職務に従事し、職員の品格をおとしめないために設けられた規定であり、それらのおそれがないときには、例外的に営利企業等に従事する許可を受けることができる。

● 従事制限される職員

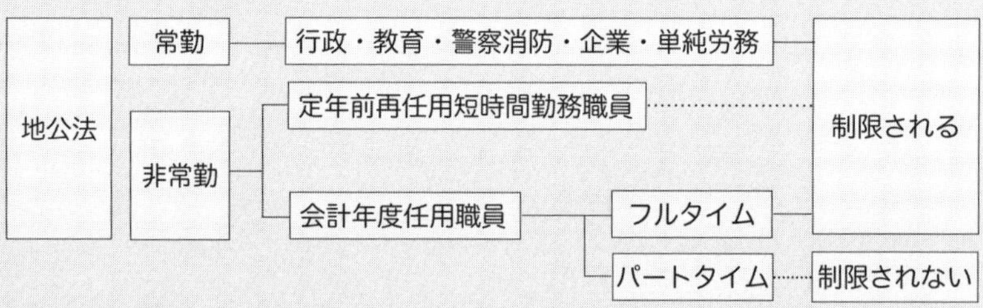

○制限——営利企業への従事等の制限は、「一般職」に対する規定である。

□制限される

①一般職の行政職員、教育職員(特例あり)、警察消防職員、企業職員及び単純労務職員が「制限される」。
②会計年度任用職員のうち「フルタイム」の職員は「制限される」。
③一般職の非常勤職員である「定年前再任用短時間勤務職員」は「制限される」。

□制限されない

①一般職の非常勤職員である会計年度任用職員のうち「パートタイムの職員」は「制限されない」。

・特例――教育公務員は、「教育」に関する他の職を兼ね、または「教育」に関する他の事業もしくは事務に従事することが本務の遂行に支障がないと任命権者が認めるときは、給与を受けまたは受けないで、その職を兼ねまたはその事業もしくは事務に従事することができる。（教特法第 17 条）

● 従事制限される行為

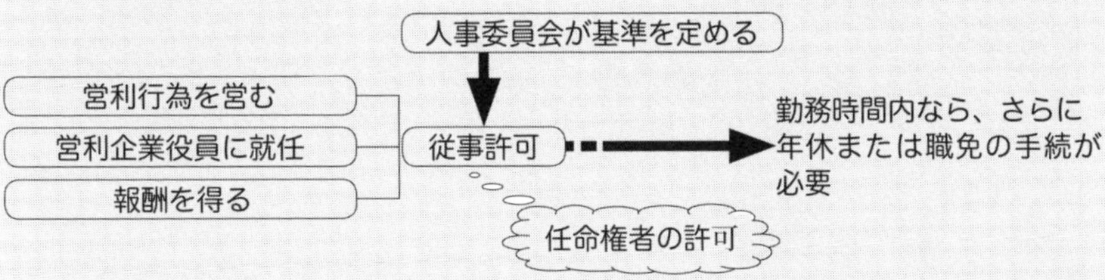

○職員が従事制限される行為には、次の３つである。

①　自ら営利企業を営むこと。

・営利企業とは――営利企業とは、商業、工業または金融業その他営利を目的とするものであり、業態のいかんを問わない。

・制限されない①――職員自身が営利企業を営むことを制限するものであり、職員の家族が営むことまで制限するものではない。

・制限されない②――職員が、時々家族が営む私企業を手伝う程度なら制限に当たらない。

・制限されない③――農業であっても営利を目的とする場合には制限されるが、農産物を自家消費に充てる場合には制限されない。

②　営利を目的とする企業の「役員に就任する」こと。

○就任制限――営利を目的とする私企業を営むことを目的とする「会社その他の団体の役員」、その他「人事委員会規則で定める地位」を兼ねることはできない。

□「会社その他の団体」とは、会社法に基づき設置される株式会社、合名会社、合同会社、特例有限会社などのほか、その他営利行為を業とする「社団」も含まれる。

・実質的には営利を目的とする商行為を行っていても、「農業協同組合、「消費生活協同組合」などは各法律で営利を目的とする企業とみなされないため、「営利会社には含まれない」。

□営利企業の「役員」とは、取締役、監査役等の責任・権限を有する者を指す。

□「人事委員会で定める地位」とは、営利を目的とする会社等の地位に限られるものであり、営利を目的としない団体等の地位については定められない。

・人事委員会で定める地位は、例えば、営利団体の顧問、評議員、清算人などが該当する。

③　「報酬」を得て他の事務事業に従事すること。

□報酬で「ある」――報酬とは、給料、手当などの名称のいかんを問わず、労務、労働の対価として支給あるいは給付されるものをいう。

・許可――勤務時間の内外を問わず、また営利の目的の有無にかかわらず、許可なく「報酬」を得ることはできない。

□報酬で「ない」――収入が全て報酬であるのではなく、労務、労働の対価でない給付、例えば、講演料、原稿料、旅費は該当しない。またお布施なども報酬ではない。

○報酬を得て、国や他の地方公務員の職を兼ねる場合

・兼職――地方公務員の一般職についての「兼職禁止の規定はなく」、兼職させるかどうかは地方公共団体の自主的運用に委ねられている。だが重複給与支給の禁止規定がある。

・同一地方公共団体内の特別職との兼職は従事制限に該当しないが、特別職の職を兼ね「報酬」を得ることは、同一の地方公共団体の内外を問わず任命権者の許可が必要である。

・判例――公立学校の校長が任命権者の許可なく選挙管理委員に就任することは、従事制限に違反するが、従事制限の規定は、公務員の服務監督に関するものであって、禁止職業に対する欠格事由を定めたものでないから、選挙管理委員の就任を無効とできないとする「東京高裁の判例」がある。

● 従事「許可」

○任命権者の許可――職員が営利企業に従事しようとするときは、勤務時間の内外を問わず、「任命権者」の許可を受けなければならない。

・委任――許可を与えるのは「任命権者」であり、任命権の一部の委任を受け、従事許可の権限が委任された場合は委任を受けた上級の地方公務員が許可権者となる。

○当然に免除されない――従事許可を受けても、職務専念義務は当然に免除されない。

・一方の許可または承認が当然に他方の許可をあるいは承認を義務づけるものではない。

・職免または年休を――職員の営利企業への従事等が勤務時間内であるときは、営利企業への従事等の許可とは別に、地公法第35条の「法律または条例」に基づく「職務専念義務の免除」または「年次有給休暇の承認」を受けなければならない。

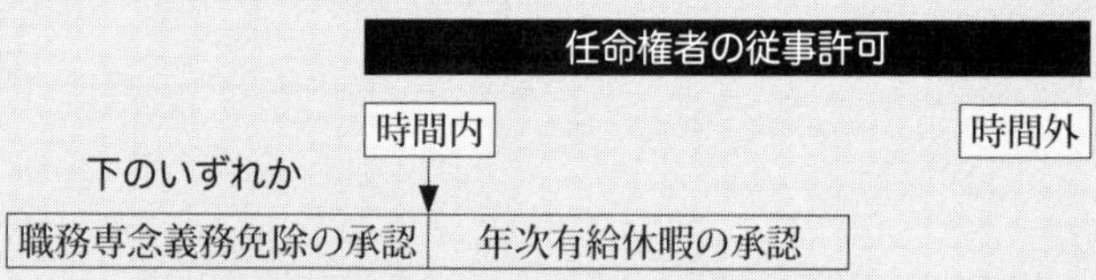

○兼職の場合――職員が国家公務員の職を兼ねることにより国から給与を受け、また勤務時間の一部をさくときは、それぞれ別個に職務専念義務の免除及び営利企業への従事許可を受ける必要がある。

・営利企業への従事等の許可は、「兼職」により一の職員について複数の任命権者が存在する場合には、その全ての任命権者の許可を受けなければならない。

○休職の場合――職員が刑事休職中の場合または職員が停職中の場合には、職務専念義務は強制的に免除されるが、この期間中に報酬を得て他の事務事業に従事するときは任命権者の従事許可を必要とする。

○教員の特例――教育公務員が、「教育」に関する他の職を兼ね、または「教育」に関する他の事務事業に従事することが本務の遂行に支障がないと任命権者が認める

ときは、給与を受けまたは受けないで兼職できる。

● 従事許可基準の調整

□「人事委員会」の調整――人事委員会は、営利企業への従事等の許可に対し任命権者ごとに許可基準が不統一とならないように、人事委員会規則でその「許可基準」を定めることができる。

□「長」の調整――行政委員会が従事許可の「基準」を定めるときは、長と協議しなければならないとされる。人事委員会と別に長による調整も行われる。

● 違反 ――職員が営利企業への従事等の制限に違反した場合には罰則の適用はないが、懲戒処分の対象となる。

□□□□□

【No.217】 営利企業への従事等の制限の記述の空欄Ａ～Ｅの語句として、妥当なのはどれか。

本来自由であるはずの職員の時間外の行為について、なぜ制限があるのだろうか。その根拠は、服務の根本基準に求められる。

この服務の根本基準の規定を受けて［Ａ］が課せられ、［Ｂ］として『営利企業への従事等の制限』が具体化されているのである。したがって、［Ａ］が妨げられない場合には任命権者の従事許可により制限が解除される。

この制限の解除に当たっては、任命権者の従事許可が不統一にならないように人事委員会が許可基準を定め、また行政委員会が従事許可の基準を定めるときには［Ｃ］と協議しなければならないとされている。

なお、従事許可を受けることにより［Ａ］は当然に［Ｄ］。勤務時間外において営利企業に従事しない限り、地公法第35条の規定により［Ｅ］の定めが必要と解されている。

	Ａ	Ｂ	Ｃ	Ｄ	Ｅ
1	職務専念義務	職務内の行為	人事委員会	解除される	法律又は条例
2	職務専念義務	職務外の行為	長	解除されない	法律
3	職務専念義務	職務外の行為	長	解除されない	法律又は条例
4	全体の奉仕者	職務内の行為	人事委員会	解除されない	法律又は条例
5	全体の奉仕者	職務外の行為	人事委員会	解除される	条例

□□□□□

【№.218】 営利企業への従事等の制限の記述として、妥当なのはどれか。

1 営利企業への従事等の制限が設けられている趣旨は、住民の負託を受け公務を公正に執行する点から、職員と企業とのゆ着関係を防止することにある。
2 営利企業への従事等の制限は、一般職のうち行政職員に適用され、単純な労務に雇用される職員及び地方公営企業に勤務する職員には適用されない。
3 営利企業への従事等の制限は、営利企業を営む会社の役員に就任することを制限しているが、その営利企業に社団は含まれない。
4 営利企業への従事等の制限は、職務専念義務を実質的に確保するため、規定に違反したときは懲戒処分の対象となるが、罰則が科せられることはない。
5 営利企業への従事等の制限に基づき任命権者の許可を受けたときは、許可を要件として、勤務時間内では当然に職務専念義務が免除される。

□□□□□

【№.219】 営利企業への従事等の制限の記述として、妥当なのはどれか。

1 営利企業への従事等の制限は、職務専念義務を実質的に確保するための制限であり、職員が営利企業に従事することを原則として禁止している。
2 休職処分中であるときはすでに職務専念義務が免除されているため、休職期間中は任命権者の許可を得ず、報酬を得て他の事業に従事することができる。
3 人事委員会が定める営利従事許可の基準は、任命権者間に不均衡が生じないよう調整する一般的な基準であり、個々具体的な可否を定めるものではない。
4 職員が営利企業への従事許可を受けたときには、同時に職務専念義務が免除されることとなり、改めて職務専念義務の免除の手続を必要としない。
5 教育公務員は一般の職員と異なり、本務の遂行に支障がないと認めるときに、営利企業への事務に従事できる特例が認められている。

□□□□□

【№.220】 営利企業への従事等の制限される行為として、妥当なのはどれか。

1 営利企業への従事等の制限は、営利を目的とする私企業を営む会社その他の団体の役員への就任のほか人事委員会規則で定める役職者の制限がある。
2 営利を目的とする商行為などを行う団体であれば、消費生活協同組合や漁業協同組合なども、例外なく営利企業の従事制限の団体に該当する。
3 営利を目的とする私企業を営む会社や団体の役員に就く場合は、営利企業への従事制限に抵触するため、農業協同組合の役員に就くことが制限される。
4 営利を目的とする私企業を営むことは制限されており、家族が営む私企業を手伝うだけでも、営利企業への従事制限に抵触する。

5　営利を目的とする私企業を営むことはできず、自家消費に充てる米を生産し米の余りを近所に販売する行為も、営利企業への従事等の制限に抵触する。

□□□□□

【No. 221】　営利企業の報酬による制限行為として、妥当なのはどれか。

1　職員は、全体の奉仕者として勤務する使命を有するため、勤務時間内に限って、報酬を得ながらいかなる事業又は事務に従事できない。

2　職員は、その事業又は事務が営利を目的とする場合に限り、労働の対価として支給される報酬を得てそれらの事業等に従事できない。

3　職員は、労働の対価として支払われる一切の報酬を得ることが制限されるため、例え講演料であっても任命権者の許可なしに受取れない。

4　職員は、報酬を得ていかなる事業又は事務に従事できないため、職員が寺の住職として得るお布施も受取れない。

5　職員が報酬を得て事業又は事務に従事することは、それがいかなるものであれ、また営利を目的としない報酬であっても、当然に制限される。

□□□□□

【No. 222】　営利企業への従事制限と兼職の記述Ａ～Ｄのうち、妥当な組合せはどれか。

A　地方公務員の一般職の職には、「兼職」の禁止規定がなく、兼職させるか否かは、地方公共団体の自主的な運用に委ねられている。

B　地方公務員の一般職の職に「兼職」が禁止されていない以上、兼職が行われるときの給与支給は実態に即して措置され、重複給与支給禁止の規定が適用されない。

C　地方公務員の一般職が国家公務員の職を「兼ねる」ことにより国から給与を受けるときには、営利企業への従事許可のみを受ける必要がある。

D　地方公務員の一般職が特別職を「兼職」し、報酬を得るときは、同一地方公共団体の内外を問わず営利企業への従事許可が必要である。

1　AB　2　AC　3　AD　4　BC　5　BD

□□□□□

【№.223】　営利企業への従事等の従事許可として、妥当なのはどれか。

1　任命権者は、職員に営利企業への従事等を認める許可を与える場合においては、あらかじめ人事委員会の承認を受けなければならない。
2　任命権者は、職員の営利企業への従事許可の申請に対し裁量権があり、職務遂行能率の低下など相当な懸念があっても、許可を与えることができる。
3　任命権者が職員の営利企業に従事する時間が勤務時間内である場合において、従事許可を与えたときには、当然に職免の承認の義務づけとなる。
4　任命権者は、停職中の職員から営利企業への従事許可の申し出があるときは、すでに職務専念義務が免除されていることから、従事許可を与えられない。
5　営利企業への従事許可において、兼職により、一の職員について複数の任命権者が存在する場合には、その全ての任命権者の許可を受けなければならない。

□□□□□

【№.224】　営利企業等に従事する者の記述として、妥当なのはどれか。

1　〔再任用短時間勤務職員〕は、条例年齢の退職後の弾力的な勤務形態の職員であり、一般職の非常勤の職員であるが営利企業への従事等の制限を受ける。
2　〔会計年度任用職員〕は、会計年度を超えない範囲内で置かれる非常勤の職であることから、営利企業への従事等の制限の対象外とされる。
3　〔在籍専従の職員〕は、職務専念義務が免除されている職員であるが、在籍専従する職員団体から報酬を受けるときには、任命権者の許可が必要である。
4　〔停職処分を受けている職員〕は、すでに職務専念義務が免除されている職員であることから、任命権者の許可を受けずに私企業を営むことができる。
5　〔退職した職員〕は、退職後も一定期間、在職中に密接な関係のあった会社の取締役などの重要な役職に就任することができない。

□□□□□

【№.225】　下の営利企業への従事等の制限の記述として、妥当なのはどれか。

地公法第 38 条「職員は、①任命権者の許可を受けなければ、商業、工業、金融業その他営利を目的とする私企業を営むことを目的とする会社②その他の団体の③役員その他人事委員会規則で定める地位を兼ね、若しくは自ら④営利企業を営み、又は⑤報酬を得ていかなる事業若しくは事務に従事してはならない」。

1　上述①で、「任命権者の許可」は、従事許可を受けて例外的に認められ、その従事する時間が勤務時間内のときに限り許可手続を必要とする。
2　上述②で、「その他の団体」には、実質的に営利企業に類似する行為を行っている一般社団法人、農業協同組合及び消費生活協同組合が該当する。
3　上述③で、「役員」とは、株式会社の場合では営利会社の権限又は支配力を有する取締役を指し、業務の監査に責任を持つ監査役は該当しない。
4　上述④で、自ら「営利企業を営み」とは、商業、工業、金融業の業態のいかんを問わないが、営利を目的とするときでも漁業や農業は該当しない。
5　上述⑤で、「報酬」とは、営利を目的としないものも含まれ、給料、手当の名称の如何を問わず、労働の対価として支給されるものを指す。

31 退職管理

□□□□□

【No.226】 退職管理に関する記述として、妥当なのはどれか。

1 （原則全職員）— 原則、再就職者は、離職前5年間に在職した当該地方公共団体との間における契約等事務の全ての行為が禁止されている。
2 （原則全職員）— 原則、再就職者は、離職前5年間の職務に関し現職員に対して離職後1年間は、契約等事務に関し、要求又は依頼の働きかけができない。
3 （規制上乗せ）— 在職時に上位の職にあった再就職者は、在職中に自らが決定した契約や処分に関し、離職後2年間、現職職員に対し働きかけができない。
4 （条例上乗せ）— 国の部課長級相当職の再就職者は、条例で離職前5年前より前の国の職務に関連する契約等事務に対し、離職後2年間の規制を受ける。
5 （上位上乗せ）— 長の直近下位の内部組織の長であった再就職者には、離職前5年間の職務に関しても、契約等事務に関係なく上乗せ規制が課される。

ここがポイント

● 退職管理 ——（法第38条の2）

対象者	禁止働きかけの内容	規制期間
●原則として全職員 「○」定年前再任用短時間勤務職員 「×」条件付採用職員 「×」臨時的任用職員 「×」会計年度任用職員	○契約等事務 ・離職前5年間のもの	○離職後2年間
●長の直近下位の内部組織の長 （上位者上乗せ）	○契約等事務 ・離職前5年前のもの	○離職後2年間
●自ら決定（規制上乗せ）	○契約・処分	○期間の制限なし
●元国の部課長級職者 （条例上乗せ）	○契約等事務 ・離職前5年前のもの	○離職後2年間

● 対象職員

(1) 全職員 ——退職管理の対象職員は、「原則」全職員である。短時間勤務職員、一般職の任期付職員及び一般職の任期付研究職員も含まれる。

・対象外——ただし、地方公共団体又は地方独立行政法人の臨時的任用職員、条件付採用職員、非常勤職員（短時間勤務職員を除く）は、除かれる。

・非常勤の場合——上述の非常勤職員の場合では、短時間勤務職員（定年前再任用短時間勤務職員）は退職管理の対象となるが、「会計年度任用職員」は対象とならない。

□営利企業等とは——退職管理でいう営利企業等とは、「営利企業」及び「非営利法人（国、国際機関、地方公共団体、特定独立行政法人及び特定地方独立行政法人を除く）をいう。

□**契約等事務とは**――再就職者が在籍している営利企業等またはその子会社と在職していた地方公共団体との間に締結される「契約」のほか、当該営利企業等やその子会社に対する「処分」に関する事務も含まれる。

・**規制行為①**――規制行為は、職務上の行為をするにように、またはしないように要求し、または依頼することである。それが職務上「不正な行為」をするように、または相当の行為をしないようにとの場合はもちろん（この場合は罰則）が適用される。

・**規制行為②**――職務上の秘密に該当しない情報の提供のような適法かつ妥当なものであっても、(5) の「適用除外」の例外に該当しない限り、禁止の対象となる。

○**相手方**――退職管理で禁止される働きかけの相手方は、離職前５年間に在職していた地方公共団体の執行機関の組織等の「職員」もしくは特定地方独立行政法人の役員であり、これに該当する者を「役職員」と定義されている。

○**規制期間**――規制期間は、契約等事務であって、「離職前５年間の職務」に属するものに関し「離職後２年間」、職務上の行為をするように、またはしないように要求し、または依頼してはならない。

(2) **内部組織の長**（上位者上乗せ）――在職時の職制上の段階が上位であったことによる上乗せ規制である。

○**組織の長**――再就職者のうち、長の直近下位の内部組織の長、またはこれに準ずる職で人事委員会規則で定める者として「離職した日の５年前の日より前に就いていた者」は、当該職に就いていた時に在職していた執行機関の組織等の「役職員」、またはこれに類する者として人事委員会規則で定めるものに対し、「契約等事務」であって「離職した日の５年前の日より前の職務」に属するものに関し、「離職後２年間」、職務上の行為をするように、またはしないように要求し、または依頼してはならない。

・**長の対象外**――組織の長であっても、管理者や教育長は特別職であるから、この規制の対象とならない。

(3) **自ら決定**（規制上乗せ）――在職時に関与した職務による上乗せ規制である。

○**自ら決定**――上述 (1) と (2) によるもののほか、再就職者は、在職していた地方公共団体の執行機関の組織等の「役職員」に対し、当該団体もしくは当該特定地方独立行政法人と営利企業等若しくはその子法人との間の契約であって、当該団体もしくは当該特定地方独立行政法人において、その締結について自らが決定したもの、または当該団体もしくは当該特定地方独立行政法人による当該営利企業等もしくはその子法人に対する行政手続法第２条第２号に規定する処分であって、「自らが決定したものに関し」、職務上の行為をするように、またはしないように要求し、または依頼してはならない。

・**期間制限なし**――自らの決定事案に関する規制については、「期間」の制限規定がない。

(4) **元国の部課長相当職者**（条例上乗せ）――

○**元、国の部課長職**――国の部課長級相当職に就いていた人事委員会規則等で定めた再就職者に対する規制であり、「契約等事務」であって、離職前より「５年前の国の職務」に就いていた者に関し「離職後２年間」、職務上の行為をするように、またはしないように要求し、または依頼してはならないことを、「条例」で定めることができる。

(5) **適用除外**——適用除外は、働きかけを認めても公務の公正及びそれに対する住民の信頼を損なうおそれがない場合やその働きかけがやむを得ない場合には、規制の対象とならない。

○上述の（1）～（4）の適用除外は、次のとおりである。

①**試験、検査等の事務**——試験、検査その他の行政上の事務であって、法律の規定に基づく行政庁による指定、登録その他の処分を受けた者が行う当該指定等に係るものもしくは行政庁から委託を受けた者が行う当該委託に係るものを遂行するために必要な場合、または地方公共団体や国の事務・事業と密接な関連を有する業務として人事委員会規則で定めるものを行うために必要な場合

②**権利義務の履行**——行政庁に対する権利義務を定める法令の規定、地方公共団体や特定地方独立行政法人との間で締結された契約に基づき、権利を行使し義務を履行する場合、行政庁の処分により課された義務を履行する場合など人事委員会規則で定める場合

③**法に基づく申請等**——行政手続法第２条第３号に規定する申請または第７号に規定する届出を行う場合

④**通常の契約締結行為**——　一般競争入札やせり売りの手続や特定地方独立行政法人が公告をし申込みをさせることによる競争の手続に従い、売買、賃貸、請負その他の契約を締結するために必要な場合

⑤**情報提供の求め**——法令の規定によりまたは慣行として公にされ、または公にすることが予定されている情報の提供を求める場合

⑥**公正に支障がない場合**——再就職者が役職員に対し、契約等事務に関し、職務上の行為をするように、またはしないように要求し、または依頼することにより、公務の公正性の確保に支障が生じないと認められる場合として人事委員会規則で定める場合に、人事委員会規則で定める手続により任命権者の承認を得て、再就職者が当該承認に係る役職員に対し、当該承認に係る契約等事務に関し職務上の行為をするように、またはしないように要求しまたは依頼する場合

● **人事（公平）委員会への届出**——（法第 38 条の 2）

○**現職**——「現職の職員」は、(5) の①～⑥の適用除外の場合を除き、再就職者から（1）～（4）により禁止される要求または依頼を受けたときは、人事（公平）委員会規則で定めるところにより、「人事（公平）委員会」にその旨を届け出なければならない。

・**懲戒**——届け出をしなかったときは、地公法違反として懲戒処分の対象となる。

● **違反行為の疑いに係る任命権者の報告**——（法第 38 条の 3）

・**任命権者の報告**——任命権者は、職員または職員であった者に規制違反行為の疑いがあると思料するときは、その旨を人事（公平）委員会に報告しなければならない。

・**人事委員会の勧告権**——人事委員会は、自己が属する地方公共団体の職員のみならず、当該団体が設立した特定地方独立行政法人の役員等であった者の退職管理について、勧告する権限を有する。

・**人事委員会の報告聴取・意見**——人事（公平）委員会は、退職管理の規定に違反する行為について任命権者に調査を要求し、調査の結果について報告を求め、または

意見を述べることとされている。

・**人事委員会の情報収集**——職員からの届出と併せて、規制違反行為に関する情報は、全て人事（公平）委員会に集まることになる。

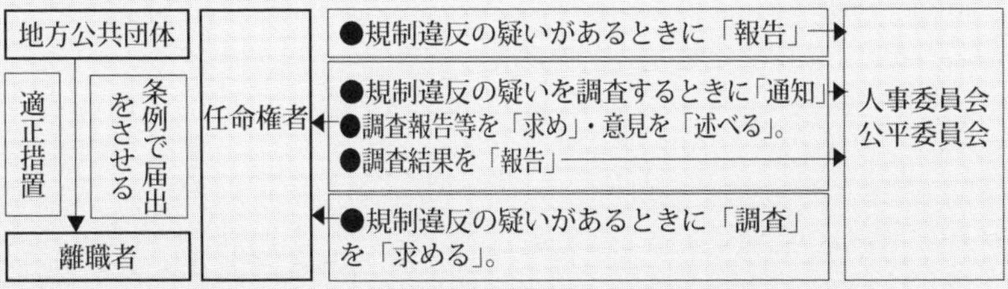

● **任命権者による調査**——（法第38条の4）

○**調査の事前通知**——任命権者は、職員または職員であった者に規制違反行為の疑いがあると思料して規制違反行為に関する調査を行おうとするときは、人事（公平）委員会にその旨を通知しなければならない。

・**経過を求める**——人事（公平）委員会は、任命権者が行う規制違反行為の調査の経過について、報告を求めまたは意見を述べることができる。

・**結果報告**——任命権者は、規制違反行為の調査を終了したときは、遅滞なく、人事（公平）委員会に対し当該調査の結果を報告しなければならない。

● **任命権者に対する調査の要求等**——（法第38条の5）

○**調査要求**——人事（公平）委員会は、職員が再就職者から禁止される要求または依頼を受けた旨の届け出、任命権者が職員または職員であった者に規制違反行為があるとの報告、またはその他の事由により職員または職員であった者に規制違反行為を行った疑いがあると思料するときは、任命権者に対し当該規制違反行為に関する調査を求めることができる。

● **地方公共団体の講ずる措置**——（法第38条の6）

・**措置①**——地方公共団体は、国家公務員法中退職管理に関する規定の趣旨及び当該団体の職員の離職後の就職の状況を勘案し、退職管理の適正を確保するために必要と認められる措置を講ずるものとする。

・**措置②**——地方公共団体は、再就職者による依頼等の規制の円滑な実施を図り、または上記①の措置を講ずる必要を認めるときは、「条例により」、職員であった者で条例で定めるものが条例で定める法人の役員その他の地位であって条例で定めるものに就こうとする場合または就いた場合には、離職後条例で定める期間、条例で定める事項を条例で定める者に「届け出」させることができる。

● **刑事罰**——職務上不正な行為をすることもしくはしたこと、または相当の行為をしないこと、またはしなかったことに関し、営利企業等に対し離職後に当該営利企業等もしくはその子法人の地位に就くこと、または他の役職員をその後離職後に、もしくは役職員であった者を当該営利企業等もしくはその子法人の地位に就かせることを要求した者などに対する刑事罰が定められている。（37. 罰則を参照）

□□□□□

【No.227】 退職管理の記述の空欄A～Eの語句として、妥当なのはどれか。

退職後に営利企業（営利企業以外の法人［A］）に再就職した元職員は、退職前5年間に在籍した地方公共団体の執行機関の組織等の職員に対して、当該団体と当該営利企業等の間の［B］に関する事務について、退職後2年間、退職前5年間の職務上の行為をする又はしないように、要求又は依頼の働きかけをすることが［C］されている。この場合、元職員の職層によって規制される働きかけの範囲や期間は異なっている。

規制に違反した元職員には、［D］が科せられる。また元職員から働きかけを受けた現職の職員は、その旨を［E］に届け出なければならない。

	A	B	C	D	E
1	含む	契約のみ	制限	刑罰のみ	人事委員会
2	含む	契約又は処分	禁止	刑罰又は過料	任命権者
3	含む	契約又は処分	禁止	刑罰又は過料	人事委員会
4	除く	契約又は処分	制限	刑罰のみ	人事委員会
5	除く	契約のみ	禁止	刑罰又は過料	任命権者

□□□□□

【No.228】 退職管理に関する記述として、妥当なのはどれか。

1 退職管理の「対象」となる職員は、地方公共団体又は地方独立行政法人において臨時的任用職員、条件付採用職員、会計年度任用職員を除く職員である。
2 退職管理で「規制」する職員とは、営利企業のほか、国、国際機関、地方公共団体などの非営利法人に再就職した元職員である。
3 退職管理で「問題」となる事務とは、営利企業等やその子会社と在籍していた地方公共団体との間に締結された契約であり、処分は含まれない。
4 退職管理の「相手」とは、要求又は依頼の相手方であり、元職員が離職前5年間に在職していた地方公共団体の執行機関の組織などの役員を指す。
5 退職管理の「行為」とは、職務上の行為の要求又は依頼の行為を指すが、職務上の秘密に該当しない情報の提供に止まるときは、禁止の対象とならない。

□□□□□

【No. 229】　退職管理に関する記述として、妥当なのはどれか。

1　再就職者は、在職していた地方公共団体の執行機関の組織等の役職員に対し、当該地方公共団体と営利企業との間の契約であって、当該地方公共団体において、その締結について自らが決定したものに関し離職後2年間に限り、職務上の行為をするように要求してはならない。
2　任命権者は、職員又は職員であった者に、再就職者による依頼等の規制に違反する行為を行った疑いがあると思料するときは、その旨を人事委員会又は公平委員会に報告しなければならない。
3　任命権者は、職員又は職員であった者に、再就職者による依頼等の規制に違反する行為を行った疑いがあると思料するときは、人事委員会又は公平委員会に対し当該規制違反行為に関する調査を行うよう求めることができる。
4　地方公共団体は、再就職者による依頼等の規制の円滑な実施を図り又は退職管理の適正を確保するために、必要と認められる措置を講ずるため必要と認めるときは、人事委員会規則で定めるところにより、再就職者に再就職情報の届出をさせることができる。
5　再就職者が、契約等事務であって、離職前5年間の職務に属するものに関し、職務上不正な行為をするように職員に依頼した場合には、1年以下の懲役又は50万円以下の罰金に処せられるが、当該依頼を受けたことを理由として職務上不正な行為をした職員には、罰則規定が設けられていない。

□□□□□

【No. 230】　退職管理に関する記述として、妥当なのはどれか。

1　任命権者は、職員であった者に規制違反行為を行った疑いがあると思料するときは、遅滞なく、その旨を退職管理委員会に報告しなければならない。
2　任命権者は、職員に規制違反行為の疑いがあると思料するときには、内密に調査し、事実関係を確認した後に、人事委員会等に対し当該行為を通知する。
3　人事委員会又は公平委員会は、規制違反行為の疑いがあると思料するときには、検察庁に対し調査を行うよう求めなければならない。
4　再就職した元職員のうち、内部組織の長であった者が法人の役員に就こうとするとき又は就いたときには、再就職情報の届出をしなければならない。
5　職員は、適用除外を除き、再就職者から地公法などで禁止される要求又は依頼を受けたときには、人事委員会又は公平委員会に届け出なければならない。

□□□□□

【№.231】 退職管理に関する記述A～Dのうち、妥当な組合せはどれか。

A　任命権者は、職員又は職員であった者に規制違反行為を行った疑いがあると思料して、当該規制違反に関して調査を行おうとするときには、人事委員会又は公平委員会にその旨を通知しなければならない。

B　地方公共団体は、職員が再就職者から禁止される要求又は依頼を受けた旨の「届出」、任命権者が職員又は職員であった者に規制違反行為があるとの「報告」、又はその他の事由により職員又は職員であった者に規制違反行為を行った疑いがあると思料するときには、人事委員会又は公平委員会に対し当該規制違反行為に関する調査を求めることができる。

C　地方公共団体は、国家公務員法中の退職管理に関する規定の趣旨及び当該地方公共団体の職員の離職後の就職の状況を勘案して、退職管理の適正を確保するために必要と認められる措置を講ずるものとされている。

D　地方公共団体は、職員であった者で、条例に定める者が法人の役員その他の地位に関係なく条例で定めるものに就こうとするとき又は就いたときには、離職後、条例で定める期間や条例で定める事項を条例で定める者に届け出させることができる。

1　AB　2　AC　3　AD　4　BC　5　BD

32　研修

□□□□□

【No. 232】 職員研修に関する記述として、妥当なのはどれか。

1　職員研修は、人事における能力主義及び成績主義を実現するためのものであり、人事委員会が研修対象者の名簿の作成にあたる。
2　職員研修は、任命権者が実施する責務を有するため、任命権者が自ら主催して実施する場合に限って認められ、他の機関への委託は認められない。
3　職員研修は、地公法にその根拠規定があり、職員に対しては勤務能率の発揮及び増進に資することを目的に、研修受講の機会を保障している。
4　職員研修は、職員の能力を開発し人的資源の価値を高めるために実施されるが、自己啓発が基本であり、任命権者は研修の実施責務まで負わない。
5　職員研修は、日常の職務の適正な執行を図るために実施され、一般教養など直接的に能力や技術の向上に結びつかない研修は実施できない。

ここがポイント

● 研修 ―― （法第 39 条）

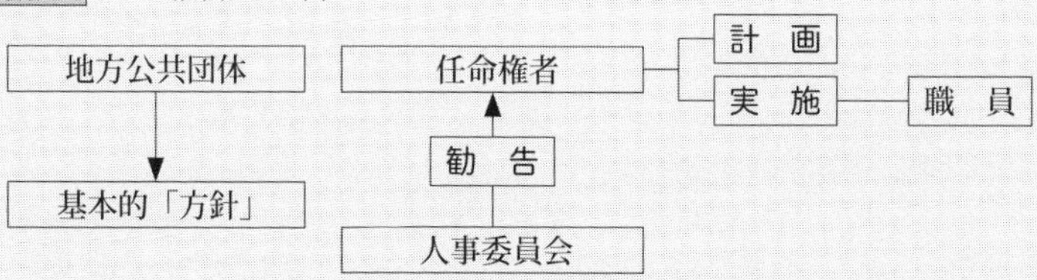

○**研修機会**――地公法では、職員にはその勤務能率の発揮及び増進のために、「研修を受ける機会」が与えられなければならないと定めている。
○**実施者**――研修は任命権者が行うものである。
○**研修方針**――研修に関する基本的な「方針」については「地方公共団体」が定めるとして、地公法では「地方公共団体は、研修の目標、研修に関する計画の指針となる事項その他研修に関する基本的な方針を定める」と規定している。
○**研修計画**――任命権者は、研修に関する計画を作成し、職員に対する研修の必要の程度を調査し、積極的に研修を行うことが義務づけられている。
○**能力開発**――職員の能力開発の方法には、「自律的」なものと「他律的」なものとがあり、地公法で規定しているのは「他律的」な能力開発としての研修である。
○**研修方法**――研修の方法には、職員の監督者に日常の職務を通じて職員に実務的な研修を行わせる「職場研修」と、日常の執務を離れて特別の研修機関などにおいて基礎的または専門的な研修を受けさせる「職場外研修」とがある。

● 人事委員会の勧告

○勧告――人事委員会を置く地方公共団体においては、「人事委員会」は、研修に関する計画の立案その他研修の方法について任命権者に「勧告」することができる。

□□□□□

【No. 233】 職員研修に関する記述として、妥当なのはどれか。

1　地公法は、成績主義を支える一つである研修に対して、職員には、その勤務能率の発揮及び増進のために「研修を受ける義務」があると定めている。
2　研修の実施は、当該地方公共団体の長の責務としており、自ら主催して行う場合に限られず、他の機関に「委託」して行うこともできる。
3　研修には、日常の執務を離れて基礎的又は専門的な研修を行う「職場研修」と日常の執務を通し職員に実務的な研修を行う「職場外研修」とがある。
4　任命権者には人材を育てる使命があり、研修の目標、研修に関する計画の指針となるべき事項その他研修に関する「基本的な方針」を定める義務がある。
5　人事委員会は、研修に関する総合的な企画を行うことをその任務とするため、研修に関する計画の立案その他研修の方法を任命権者に「勧告」できる。

□□□□□

【No. 234】 職員研修の記述Ａ～Ｄのうち、妥当な組合せはどれか。

Ａ　職員の能力開発の方法には自律的なものと他律的なものとがあり、地方公務員法で規定するのは自律的な能力開発としての研修である。
Ｂ　研修に関する基本的な方針は地方公共団体が定め、研修に関する計画の立案その他の研修の方法等の勧告は人事委員会が行うとする役割分担がある。
Ｃ　職員の研修は任命権者が行う義務があるが、県費負担教職員の研修については任命権者ではない市町村の教育委員会でも実施できる。
Ｄ　職員が研修に参加する場合の身分取扱いは、研修を職務の一環として取扱う方法を採用し、職務命令で研修に参加させる方法に限るとしている。

1　AB　2　AC　3　AD　4　BC　5　BD

33 福祉及び利益の保護

□□□□□

【No.235】 福祉及び利益の保護に関する記述として、妥当なのはどれか。

1　福祉及び利益の保護の規定は、精神規定であって、職員に対して直接に請求権を付与したり、特定の権利を設定するものではない。
2　職員に対する福祉の保護の代表格には厚生福利制度があり、職員に対する利益の保護の制度の代表格には公務災害補償制度がある。
3　地公法の厚生福利制度は、恩恵的な面から職員の権利へと転換する中で、厚生制度、共済制度及び公務災害補償制度の三つの制度がある。
4　地方公共団体には、厚生制度として、職員の保健や元気回復その他厚生に関する事項について計画を樹立し、実施しなければならない義務がある。
5　共済制度は、職員及び被扶養者の病気や負傷などに関し相互救済を目的とする制度であり、この制度には退職年金の制度は含まれない。

ここがポイント

●福祉及び利益の保護の根本基準――（法第 41 条）

○**制度**――職員の福祉及び利益の保護は、「適切」であり、かつ「公正」でなければならないと規定している。これは厚生福利制度などの諸制度が公正の原則に基づいて行われなければならないことを明らかにしたものである。

・**精神規定**――職員の福祉及び利益の保護の規定は、「精神規定」であって、職員に対して直接に請求権を付与したり、特定の権利を設定したものではない。

・**4 制度**――職員の福祉及び利益の保護には、共済制度を中心とする厚生福利制度、公務災害補償制度、勤務条件に関する措置要求の制度、不利益処分の審査請求の制度の 4 つの事項がある。

・**福祉の保護と利益の保護**――「福祉の保護」とは、厚生福利制度と公務災害補償制度を指し、「利益の保護」とは、勤務条件に関する措置要求の制度と不利益処分の審査請求の制度を指す。

●制度化――地公法は、職員の厚生福利を図る制度として、次の 3 つを制度化している。

厚生福利制度
- ①厚生制度……………地公法第 42 条 ― 法定外厚生福利
- ②共済制度……………地公法第 43 条 ― 法定厚生福利

厚生福利制度とは別に
- ③公務災害補償制度…地公法第 45 条 ― 法定厚生福利

□**地公法**――地公法は、「厚生福利制度」として①厚生制度と②共済制度、また厚生福利制度とは別に③公務災害補償制度を規定している。

□**特別法**――共済制度と公務災害補償制度などのように「特別法」により事業内容がほぼ法定されているものを「法定厚生福利」といい、地公法第 42 条に基づき実施するものなどを「法定外厚生福利」と呼んでいる。

■**厚生制度**――（法第 42 条）

○**制度**――地方公共団体は、職員の保健、元気回復その他厚生に関する事項について計画を樹立し、これを実施しなければならない。これは努力義務規定である。

・**行政実例**――厚生事業としての球技大会に参加する職員に対して条例に基づく職免の承認を得ている場合、厚生事業に参加するためとして旅行命令を発することはできず、また職免の承認を受けずに所属長の職務命令として旅行命令を発することはできない。

■**共済制度**――（法第 43 条）

○**制度**――法第 43 条は、「地方公務員共済組合制度」を規定している。

・共済制度は、昭和 37 年の地方公務員等共済組合法（地共済法）により実施された。

○**目的**――共済制度は、職員の病気、負傷、出産、休業、災害、退職、障害もしくは死亡またはその被扶養者の病気、負傷、出産、死亡もしくは災害に関して適切な給付を行うための相互救済を目的とする。

○**財源**――共済制度は、共済組合が職員が納付する「掛け金」と、地方公共団体が支出する「負担金」を財源として給付を行うことにより、職員及びその被扶養者または遺族の生活の安定等に寄与するとともに、公務の能率的運営に資することを目的とする制度である。

○**種類**――地共済法に基づく共済組合は、地方職員共済組合、公立学校共済組合、警察共済組合、東京都職員共済組合、指定都市職員共済組合、市町村職員共済組合及び都市職員共済組合に分かれている。

○**３つの事業**――共済組合は、次の３つの事業を実施している。

①「短期給付事業」は・・・保険給付、休業給付、災害給付で構成される。

②「長期給付事業」は・・・退職共済年金、障害共済年金、遺族共済年金で構成される。

③「福祉事業」は・・・・・診療所運営、保養施設運営、住宅資金貸付けなどで構成される。

□□□□□

【№.236】　公務災害補償に関する記述として、妥当なのはどれか。

1　公務災害補償は、公務上の災害に使用者の無過失責任主義を採用し、公務災害を受けた場合に限り補償の対象とするが、通勤途上の災害は対象としない。

2　公務災害補償の対象は、地方公務員の一般職の職員のうち完全な常勤職員が対象となり、特別職は対象とならない。

3　公務災害補償は、地方公共団体が自ら実施すべきものであるが、地方公務員災害補償法に基づく代行機関として地方公務員災害補償基金が設けられている。

4　公務災害補償では、公務災害を受けた職員に対し、地方公共団体などに過失がある場合に限りにおいて公務災害の補償義務を負うとしている。

5　公務災害補償は、その公務災害が業務に起因することが認定における絶対要件であり、業務の遂行性は認定の要件とならない。

ここがポイント

■ **公務災害補償制度**——（法第 45 条）

○**地公法の規定**——地公法第 45 条第 1 項では、公務災害を受けた損害について、「地方公共団体に対し補償義務」を課し、第 2 項では補償制度の「実施」、第 3 項では「補償内容」、第 4 項では「法律の制定義務」を定め国家公務員の公務災害との均衡化を規定している。

・**法第 1 項規定**——法第 1 項では、職員が公務上死亡し、疾病にかかり、公務上負傷もしくは疾病により死亡し、もしくは障害の状態となり、または船員である職員が公務により行方不明となった場合に、その者またはその者の遺族もしくは被扶養者がこれらの原因によって受ける損害は補償されなければならないと規定している。

・**地方公務員災害補償法**——法第 45 条を具体化したものが「地方公務員災害補償法」であり、地方公務員災害補償法では「公務災害」だけではなく「通勤災害」を補償の対象としている。

○**特徴**——制度は「3 つの特徴」を持っている。

①公法上の災害だけでなく通勤災害も対象とする。

②使用者側の無過失責任主義をとっている。

③年金制度を採用している。

○**代行機関**——公務災害補償は、地方公務員災害補償法に基づき「地方公務員災害補償基金」という名の法人が設置され、この基金が各地方公共団体に代って統一的な補償を実施している。

・**法人**——基金という法人は、地方公共団体の附属機関ではない。

・**経費**——基金の経費には、地方公共団体の負担金が充てられる。

○**目的**——公務災害補償は、職員が公務によって「負傷し」または「疾病」にかかりまたは「死亡」した場合に、当該災害による身体的損害を補償し、職員及びその家族の生活の安定に寄与することを目的とする。

（範囲）公務上の災害と通勤災害

常勤勤務　　　　非常勤等

法　律　　　　条　例

地方公務員災害補償基金　法　人

● **公務災害補償の範囲**

○**範囲**——公務災害補償の範囲は、「公務災害」と「通勤災害」である。

□**公務災害**——「公務災害」とは、公務による死亡などを一括して「公法上の災害」

という。

・自殺その他被災職員の故意によって生じた災害は認められない。

□通勤災害――「通勤災害」とは、職員が勤務のため居住と勤務場所との間を合理的な経路及び方法により往復する途上の災害をいう。

・逸脱・中断――通勤災害は、往復の経路を逸脱しまたは中断した場合は、その後の災害は除かれる。

・やむを得ない場合――「逸脱又は中断」が日用品の購入その他これに準ずる（理髪店へ行く等）日常生活上必要な行為をやむを得ない事由により行うための最小限度の範囲であるときは、通勤災害として認められる。

○使用者責任――公務災害補償は、民法上の損害賠償とは異なり、使用者に過失がなくても職員に対し損害を補償する「無過失責任主義」を採用している。

● 制度の対象者

□法律の対象――地方公務員災害補償法の適用は、原則として一般職の常勤職員が対象となり、特別職の場合には常勤勤務にある者が対象となる。

□条例の対象――議会の議員、行政委員会の委員、その他の非常勤職員は、同法に基づく地方公共団体の「条例」によって補償を受ける。

○認定――地方公務員災害補償基金が補償の認定を行うに当たっては、災害を受けた職員の「任命権者」の意見を聴いて行うことを要件としている。

○補償対象――補償の対象には、身体的損害のほか補装具も含まれる。

● 請求手続

○請求主義――地方公務員災害補償基金が職員の災害について公務上の災害等に該当するか否かの認定を行う場合は、職権主義ではなく「請求主義」がとられており、認定は補償を受けようとする者の請求をまって行われる。

● 認定の要件

○２つの要件――公務災害の認定には、「公務遂行性」と「公務起因性」の両者が満たされなければならない。

□公務遂行性――公務遂行性とは、災害が使用者の管理下で発生したものであることを指す。

□公務起因性――公務起因性とは、災害の発生が職務の遂行と相当な因果関係にあることが要件とされる。

● 補償の種類

○種類――基金が行う補償の種類は、療養補償、休業補償、傷病補償年金、障害補償、介護補償、遺族補償及び葬祭補償の７種類がある。

・請求主義――「傷病補償年金」を「除く」補償は、補償を受けるべき者の請求に基づく「請求主義」を採っている。

● 審査請求

○不服ある場合――基金が行う補償決定に不服がある場合は、地方公務員災害補償基金審査会、または同基金支部審査会に審査請求ができる。

□□□□□
【No.237】　公務災害補償の記述の空欄A～Dの語句として、妥当なのはどれか。

地方公務員に対する具体的な災害補償は、[A]に基づき全国の地方公務員について統一的に行われている。

この制度は三つの特徴を持っている。一つは公務上の災害だけでなく通勤災害も補償の対象とし、二つは使用者の[B]を取り、三つは年金制度を採用することにより社会保障的な性格を持っている。

公務災害の認定要件としては、「公務遂行性」と「公務起因性」の両方が認められなければならないが、通勤災害の場合には[C]があれば補償の対象となる。

補償内容には、療養補償、休業補償、傷病補償年金、障害補償、遺族補償などがあり、[D]を除く補償の実施に当たっては、当該補償を受けるべき者の請求に基づく請求主義を採っている。

	A	B	C	D
1	地方公務員法	過失責任主義	公務遂行性	傷病補償年金
2	地方公務員法	過失責任主義	公務遂行性	遺族補償
3	地方公務員法	無過失責任主義	公務起因性	療養補償
4	地方公務員災害補償法	無過失責任主義	公務遂行性	療養補償
5	地方公務員災害補償法	無過失責任主義	公務起因性	傷病補償年金

□□□□□
【No.238】　公務災害補償に関する記述として、妥当なのはどれか。

1　公務災害補償は、地方公共団体の故意又は過失によって、地方公共団体の責めにきすべき事由がある場合に限り、災害補償が認められる制度である。
2　公務災害補償は、住居と勤務場所の間の往復にも認められるが、往復に先行し又は後続する住居間の買物等で、経路を少しでも逸脱すると認められない。
3　公務災害補償は、地方公務員の一般職の職員のうち常勤の職員に限られ、特別職である一般地方独立行政法人の役員等は対象とならない。
4　公務災害補償は、議会の議員や行政委員会の委員などのほか、非常勤職員に対する補償も、地方公務員災害補償基金で全国統一的に行っている。
5　公務災害補償は、地公法において一般職の職員の一般原則として制度化されており、この規定を受けて地方公務員災害補償法が制定されている。

□□□□□

【No.239】 公務災害補償に関する記述として、妥当なのはどれか。

1 公務災害補償制度は、地方公共団体の一般職の常勤の職員に適用されるものであり、非常勤の職員には適用されず、また特別職にも適用されない。
2 公務災害補償制度は、地方公務員災害補償法に基づく基金制度によって運営され、その基金の業務に要する費用は、地方公共団体の負担金が充てられる。
3 公務災害補償制度は、地方公共団体に故意又は過失がある場合に限り、かつ公務と災害との間に相当な因果関係がある場合に認められる制度である。
4 公務災害補償制度は、公務中に発生した災害に起因すれば、当然に使用者としての地方公共団体の無過失責任によって行われる制度である。
5 公務災害補償制度には、地方公共団体が災害を受けた職員に対して行う療養補償、休業補償、障害補償などがあるが、遺族に対する補償は含まれない。

□□□□□

【No.240】 公務災害補償に関する記述として、妥当なのはどれか。

1 公務災害補償は、公務によって負傷し又は疾病にかかった場合にその職員が受けた損害を補償するが、公務による死亡は補償の対象としない。
2 公務上の災害として認定されるためには、その災害が公務務遂行性を有することが要件とされ、公務起因性を有する要件はない。
3 公務災害補償は通勤災害も対象とするが、この通勤とは職員が勤務のために住居と勤務場所との間を合理的な経路及び方法による往復をいう。
4 公務災害補償は、地方公共団体が直接行う補償であり補償を確実なものとするため、当該団体の附属機関として地方公務員災害補償基金が設置される。
5 地方公務員災害補償基金が補償の認定を行うに当たっては、災害を受けた職員の任命権者の意見を聴くことを要件としていない。

34　勤務条件に関する措置要求

□□□□□
【No.241】 勤務条件に関する措置要求の記述として、妥当なのはどれか。

1　措置要求は、職員の勤務条件を社会一般の情勢に適応させる措置であって、労働基本権の制約に基づく代償措置として認められたものではない。
2　措置要求のできる者は、一般職に属する地方公務員であり、単純労務職員は含まれるが、臨時的任用職員と条件付採用期間中の職員は含まれない。
3　措置要求の対象となる事項は、勤務条件に関するものであり、具体的には給与、勤務時間その他の勤務条件で、管理運営事項も対象となっている。
4　人事委員会は、職権によって書面審理を進め、口頭審理については職員からの求めがある場合において、人事委員会が必要と認めたときに行われる。
5　措置要求の審査の判定に基づき地方公共団体の機関になされた勧告には、法的な拘束力が与えられているため、その実現に努めなければならない。

ここがポイント
● 勤務条件に関する措置要求 ――（法第46条）
○**制度**――措置要求制度は、職員が、人事委員会または公平委員会に対し、勤務条件に関し地方公共団体の当局が適当な措置を執ることを要求する制度である。
○**代償措置**――措置要求制度は、労働基本権が制限されていることに対する「代償措置」の一つである。

	勤務条件の措置要求
①請求者	●一般職、ただし、下の者を除く。 ○企業職員及び単純労務職員 ○退職者・職員団体
②内容	●給与、勤務条件　ただし、管理運営事項を除く。
③要求機関等	●要求は、人事委員会（公平委員会）へ。 ○要求＝同じ内容でも何度も要求でき、一事不再理の原則が適用されない。 ○期間＝要求期間に制限はない。 ○審理＝書面審理が原則であるが、口頭や両者の併用もある。 ○結果＝勧告には法的拘束力がない。
④罰則	●措置要求の申出を故意に妨げた者に罰則適用がある。

①　請求者

○対象――措置要求の対象者は、「一般職」の職員に認められる制度であり、特別職には認められない。

・条件付採用期間中の職員、臨時的任用職員、定年前再任用短時間勤務職員及び会計年度任用職員（フル・パート問わず）も、措置要求ができる。

・過去――転勤等により当該職員の過去のものとなった勤務条件であっても措置要求ができる。

・他人――他の職員の勤務条件であっても措置要求をすることができる。ただし、他の職員の固有な勤務条件または個々の具体的な勤務条件については措置要求ができない。

・共同――措置要求は、職員個人で行うことが建前であるが、複数の職員が共同して行うこともできる。

・委任・代理――措置要求は、他の職員に委任して行うこともできる。また措置要求の審査に際して、本人以外の者が代理人として審理に参加することもできる。

○適用除外――措置要求は、一般職であっても、次の者は除かれる。

□「企業職員」及び「単純労務職員」は、「団体交渉」によって勤務条件が定められるため、措置要求ができない。

□「退職者」は、措置要求ができない。措置要求は「現職」の職員に限って認められるため、退職者の退職手当についても措置要求ができない。

□「職員団体」は、一般的な勤務条件はもとより、職員の個別的、具体的な勤務条件についても措置要求ができない。また、職員団体を職員の代理人に選任することもできない。

②　内容

■　措置要求が「できる」事項

○要求①――措置要求事項は、地公法第 24 条の「給与、勤務時間その他の勤務条件」に関してである。

・勤務条件とは、職員が地方公共団体に対し勤務を提供するについて存する諸条件で、職員が自己の勤務を提供しまたはその提供を継続するかどうかの決心をするに当たり、一般的に考慮の対象となるべき利害関係である。

・勤務条件とは、給与及び勤務時間によって代表される経済条件の一切であり、職員団体の「交渉」となる勤務条件と「同義」である。

○要求②――措置要求事項は、「現在」適用されている勤務条件のみならず、「過去」のもの、「将来」のもの、「不変更」を求めるもの、または休暇の不承認も対象となる。

○要求③――要求対象事項は、地公法第 46 条の地方公共団体の「当局」や「人事委員会」の権限に属する事項に限られる。

・例えば、・職員の給料、諸手当、人事評価、旅費、勤務時間、休日、休暇、職場の執務環境、当局が実施する福利厚生、安全衛生などがある。

■　措置要求が「できない」事項

・要求対象外――措置要求ができない事項とは、勤務条件でない事項である。すなわち、管理運営事項である。「管理運営的事項」は、対象とならない。

・管理運営事項――『管理運営的事項』には、次のものがある。

・例――①「職員定数の増減」②「予算の増減」③「組織の改廃」④「条例の提案」⑤「人事評価の評定内容」⑥「人事異動」⑦「服務に関すること」など、すなわち、地方公共団体の機関が、もっぱら判断し執行する行政の企画、立案、予算編成などがある。
・**関連する場合**――管理運営事項である職員定数の決定は勤務条件と密接に関連する場合がある。定数が少なく残業を行わざるを得なくなりその結果勤務条件に影響を与える場合も定数の増加自体は措置要求できないが、勤務時間等の勤務条件の問題として措置要求ができる。

③ **審査機関**

○**審査機関**――勤務条件の措置要求は、「審査機関」となる「人事委員会」または「公平委員会」に対し、地方公共団体の当局より「適当な」措置が執られるべきことを要求する制度である。
・**教員の場合**――県費負担教職員の場合は、その職員の任命権者が属する都道府県の人事委員会が審査機関となる。

■ **審査**

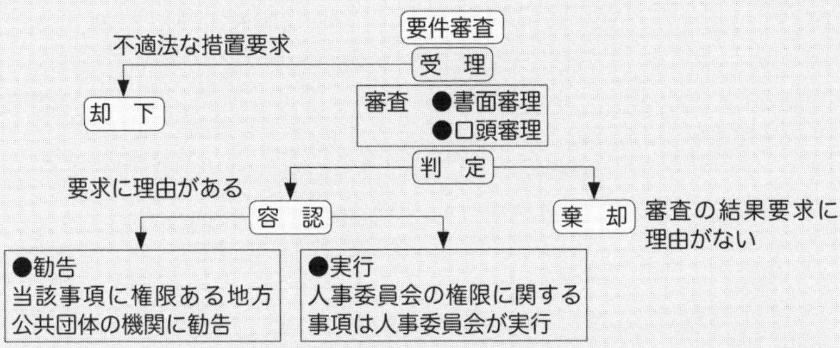

○**要式行為**――要求は、書面でしなければならない。原則として要式行為である。
○**要求回数**――要求については、職員は、同一の事項について、何回でも措置要求を行うことができる。すなわち、「一事不再理の原則」は適用されない。
・人事委員会が既に判定を下した事案とその要求の趣旨及び内容が同一と判断される事項を対象として、同一人から再び措置の要求が提起された場合でも、「一事不再理の原則」を適用できない。
○**要件審査**――まず、要件審査が行われ、補正の余地があるものは補正を求めるが、補正の余地がなく、または不適当な措置要求であれば受理されず「却下」となる。
○**審理方法**――審理は、地公法では「口頭その他の方法」と規定しているが、審理の具体的な方法は人事委員会の「規則」により「書面審理」が原則である。
・**職権審査が原則**――この場合、審査機関が必要と認めたときは、口頭審理によっても行うことができる。審査はあくまでも審査機関の責任で職権によって審査しなければならない。
・**口頭審理**――職員から口頭審理の請求があるときは口頭審理で行うとされているが、口頭審理は審査機関が必要と「認めた場合」に限られる。また口頭審理の公開は法定されていない。

○**喚問等**――審査機関は、審査のため必要があるときは、証人を喚問しまたは書類もしくはその写しを求めることができる。

・罰則なし――当事者主義的な審査を行ってはならないため、証人の喚問等の要求に応じなくても、その拒否に対して「罰則」の適用はない。

○**取り下げ**――いったん措置要求が行われた後でも、審査機関が「判定」を行うまでの間に取り下げることができる。

○**打ち切り**――審査機関は、審査を継続する実益がないと判断したときは審査を打ち切りることができる。

■ **判定**

[1] **却下**――要件審査が行われ、要件を具備していなければ受理されず「却下」となる。

[2] **棄却**――適法な措置要求として受理後、審査の結果、要求内容が妥当でない場合は「棄却」となる。

[3] **容認**――審査の結果、要求内容が妥当であれば、要求内容の全部または一部を「容認」する判定となる。

○判定及び勧告は、要求者の要求事項のみについて行われる。

■ **勧告**

・**拘束力**――審査機関は、審査の判定結果、当該権限に関する事項は自ら実行し、当該地方公共団体に関する事項については勧告することができるが、その勧告には「法的拘束力がない」。

・**措置**――勧告を受けた機関は、勧告を尊重するものの、勧告どおりに勤務条件の改善をしなければならない義務はない。

■ **再審査請求**

・再審はできない――要求者が審査機関の判定に不服があっても「再審」の手続を取ることはできない。しかし、同一事項について「改めて」措置要求を求めることは可能である。

④ **罰則**

・**罰則**――措置要求に関しては、審査機関への措置の「申し出を故意に妨げた者」に対して、罰則の適用がある。

⑤ **訴訟の提起**

・**訴訟**――職員が、審査機関の判定（却下または棄却）に不服があるときは、判定に「違法性」がある場合に限り、取消訴訟を提起することができる。

⑥ **審査、判定の手続等に関する規則**

・**規則**――措置要求及び審査、判定の手続並びに審査、判定の結果執るべき措置に関し必要な事項は、「人事委員会または公平委員会」の「規則」で定めなければならない。

□□□□□

【No. 242】 勤務条件に関する措置要求制度の記述として、妥当なのはどれか。

1　措置要求制度は、勤務条件の適正を確保する制度であり、職員が勤務条件に関し地方公共団体の長に適当な措置を執るべきことを要求する制度である。
2　措置要求制度は、当局の権限に属する勤務条件の措置の要求であり、職員団体の交渉の対象となる給与や勤務時間その他の勤務条件と同義である。
3　措置要求制度は、正式任用職員のみならず条件付採用期間中の職員、臨時的任用職員の職員個人や職員団体にも認められる。
4　措置要求制度に基づき、職員が人事委員会又は公平委員会へ措置要求の申し出をする際に、その申し出を故意に妨げた程度では、罰則を適用できない。
5　措置要求制度では、判定に先立って内容審理が行われるが、その審理に際して正当な理由なく証人喚問に応じない者に対しては、罰則を適用できる。

□□□□□

【No. 243】 勤務条件に関する措置要求の記述として、妥当なのはどれか。

1　勤務条件に関する措置要求は、当該職員の現在の勤務条件を変更しないことや、過去の勤務条件、他の職員の勤務条件の措置要求を行うことはできない。
2　勤務条件に関する措置要求は、再審の手続を執ることができるため、判定に不服があるときには、同一事項について再度の措置要求が認められる。
3　勤務条件に関する措置要求に対する人事委員会の判定は、相手方への法的拘束力を持たないが、勧告を受けた任命権者は勧告を尊重する義務を負う。
4　勤務条件に関する措置要求は、職員に対する人事評価の評定内容に対してもそれ自体が勤務条件と認められるため、当然に措置要求の対象となる。
5　勤務条件に関する措置要求の判定には法的拘束力が発生し、措置要求の判定に不服があれば、判定の取消を求める訴訟を提起することもできる。

□□□□□

【No. 244】 措置要求ができる者の記述A～Eのうち、妥当な組合せはどれか。

A　職員の個別的、具体的な措置要求を代理する職員団体
B　勤務条件の措置を求める臨時的任用職員、会計年度任用職員
C　退職後に遡って行われた定期昇給の措置要求を行う退職者
D　他の職員から民法上の委任による代理権者である職員
E　一般職の職員が特別職を兼ねるときの特別職に係る措置要求を行う職員

1　AC　　2　AE　　3　BC　　4　BD　　5　DE

□□□□□

【No.245】 措置要求の対象となる記述Ａ～Ｅのうち、妥当な組合せはどれか。

A 措置要求の内容は勤務条件であり、職員が勤務を提供するか否かの決心をするに当たって、当然の対象となる利害関係事項である。
B 勤務条件に関する事項であれば、他の職員の勤勉手当の増額を求めるように、他の職員の具体的な固有の勤務条件についても措置要求ができる。
C 条例で定められた勤務条件に関する事項であっても、勤務条件である限り措置要求の対象となり、その例として、給与や勤務時間などがある。
D 勤務条件の措置要求の範囲は広く、給与、昇給の実施、各種手当の増額のほか、休暇の不承認処分に不服がある場合も対象にできる。
E 措置要求の一つとして、職員定数の増減のほか、旅費及び時間外勤務手当などの予算額の増額を求めることもできる。

1 ACD　2 ACE　3 BCD　4 BDE　5 CDE

□□□□□

【No.246】 措置要求の審査機関の記述として、妥当なのはどれか。

1 審査機関は、勤務条件に関する措置要求の内容によって、人事機関である任命権者又は人事委（公平）委員会のいずれかが、その機関となる。
2 審査機関は、人事委員会を置く地方公共団体においては人事委員会であるが、公平委員会を置く地方公共団体おいては任命権者がその機関となる。
3 審査機関を公平委員会が共同して設置している場合には、その共同設置をした元の公平委員会がその機関となる。
4 審査機関は、公立学校の教職員である県費負担教職員の場合に特例があり、教職員が勤務する市町村の人事委員会又は公平委員会がその機関となる。
5 審査機関は、指定都市の公立学校の教職員である県費負担教職員の場合には、当該指定都市の人事委員会がその機関となる。

□□□□□

【No.247】 勤務条件の措置要求に関して、妥当なのはどれか。

1 職員が措置要求をしようとするときは、書面によるとされているが、書面は法律上の要件ではなく、要求内容の明確化の理由から要式行為とされる。
2 職員が措置要求をしようとするときは、同一の事項について何度も措置要求ができない。すなわち、一事不再理の原則が適用される。
3 職員が措置要求をしようとするときは、職員の服務に関する事項は要求できないため、職務専念義務の免除などに関する措置も要求できない。
4　職員が措置要求をしようとするときは、公務災害補償の内容を現在よりも一層充実させる要求が可能であり、公務災害の認定に関しても要求できる。
5　職員が措置要求をしようとするときでも、昇給が他の者に比較して遅れた場合や休暇の不承認に不服がある場合には、要求できない。

□□□□□
【No.248】　措置要求の審査及びその結果執るべき措置で、妥当なのはどれか。

1　審査は書面審理が原則で、審査機関が認めるときは口頭審理でもできるが、審査はあくまで審査機関の責任の下で、職権で審査しなければならない。
2　職員は、人事委員会等が判定を行うまでの間に措置要求を取下げることも可能であり、また一旦取下げた措置要求を撤回することも自由である。
3　審査機関は、要求が妥当であれば、要求の全部又は一部を認める判定を行うことができる。ただし、要求に妥当性がなければ却下することもできる。
4　審査機関は、判定に基づき当該権限事項を自ら実行し、その他の事項は関係機関に勧告し、勧告を受けた機関は勧告どおりに実施する義務を負う。
5　人事委員会等の判定や勧告に対し不利益処分の審査請求ができるし、またその審査機関の判定に違法性がある場合には、訴訟を提起することもできる。

□□□□□
【No.249】　措置要求の審査及びその結果執るべき措置で、妥当なのはどれか。

1　人事委員会は、職員から勤務条件の措置要求があったときは、事案について書面審理又は口頭審理のいずれかの方法によって審理することができる。
2　人事委員会は、審査に当たり、職員から勤務条件の措置要求の審査を口頭審理での請求があるときは、口頭審理を公開で行わなければならない。
3　人事委員会は、措置要求の審理のために必要があるときは、証人を喚問し、書類の提出を求めることができるし、又これらの拒否に罰則を適用できる。
4　人事委員会は、同一内容の勤務条件に関する措置要求が複数の職員からあるときには、審理を合併して行わなければならず、分離はできない。
5　人事委員会は、当該職員が死亡などの事由で、勤務条件の措置要求の審理を継続する実益がないと判断したときは、その審理を打ち切ることができる。

□□□□□

【No.250】 勤務条件の措置要求の事例a～gの下線の記述として、妥当な組合せはどれか。

総務局の職員である甲は、自分の課への更衣室の設置と、現在の休憩時間中の受付窓口のa勤務条件を変更しない不作為に関する要求を人事委員会に行った。人事委員会は甲の要求を受理し、事案の審査を開始したところ、b甲が要求のうち更衣室の設置については取り下げる旨を申し出たため、人事委員会は、休憩時間中の受付窓口の業務についてのみ審査を継続した。

その後甲は、教育委員会事務局に配置換えとなり、措置要求を取り下げた。

ところが、教育委員会事務局においても休憩時間中の受付窓口業務が行われていたため、甲はc改めて同じ要求内容である休憩時間中の受付窓口の勤務条件を変更しない要求を人事委員会に行い、人事委員会はこれに対する審理を開始した。その際甲は、d審理を法定化されている口頭審理で、かつ公開で行うことを申し出た。

その結果人事委員会は、甲の要求の一部を認める判定を行い、e条例や規則の改廃に及ぶ内容を甲に通知し、教育委員会に対し必要な措置についての勧告を行った。

甲はf判定に基づく勧告には法的な拘束力があることから、人事委員会が教育委員会のみに勧告したことを不服に思い、g教育委員会を除く他の全任命権者にも勧告するよう再審査請求を行った。

1 妥当なのは「a、b、c、g」である。
2 妥当なのは「a、b、c、f」である。
3 妥当なのは「a、b、c、e」である。
4 妥当なのは「b、c、e、g」である。
5 妥当なのは「b、d、e、f」である。

□□□□□

【No.251】 勤務条件の措置要求に関する記述として、妥当なのはどれか。

1 勤務条件の措置要求は、正式に任用された一般職の職員に認められる制度である。したがって、臨時的任用職員や条件付採用期間中の職員は、勤務条件に関する措置要求を行うことができない。
2 勤務条件の措置要求は、人事委員会又は公平委員会の措置要求の手続に関する規則に特別の定めがある場合には、他の職員からの民法上の委任による代理権を授与して行うこともできる。
3 勤務条件の措置要求は経済的な要求の一つであり、これに対し不利益処分の審査請求は分限処分や懲戒処分などの行政処分に対する行政不服審査法の一環として行われるものであり、両者が競合することはありえない。
4　勤務条件の措置要求は、給与、勤務時間その他の勤務時間に関する幅広い範囲が対象となっており、行政機構の改廃や条例の提案、人事異動も要求の対象となっている。
5　勤務条件の措置要求は、企業職員及び単純労務職員並びに独法職員には適用されないため、これらの職員は、労働委員会の調停及び仲裁によって勤務条件の改善が図られる。

□□□□□
【№252】 勤務条件の措置要求に関する記述として、妥当なのはどれか。

1　措置要求は、転勤等により当該職員の過去のものとなった勤務条件でも可能であるが、他の職員の勤務条件である場合には、職員が代わって措置要求を行うことができない。
2　措置要求をした者が審査機関の判定について不服がある場合には、再審の手続を執ることできるし、同一事項について改めて措置要求を求めることもできる。
3　措置要求の人事委員会の判定や勧告には法的拘束力が生じないため、職員が判定に不服があり、その判定に不当性がある場合には、取消訴訟を提起することもできる。
4　措置要求では、審査に際し、本人以外の者が代理者として審理に参加することができるが、審理の申立てをはじめ一切の行為を全面的に委任し、本人が直接参加することなく審理を行うことは適切でない。
5　措置要求に関する審査機関の求めに対し、証人喚問に応じない者に対し罰則を適用することができるし、また審査機関への措置の申し出を故意に妨げた者に対しても罰則を適用することができる。

□□□□□
【№253】 勤務条件の措置要求に関する記述として、妥当なのはどれか。

1　措置要求は、給与、勤務時間その他の勤務条件に関する経済条件の一切が対象となり、職員団体の交渉の対象となる勤務条件より広く解釈される。
2　措置要求は、個々の職員又は職員が共同して行うことができるが、他の職員から民法上の委任による代理権を授与して代理することはできない。
3　措置要求は、人事委員会を置く地方公共団体の職員の場合は当該人事委員会に行うが、県費負担教職員の場合は都道府県の人事委員会に対して行う。
4　措置要求は、人事委員会又は公平委員会で審査されるが、審査は法律上の適否であり、当不当の問題、条例や規則の改廃は勧告の対象とならない。
5　措置要求に基づく人事委員会又は公平委員会の判定結果に対して不服がある場合には、要求者又は任命権者の双方が再審査の手続を執ることができる。

□□□□□
【№254】 措置要求の手続及び判定の関係図の記述として、妥当なのはどれか。

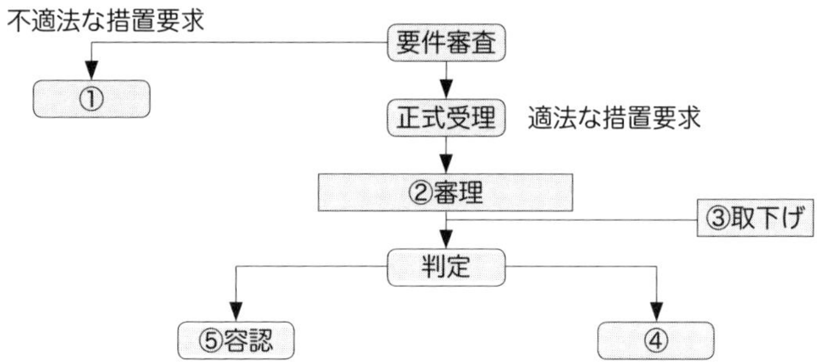

1　[上図①]―まず、勤務条件に関する措置要求に対する要件審査が行われ、補正の余地がなく又は不適当な措置要求であれば、受理されず「棄却」となる。
2　[上図②]―審理は、地公法では、口頭その他の方法と規定しているが、審理の具体的な方法は、人事委員会の規則により「書面審理」となっている。
3　[上図③]―措置要求が受理されたのちに措置要求を取下げることも可能であるが、ただし、取り下げは人事委員会が「審理」するまでとなる。
4　[上図④]―審理の結果、要求内容に理由がない場合には「却下」となり、要求内容に理由があれば、要求内容の全部又は一部を「容認」する判定となる。
5　[上図⑤]―容認の判定により、人事委員会は当該事項に関し権限を有する地方公共団体の機関に「勧告」できるが、自ら実行する機関ではない。

□□□□□
【No. 255】 勤務条件の措置要求と不利益処分の審査請求の表中の記述として、妥当なのはどれか。

		勤務条件の措置要求	不利益処分の審査請求
1	要求者	措置要求は現職に限られ、退職者は措置要求を行使することができない。	審査請求も現職に限られ、退職者は審査請求が全くできない。
2	管轄	休暇の不承認に不服があっても、措置要求ができない。	休暇の不承認は、審査請求によって解決されるべき問題である。
3	措置	その手続並びに審査の結果執るべき措置に関する必要な事項は、人事委員会の規則で定めなければならない。	その手続並びに審査の結果執るべき措置に関する必要な事項は、条例で定めなければならない。
4	期間	措置要求については、要求期間に特段の制限がない。	審査請求は、処分があったことを知った日の翌日から起算して3か月以内と、その請求期間に一定の制限がある。
5	訴訟	措置要求に対する人事委員会の判定は行政処分でないため、取消訴訟の対象とならない。	審査請求については、処分の取消訴訟を提起することができる。

35 不利益処分に関する審査請求

□□□□□

【No.256】 不利益処分の審査請求に関する記述として、妥当なのはどれか。

1 不利益処分の審査請求は、任命権者が行った職員の意に反する違法性がある処分に限られ、不当な処分に対しては審査請求を行うことができない。
2 不利益処分の審査請求は、第三者機関である人事委員会又は公平委員会に対してだけではなく、任命権者に対しても行うことができる。
3 不利益処分の審査請求は、任命権者から懲戒などの不利益な処分を受けた者であり、条件付採用職員のみならず臨時的任用職員も審査請求ができる。
4 不利益処分の審査請求は、職員の意に反しかつ客観的にみて不利益を与える処分が対象で、職員の不利益な処分となる懲戒処分と分限処分とに限られる。
5 不利益処分の審査請求は、人事委員会又は公平委員会の審査請求の裁決を経た後でなければ、処分の取消しの訴えを裁判所に提起できない。

ここがポイント

● 不利益処分の審査請求 ――（法第49条）

○目的――不利益処分の審査請求は、任命権者が行った職員の意に反する「違法」及び「不当」な処分に対し、簡易迅速な審査手続により救済する制度である。

	不利益処分の審査請求
①請求者	●不利益処分を受けた者、ただし、下の者を除く。
	○企業職員及び単純労務職員
	○条件付採用職員（会計年度任用職員は条件付の1月の期間）、臨時的任用職員
②内容	●職員の意に反する不利益処分、ただし、訓告等事実行為、不作為を除く。
③請求機関等	●要求は、人事委員会（公平委員会）へ。
	○期間＝請求期間は知った日から3月以内、あった日から1年である。
	○審理＝原則書面審理、原則非公開である。ただし、例外あり。
	○結果＝勧告には「形成的効力がある」。不服なら出訴できる。
④罰則	●審査機関の指示に故意に従わぬ者に罰則あり。
	●正当な理由なく証人喚問等に応じない者に罰則あり。

● 審査機関

○審査機関――審査請求先の審査機関は、職員が属する地方公共団体の「人事委員会」または「公平委員会」のみであり、これ以外の機関が審査を行うことができない。

①　**請求者**

○**請求者**――審査請求ができる者は、一般職の職員で不利益処分を受けた者である。

・上述の例外として、職員が免職処分の不利益な処分を受け、これにより「退職した者に限り」審査請求ができる。ただし、次の者は除かれる。

□**条件付職員・臨時的任用職員**――「条件付採用期間中の職員」（会計年度任用職員は条件付の1か月の期間）及び「臨時的任用職員」には行政不服審査法の適用がないため、不利益処分の審査請求ができない。

□**企業職員・単純労務職員**――「企業職員」及び「単純労務職員」は、不利益処分も「団体交渉」での解決が可能であるため、不利益処分の審査請求ができない。

□**独法職員**――「独法職員」には、この審査請求に関する地公法の規定は適用されない。

②　**内容**

□　**審査請求が「できる」事項**

○**対象**――審査請求は、「分限処分」、「懲戒処分」「その他」、職員の意に反しかつ客観的にみて不利益を与えているものが対象となる。

・処分の「その他」には、平等取扱いに反する不利益な処分も含まれる。

□　**審査請求が「できない」事項**

○**対象外**――不利益処分であっても、「処分として認められないもの」、「職員の意に反しないもの」や「職員の意に反していても客観的にみて不利益でないもの」は審査請求の対象とならない。

・**事実行為**―― 訓告等の「事実行為」は審査請求の対象とならない。

・**不作為**―― 職員の休暇などの申請に対する「不作為」は審査請求の対象とならない。

・**意に反しても**―― 昇給延伸、勤勉手当の減額、年休不承認等は審査請求の対象とならない。

●　**教示の必要性**

○**説明書の交付**――任命権者は、職員に不利益処分を行う場合には当該職員に対し処分の事由を記載した処分説明書を交付しなければならない。

・ただし、役職定年により、他の職への降任等に該当する「降任」をする場合、または他の職への降任等に伴い「降給」をする場合は、不利益処分にあたらないため、処分説明書を交付する必要はない。（令5年4月施行）

・処分説明書の交付は、「処分の要件ではなく」、処分の効力に影響を及ぼさない。

○**交付請求**――不利益処分を受けた職員は、任命権者に処分の事由を記載した処分説明書の交付を請求することができる。

・**15日以内**――この請求を受けた任命権者は、請求日の日から「15日以内」に処分説明書を交付しなければならない。15日以降に処分説明書が交付されても、処分説明書の効力に影響はない。

○**教示内容**――当該処分説明書には、当該処分につき「人事（公平）委員会」に対して、審査請求をすることが「できる旨」、及び審査請求をすることができる「期間」を記載しなければならない。

③　**請求機関等**

・機関――人事委員会または公平委員会に対してのみ審査請求できる。

・審査法に基づく請求――当該審査請求は、行政不服審査法に基づくものであるが、行政不服審査法の審査請求の規定は適用されない。

● 請求期間 ——（法第 49 条の 3）

○３月と１年の場合——審査請求は、処分があったことを「知った日」の翌日から起算して「3 月」以内、処分が「あった日」の翌日から起算して「1 年」とされる。

・やむを得ない理由は認められない——審査請求期間には、一般に認められている天災等その他やむを得ない理由による場合の例外は認められていない。なぜなら、職員は当然に熟知しているためである。

● 審査機関の審査 ——（法第 50 条）

・審査開始——審査機関は、審査請求を受理したときは「直ちに」その事案を審査しなければならない。

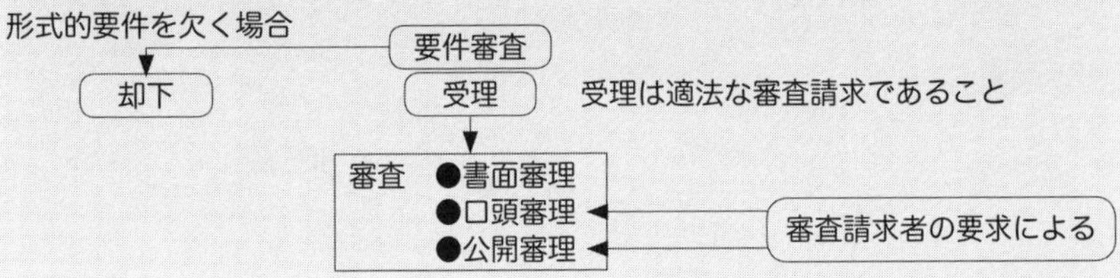

○要件審査——審査請求書が提出されたときは審査請求書の形式的要件を審査し、要件を欠く場合には「却下」できる。

・補正——審査請求書の不備が軽微のものであるときは人事（公平）委員会が職権で「補正」することができるし、不備について補正が可能なときには補正を命ずることもできる。

● 審査の方法

○職権主義——審査の方法としては、「職権主義」が採用される。

・阻害——職権主義の権限の行使を阻害する者は、3 年以下 100 万円以下の罰金に処せられる。

・証拠調べ等——審査機関は、受理後、職権で、「証拠調べ等」も当事者の申請を待つまでもなく行える。

・自由裁量——審査は、原則として審査機関の職権で「自由裁量」であり、書面審理、口頭審理のいずれによることも、また両者を併用することもできる。

・請求あるとき——ただし、口頭または公開の請求があるときは、次による。

□口頭——処分を受けた職員から「口頭審理」の請求があるときは、口頭審理を行わなければならない。

□公開——口頭審理を、職員から「公開」して行うべき旨の請求があるときは、公開して行わなければならない。

□合併審査——審査機関は、規則で定めるところにより、職員の「申請」または「職権」で、同一または相関連する事案に関する数個の審査請求を合併して審査する「合併審査」ができる。

・委員の忌避——職員から委員の忌避の申立てがあっても、委員の忌避は認められない。

○喚問等——審査機関は、審査のため必要があるときは、証人を喚問しもしくはその写しを求めることができる。証人等の喚問等に応じない場合は、勤務条件の措置要求とは異なり、こちらは「罰則の適用」がある。

・**任命権者の許可**――職員が証人となり「職務上の秘密」を証言する場合は、任命権者の許可が必要となる。
・**取り下げ**――当該職員は、審査機関が事案の判定を行うまでの間に、書面で、その旨を申し出ることができる。
・**打ち切り**――審査機関は、審査を継続する実益がないと判断したときは、審査を打ち切ることができる。
○**事務の委任**――人事（公平）委員会は、必要があると認めるとき、当該審査請求に対する「裁決を除き」、審査に関する事務の一部を「委員」または「事務局長」に委任することができる。

● **審査機関の判定**

■ [判定]
○審査機関は、審査の結果、「処分の承認、処分の修正、処分の取消」のうち、いずれかの判定を行うことができる。
[1]『承認』――「処分の承認」とは、審査機関が任命権者の処分を適法かつ妥当と認めた場合の判定をいう。この場合、申立てを「棄却」する形式をとる。
[2]『修正』――「処分の修正」とは、処分に理由があるが処分の量定が不適当であるときに、処分を修正する判定をいう。
・**2種類**――修正には２種類あり「処分の種類の変更」と「処分の量定の軽減」がある。
□「処分の種類の変更」とは、懲戒の減給処分を戒告処分に修正する場合である。
□「処分の量定の軽減」とは、懲戒の停職の３か月を２か月に修正する場合である。
・**処分基準が異なる場合**――懲戒処分を分限処分に、分限処分を懲戒処分に改めることは、いずれも処分の基準が異なるため修正することができない。したがって、審査の結果、分限免職が不当であると判断された場合、懲戒処分による減給または停職に修正することはできない。
[3]『修正』――「処分の取消」とは、処分が「違法」または著しく「不当」であるときに行う、処分の取消の判定をいう。
○**形成的効力**――処分の修正または取消の判定には「形成的効力」があり、処分の修正の判定は当初から修正後の処分があったことに、処分の取消の判定は当初から処分がなかったことになる。

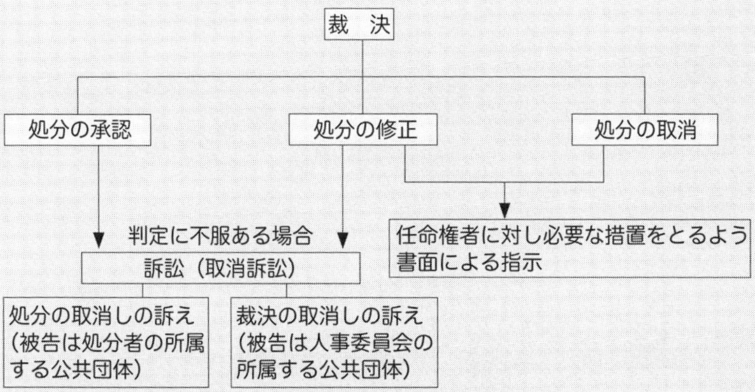

■ [指示]——審査機関は、必要があれば、任命権者に対し職員が受けるべきであった給与その他の給付をを回復させる等、職員がその処分によって受けた不当な取扱いを是正するための「指示」をしなければならない。

・指示の効力——審査機関の指示は、それ自体「形成的効力」を持つものではないが、任命権者その指示に従って措置する義務を負う。

・指示に従わない場合——この指示に「故意」に従わない者は、１年以下の懲役または５０万円以下の罰金に処せられる。

■ [手続]——審査機関が修正または取消をした場合には、任命権者は、審査機関の裁決に基づき「新たな処分」を行う必要はない。

■ [再審]——不利益処分の審査請求に対する裁決は、人事委員会規則に定めるところにより、再審が可能である。

・再審事由は限定——再審は、同一審査機関による審査であるため、自らの裁決を再検討することが当然である場合であり、再審の事由は限定されている。

・再審による場合——再審は職員の「申立て」のほか、人事委員会または公平委員会の自らの「職権」で行うことができる。

④ 罰則の適用 ——次の２つの場合に罰則の適用がある。

・罰則①——（1）審査機関の審査結果、「その指示に故意に従わぬ者」。

・罰則②——（2）審査のため証人として喚問を受け、正当な理由なくしてこれに応ぜず、もしくは虚偽の陳述をした者または書類などの提出を正当なく応ぜず、もしくは虚偽の事項を記載した書類などを提出した者。

⑤ 訴訟の提起 ——（法第 51 条の 2）

□訴訟提起できる——「職員」が審査機関の判定（却下または棄却）に不服があるときは、「違法性」がある場合に限り、取消訴訟を提起することができる。

□訴訟提起できない——審査機関の判定に不服があっても、「任命権者その他地方公共団体の機関」は、訴訟を提起できない。

・審査請求前置主義——訴訟は、審査請求に対する人事委員会または公平委員会の裁決を経た「後」でなければ、提起できない「審査請求前置主義」が採用されている。

・2 つの訴え——取消訴訟には、「処分の取消しの訴え」と「裁決の取消しの訴え」がある。

・裁決の訴え——裁決の取消しの訴えは、裁決上の瑕疵を理由として訴える場合に限られ、「原処分」の違法を理由として取消しを求めることはできない。（行政事件訴訟法第 10 条）

・訴え期間——訴訟は、人事委員会の裁決があったことを知った日から「6 か月以内」。裁決の日から「1 年」を経過したときは、訴訟を提起することができない。ただし、正当な理由がある場合は除かれる。（行政事件訴訟法第 14 条）

□□□□□

【No. 257】　不利益処分の審査請求に関する記述として、妥当なのはどれか。

1　不利益処分の「対象」は、分限処分、懲戒処分、職員の意に反し客観的に不利益を与えるものが対象で、訓告などの事実行為はその対象とならない。

2　不利益処分の「手続」として、処分事由を記載した説明書を交付しなければならず、この説明書の交付は処分の要件とされ、処分の効力に影響を及ぼす。
3　不利益処分の「期間」は、処分を知った日の翌日から３か月以内、処分のあった日の翌日から１年とされるが、天災等の理由がある場合に例外がある。
4　不利益処分の「申立」は、現に職員である者が人事委員会又は公平委員会に対し申立てる制度であり、免職され現在は職員でない者は申立てられない。
5　不利益処分の「罰則」は、審査請求が職員の身分保障の実効を確保する救済制度であることから、審査請求を故意に妨げた者に限り罰則の適用がある。

□□□□□
【№ 258】　不利益処分の審査請求の記述として、妥当なのはどれか。

1　不利益処分の審査請求は、権利、利益を違法又は不当に侵害された者を救済する制度であり、単純な労務に雇用される職員も対象となる。
2　不利益処分の審査請求は、職員の意に反する不利益な処分が対象となり、この処分には、行政内部の問題である職員の休暇申請の不作為も含まれる。
3　不利益処分の審査請求は、処分があったことを知った日の翌日から起算して６か月以内、処分があった日の翌日から１年以内に行わなければならない。
4　不利益処分の審査請求について、人事委員会は審理を終結したときに裁決を行うが、この裁決には、法的に関係者を拘束する力はない。
5　不利益処分の審査請求は、審査機関において証拠調べが行われ、審査の証人として喚問等に正当な理由なく応じないときは、刑罰に処せられる。

□□□□□
【№ 259】　不利益処分の審査請求に関する記述として、妥当なのはどれか。

1　不利益処分の審査請求先の機関は、上級行政庁の有無にかかわらず、懲戒その他のその意に反する処分を行った職員を直接任用する任命権者である。
2　不利益処分の審査請求は、特別権力関係に基づき認められる権利であり、対象職員は、懲戒処分など意に反する不利益処分を受けた一般職に限られる。
3　職員の不利益処分に関する審査請求は、一定期間内に行わなければならず、処分があった日の翌日から起算して３か月以内に行わなければならない。
4　不利益処分の審査請求の裁決に対し、任命権者が故意に人事委員会の指示に従わなかった場合には、１年以下の懲役又は 50 万円以下の罰金を受ける。
5　職員は、不利益処分に関する審査請求の審査機関の裁決に対して不服があっても、行政事件訴訟法に基づく処分の取消しの訴えを提起できない。

□□□□□

【No.260】 次の文は、不利益処分の審査請求についての事例であるが、a～iの下線の部分で**誤り**として指摘できる箇所は、何か所あるか。

ある職員乙が休日に交通事故を起こしその瑕疵について相手方と裁判で争うこととなった。これを知った任命権者は、a 禁錮の刑を受けたことを根拠に懲戒免職とする旨をb 口頭で伝えた。

後日、c 懲戒免職を受けた元職員乙は、この処分を不服として人事委員会にd 代理人を立てて不利益処分の審査請求を行った。

これを受理した人事委員会は、直ちに事案の審査に当たり、e 職権によって審理することとし、証拠調べも申請を待つまでもなく行うこととした。

そこに乙から口頭審理、公開審理での申出を受けたが、人事委員会は、f 口頭審理、公開審理の乙の権限行使を阻害しても特段問題がないと判断した。

人事委員会は審理を尽くし、g 乙の審査請求に理由がないとして却下の判定を下した。この判定に対して乙は納得がいかなかったが、h 再度審査請求ができないものと考え、今度は裁判所に対しi 人事委員会の判定は不当であるとして、原処分の不当を訴えて取消訴訟を提起することとなった。

1 誤りは「5」箇所である。
2 誤りは「4」箇所である。
3 誤りは「3」箇所である。
4 誤りは「2」箇所である。
5 誤りは「1」箇所である。

□□□□□

【No.261】 不利益処分の審査請求に関する記述として、妥当なのはどれか。

1 不利益処分の審査請求は、分限処分や懲戒処分のほか職員の意に反しかつ客観的にみて不利益を与えている事項が対象となり、平等取扱いに反する不利益な処分は審査請求の対象とならない。
2 不利益処分の審査請求に対する人事委員会の審査は、書面審理が原則であるが、審査請求人からの請求の有無に係らず、その必要があれば、職権で口頭審理又非公開で審理を行うことができる。
3 人事委員会が審査請求を受理したときは、直ちに審査し裁決するが、処分の修正又は取消しの裁決には形成的効力がなく、処分の取消しの裁決は裁決の翌日から処分がなかったことになる。
4 人事委員会は、必要があれば任命権者に対し不当な取扱いを是正するための指示をすることができる。任命権者はこの指示を尊重する義務を負うが、この指示に故意に従わなくても罰則が適用されることはない。

5　不利益処分を受けた職員が審査機関の裁決に不服があるときには、再審を経ず出訴することができるが、審査機関の裁決に不服があっても、任命権者その他の地方公共団体の機関の処分庁が出訴することはできない。

□□□□□

【No.262】　審査請求の処分説明書の交付の記述として、妥当なのはどれか。

1　任命権者は、分限、懲戒その他その意に反すると認める不利益処分を行う場合には、その職員に処分の事由を記載した説明書を交付することができる。

2　任命権者は、不利益処分でないと判断しても、職員から処分の事由を記載した説明書の交付請求があれば、請求日に説明書を交付しなければならない。

3　任命権者は、不利益処分に対して交付する説明書には処分の事由だけではなく、審査請求のできる旨及び審査請求期間を記載する必要がある。

4　任命権者は、職員からの不利益処分の説明書の交付請求に対して自ら不利益処分でないと判断したときは、その交付請求に応じる必要がない。

5　任命権者が不利益処分を行う場合に交付する説明書は、処分の効果と関係があることから、説明書の欠陥も処分の効力に影響を及ぼすことになる。

□□□□□

【No.263】　不利益処分の審査請求者になれる者の記述Ａ～Ｅのうち、妥当な組合せはどれか。

Ａ　懲戒免職の処分を受けた退職者

Ｂ　停職処分を受けた条件付採用期間中の職員

Ｃ　不利益処分を受けた特定地方独立行政法人の職員

Ｄ　不利益処分を受け死亡した職員の相続人

Ｅ　分限休職を受け精神疾患で入院中の職員の代理人

1　ＡＢＣ　　2　ＡＣＤ　　3　ＡＤＥ　　4　ＢＣＤ　　5　ＣＤＥ

□□□□□

【No.264】　不利益処分の審査請求期間の記述として、妥当なのはどれか。

1　不利益処分の審査請求期間は、処分のあった日の翌日から起算して３か月以内であり、この期間内に行わなければ審査請求は受理されない。

2　不利益処分の審査請求期間は、処分のあったことを知った日から起算して一年であり、この期間を経過したときは審査請求が受理されない。

3　不利益処分の審査請求期間は、行政不服審査法と異なり、事由を記載した処分説明書の交付を受けた日から計算される。
4　不利益処分の審査請求期間は、一定期間内とされるが、ただし、天災その他のやむを得ない理由があると認められるときはこの限りでない。
5　不利益処分の審査請求期間は、絶対的であり、当該期間が経過し審査請求が受理されないときは、当該処分の取消訴訟を提起できない。

□□□□□
【№265】　不利益処分の審査請求事項の記述Ａ～Ｆのうち、妥当な組合せはどれか。

A　営利企業への従事等の承認申請が不許可処分とされた場合
B　職務専念義務の免除の申請に対し承認及び不承認が明らかにされない場合
C　職員の意にそわない昇給発令が行われた場合
D　係長である職員が解職され相当職の職である部付を命ぜられた場合
E　勤勉手当が減額され又は給与が減額された場合
F　依願免職処分による退職願が退職の意思表示として真正のものでない場合

1　AB　　2　BC　　3　CD　　4　DF　　5　EF

□□□□□
【№266】　不利益処分の審査の記述として、妥当なのはどれか。

1　不利益処分に関する審査請求の審査機関は、職員が属する人事委員会又は公平委員会に限られているが、審査請求の審査に関する全ての権限を人事委員会にあっては委員又は事務局長に委任することができる。
2　審査請求の審査を行う方法は原則任意であり、書面審理又は口頭審理又は両者の併用もできる。いずれも職権主義による事実の解明が基調となり、審理上必要な場合には当事者が主張しない事実も職権調査ができる。
3　審査請求書が提出されたときは、審査請求書の形式的要件を審査し、審査請求書に不備があれば軽微のものであっても補正を命じなければならず、軽微な事項を職権で補正することはできない。
4　審査の裁決を不服とする場合に一定の事由があるときには再審が認められるが、再審は当事者の申立てによる場合に限られており、人事委員会又は公平委員会の自らの職権で行うことはできない。
5　審査請求の審査に要した費用、つまり、人事委員会又は公平委員会が職権で喚問した証人の旅費や日当のほか文書の送達に要した費用などは、当事者が負担することになる。

□□□□□

【No. 267】　不利益処分の審査手続及び裁決の関係図の記述として、妥当なのはどれか。

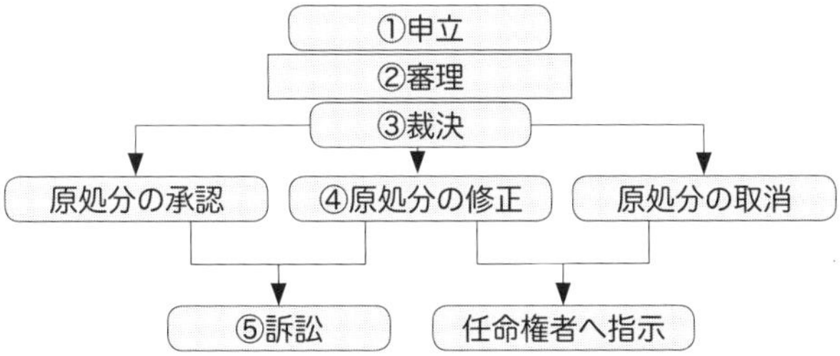

1　[①申立]—審査請求は、処分のあったことを知った日の翌日から起算して1年以内に行わなければならず、審査請求期間は行政不服審査法と一致する。
2　[②審理]—審査請求の審理は、職員の権利救済と適正な行政運営の確保を目的とし、審理の公平性の確保のために必ず口頭審理により行われる。
3　[③裁決]—審査請求の裁決には、原処分の承認、修正及び取消の三種類があり、処分を受けるべき理由がない場合は原処分の承認となる。
4　[④修正]—裁決のうち、処分の修正又は取消の裁決には形成的効力はないが、処分の修正の場合は当初から修正後の処分があったことになる。
5　[⑤訴訟]—不利益処分の訴訟の提起は訴願前置主義が採用され、原則不利益処分の裁決後でなければならず、裁決を知った日から6か月以内とされる。

□□□□□

【No. 268】　審査請求の裁決と執るべき措置として、妥当なのはどれか。

1　審査請求の審査を終了したときの裁決は、違法や適法の判断だけではなく、当不当の判断を行うことが、裁判所の裁判と大きく異なる。
2　審査請求の審査を終了したときの処分の承認とは、審査請求人の側からみれば審査請求の処分を適法かつ妥当とし、却下と認めた裁決である。
3　審査請求の審査を終了したときの修正の裁決は、処分の量定が不当であると判断された場合に行われるが、原処分はその効力を失わない。
4　審査請求の審査を終了したときの取消しの裁決は、任命権者の処分が違法である場合に限られ、当該取消しは裁決後から処分がなかったことになる。
5　審査請求の審査を終了したときの修正の裁決は、遡って修正後の裁決の効力が生ずるため、任命権者は裁決に基づき新たな処分を行う義務がある。

□□□□□

【№.269】 審査請求と訴訟の関係（法第51条の2）で、妥当なのはどれか。

1　この訴訟は、訴願前置主義を採らないため、職員の不利益処分の審査請求に対する人事委員会の裁決の前後を問わず提起できる。
2　この訴訟は、任命権者の職員に対する処分又は職員に対する身分取扱いに関する処分であれば、全て訴願前置の適用を受ける。
3　この訴訟で訴願前置が必要なのは、取消しの訴えを行う場合であって、無効等の確認の訴え又は不作為の違法確認の訴えには、訴願前置の適用がない。
4　この訴訟は、人事委員会の審査請求の裁決がなされた後で提起されることから、原則としてその裁決の取消しを求める訴えの提起となる。
5　この訴訟は、人事委員会の処分の修正又は処分の取消しの裁決について、これを不服とした処分者及び被処分者のいずれにも認められる。

□□□□□

【№.270】 審査請求と訴訟の関係（法第51条の2）で、妥当なのはどれか。

1　不利益処分の取消しの訴えは訴願前置であるが、取消しの訴え以外の無効確認の訴え又は不作為の違法確認の訴えには、訴願前置の適用がない。
2　不利益処分の取消しの訴えは、条件付採用期間中の職員の場合には、人事委員会又は公平委員会の審査請求を行った後でなければできない。
3　不利益処分の取消しの訴えは、人事委員会又は公平委員会の裁決後にできるため、審査請求後1か月を経過しなければ、すぐに訴訟を提起できない。
4　不利益処分を裁判所で争う被処分者は、審査請求の裁決後である場合には、原処分の取消しの訴えのみならず裁決の取消しの訴えも提起できる。
5　人事委員会又は公平委員会の裁決について職員が出訴し、第一審裁判所で原判定が取消された場合でも、地方公共団体の機関側からは控訴できない。

36 職員団体

□□□□□

【No.271】 職員の労働基本権の態様の関係図中のA～Dの職員ア～エとして、妥当な組合せはどれか。

<table>
<tr><th rowspan="2">区分</th><th colspan="2">団結権</th><th colspan="2" rowspan="2">団体交渉権</th></tr>
<tr><th>職員団体</th><th>労働組合</th></tr>
<tr><td>A</td><td>○</td><td>○</td><td>職員団体
△</td><td>労働組合
○</td></tr>
<tr><td>B</td><td>○</td><td></td><td colspan="2">△</td></tr>
<tr><td>C</td><td></td><td>○</td><td colspan="2">○</td></tr>
<tr><td>D</td><td>×</td><td>×</td><td colspan="2">×</td></tr>
</table>

○…制限なし　△…一部制限　×…禁止

ア 一般行政職員 イ 単純労務職員 ウ 企業職員 エ 警察・消防職員

	A	B	C	D
1	ア	イ	ウ	エ
2	ア	ウ	エ	イ
3	イ	ア	ウ	エ
4	イ	ア	エ	ウ
5	ウ	ア	イ	エ

ここがポイント

● **職員の労働基本権の態様**――（法第52条）

○制限――憲法第28条は、勤労者の団結する権利及び団体交渉その他団体行動をする権利、すなわち、労働基本権を保障している。しかし、公務員は、全体の奉仕者として労働基本権の一部が制限されている。

○目的――職員団体の主たる目的が勤務条件の改善を図るものであれば、副次的に社交的目的、文化的目的、政治的目的などを持つことは差し支えない。

	団結権		団体交渉権	争議権
	職員団体	労働組合		
行政職員	○		△	×
教育職員	○		△	×
単純労務職員	○	○	職員団体△ 労働組合○	×
企業職員		○	○	×
警察・消防職員	×		×	×

□□□□□
【No. 272】 地方公務員の労働基本権に関する記述として、妥当なのはどれか。

1 公務員の労働基本権、特に争議権の制限については学説や判例にさまざまな見解があるが、全農林警職法事件の最高裁判決以降、国民全体の利益の見地から公務員の労働権基本権に制限を加えることは認められないとする見解が定着している。
2 ILO 第 87 号条約（結社の自由及び団結権の保護に関する条約）は、労働者一般の結社の自由及び団結権の保護に関する基本原則を定めたものであり、日本も批准しているが、公務員には一切適用されない。
3 ILO 第 98 号条約（団結権及び団体交渉権についての原則の適用に関する条約）は、労働者一般の団結権及び団体交渉権に関する原則を定めたものであり、日本も批准しているが、公務員には一切適用されない。
4 地方公営企業の職員及び単純労務職員には、地公労法に基づき労働組合を組織できることから、その職務の性質に鑑み、一般の民間企業の労働者と同様の争議権が認められている。
5 団結権、団体交渉権、争議権の、いわゆる、労働三権が認められない職種は、特に厳格な服務規律や上命下服の規律を維持する必要がある職種に限られており、警察職員と消防職員のみである。

ここがポイント

○ ILO 第 87 号条約 （結社の自由及び団結権の保護に関する条約）

・ILO 第 87 号条約は、労働者一般の「結社の自由」及び「団結権の保護」に関する基本原則を定めたものであり、日本も批准しており、公務員にも適用される。

・ILO 第 87 号条約の批准に伴い、職員の「団結権」をより広範に認めるために地公法第 52 条第 1 項（職員が組織する団体）が設けられている。ゆえに、職員団体は、職員が組織する職員の利益のための団体である以上、主体が職員でなければならないとされる。

・ILO 第 87 号条約の関係で、「消防職員の団結権」については当面現行制度とし、ILO の審議状況に留意しつつ、「消防職員検討委員会」を設けるとした。

・「消防職員委員会」の設置に関する改正消防組織法では消防職員委員会の組織及び運営の基準が定められ、各委員の定数、委員の指名の方法、任期などの基準が設けられている。

・ILO 第 87 号条約第 3 条「代表者選出自由の原則」により、職員団体の「役員」を、職員たることを要せず、選出は自由としている。

○ ILO 第 98 号条約 （団結権及び団体交渉権についての原則の適用に関する条約）

・ILO 第 98 号条約は、労働者一般の「団結権」及び「団体交渉権」に関する原則を定めたものであり、日本も批准しており、公務員にも適用される。

● 労働基本権

○公務員の労働基本権――公務員の労働基本権、特に争議権の制限では学説や判例にさまざまな見解があったが、「全農林警職法事件」の最高裁判決以降、「国民全体の利益の見地から公務員の労働権基本権に制限を加えることは憲法第 28 条に違反するものではない」とする考えが定着している。

○ 全農林警職法事件判決 の労働基本権が制限される見解は、次のとおりである。

①公務員が争議行為に及ぶことことは、その地位の特殊性及び職務の公共性から公務の停滞をもたらし、勤労者を含めた国民全体の共同利益に重大な影響を及ぼすか、またはそのおそれがあることを指す。

②公務員の給与その他の勤務条件は、私企業のごとく労使間の自由な交渉により定められたものではなく、国民の代表者による国会の制定した法律や予算によって定められることになっている。

③私企業の場合は、使用者がロックアウトをもって争議行為に対抗する手段があるが、地方公共団体の場合には認められない。

④私企業の場合は市場の抑止力が働くが、公務員の場合にはその機能が働く余地がない。

⑤労働関係における公務員の地位の特殊性は、国際的にも一般に是認されている（ILO98 号条約第 6 条、結社の自由委員会 60 号事件）。

⑥公務員には、労働基本権の代償措置が講じられている。

□□□□□

【№.273】 職員団体に関する記述として、妥当なのはどれか。

1 職員団体は、企業職員及び警察消防職員以外の職員が、勤務条件の維持改善その他政治的地位の向上を図ることを主目的として組織する団体である。
2 職員団体には、結成や解散などについてオープン・ショップ制が採用されており、職員は採用時に職員団体の加入が義務づけられている。
3 職員団体は、一般職の行政事務職員及び教育職員で構成されなければならず、単純労務職員や警察消防職員の職員団体への加入は認められていない。
4 職員団体の独自の制度として登録制度があり、職員団体が登録を受けるか否かは任意であり、登録で当局との交渉の申し出に差が出るものではない。
5 職員団体は、職員団体相互が連合した組織も認められるため、職員団体と国家公務員法上の職員団体が混在する連合体組織も認められている。

ここがポイント

● 職員団体 ――（法第52条）

○**職員団体とは**――職員団体とは、職員がその勤務条件の維持改善を図ることを目的として組織する団体、またはその連合体をいう。

・**連合体**――連合体は、同一地方公共団体内の単位団体の連合の場合はもちろん、職員が主体なら異なる地方公共団体が連合したものも認められる。

・連合体でも、職員団体と国家公務員法上の職員団体、または職員団体と労働組合とが混在する連合体は、認められない。

● 組織

○職員団体の適用等の関係は、次のとおりである。

●適用…………（行政職）（教育職）
●適用除外……（警察・消防職）（企業職）
●選択…………（単純労務職）

○**構成員**――職員団体は、職員が「主体」となっていれば、「若干の非職員（民間企業の勤労者等を含む）」の加入は差し支えない。若干の非職員には企業職員も含められるが、警察消防職員は含められない。

・登録職員団体の場合は、役員以外は、非職員の加入は認められない。

・**職員とは**――主体となる職員とは、一般行政職員及び教育職員であって、一般職の職員であっても、警察消防職員、企業職員及び独法職員は、ここでは「職員ではない」。

・**単純労務職員の場合**――単純労務職員はここでの職員であるが、職員団体を組織することもできるし、また労働組合を組織することもできる。

・**管理職等**――管理職員等の職員も管理職等で職員団体を組織することができる。しかし、管理職員等の職員とそれ以外の職員とが同一の職員団体を組織することはできない。

・**管理職員等とは**、①重要な行政上の決定を行う職員、②重要な行政上の決定に参画する管理的地位にある職員、③職員の任免に関して直接の権限を持つ監督的地位にある職員、④職員の任免、分限、懲戒もしくは服務、職員の給与その他の勤務条件または職員団体との関係についての当局の計画及び方針に関する機密の事項に接し、そのために職務上の義務と責任とが職員団体との構成員としての誠意と責任に抵触すると認められる監督的地位にある職員、⑤その他職員団体との関係において当局の立場に立って職務を行うべき職員を、指す。

・**管理職員等の範囲**は、人事委員会規則または公平委員会規則で定める。

● 加入

○**オープン・ショップ制**――職員は、職員団体を結成しもしくは結成せず、またはこれに加入しもしくは加入しない、いわゆる、「オープン・ショップ制」が採用されている。

・**例外1**――結成及び加入にはオープン・ショップ制が採用されているが、①管理職員等とそれ以外の職員との職員団体の結成、②警察消防職員の職員団体の結成及び加入は認められない。

・**例外2**――職員団体の「役員」は、職員たることを要せず自由に選任できることから、「職員団体の構成員ではない」。

● 不利益取扱いの禁止――（法第56条）

○**取扱い①**――職員は、職員団体の構成員であること、職員団体を結成しようとしたこと、もしくはこれに加入しようとしたこと、または職員団体のために正当な行為をしたことの故をもって、不利益な取扱いを受けることはない。

・**取扱い②**――不利益な取り扱いとは、懲戒や分限はもとより、その意に反する転任や給与上の不利益な取り扱いも含まれ、職員団体のための正当な活動である限り不利益な取扱いを受けない。

● 交渉――（法第55条）

○**交渉**――勤務条件の維持改善を図るために、職員団体と当局との交渉によって実現されるが、この交渉は労働法上の団体交渉ではない。

○**交渉申入れ**――当局は、登録職員団体からの「適法」な交渉申入れがあるときは、その申入れに応ずべき地位に立つが、しかし、非登録団体との交渉が否定されるものではない。

・**交渉時の有給**――適法な交渉の勤務時間中に職員に対し給与を支給（有給）するか否かは、条例事項である。

● 交渉者

○**交渉者**――職員団体との交渉に応ずる地方公共団体の当局は、任命権者に限らず、職員の勤務条件に関する権限を委任された者も当局となる。職員以外の者を指名することもできる。

○**役員**――職員団体の交渉担当者は、原則として職員団体が「その役員」の中から指名する者でなければならない。

・「その役員」には、上部団体の役員や他の職員団体の役員は含まれない。

・職員団体は、交渉に当たり、役員以外の者を指名することもできる。

・指名を受けた者以外の者が出席したときは交渉を打ち切ることができる。

● 交渉

□［交渉事項］では、管理運営事項は交渉の対象とならない。
□［交渉時間］では、適法な交渉の場合は勤務時間中もできる。
□［予備交渉］では、本交渉前に予備交渉を行う義務がある。
□［書面協定］では、当局と「書面協定」を結ぶことができるが、「団体協約」は締結できない。

● 交渉の効果

○交渉の効果――交渉の結果、合意に達した事項については、法令等に抵触しない限り「書面協定」を結ぶことができるが、これには「法的拘束力がない」。

● 組合休暇（ながら条例）――（法第55条の2⑥）

○ながら条例――職員は、勤務時間中に職員団体の業務または活動のためにその職務を離れてはならない。しかし、職員団体のために不可欠な業務または活動に従事する場合、法もまた、必ずしも禁止することなく、条例で定める場合の例外を定めている。

● 職員団体の「登録」――（法第53条）

○公証制度――職員団体の「登録」は、職員団体が一定の要件を備えていること、その職員団体が民主的に組織されていることを所定の登録機関が確認し、「公証」する制度である。

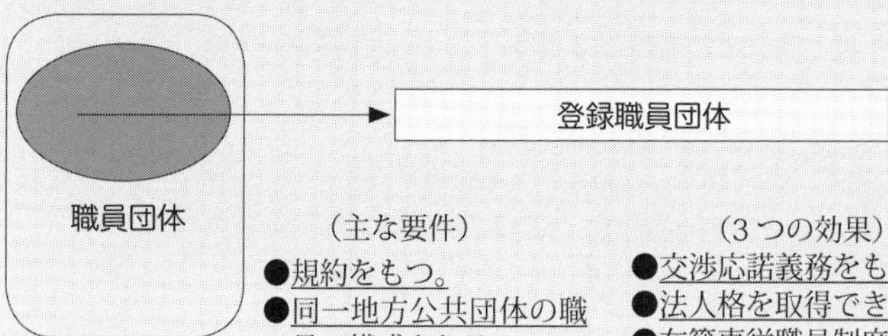

（主な要件）
●規約をもつ。
●同一地方公共団体の職員で構成される。

（3つの効果）
●交渉応諾義務をもつ。
●法人格を取得できる。
●在籍専従職員制度が認められる。

・登録先――職員団体は、一定の要件を備えることによって条例に定めるところにより「人事（公平）委員会」に対し「登録の申請」を行うことができる。
・登録手続――登録は、「条例」で定めるところにより「理事その他の役員の氏名」、及び「条例で定める事項を記載した申請書」に「規約」を添えて行う。
・登録要件――登録要件には、一定の要件に、「規約」を定めていること。「同一の地方公共団体の職員のみで」構成されていることなどがある。
・除外――同一の都道府県内の異なる市町村の職員が組織する団体や異なる地方公共団体の職員が組織した団体は、登録できない。

● 登録の効果 には、3つある。

［1］ 当局が交渉に応ずる地位に立つ。

・適法な交渉の申入れについて、当局は拒否できない。

［2］ 法人格の取得が認められる。

・法人格の取得により、財産の取得、契約の締結等の経済活動を職員団体自身の名でできる。また課税上の優遇措置が受けられる。

［3］ **在籍専従職員制度が認められる。**
- **業務**——在籍専従職員は、「専ら」登録職員団体の「役員」として業務に従事する。
- **期間**——在籍専従期間は、職員団体、労働組合ともに「5年以内」である。しかし、職員団体については人事委員会規則で、労働組合は労働協約で、それぞれ定める場合には「通算」して「7年以内」である。
- **取扱い**——在籍専従職員は「休職者」扱いとなり、在籍専従期間中は給与が支給されず、また退職手当期間の算入とならない。
- **身分**——在職専従職員も職員としての身分を有するため、職員としての服務規律に従う義務を負う。

□□□□□
【No. 274】 職員団体の組織に関する記述として、妥当なのはどれか。

1　職員団体は、団結権の態様であり、職員が主体となり結成されていればよく、職員以外の者を構成員に加えても、職員団体としての性格には影響がない。
2　職員団体は、勤務条件の決定方法に基づく制度として、職員が主たる構成員で組織する団体であり、非職員の民間労働者や企業職員は加入できない。
3　職員団体は、一般職全員が結成する団体であるから、条件付採用期間中の職員や臨時的任用職員も含めて結成することができる。
4　職員団体は、同一の地方公共団体において単一団体が連合したものであれば認められるが、単位団体が異なる地方公共団体の場合は認められない。
5　職員団体は、管理職員等と一般職員とが同一の職員団体を結成できない制限を持つが、この制限は同一の地方公共団体のみのものである。

□□□□□
【No. 275】 職員団体の組織に関する記述として、妥当なのはどれか。

1　職員団体は、職員が主体となって結成していれば足りるが、主体となる職員に警察や消防職員は含まれず、また結成は同一の地方公共団体の職員に限られるため、異なる地方公共団体の職員と結成できない。
2　職員団体は、単位団体に限られる組織ではなく、その連合体も職員団体であり、また職員団体と職員団体以外の労働組合とが混在する連合組織も職員団体の連合体であり、その連合組織も職員団体である。
3　職員団体の役員は、原則として職員たることを要せず自由に選任できるが、ただし、非登録職員団体には明文規定がないため、職員又は非職員のうちから自由に役員を選任できない。
4　職員団体においてオープン・ショップ制が採用されるのは、地公法の適用について平等取扱いの原則や競争試験の平等・公開の原則を採用するためである。
5　職員団体は、一般職員のみならず管理職も結成できるが、管理職は管理職員又は一般職員と同一の職員団体の結成が禁じられており、これを結成した場合には職員団体として認められない。

□□□□□
【No. 276】 職員団体と労働組合の表中の記述として、妥当なのはどれか。

		職員団体	労働組合
1	加入脱退	職員団体は、オープン・ショップ制が採用される。	労働組合は、オープン・ショップ制又はユニオン・ショップ制のいずれかが採用される。
2	交渉事項	職員団体の交渉事項は、給与、勤務時間等の勤務時間に限られ、社交的及び管理運営事項は対象外とされる。	労働組合の交渉事項は、給与、労働時間、安全衛生などの労働条件のみならず、管理運営事項も対象となる。
3	交渉時間	職員団体は、勤務時間中に給与を受けて適法な交渉を行うことができる旨の定めが条例にある。	労働組合の場合、労働時間中に給与を受けて団体交渉を当局が許すことは、不当労働行為となり、認められない。
4	交渉締結	職員団体は、交渉の結果、労働協約を締結できないが、書面協定なら締結できる。	労働組合は、交渉の結果、交渉の対象事項に関して労働協約を締結できる。
5	調停仲裁	職員団体の調停や仲裁は、人事委員会又は公平委員会が行う。	労働組合の調停や仲裁は、労働委員会が行う。

□□□□□
【No. 277】 職員団体の交渉の記述として、妥当なのはどれか。

1　交渉は、職員の給与、勤務時間その他の勤務条件に限られず、経済的条件の改善という目的を持ち、当該地方公共団体が権限を有する事項に広く及ぶ。
2　交渉は、交渉事項について、適法に管理し又決定権を有する当局の指名する者と職員団体がその役員の中から指名する者とで行われる。
3　交渉について、登録された職員団体からの申入れがある場合には、予備交渉の前であっても、地方公共団体の当局は交渉に応じなければならない。
4　交渉は、勤務時間外が原則であるが、職員団体の団結権を尊重する趣旨から、適法な交渉であると否とを問わず、勤務時間中でも行うことができる。
5　交渉の結果、当局及び職員団体が合意に達したときには、法律又は条例などに抵触しない範囲において団体協約を締結できる。

ここがポイント

● **交渉**――（法第55条）

○**交渉**――交渉は、職員団体と交渉事項について権限を有する当局との交渉によって実現されるが、この交渉は「労働法」上の「団体交渉ではない」。

・交渉規定――交渉の規定は、登録職員団体であれ、登録していない職員団体であれ、いずれにも適用される規定である。

① **交渉事項**

○**交渉事項①**――交渉事項は、職員の給与、勤務時間その他の勤務条件に関し及びこれに附帯して、社交的または厚生的活動を含む適法な活動に関する事項である。

・**交渉事項②**――交渉事項は、登録職員団体であると非登録職員団体であるとまったく同じである。

・**交渉事項③**――交渉事項は、勤務条件に関する措置要求とほぼ同じ範囲である。

・**交渉事項④**――交渉では、地方公共団体の事務の管理及び運営に関する事項（管理運営事項）は対象とならない。これは当局が自らの責任と権限によって執行すべき事項であり、これらを対象とすることによって行政上の責任を職員団体と分かち合うことになりかねないからである。

○**管理運営事項**――管理運営事項とは、法令等に基づき地方公共団体の機関が自らの判断と責任において処理するものをいい、その主な例として、次のものがある。

●地方公共団体の組織に関する事項
●行政の企画・立案・執行に関する事項
●職員の定数及びその配置に関する事項
●予算の編成に関する事項
●条例の提案に関する事項

○対象外――管理運営事項と職員の勤務条件とが密接な関係を持つ場合が少なくないが、このような場合でも、管理運営事項は交渉の対象とならない。

・**ただし**、管理運営事項の処理に伴って勤務条件が影響を受ける場合には、当該勤務条件に関する事項は交渉の対象となる。

□**職員の転任**は、任命権者の行使でありそれ自体は交渉の対象とならないが、転任の結果として生ずる通勤手当の支給は、勤務条件として交渉の対象となる。

□**人事評価の評定**は管理運営事項に該当するが、人事評価に基づく昇給、昇格の措置の基準は勤務条件に関する事項であり、交渉の対象となる。

□**懲戒処分の基準**は勤務条件であり、交渉の対象となるが、個々の懲戒処分は任命権者が自己の判断において行う管理運営事項であり、交渉の対象とならない。

□**共済組合の給付内容や互助組合の運営問題**のように別個の団体の権限に属する事項は、交渉の対象とならない。

② **交渉時間**

○**交渉時間帯**――交渉は勤務時間外が原則であるが、適法な交渉を行う場合には勤務時間中にも行える。職務専念義務の特例が認められている。

・上記の場合でも、「当然に」職務専念義務が免除されず、職免について権限を有する者の「承認」を得なければならない。

・**交渉時間帯の団体**——勤務時間中の交渉は登録職員団体だけでなく、非登録職員団体に対しても認められている。

・**交渉時間帯の給与**——勤務時間中の交渉においてその間の給与を有給とするかは、条例で定めるところによる。

・**交渉時間帯の超勤**——当局を代表する職員が勤務時間外に交渉を行う場合には、管理職手当を受けている者を除き時間外勤務手当の対象となる。

③ **予備交渉**

○**予備交渉は義務**——地方公共団体の当局と職員団体が交渉を行う場合には、「必ず」予備交渉をしなければならない。

・**予備交渉を経ない場合**——予備交渉を経ないで行われた交渉の申入れは拒否しても正当であり、交渉を行わない正当な理由に当たる。

・**予備交渉の５点**——予備交渉で取り決める事項は、①交渉に当たる者の員数、②議題、③時間、④場所及び⑤その他必要事項の「５点」である。

・予備交渉で取り決める事項の合意が得られなかった場合には、本交渉を行わないことができる。

④ **書面協定**

○**書面協定**——職員団体は、法令、条例、規則などに抵触しない限り、当該地方公共団体の当局と書面による協定「書面協定」を結ぶことができる。

・**締結**——職員団体と地方公共団体の当局との交渉で、「団体協約」を締結することはできない。

・団体協約は地方公共団体の当局と職員（企業職員及び単純労務職員ならびに独法職員）の労働組合が締結するものであり、団体協約によって拘束される。

・**書面・口頭**——書面協定は交渉に達したときに結ばれるものであるが、必ず結ばなければならないものではない。口頭の約束でもよい。

・**拘束力なし**——書面協定には「法的な拘束力はなく」、双方が尊重するにとどまる。すなわち、協定は、当局と職員団体の双方が誠意と責任を持って履行しなければならない。

・**書式**——書面協定の形式は労働協約と同じであるが、法的効果の面では異なる。

⑤ **交渉者**

□**当局側とは**——職員団体が交渉することができる当局とは「交渉事項について適法に管理し」、または「決定することができる地方公共団体」の「当局」である。

□**職員団体側**——職員団体側は役員の中から指名する者となるが、「役員以外の者を指名」することもできる。

・**「役員以外の者」**が交渉の指名を受けたときは、交渉の対象である特定の事項について、交渉する適法な委任を当該職員団体から受けたことを文書で証明できる者でなければならない。

⑥ **交渉打切り**

○当局は、①交渉に当たる者の定めに適合しないとき、②予備交渉で定めた事項に適合しないとき、または③他の職員の職務の遂行を妨げ、もしくは④地方公共団体の事務の正常な運営を阻害するときは、交渉を打ち切ることができる。

□□□□□
【No.278】　職員団体との交渉に関する記述として、妥当なのはどれか。

1　交渉の「権利」は、職員団体に認められた権利であり、地方公共団体の当局は、職員団体の登録の有無にかかわらず交渉に応ずる義務がある。
2　交渉の「対象」は、職員の給与、勤務時間その他勤務条件に関する事項であり、地方公共団体の組織や職員の定数も対象にすることができる。
3　交渉の「条件」は、秩序と節度のある関係を確立するために条件の一つとして予備交渉を持つこととされ、予備交渉を行うか否かは任意とされる。
4　交渉の「協定」は、双方が合意に達したときに書面によって締結するものであり、協定には法的な拘束力がなく、双方が尊重するにとどまる。
5　交渉の「時間」は、原則として勤務時間外に限られるが、当局が必要であると認める場合には勤務時間中も行うことができる。

□□□□□
【No.279】　次の文は、職員団体との交渉に関する記述であるが、a～fの下線の部分で誤りとして指摘できる箇所は、何か所あるか。

職員団体は、職員の勤務条件の維持改善を図ることを目的として組織され、当局との交渉によって実現されるが、a この交渉は労働法上の団体交渉と位置づけられている。

この交渉における b 勤務条件とは職員が勤務を提供する諸条件であり、職員が自己の勤務を提供し又は提供を維持するか否かの決心をするに当たり考慮の対象となる利害関係事項であるとされる。

交渉の当事者となる当局とは、通常は任命権者そのものであるが、権限の委任を受けた者も含まれる。だが、c 職員以外の者を指名することはできない。

また職員団体側の当事者とは職員団体がその役員の中から指名する者であり、「その役員」の範囲には d 上部団体の役員や他の職員団体の役員も含まれる。

適法な交渉は勤務時間中においても行えるが、e その時間の給与の支給問題は条例で定めることとなっている。

交渉の結果、法令等に抵触しない限り書面協定を締結できる。f この書面協定の形式は労働協約と同じであり、法的効果の面でも同じである。

1　誤りは「1」箇所である。
2　誤りは「2」箇所である。
3　誤りは「3」箇所である。
4　誤りは「4」箇所である。
5　誤りは「5」箇所である。

□□□□□

【No.280】　職員団体との交渉に関する記述として、妥当なのはどれか。

1　地方公共団体の当局は、職員団体から職員の給与、勤務時間その他の勤務条件に関し適法な交渉の申入れがあった場合には、その申入れに応ずべき地位に立つ。
2　職員団体と当局との交渉の結果、合意に達し、合意内容を確認する必要があるときは、必ず書面による協定を締結しなければならず、口頭によることは認められない。
3　職員団体と当局との交渉は、勤務条件に関する事項であるが、この勤務条件は条例で規定すべき勤務条件より広く、勤務条件の措置要求を行える勤務条件とほぼ同じ範囲である。
4　職員団体と当局との交渉は、事務の管理及び運営に関する事項を対象にできないことから、組織に関する事項や職員定数を対象にできないが、職務命令に関する事項は交渉の対象にできる。
5　職員団体と当局との交渉は、本交渉に先立って予備交渉を必要とするが、予備交渉を経ない本交渉の申入れも、これを拒否すれば不当であり、交渉を行わないことの正当な理由とならない。

□□□□□

【No.281】　管理運営事項に関連する交渉として、妥当なのはどれか。

1　管理運営事項と職員の勤務条件とは密接な関係があるが、管理運営事項の処理に伴って勤務条件が影響を受ける場合には、交渉の対象外となる。
2　管理運営事項は交渉の対象外となるが、勤務条件に関連する共済組合の給付内容や互助組合の運営問題は管理運営事項に該当せず、交渉の対象となる。
3　職員の転任処分は任命権者の行使であり、それ自体は管理運営事項に該当するが、転任処分の結果として生ずる通勤手当の支給は、交渉の対象となる。
4　人事評価の評定は管理運営事項に該当し、交渉の対象外となり、人事評価に基づく昇給、昇格の措置の基準も、交渉の対象外となる。
5　懲戒処分の基準に関する事項は管理運営事項であり、交渉の対象外となるが、勤務条件である個々の懲戒処分に関しては、交渉の対象となる。

□□□□□

【No.282】　予備交渉に関する記述として、妥当なのはどれか。

1　予備交渉は、本交渉における交渉代表者の員数、議題、時間、場所その他の必要な事項を取り決める交渉であり、あらかじめ交渉に当たる事項である。
2　予備交渉は、法律上に定めがあり、予備交渉がない場合には本交渉に応ずる必要はないが、予備交渉が整わない場合には本交渉に応ずる必要がある。
3　予備交渉は、交渉の準備手続であり、本交渉の員数などを取り決めなければならず、その際には具体的な代表者の氏名まで取り決めなければならない。
4　予備交渉で取り決めた交渉の時間の終期が到来したときに議題が残されていれば、労使双方の合意の有無にかかわらず、交渉を打ち切ることはできない。
5　予備交渉で定める条件に反する事態が生じたとき、あるいは本交渉が他の職員の職務の遂行を妨げたときでも、本交渉を打ち切ることはできない。

□□□□□

【No.283】　書面協定に関する記述として、妥当なのはどれか。

1　職員団体との交渉の性格は、民間の労働組合が行う契約と同じ効果をもたらすものであり、職員団体と当局との間で結ぶ書面協定には拘束力を有する。
2　職員団体と当局との交渉の結果、合意に達したときには、地方公共団体の機関が定める規程に抵触する程度であれは、書面協定を結ぶことがきる。
3　書面協定は、職員団体と当局との間で合意に達したときには必ず結ばなければならず、将来、疑義が生じないために書面方式とされる。
4　書面協定の効果は、道義的責任を生ずることから、給与改定について書面協定をした場合、条例改正が議会で否決されたときは、当局に責任が発生する。
5　職員団体は、当局と書面協定を結ぶことができるが、団体協約を締結することはできない。このことが勤務条件を法令で定める保障措置となっている。

□□□□□

【No.284】　交渉に関連する職員の不満の表明及び意見の申し出の記述Ａ～Ｄのうち、妥当な組合せはどれか。

Ａ　職員は、職員団体に属しなくても、勤務条件又はこれに付帯する社交的厚生的事項に関し不満の表明及び意見の申し出ができる。
Ｂ　不満の表明及び意見の申し出は、職員に保障されているものであるが、職員団体に加入する職員は交渉による解決が求められ、これらの行為を行えない。
Ｃ　不満の表明及び意見の申し出は、個人でも連名でも可能であるが、別段の規定があるため、これらの行為は文書の方法によるとされる。

D　不満の表明及び意見の申し出を受けた地方公共団体の機関は、これらの行為があっても、必ずしも措置を講ずる義務を持たない。

1　AB　2　AC　3　AD　4　BC　5　BD

ここがポイント

● **不満の表明及び意見の申出**――（法第55条⑪）

○**職員団体の所属の有無にかかわらない**――職員は、職員団体に属していないという理由で、勤務条件に関する事項または社交的、厚生的事項について不満を表明し、または意見を申し出る自由を否定されるものではない。

○**規定がある理由**――この規定は、法律の規定をまつまでもなく、当然であり、交渉とは直接関係のないことであるが、個人が職員団体に加入しなければ意見を申出ることができないと誤解されることから、個人に関する部分が規定化されているものである。

○**意見の申出方法**――意見の申出は、特に方式が定められておらず、口頭でも文書でもよい。また相手方は、直接の上司でも、人事担当課長や任命権者でもよい。

□□□□□

【№.285】　登録職員団体に関する記述として、妥当なのはどれか。

1　職員団体の登録は、職員団体が一定の要件を備えることによって、当該地方公共団体の長に対し登録申請を行うことで認められる制度である。
2　登録職員団体であれ、登録を受けない職員団体であれ、当局との交渉に先立っては、議題、時間、場所その他必要な事項を取り決めなければならない。
3　登録職員団体は、職員団体の組織及び運営が自主的かつ民主的であることが要件であるが、同一の地方公共団体の職員のみで組織する必要はない。
4　職員団体は、登録を受けなければ当局と交渉を持つことができないが、登録職員団体になることにより、当局に対し交渉応諾義務を発生させる。
5　職員団体が登録することによって法人格の取得ができるし、また登録を受けた職員団体の役員として専従する在籍専従職員を置くことができる。

ここがポイント

● **登録制度**――（法第53条）

○**登録制度**――職員団体の登録は、職員団体が一定の要件を備えていること、その職員団体が民主的に組織されていることを所定の登録機関が確認し、「公証」する制度である。

● 登録の申請

○申請――職員団体は、条例で定めるところにより、人事（公平）委員会に登録の「申請」を行うことによって「登録職員団体」となることができる。

○主な要件――職員団体が登録を受けるためには、主に、次の実質的な「要件」に適合していなければならない。

①規約――職員団体の規約で一定の事項が定められていること。

②民主的―― 職員団体の重要な事項が民主的な手続で決定されていること。

③同一職員――職員団体の構成員が原則として「同一の地方公共団体の職員のみで」組織されていることなどが要件である。

● 登録による効果

○３つの効果――職員団体が登録することによって，次の「３つの効果」が生ずる。

①　当局が交渉に応ずる地位に立つ。（地公法第 55 条）

・登録された職員団体が当局に交渉を申入れした場合には、当局は交渉に応ずる「応諾義務」が生ずる。しかし登録していない職員団体からの交渉の申入れに対しては当局が交渉に応ずるか否かは任意である。

②　法人格の取得が認められる。（職員団体等に対する法人格の付与に関する法律第３条）

・登録職員団体が法人となる旨を人事（公平）委員会に申し出るだけで法人格が取得できる。

・法人格を取得することによって、財産の取得、契約の締結などを職員団体名で行うことができ、また課税上の優遇措置を受けることができる特典がある。

③　在籍専従職員制度が認められる。（地公法第 55 条の 2）

・登録された職員団体には在籍専従職員制度が認められている。

・在籍専従職員制度は、登録を受けた職員団体の「役員」として「もっぱら」専従する場合に認められる。

・在籍専従職員を置く場合には任命権者の許可が必要である。

・在籍専従の期間は、職員としての在職期間を通じて５年、ただし、当分の間、７年以下の範囲内であり、人事委員会規則で定める期間を超えることはできない。

● 登録の停止・取消

○登録の停止・取消――登録機関である人事委員会または公平委員会は、条例で定めるところにより、その登録職員団体の登録の効力の「停止」または登録の「取消」をすることができる。

○登録の停止――登録職員団体が登録の効力が停止されている期間中は、原則として登録を受けない職員団体として取り扱われる。ただし登録に基づいてなされた既成の事実は、登録が取消されるまでは特に影響を受けない。（交渉に応諾する義務はなく，法人格の取得は認められず、在籍専従の申請許可は与えられない）

○登録の取消――登録の取消は、職員団体に重大な影響を与えるため、あらかじめ理由を提示して聴聞を行われなければならず、当該職員団体から請求があったときは、聴聞の日の審理を公開して行わなければならない。

□□□□□

【No. 286】 職員団体と登録職員団体の表中の記述として、妥当なのはどれか。

		職員団体	登録職員団体
1	構成員	職員団体の構成員は、同一の地方公共団体の職員のみで構成される。	登録職員団体の構成員は、職員が主体であれば、民間労働者や企業職員で構成できる。
2	交渉申入	職員団体からの交渉の申入れに対して、当局は交渉に応ずる義務がある。	登録職員団体からの交渉の申入れに対して、当局が応ずるか否かは任意である。
3	予備交渉	職員団体が当局と交渉を行う場合には、必ず予備交渉を行わなければならない。	登録職員団体が当局と交渉を行う場合に、予備交渉を行うか否かは任意である。
4	拘束力	職員団体は、法令に抵触しない限り当局と書面協定を締結できるが、この書面協定には拘束力がない。	登録職員団体は、法令に抵触しない限り当局と書面協定を締結できるが、この書面協定には拘束力がある。
5	特徴	職員団体を代表して交渉に当たる者として、役員以外の者を指名できる	登録職員団体には、法人格の取得や在籍専従職員制度が認められている。

□□□□□

【No. 287】 職員団体の登録に関する記述として、妥当なのはどれか。

1 登録を申請するときには、法律に基づき、理事又は役員の氏名その他の事項を記載した申請書を人事委員会又は公平委員会に提出しなければならない。
2 登録の申請には、規約の作成又は変更や役員の選挙などについて、構成員が参加する直接かつ秘密の投票を行い、全員の賛成を得る必要がある。
3 登録を有するには、同一地方公共団体の職員で組織されなければならず、企業職員以外の職員をもつて組織される必要がある。
4 登録の停止を受けた期間は、登録に基づいてなされた既成の事実は影響を受けないため、交渉応諾義務や法人格の取得などには影響を受けない。
5 登録団体として登録を有するには、都道府県及び市町村の各々に組織されていなければならず、一部事務組合の場合は各組合が一の地方公共団体となる。

□□□□□

【No.288】　登録職員団体に関する記述として、妥当なのはどれか。

1　職員団体が登録資格を有し引き続き登録されるためには、同一の地方公共団体の職員で構成する必要があり、懲戒免職者を加えることはできない。
2　登録機関である人事委員会又は公平委員会は、登録を申請した職員団体が要件に適合するときでも、裁量によって登録の有無を決定することができる。
3　登録職員団体は、法人格を取得すれば財産の取得や契約の締結などを職員団体名で行うことができ、また課税上の優遇措置を受けられる。
4　登録職員団体の在籍専従職員は職員の身分を保有しないため、他の一般職員と異なり、公務員としての身分上の義務と責任を負わない。
5　職員団体が登録を受けるかどうかは任意であるが、職員団体が登録を受けるか否かによって、交渉ができるという基本的な地位に差がでる。

□□□□□

【No.289】　登録職員団体と当局との交渉として、妥当なのはどれか。

1　職員団体が人事委員会に役員変更の届け出を行い、その変更登録がされる前に新役員による交渉の申入れがある場合は、当局はその申入れに応ずべき地位に立たない。
2　地方公共団体の事務の管理及び運営に関する事項については、それを処理することによって勤務条件に影響を及ぼす場合であっても、当該影響を受ける勤務条件そのものを取上げて交渉の対象にできない。
3　職員団体を代表して交渉に当たる者は、職員団体が指名する当該職員団体の役員に限られ、この役員は、役員選挙によって投票者の過半数で選出された者でなければならない。
4　職員団体と当局は、交渉の結果合意に達した場合、その合意内容を双方が誠意と責任を持って履行するために、書面による協定を結ばなければならず、口頭で約束しても拘束力は生じない。
5　交渉に当たっては、職員団体と当局との間において、議題、時間、場所、交渉に当たる者の員数及びその他の必要事項をあらかじめ取り決める必要があるが、具体的な代表者の氏名は事前に取り決めるべき要件とされていない。

□□□□□

【№290】 在籍専従職員の記述Ａ～Ｅのうち、妥当な組合せはどれか。

Ａ　当該職員には、いかなる給与も支給されない。
Ｂ　当該職員の専従期間は、登録職員団体と労働組合との期間が通算される。
Ｃ　当該職員の身分取扱いは、分限処分の休職者となる。
Ｄ　当該職員は、職員の身分と職を保有しないため、職務専念義務が免除される。
Ｅ　当該職員の行為は、分限処分及び懲戒処分の対象とならない。

1　AB　　2　AC　　3　BE　　4　CD　　5　DE

ここがポイント

● **在籍専従職員制度** ――（法第55条の2）

・**制度**――在籍専従職員制度は、登録された職員団体のほか、労働組合にも認められる。
・**専従**――在籍専従職員は、登録を受けた職員団体の「役員」として「もっぱら」専従する場合に認められる。
・**許可**――在籍専従職員を置く場合には、「任命権者の許可」が必要である。
・**期間**――在籍専従の期間は、職員としての在職期間を通じて５年、ただし、当分の間、７年以下の範囲内であり、人事（公平）委員会規則で定める期間を超えることはできない。
・**通算**――在籍専従期間は、登録職員団体と労働組合との間を通じて「通算」される。
・**給与等**――在籍専従職員の期間は給与が支給されず、退職手当の期間に算入されないが、共済年金の算定期間に算入される。
・**扱い**――在籍専従職員は「休職者」として取り扱われるが、分限処分の休職者ではない。
・**職免**――在籍専従職員は職員としての身分及び職を有するが、法律に基づき職務専念義務が免除される。
・**身分**――在籍専従職員は、職員としての身分を保有する点から他の一般職員と同様に、公務員としての身分上の義務と責任を負う。職員である以上、分限処分及び懲戒処分の対象となる。

□□□□□

【No. 291】　在籍専従制度の記述の空欄A～Fの語句として、妥当なのはどれか。

在籍専従とは、職員が職員の身分を［ A ］、職務に専念することなく、登録職員団体又は労働組合の役員として専らそれらの業務に従事することをいう。その性質上、長期にわたるのが通例であり、1日又は数時間だけの従事の場合に［ B ］。

在籍専従の期間は通算して［ C ］を超えられないが、特例を定める人事委員会規則で［ D ］とされている。在籍専従職員が労働組合の在籍専従職員となった場合に、両者の期間は［ E ］。

なお、在籍専従の期間は共済年金の期間に［ F ］。

	A	B	C	D	E	F
1	保有せず	認められる	3年	5年	合算されない	算入されない
2	保有せず	認められない	5年	7年	合算される	算入される
3	保有して	認められる	3年	5年	合算される	算入される
4	保有して	認められない	5年	7年	合算される	算入される
5	保有して	認められない	3年	7年	合算されない	算入されない

□□□□□

【No. 292】　在籍専従職員に関する記述として、妥当なのはどれか。

1　在籍専従職員には給与が支給されない。これは当局が組合活動に介入するおそれがあるためであるが、その期間は退職手当の基礎として算定される。
2　在籍専従職員は休職者として取り扱われるが、分限処分としての休職ではない。ただし、分限による休職者と法律上原則として同じ扱いを受ける。
3　在籍専従職員が退職して、一定期間後に他の団体の職員となった場合の在籍専従期間は、前の在籍専従期間が通算されず、新たな在籍専従期間となる。
4　在籍専従職員は、職員としての身分及び職を有するが、勤務条件の措置要求や不利益処分の審査請求を行うことはできない。
5　在籍専従は、任命権者が相当と認めた場合に与えられる制度であり、在籍専従許可は任命権者の法規裁量の処分として位置づけられている。

□□□□□

【№.293】 ながら条例に関する記述として、妥当なのはどれか。

1 ながら条例は、在籍専従職員が勤務時間中に職務専念義務の免除を得て、職員団体の活動に一時的に従事することができる根拠条例である。

2 ながら条例は、公務優先を建前に必要な場合に限り組合休暇を認める条例であり、組合休暇は職員の権利とされ任命権者の裁量によらない。

3 ながら条例は、登録職員団体又は職員の労働組合のための不可欠な業務又は活動のために、必要最小限度の組合休暇を認める条例である。

4 ながら条例とは、条例の規定の有無にかかわらず給与を受取りながら、勤務時間中に職員団体又は労働組合の活動ができる条例である。

5 ながら条例は、職員の勤務を要しない日や休憩時間中に、職員団体又は労働組合の活動に従事することを認める条例である。

ここがポイント

● ながら条例 ——（法第 55 条の 2 ⑥）

○勤務時間中の交渉——職員団体と当局の交渉は勤務時間外に行うことが原則であるが、職員の団結権と団体交渉権を尊重する趣旨から、勤務時間中に交渉を行うことを認めている。

○条例事項——地公法では、職員は「条例で定めた場合を除き」、給与を受けながら職員団体のためその業務を行い、または活動をしてはならないとしている。これを受けて自治体は「ながら条例」等を定めている。

○組合休暇——在籍専従職員以外の職員が、勤務時間中に条例の定めるところに従って、職務専念義務の免除を得て職員団体活動または労働組合活動に一時的に従事することを「組合休暇」と呼んでいる。

・組合休暇は職員の権利ではなく、任命権者の裁量によって認められるものである。

○国の通達——国の通達では、登録職員団体または職員の労働組合のために不可欠な業務や活動のために認めることは、差し支えないとしている。

・国の通達では、「30 日以内」の必要最小限の機関の組合活動を認めることは差し支えないとしている。

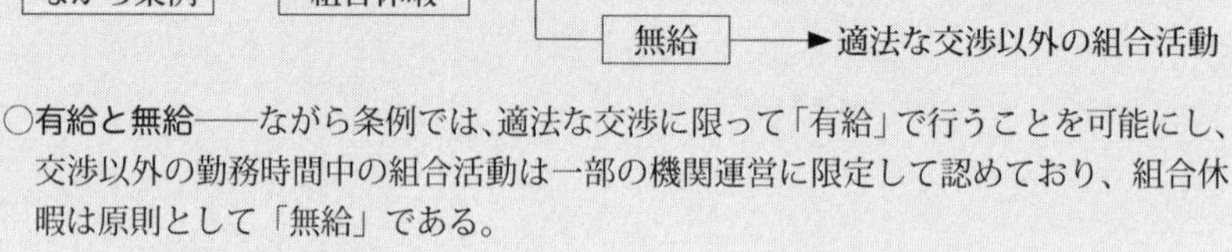

○有給と無給——ながら条例では、適法な交渉に限って「有給」で行うことを可能にし、交渉以外の勤務時間中の組合活動は一部の機関運営に限定して認めており、組合休暇は原則として「無給」である。

37　補則

□□□□□
【No. 294】　地公法の補則の記述として、妥当なのはどれか。

1　地公法は、一般職の地方公務員の身分取扱いに関する唯一の法令ではなく、身分取扱いの一部に別個の法令が制定されることを予定している。
2　地方公務員も労働者であるから、民間の労働者と同様に公務員の労働条件を保護するために、労働基準監督署の監督権に服する。
3　任命権者は、毎年、臨時的任用職員を含めた職員の任用、人事評価、給与、勤務条件などの人事行政の運営状況について長に報告する義務がある。
4　任命権者は、等級及び職員の職の属する職制上の段階ごとに、職員の数を毎年長に報告するとともに、公表しなければならない。
5　総務省が行う協力及び技術的な助言は、普通地方公共団体の人事行政に対してであり、特別地方公共団体は助言の対象とならない。

ここがポイント

□ **特例** ——（法第 57 条）
・**57 条の特例**——地公法第 57 条の特例は、職員のうち、学校教育法等の規定を受ける公立学校の教職員などや単純な労務に雇用される者その他その職務と責任の特殊性に基づいて「特例」を必要とするものは、「別に」法律で定められるとしている。ただし、その特例は、地公法第 1 条の精神に反するものであってはならない。
・**特例**——特例には、教育職員、単純労務職員、警察職員及び消防職員に関するものがある。

□ **他の法律の適用除外等** ——（法第 58 条）
・**関係法規の適用**——公務員も労働者であるから、特にその適用を除外することとしない限り労働関係法規は「職員に適用される」。しかし、公務員の公務の特殊性などから地公法第 58 条は、労働関係諸法令の適用除外を定めている。
・**労働法規の適用除外**——労働組合法、労働関係調整法及び最低賃金法並びにこれらに基づく命令の規定は、原則として職員に関して「適用されない」。
・**法 58 条の適用除外**——　一般職の職員のうち、「企業職員」及び「単純労務職員」には地公法第 58 条が適用されないため、これらの職員は第 58 条の職員には含まれないことになり、いわゆる、3 法の適用を受ける。
・**労働基準監督機関の監督権**——労働基準法、労働安全衛生法及び船員法では、労働者の労働条件を保護するため、労働基準監督機関が監督権を行使することとしている。
・**公務員への監督権**——公務員の場合は、「現業の職員（企業職員・単純労務職員）」

については民間の労働者の場合と同様に労働基準監督署が、「非現業に従事する職員（一般行政職員など）」の場合は、人事委員会または市町村長が監督権を行使する。

□ **人事行政の運営等の状況の公表** ——（法第58条の2）

・**人事状況の報告**——任命権者は、条例で定めるところにより、毎年、地方公共団体の長に対し、職員の任用、人事評価、給与、勤務時間その他の勤務条件、休業、分限及び懲戒、服務、退職管理、研修、並びに福祉及び利益の保護等、人事行政の運営状況を報告しなければならない。

・**除外**——上述の公表の対象には、臨時的任用職員、非常勤職員のうち定年前再任用短時間勤務職員とパートタイムの会計年度任用職員は、除かれる。

・**人事委員会等の長への報告**——人事委員会または公平委員会は、条例で定めるところにより、毎年、地方公共団体の長に対し業務の状況を報告しなければならない。

・**公表**——地方公共団体の長は、上記の報告を受けたときは、条例で定めるところにより、毎年、報告を取りまとめ、その概要及び人事委員会等の報告を「公表」しなければならない。

□ **等級等ごとの職員の数の公表** ——（法第58条の3）

・**職員数の報告**——任命権者は、等級及び職員の職の属する職制上の段階ごとに職員の数を、毎年、地方公共団体の長に報告しなければならない。

・**職員数の公表**——地方公共団体の長は、毎年、等級等ごとの報告を取りまとめ、公表しなければならない。

□ **総務省の協力及び技術的助言** ——（法第59条）

・**国の協力・助言**——総務省は、地方公共団体の人事行政がこの法律によって確立される地方公務員制度の原則に沿って運営されるように協力し、及び技術的な助言をすることができる。

38 罰則

□□□□□

【No.295】 地公法の罰則の適用を受ける者の記述として、妥当なのはどれか。

1 争議行為を実行した者
2 許可を得ずに営利企業に従事した者
3 政党の結成に関与した者
4 信用失墜行為を行った者
5 勤務条件の措置要求を故意に妨げた者

ここがポイント

● **罰則の適用**

○ 地公法に違反した場合には、次の罰則が定められている。

軽い罰則	1年以下の懲役・50万円以下の罰金
重い罰則	3年以下の懲役・100万円以下の罰金
	3年以下の懲役のみ

● **1年以下の懲役または50万円以下の罰金** ―― (法第60条)

(1)「平等取扱い違反」・・・・・・・・・・●人種、信条、性別、社会的身分もしくは門地、または政治的意見もしくは政治的所属関係によって差別し、平等取扱いの原則に違反した場合

(2)「守秘義務違反」・・・・・・・・・・・●秘密を守る義務に違反した者

(3)「不利益処分の指示違反」・・・・・・・●不利益処分の審査請求による人事委員会（公平委員会）の「指示」に故意に従わなかった者

(4)「退職管理違反」・・・・・・・・・・・●退職管理の規定に違反した場合 (別に記載する)

● **3年以下の懲役または100万円以下の罰金** ―― (法第61条)

(1)「不利益処分の喚問等違反」・・・・・・・●不利益処分の審査請求の権限の行使に関し、人事（公平）委員会から証人として喚問を受け、正当な理由なくてこれに応ぜず、もしくは虚偽の陳述をした者または人事（公平）委員会から書類・その写しの提出を求められ、正当な理由がなくてこれに応ぜず、もしくは虚偽の事項を記載した書類もしくはその写を提出した者

(2)「任用違反」・・・・・・・・・・・・・・●受験成績、人事評価その他の能力の実証による任用の根本基準に違反して任用した者

(3)「受験等違反」・・・・・・・・・・・・●受験を阻害し、または情報を提供した者

(4)**「争議行為違反」**・・・・・・・・・・・・・●「何人」たるを問わず、争議行為等の違法な行為の遂行を共謀し、そそのかし、もしくはあおり、またはこれらの行為を企てた者

(5)**「措置要求の妨げ違反」**・・・・・・・・・●勤務条件に関する措置要求の申出を「故意」に妨げた者

● **企て、そそのかし等** ——（法第 62 条）

○次に掲げる行為を「企て、命じ、故意にこれを容認し、そそのかし、またはそのほう助をした者」は、それぞれ、各条の刑に処せられる。

(1) **企て、そそのかし等による**「1 年以下の懲役または 50 万円以下の罰金」

□職員または人事（公平）委員会の委員が「守秘義務」に違反する場合、

(2) **「計画」、「助長」等の行為による**「3 年以下の懲役または 100 万円以下の罰金」

□「不利益処分の審査請求」の審査の証人喚問に応じなかった場合等

□能力の実証に基づかない「任用」を行った場合

□「競争試験を阻害する」ための特別の情報を漏らす等の場合

□「勤務条件に関する措置要求」の申し出を故意に妨げた場合

● **退職管理に関する罰則の適用**

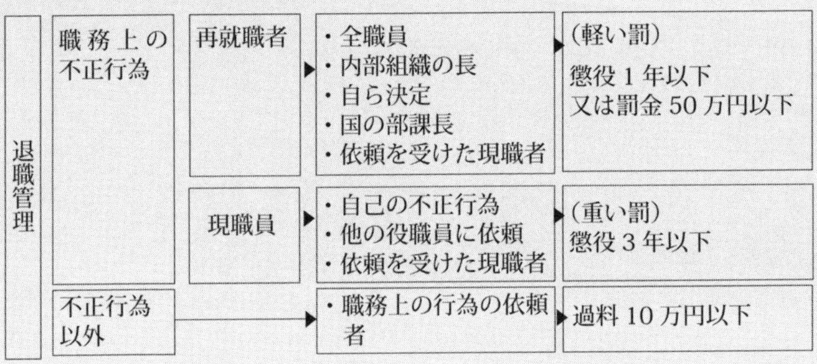

■退職管理の「職務上の不正行為」で、「軽い」罰則の場合
① 1年以下の懲役または50万円以下の罰金 ——（法第60条）
○「再就職者」が、在職していた役所の役職員等に契約事務について「不正働き」の場合

	対象者	禁止働きかけの内容	規制期間	
(1)	●全職員（役職員ともいう）	○契約等事務 ・離職前5年間のもの	○離職後2年間	不正行為の要求・依頼
(2)	●長の直近下位の内部組織の長 （上位者上乗せ）	○契約等事務 ・離職前5年前のもの	○離職後2年間	
(3)	●自ら決定 （規制上乗せ）	○契約・処分	・期間の制限なし	
(4)	●元国の部課長級職者（条例上乗せ）	○契約等事務 ・離職前5年前のもの	○離職後2年間	
(5)	（1）～（4）の再就職者から要求・依頼を受けた「職員」			不正行為をし、または、しない場合

(1) **全職員**——離職後2年を経過するまでの間に、離職前5年間に在職していた地方公共団体の執行機関の組織等に属する「全職員（役職員とも言う）」に対し、契約等事務であって離職前5年間の職務に関し、「職務上不正な行為」をするように、または相当の行為をしないように要求し、または依頼した再就職者

(2) **上位者上乗せ**——長の直近下位の「内部組織の長」として離職した日の5年前の日より前に就いていた者であって、離職後2年を経過するまでの間に、当該職に就いていた時に在職していた組織等の役職員等に対し、契約等事務であって、離職した日の5年前の日より前の職務（当該職に就いていたときの職務に限る）に関し、「職務上不正な行為」をするように、または相当の行為をしないように要求し、または依頼した再就職者

(3) **規制上乗せ**——在職の組織等の「役職員」等に対し、当該地方公共団体と営利企業等（再就職者が現にその地位に就いているものに限る）の「締結」について、「自らが決定」したもの、または当該地方公共団体による当該営利企業等もしくはその子法人に対する行政手続法第2条第2号に規定する「処分」であって「自らが決定」したものに関し、「職務上不正な行為」をするように、または相当の行為をしないように要求し、または依頼した再就職者

(4) **条例上乗せ**——「国」の部長または課長の職に相当する職として人事委員会規則で定めるものに、離職した日の5年前の日より前に就いていた者であって、離職後2年を経過するまでの間に、当該職に就いていた時に在職していた地方公共団体の執行機関の組織等に属する役職員等に対し、契約等事務であって、離職した日の5年前の日より前の職務（当時職に就いていたときの職務に限る）に関し、「職務上不正な行為」をするように、または相当の行為をしないように要求し、または依頼した再就職者

・条例を定めている地方公共団体の再就職者に限る。

(5) **現職の職員**――(1)～(4) までに掲げる再就職者から要求または依頼を受けた「職員」であって、当該要求または依頼を受けたことを理由として、「職務上不正」な行為をし、または相当の行為をしなかった者

■退職管理の「職務上の不正行為」で、「重い」罰則の場合

② **3年以下の懲役** ――(法第63条)

○「現職の職員」の離職後の再就職に関する行為

・離職前の職員による再就職を受け入れることの依頼及び在職中の求職の禁止は服務上の義務とされていないが、再就職に関して、職務上不正な行為をすることもしくはしたこと、または相当の行為をしないこと、もしくはしなかった場合については、「その悪質さから」、3年以下の懲役となる。

	「現職の職員」の離職前の再就職に関する行為	
(1)	「職員自身」の不正行為にる再就職活動	①離職後に営利企業等の地位に就くことを要求・依頼。 ②他の役職員を離職後に営利企業等の地位に就かせる要求・依頼。
(2)	「他の役職員」への不正な再就職活動を要求・依頼	
(3)	(2) の要求・依頼を受けた「相手方」	・不正行為をし、またはしなかった場合。

(1) **「離職前の『職員自身』による不正な再就職活動」**

・職務上不正な行為をすることもしくはしたこと、または相当の行為をしないこと、もしくはしなかったことに関し、営利企業等に対し、離職後に、当該営利企業等に就くこと、または他の役職員をその離職後に、もしくは役職員であった者を、当該営利企業等に就かせることを要求し、または約束した「現職の職員」

(2) **「離職前に『他の役職員』への不正な再就職活動」**

・職務に関し、他の役職員に職務上不正な行為をするように、または相当の行為をしないように要求し、依頼し、もしくは唆すこと（そそのかすこと）、または要求し、依頼し、もしくは唆したことに関し、営利企業等に対し、離職後に、当該営利企業等もしくはその子法人の地位に就くこと、または他の役職員をその離職後に、もしくは役職員であった者を当該営利企業等もしくはその子法人の地位に就かせることを要求し、または約束した「現職の職員」

(3) **「処罰の対象となる要求・依頼と知りながら対応した 『相手方』」**

・(2) の不正な行為をするように、または相当の行為をしないように要求し、依頼し、または唆した行為の「相手方」であって、(2) の要求または約束があったことの情を知って職務上不正な行為をし、または相当の行為をしなかった「現職の職員」

■退職管理の規定に伴う、「職務上の不正行為」以外の要求者・依頼者に対する処罰

③ **10万円以下の過料** ――(法第64条)

○退職管理に関する規定する「再就職者」による、依頼等の規制に違反して、役職員等に対し、契約等事務に関し、『職務上の行為』をするように、またはしないように要求し、または依頼した者には「10万円以下の過料」に処せられる。

・再就職者の「職務の『不正行為』」の働きに対しては、①に「1年以下の懲役または50万円以下の罰金」の規定があるが、上記の③は、それ以外で、再就職者の在職者に対する働きかけを禁止するが、再就職者には人事上の措置をとることができないことから、「契約等事務に関し、職務上の行為をするように、またはしないように要求し、または依頼した者」に対し、過料規定が置かれている。

■退職管理に関する条例で「過料を規定する」場合

④ 条例で10万円以下の過料 ―― (法第65条)

○退職管理の地方公共団体の講ずる措置の「条例」に違反した者に対し、「10万円以下の過料」を科する旨の規定を設けることができる。

・一般に、条例に違反する場合には5万円以下の過料を科することとなるが、退職管理に関する条例では、過料の上限を10万円以下となる。

□□□□□

【No.296】 罰則に関する記述とて、妥当なのはどれか。

1　職員が「職務上の秘密を漏らした」ときには罰則の適用はないが、職務上知り得た秘密を漏らしたときには罰則の適用がある。

2　職員が「特定の政党の構成員となる」ときには罰則の適用はないが、特定の政党の結成に関与したときには罰則の適用がある。

3　職員が「競争試験の受験者に有利な行為を行った」ときには罰則の適用はないが、その受験者に不利な行為を行ったときには罰則の適用がある。

4　職員が「争議行為を実行した」ときには罰則の適用はないが、争議行為をそそのかしやあおったときには罰則の適用がある。

5　職員が「許可を受けずに農業を営む」ときには罰則の適用はないが、許可なしに報酬を得て営利企業等に従事たときには罰則の適用がある。

□□□□□

【No.297】 地公法の罰則（刑罰又は罰金）の適用を受ける者の記述として、妥当なのはどれか。

1　任命権者の許可を受けることなく、職務上知り得た秘密を発表したときは・・・・・・・・・・・・・「罰則の対象となる」。

2　同盟罷業、怠業その他の行為を実行し、又は機関の活動能率を低下させる行為を実行したときは・・・「罰則の対象となる」。

3　人種、信条、性別、社会的身分若しくは門地によって差別した者は、平等取扱いの原則に抵触し・・・「罰則の対象となる」。

4　政府を暴力で破壊することを主張する政党その他の団体を結成し、又はこれに加入したときは・・・・「罰則の対象となる」。

5　不利益処分の審査請求を行う際に、審査機関への措置の申出を故意に妨げたときは・・・・・・・・・・「罰則の対象となる」。

□□□□□

【№298】 そそのかし又はあおる行為等で罰則の適用を受けない行為として、妥当なのはどれか。

1　争議行為をすることを「そそのかし又はあおる」行為
2　政治的行為をすることを「そそのかし又はあおる」行為
3　職務上知り得た秘密を漏らすことを「そそのかし又はあおる」行為
4　人事委員会の証人喚問で虚偽陳述することを「そそのかし又はあおる」行為
5　勤務条件の措置要求を妨げることを「そそのかし又はあおる」行為

□□□□□

【№299】 退職管理に関する罰則の記述の空欄A～Dの語句として、妥当なのはどれか。

離職後［A］を経過するまでの間に、離職前［B］に在職していた地方公共団体の執行機関の組織等に属する役職員又はこれに類する者として人事委員会規則で定めるものに対し、契約等事務であって、離職前［B］の職務に属するものに関し、職務上不正な行為をするように又は相当の行為をしないように要求し、又は依頼した再就職者には［C］の罰則が科される。

なお、現職員が再就職に関して、職務上不正な行為をすること若しくはしたこと又は相当の行為をしないこと若しくはしなかった場合には、その悪質さに鑑みて［D］以下の懲役に処せられる。

	A	B	C	D
1	1年	3年間	1年以下の懲役又は3万円以下の罰金	5年
2	1年	5年間	1年以下の懲役又は50万円以下の罰金	7年
3	2年	3年間	1年以下の懲役又は3万円以下の罰金	3年
4	2年	3年間	10万円以下の過料	5年
5	2年	5年間	1年以下の懲役又は50万円以下の罰金	3年

□□□□□

【No.300】　退職管理に関する罰則の記述として、妥当なのはどれか。

1　再就職者が離職後２年間に、離職前５年間に在職した組織の役職員に対し、契約等事務に関し、職務上の行為をするように又はしないように要求し又は依頼するときは、１年以下の懲役又は50万円以下の罰金に処せられる。

2　退職管理の違反には、「軽い処罰」と「重い処罰」とがあり、前者は離職前の現職員による再就職者を受け入れることの依頼があり、後者は役職員であった者が離職日の５年前より前に就いていた者で、離職後２年間に当時の役職員に対し契約等事務に関し職務上の不正行為を要求した場合がある。

3　現職員が退職管理の規定に違反し、再就職者から要求又は依頼を受けたことを理由として、職務上不正な行為をし又は相当の行為をしなかった場合には、１年以下の懲役又は50万円以下の罰金に処せられる。

4　再就職者が退職管理の規定に違反して契約等事務に関し、在職する役職員に対し、単に職務上の行為をするように働きかけをするだけでは職務上の不正行為にあたらないため、刑事罰には該当しない。

5　退職管理の適正を確保するため条例を定めることができ、またこの条例を担保するため過料を設定できるが、一般に条例による過料は５万円以下であるため、退職管理に関する条例に違反する者の過料規定も５万円が限度となる。

解答・解説編

【No.001】正解　5

1　成績主義の原則は、「全ての公務員に対して適用されるものではなく」、特別職や臨時的任用職には適用されない。

2　公務員は、全体の奉仕者の原則に基づき、労働基本権については、禁止でなく、「一部が制限されている」。

3　公務員は、政治的中立の原則に基づき、「政治活動の禁止ではなく」、制限されている。

4　公務員は、平等取扱いの原則に基づき、原則として、差別を受けることはないが、それは「合理的な差別的取扱いまでも指すものではない」。

5　正解。

【No.002】正解　1

1　正解。

2　全体の奉仕者としての公務員は、「国民」全体の奉仕者として位置づけられており、この理念は、全ての公務員に適用される基本原則となっている。

3　勤労者としての地方公務員は、一般職員の勤務条件を「条例」に基づかせることによって、勤労者としての権利を保障している。

4　成績主義の原則は、職員の採用などを、党派的利益や政治的功績により行う猟官主義による情実人事の弊害を排除するための原則であり、「成績主義」が採用されている。

5　政治的中立の原則は、全体の奉仕者としての公務員の性格を維持し、住民に対し、公正で継続的な行政を確保することにあり、このことが、「職員自身を政治的影響から保護する」ことになる。

【No.003】正解　2

1　成績主義の原則に基づく公務員の採用及び昇任は、受験成績など能力の実証により、「メリット・システムの原則」に基づいて行わなければならない。

2　正解。

3　政治的中立の原則は、「政治的活動の禁止ではなく」、「政治的活動の制限である」。

4　平等取扱いの原則とは、全て国民は法の下に平等であって、人種、信条、性別などで差別されないとする原則であるが、これは単なる「宣言規定ではなく実体的な規定である」。

5　情勢適応の原則に基づき「地方公共団体」は、職員の給与、勤務時間その他の勤務条件が社会一般の情勢に適応するように義務づけられている。「長にのみ義務づけているわけではない」。

2 地方公務員に係る法律

【No.004】　正解　1

1　正解。

2　地方独立行政法人法に定める特定地方独立行政法人の役員及び職員のうち、役員は「特別職の地方公務員」であり、職員は「一般職」の地方公務員である。

3　条例等により、地方公営企業法第4章の規定が適用される病院事業に勤務する職員は地方公営企業法上の企業職員であり、地方公営企業等の労働関係に関する法律の適用を「受ける」。（地方公営企業法第2条第2項及び第36条）

4　記述は、「教育公務員特例法」である。

5　労働組合法及び労働関係調整法は、地方公営企業の職員に対して適用されるし、単純労務職員に対しても「適用される」。

【No.005】　正解　3

1　警察法に基づき、都道府県の警察には警察官その他の所要の職員が置かれるが、警視正以上の階級にある警察官（地方警察官）は国家公務員とされ、「地公法が適用されない」。地方警察官以外の者には地公法が適用される。

2　地方教育行政の組織及び運営に関する法律では、教育委員会の設置、教育長及び委員並びに会議など定めるほか、「県費負担教職員の身分取扱いなどに関し地公法の特例を定めている」。

3　正解。

4　地方公営企業労働関係法では、地方公営企業法の定める地方公営企業に「加え」、「地方公営企業法第2条第3項に基づく条例又は同法第4章の規定を適用するとされた企業を地方公営企業と定義し」、その補助職員を企業職員としている。企業職員には地公法の特定の規定が適用されず、給与その他の給付についての自治法及び地公法の特例が定められている。

5　労働基準法は、労働者の労働条件の最低基準を定める法律であり、地方公務員の場合は、地公法で定める事項以外は労働基準法が適用されるが、「国家公務員には労働基準法が適用されない」。

3 地方公務員の範囲

【No.006】　正解　3

1　地方公務員とは、地方公共団体に勤務する一般職「のみならず」地公法が原則として適用されない「特別職も含まれる」。

2　地公法は、地方公共団体の全ての公務員を地方公務員としている。地方公共団体は普通地方公共団体と特別地方公共団体がある。したがって、地方公務員とは、普通地方公共団体に勤務する者のみならず「特別地方公共団体に勤務する者も含まれる」。

3　正解。

4　地方公務員には、「民生委員のように報酬の支給を受けていない者も含まれる」。

5　地方公共団体に勤務する常勤の者のみならず「短期間のアルバイトの臨時的任用職員も地方公務員である」。

【No.007】　正解　4

1　地公法では、地方公務員とは地方公共団体の全ての公務員をいうが、特定地方独立行政法人の役員及び職員も「地方公務員とみなしている」。

2　普通地方公共団体に勤務する職員のみならず特別地方公共団体、すなわち、特別区、地方公共団体の組合及び「財産区に勤務する職員も地方公務員である」。

3　地公法では、地方公共団体の全ての公務員を地方公務員とし、職員のみならず「これら職員以外の者も地方公務員としている」。

4　正解。

5　地方公務員には、長の補助機関である職員のみならず「地方公営企業の管理者などの任命権者の職員も含まれる」。

【No.008】　正解　3

1　地方公務員の範囲は、極めて広範囲に考えており、地方公共団体の行政事務を担当する職員はもちろん「議会の議員も地方公務員のうちに含まれる」。

2　地方公務員の範囲は、①事務の性質、②雇用の性質及び③報酬の性質の三要素によって、地方公務員であるかどうかを判断できない場合には、最終的には国の場合は人事院が決定するが、「地方公務員についてはそれぞれの任命権者が決定する」。

3　正解。

4　地公法は、国家公務員法と違い、特別の知識、経験、技能などが必要な職は特別職として任用することを「認めている」ことから、外国人を勤務させる場合には任命行為が可能であり、「私法上の契約によらない」。

5　地公法は、地方公務員の範囲を極めて広範囲に考えており、任命行為の有無による基準に基づき判断される場合があるが、請負契約で当該地方公共団体の事務を処理する相手方は、「契約という形がとられるものの、任命行為が存在しないため、相手方を地方公務員にできない」。

4 地方公務員の種類

【No.009】　正解　5

1　地方公務員は、職務の性質に応じて一般職と特別職とに区分される。「これ以外の職種はない」。
2　地方公務員には一般職と特別職とがあり、一般職は地公法が全面的に適用されるが、「特別職は原則として地公法が適用されない」。
3　原則として、受験成績なり人事評価に基づいて任用などの身分取扱いがされるのは一般職であり、「特別職には成績主義が適用されない」。
4　地方公務員のうち、一定の任期又は雇用期間を限って任用される者を特別職としている。しかし任期が定まっていても、短時間勤務職員（定年前再任用短時間勤務職員）は「一般職」扱いである。
5　正解。

【No.010】　正解　1
1　正解。
2　地方公務員を一般職と特別職とに区別する基準として成績主義の適用の有無と終身職としての性格の有無を挙げることができるが、「特定の事由がある場合を除き」、その身分は法律によって強く保障されている。
3　公務員の職を一般職と特別職とに区別することは、国公法、地公法のいずれも同様であるが、「各種審議会の委員や臨時又は非常勤の顧問などは、地公法では特別職であるが、国公法では一般職」である。
4　地方公務員の職を区別する基準に終身職の有無があり、一般職の職員は原則として終身職であるが、特別職は一定の任期あるいは雇用期間を限って任用される。なお、定年前再任用短時間勤務職員は任期が定まっているが、「一般職」とされる。
5　地方公務員の種類は一般職と特別職との二種類であり、地方公務員のうち特別職に属する職を限定列記し、「特別職に属する職以外の一切の職を一般職と」している。

5　一般職と特別職

【No.011】　正解　4
4　正解。CとEが妥当である。
A.　交通局長は、地方公営企業の管理者であるから「特別職」である。
B.　非常勤の消防団員は「特別職」である。
D.　警視正以上の階級にある警察官は一般職の「国家公務員」である。

【No.012】　正解　4
1　特別職であっても、「人事委員会の委員には、地公法の服務規定が適用される」。
2　一般職は、一般に現職として勤務する職員を指すが、いったん退職した場合でも、「定年前再任用短時間勤務職員は、一般職の扱いとなる」。

3　一般職は、政治活動において中立性が要求されるが、「特別職にも政治的な中立性が要求される場合がある」。
4　正解。
一般職の非常勤の職員には、定年前再任用短時間勤務職員と会計年度任用職員が該当する。
5　一般職は、正規に任用された職員はもとより、条件付採用職員を問わず、また、行政職員、教育職員、警察消防職員、単純労務職員、企業職員及び「特定地方独立行政法人の職員を含み」、職種のいかんを問わず、「一般職である」。

【No.013】 正解　5
1　地方公務員には、一般の公務員である一般職と法律上特別な取扱いを受ける特別職の区別があるが、「国家公務員にも一般職と特別職との区別がある」。
2　全ての地方公務員の職は一般職と特別職とに分類され、「特別職」に属する職以外の全ての職を「一般職」としている。
3　一般職は、もっぱら地方公務員としての職務に従事する者であるが、「特別職は当該地方公務員としての職務以外に、他の職務を有することも妨げられない」。
4　一般職の場合は、常勤の職員と非常勤の職員とに分けることができる。これに対し特別職の場合は、原則として非常勤の職に限定されるが、「例外として常勤の職にできる場合がある」。例えば、特別職の監査委員や人事委員会の委員の常勤の場合がある。
5　正解。
（一般職は恒久的な職であるが、一般職でも臨時的なアルバイトの雇用や一会計年度を超えない範囲で採用される会計年度任用職員の職などがある。なお、特別職は臨時的な職である）

【No.014】 正解　1
1　正解。
2　一般職は、常勤の職員と非常勤の職員に分けることができるが、いずれも一般職である限り地公法が適用される。したがって、「非常勤の職員も争議行為が禁止」される。
3　地方公営企業の管理者は「特別職」である。「特別職には原則として地公法が適用されない」。
4　特別職は、法律の特別の定めがある場合を除き地公法が「適用されない」。なお、「臨時的に任用する職員は一般職」である。
5　特別職は、通常「任期を定めて任用される」。しかし、一般職と異なり、原則として地公法の「分限処分や懲戒処分の対象とならない」。

【No.015】 正解　2

2　正解。AとCとDが妥当である。

B. 指定都市の区長の職は「一般職」である。ただし、総合区長は特別職である。

E. 常勤の公民館長の職は「一般職」であり、非常勤の公民館長の職は特別職である。

【No.016】　正解　5

5　正解。CとEが妥当である。

A. 地方公営企業の管理者の補助職員（企業職員）は、「一般職」である。

B. 警視正以上の階級にある警察官は、「一般職」の「国家公務員」である。

D. 長、議長などの秘書の職員は、「一般職」である。条例で指定する秘書は特別職となる。

【No.017】　　正解　3

1　就任における公選の職の特別職として議員や長が該当し、議会の「同意」を要する職に副知事や副市町村長のほか「農業委員」など該当する。かつて農業委員の一部は公選であったが、議会の同意を要する職に全て改定されている。なお、議会の同意も議決の一種であるが、現在、地公法に規定されている「議会の議決を要する職の者はいない」。

2　特別職には、「地公法以外に」身分取扱いを統一的に規定した法令が存在しない。地公法の場合でも、人事委員会及び公平委員会の委員の身分取扱い以外には、一切の規定がない。

3　正解。

4　非常勤の消防団員は職業的公務員ではない特別職であるが、条例の定めるところにより、公務災害を受けたときには公務災害補償を受ける権利を有し、「退職報奨金を受ける権利も有している」。

5　都道府県労働委員会は、労働委員、使用者委員及び公益委員で構成され、公益委員のうち２人以内は常勤にできるため、「常勤」とされた委員の職も特別職とされている。常勤であっても非常勤と変わらないため、常勤委員も特別職と位置づけられている。

【No.018】 正解　5

1　就任にあたり、公選又は議会の選挙、議決若しくは同意によることを必要とする職の者は特別職に該当するが、「会計管理者は議会の同意を必要とせず、一般職である」。

2　地公法には、外国人に関する規定がない。しかし、外国人を、臨時又は非常勤の顧問、参与、調査員及びこれに準ずる者の特別職として採用することは、「可能である」。

3　地方公営企業の管理者は、「議会の同意を必要とせず」、長が任命する。この管理者は議会への議案提出など特定な事項を除き、業務を代表して執行する権限を有する特別職である。
4　長等の秘書の職で条例で指定する者は特別職として位置づけられる。一般職の職員が特別職の秘書となる場合には、「一般職を退職する必要がある」。
5　正解。

【No.019】　正解　1
1　正解。
2　特別職には身分保障はないが、「常勤勤務に復する限り」、地方公務員等共済組合法及び地方公務員災害補償法による身分取扱いを「受ける」。
3　特別職には統一的な身分取扱いの規定がなく、原則として地公法の規定の適用はないが、「地公法の目的を定めた第一条や地公法の優先を定めた第二条の規定は、形式的には特別職を含む、全ての地方公務員を対象とする規定」である。
4　特別職は地公法の分限規定が適用されないが、例外として特別職である従事労働者には、法令に特別の定めがある場合を除くほか特別職の分限に関する条例を制定「できる」。
5　特別職には、原則として地公法の規定は適用されない。しかし、地公法上の「平等取扱いの原則や争議行為等の企画・煽動の規定などは、広く国民の全てに適用される規定であるため」、当然に特別職にも「適用される」。

【No.020】　正解　4
1　委員及び委員会（審議会含む）の構成員の職で臨時又は非常勤の者の職は、非専務職であり、またその性質上、自由任用職であることにより特別職とされる。「附属機関の構成員も特別職である」。
2　臨時又は非常勤の顧問、参与、調査員、嘱託員及びこれらの者に準ずる者の職は、専門的な知識経験や識見を有する者に「限られ」、当該知識経験又は識見に基づき助言、調査、診断その他総務省令で定める事務を行う。
3　非専務職とは、地方公務員が本業ではなく、他に生業を有しながら審議会などの臨時や非常勤の委員となる者であるから、特別職に位置づけられているが、「単に臨時や非常勤の者であるからといって、非専務職として特別職に該当するわけではない」。
4　正解。
5　特定地方独立行政法人の「役員」は特別職であり、「職員は一般職」である。特定地方独立行政法人の役員は、任用について外部からの公募による採用を含めて「成績主義に基づかず」、設立団体の長の自由任用による。

6　任命権者

【No.021】　正解　4

1　警察職員の任命権者は「警視総監又は道府県警察本部長」である。
2　労働委員会事務局の職員の任命権者は「知事」である。
3　教育委員会事務局の職員の任命権者は「教育委員会」である。
4　正解。
5　出納員その他の会計職員の任命権者は「知事又は市町村長」である。

【No.022】　正解　3

3　正解。

任命権者とは、職員に対する任命権を行使する機関をいう。この意味で任命権者は任命権を行使する権限を有する者といえる。だれが任命権者の地位に立つかは「A. 法令又は条例」において定められる。地公法は任命権者を「B. 概括列挙」している。任命権者以外の者が任命権を行使した場合は、当該行為は法律上「C. 違法」な行為となる。

この任命権の行使は職員の身分取扱い上極めて重要であるが、一人の任命権者が全てにわたり行使することは困難であることから、この場合任命権の一部を「D. 補助機関」の上級の地方公務員に委任できるとされる。

この委任は「E. 法律」に基づく権限の分配の変更であり、受任者がさらに再委任することが「F. できない」と解されている。（ただし、教育委員会に例外がある）

【No.023】　正解　1

1　正解。AとBが妥当である。

C. 任命権者とは、法律の規定に基づいて職員の任命、休職、免職及び懲戒などの人事権を行使する者を指すが、任命権者が「他の地方公共団体にわたることもあり得る」。例えば、県費負担教職員のような例外がある。

D. 任命権者とはいかなる者であるかは、まず法律で明らかにされているが、地公法第6条の規定から、任命権者が条例に基づいて設置されることも「想定されている」。だが現在、条例に基づく任命権者は存在しない。

E. 任命権者である知事は、副知事、会計管理者、地方公営企業の管理者、幼保連携型認定こども園の園長などを任命できるが、「消防長及び消防団長の任命権者は市町村長である」。

【No.024】　正解　5

1　任命権者は、当該団体において長及び執行機関として置かれる行政委員会に「限られない」。補助機関ではあるが執行機関ではない公営企業の管理者も任命権者である。また議会の議長も任命権者であるが執行機関ではなく、議決機関である。

2　任命権者は、法律の規定に基づいて職員の任命、人事評価、休職、免職及び懲戒などの人事権（任命権）を行使する権限を有するほか、「職務命令を発する権限も有している」。

3　任命権者の任命権の内容は地公法に例示されているが、この規定に基づき任命権者に「新たな権限を付与しようとするものではなく」、法令等に定められた権限に従って権限を行使すべきことを確定的にする規定となっている。

4　任命権者の任命権とは職員の身分取扱いの一切を指すが、「具体的な行為の仕方を条例や人事委員会の規則に委ねているものがあり」、その場合、それらの条例や規則の定めに従って権限を行使しなければならない。

5　正解。

【No.025】　正解　4

1　任命権者となる者は、地公法上に長、議会の議長、選挙管理委員会などが明示されているが、これは「例示」であり、「限定列挙ではない」。なお、いずれも任命権を有することが法律に明記されている。

2　県費負担教職員の任命権者は都道府県の教育委員会であり、この教職員の勤務条件については「都道府県の条例で定められている」。

3　任命権者とは、職員の任命、人事評価、休職、免職及び懲戒などの任命権を行使する権限を有する者を指す。任命権者の権限には、営利企業への従事等の許可や人事評価なども「含まれる」。

4　正解。

5　任命権者は、任命権の具体的な行使の仕方を、条例や規則のほか「人事委員会規則の定めに従って行使しなければならない場合がある」。例えば、人事委員会を置く地方公共団体の任命権者が臨時的任用を行う場合には、人事委員会規則の定めるところによる必要がある。

【No.026】　正解　2

1　長は、その権限の「全てではなく」、その権限の「一部」を自己の補助機関の上級の地方公務員に委任することができる。

2　正解。

3　長は、任命権の委任規定に基づきその権限の一部に限って自己の補助機関の上級の地方公務員に委任することができるが、「議決機関である議会の議長に委任することはできない」。

4　長は、その任命権について自己の補助機関である「上級」の地方公務員に限って、委任することができる。

5　長は、法律関係を設定する実体的規定に基づき任命権を委任できるが、原則として「それを再委任することはできない」。

【No.027】　正解　3

1　任命権者は、地公法並びにこれに基づく条例、規則及び規程に従い、職員の任命、人事評価、休職、免職及び懲戒などを行う権限を有する。任命権の委任には「懲戒処分の委任も含まれる」。

2　任命権の委任を受けた者がさらに他の者にその権限を委任することは制限されているが、「法律に別段の定めがある場合はこの限りでない」。地教行法第26条では教育委員会が任命権の一部を教育長に委任し、教育長がさらにその一部を事務局の職員に委任することが「できる」としている。

3　正解。

4　任命権者には長や議会の議長などがいるが、一方は執行機関であり、一方は議決機関であるため、「相互にその任命権を委任することはできない」。任命権の委任はあくまで自己の補助機関の上級の地方公務員に限られる。

5　任命権の受任者となり得る者は上級の地方公務員とされているが、その範囲を示す規定はない。結局、当該地方公共団体の実態により判断するほかはない。「副知事や副市町村長などの特別職に属する者に限定されず」、一般職でも可能である。

【No.028】　正解　1

1　正解。

2　任命権の委任は、任命権者が権限の一部を相手方に委任する行為であり、知事又は市町村長の場合は副知事又は副市町村長、会計管理者などに委任できるが、その相手方は「任命権者の指揮監督を受ける地方公務員に限られる」。

3　任命権の委任は任命権者の補助機関に限られ、この補助機関は当該任命権者の「部下に限られる」。したがって、「他の任命権者の補助機関の職員に対して任命権を委任することはできない」。

4　任命権の委任は上級の地方公務員に対し委任できるが、上級であるか否かの区分は「相対的なものであり」、副知事又は副市町村長など「特別職に限られず」、一般職も含まれる。

5　任命権の委任は専決や代決と「異なる」。すなわち、専決や代決は内部における補助執行であり、この決定は部下の職員が行い、対外的には任命権者の名で表示され最終責任は任命権者が負う。しかし、「任命権の委任は、受任者が行政上の責任を負う」こととなる。

【No.029】 正解　5

5　正解。

	人事委員会	公平委員会
A. (エ．都道府県)、(オ．指定都市)	必置	
B. (カ．中核市)、(ウ．特別区)	どちらかを必置	
C. (ア・町村)、(イ．広域連合)		必置

Aには、「都道府県」と「指定都市」が入る。

Bには、指定都市以外の人口15万以上の市として「中核市」が、また「特別区」が入る。

Cには、人口15万未満の市、町村、地方公共団体の組合として「広域連合」と一部事務組合が入る。

【No.030】 正解　3

1　人事委員会又は公平委員会は、人事機関として任命権者の任命権をチェックするために設置されるが、両者の間には「基本的な権限の相違がある」。

2　都道府県及び指定都市は、地公法に基づきそれぞれ人事委員会の設置を義務づけられるが、「中核市は人事委員会又は公平委員会のいずれかを選択」することになる。

3　正解。

4　人事委員会を置かない地方公共団体は、地方公共団体ごとに公平委員会を設置することを原則とするが、公平委員会の事務の簡素化や能率化のために、公平委員会を「共同で設置することが認められている」。

5　公平委員会を置く地方公共団体は、公平委員会の事務を他の地方公共団体の人事委員会に委託できるが、この事務の委託先は人事委員会に「限られ」、他の公平委員会には委託できない。

【No.031】 正解　2

2　正解。

人事委員会と公平委員会は、3人の委員をもって組織される「A. 合議制」の機関である。それぞれの委員は長が議会の同意を得て選任されるが、委員には年齢制限が「B. ない」。

特に委員の選任に当たっては、委員の職責上から、欠格条項の該当者と他の委員と「C. 同一政党」の該当者を選任できないとする二つの要件がある。

なお、当該委員には厳格な身分保障の措置が講じられており、「D. 心身の故障」があるとき又は非行があるとき以外は罷免されず、この罷免事由に該当する場合でも、長が「E. 議会」の同意を得て罷免する手続が必要とされる。

【No.032】 正解　5

1　委員が心身の故障のため職務遂行が困難なとき又は委員に職務義務違反や非行があるときには、長が「議会の同意の手続を得て」、罷免することができる。

2　委員は、職務執行の公正の確保から、全ての地方公共団体の議会の議員や当該地方公務員の職と兼ねられないが、「執行機関の附属機関の委員とは兼ねられる」。

3　委員の任期は長と同じ 4 年とされているが、委員が辞職した場合に新たに任命された委員の任期は、「前任者の残任期間」とされている。

4　委員には、住民からの直接請求による「解職請求の適用はない」。

5　正解。

【No.033】 正解　2

1　人事委員を常勤とするか非常勤とするかは長の判断であるが、「いずれかの勤務に統一する必要はない」。

2　正解。

3　人事委員は、人格が高潔でかつ人事行政に関し識見を有する者とされ、さらに「民主的で能率的な事務処理に理解がある者」が必要要件とされている。

4　人事委員のうち 2 人以上が同一政党に属するときは、同一政党に属する者のうちから、「新たに異動のあった者を、長が議会の同意を得て罷免しなければならない」。

5　人事委員は常勤又は非常勤である。いずれの委員も自治法の給与その他の給付の規定が準用される。ただし、「常勤の場合は条例により給料及び旅費が支給され」、「非常勤の場合は条例により報酬及び費用弁償が支給される」。

【No.034】 正解　2

1　人事委員は、地公法の第 60 条から第 63 条の罪を犯し刑に処せられたとき「又は欠格条項に該当したときも、委員となることができない」。

2　正解。

3　人事委員は、2 人以上が同一政党に属することになれず、同一政党に属する場合には、長は「議会の同意を得て」、異動した者を「罷免しなければならない」。

4　人事委員は、「全て」の地方公共団体の議会の議員及び「当該」地方公共団体の地方公務員の職を兼ねられないが、附属機関の委員とは兼職できる。

5　人事委員は常勤又は非常勤のいずれかの委員となる。「常勤の場合は一般職に適用される服務規定の全て」が、「非常勤の場合は服務規定の一部」が適用される。

【No.035】　正解　1

1　正解。(法第23条の4)

2　人事委員会は、人事機関及び職員に関する条例の制定改廃に関し、長又は「議会に対しても意見を申し出ることができる」。

3　人事委員会は、職務権限の一つとして臨時的任用の資格要件を定めることができるし、その資格要件に違反した「臨時的任用を取消すこともできる」。(法第22条第3項、第4項)

4　人事委員会が毎年少なくとも1回行うのは、給料表が適当であるかどうかの報告であり、「給料表に定める給料額の増減については、適当であると認めるときに勧告することができる」。

5　人事委員会は不利益処分の中立機関であるが、必要があると認めるときは、不利益処分の審査請求に対する「裁決を除き」審査に関する事務の一部を委任することができる。(法第50条第2項)

【No.036】　正解　5

1　人事委員会の規則の制定権は、「準」立法的権限に基づくものであり、法律又は「条例」に基づき法令又は地方公共団体の「条例」若しくは「規則」に違反しない限り、その権限に属する事項に及ぶ。

2　人事委員会の権限は、「①職員の勤務条件に関する措置要求の審査・判定措置権、②人事委員会の規則制定権、③職員の不利益処分の審査請求に対する裁決権を除き」委任することができる。「権限の全てを委任することはできない」。

3　公平委員会の権限は、人事委員会の権限に比較して「その範囲が限定されている」。

4　人事委員会が保有する権限として証人の喚問及び書類の提出要求権が認められているが、この権限は「公平委員会にも認められている」。

5　正解。

【No.037】　正解　3

1　人事委員会は、勤務条件等の研究を行い長等に結果を提出できるし又研修に関する計画の立案その他の研修方法も、「任命権者に勧告できる」。

2　人事委員会は、人事行政に関する技術的及び専門的な知識や資料その他の便宜の授受のため、国又は他の地方公共団体の機関との間で協定を結ぶ権限を有する。この機関の範囲は広く、執行機関なり任命権者に限るものではなく、「一部事務組合や労働基準監督署、特定地方独立行政法人との間においても、協定を結ぶことができる」。

3　正解。

4　人事委員会は、その権限の一部について、人事委員会規則で定めるものを当該地方公共団体の他の「機関」又は「事務局長」に委任できる。
5　人事委員会は、不利益処分の審査請求に対する裁決を除く審査請求に関する事務の一部を、人事委員又は「事務局長に委任することができる」。

【No.038】　正解　4
1　人事委員会は、給与、勤務時間その他の勤務条件、研修及び人事評価、福利厚生制度その他職員に関する制度について常時研究を行い、その成果を議会又は長に提出することができる。公務災害補償は地方公務員災害補償基金が所轄しているため、「人事委員会の権限とはならない」。
2　人事委員会は、人事行政に関する事項について調査を行い、人事記録を管理し、人事に関する統計報告を作成する権限を有するが、広く情報や資料を収集、保管することは当然であるが、あくまで権限の範囲内であり、任命権者の固有の権限に立ち入る調査などは「できない」。
3　人事委員会は、苦情処理の事務を処理する権限を有しているが、人事委員会はあくまで仲介者であり、苦情処理を強制的に解決することはできない。「なお、企業職員や単純労務職員に苦情処理に関する規定は適用されない」。（地公企法第39条第1項）
4　正解。
5　人事委員会は、職員からの勤務条件の措置要求又は不利益処分の審査請求について、何らかの裁決又は処分を行った場合に、再審を原則としながらも、個別規定では「前者は再審の必要がなく、再審が行われるのは後者である」としている。

【No.039】　正解　2
1　人事委員会は、当該団体の「職員に関する条例」の制定又は改廃について、議会及び長に対し、意見を申し出ることができる。
2　正解。
3　人事委員会は、職員に関する条例の制定、改廃について、「議会」及び長に対し、直接、意見を申し出ることができる。
4　人事委員会は、職員の給料表に関し、議会及び長に対して、毎年少なくとも年1回報告しなければならない義務があるが、「勧告は必要に応じて行われる任意」である。
5　人事委員会には、労働基準法などの適用について特例が設けられており、「非」現業職員の勤務条件に関し、労働基準監督機関としての職権を行使できる。

【No.040】　正解　2
1　人事委員会は、人口15万未満の市、町村の外、一部事務組合などに設置できない。広域連合も「人事委員会を設置できず」、公平委員会の設置となる。
2　正解。
（法第61条。3年以下の懲役又は100万円以下の罰金）
3　人事委員会は、人事機関又は職員に関する条例を制定「及び改廃」するときには、議会及び長に対して意見を述べる権限を有する。
4　人事委員会は、給与が勤務条件の中心であることから給与の支払を監理する権限を有するが、「任命権者の給与の決定にまで立ち入ることはできない」。
5　人事委員会は3人の委員をもって組織されるが、その委員には「年齢要件はない」。また「当該」地方公共団体の地方公務員に限って兼職が禁止されている。

【No.041】 正解　3
1　地公法に基づき、人事委員会は、勤務条件の措置要求に関し、法律又は条例に基づく権限の行使が必要であるときには、書類やその写の提出を求めることができる。しかし、「罰則規定はない」。
2　人事委員会は、人事機関又は職員に関する条例の制定改廃に関して議会及び長に意見を述べる権限を有するが、逆に、これらの「条例の制定改廃に際し、議会は人事委員会の意見を聴く必要がある」。
3　正解。
4　人事委員会は、毎年少なくとも1回、給料表が適当であるかどうかについて、議会及び長に報告するものとされ、給料表に定める給料額を増減することが適当であるときは併せて適当な勧告をすることができる。しかし、「勤務時間に関してはこの勧告規定がない」。
5　人事委員会は、事務局を必ず設置しなければならない。ただし、選択によって人事委員会を設置した人口15万以上の市及び特別区は、「事務局を置くことができるし、また置かなくても差し支えない」。

【No.042】 正解　1
1　正解。
特定の理由とは、会議を開かなければ公務の運営又は職員の福祉若しくは利益の保護に著しい支障が生ずると認めるときである。この場合は2人で会議を開催できる。
2　「1人欠員となった場合は、他の2人が出席すれば会議を開くことができる場合がある」。
3　両委員会の議事が、委員の配偶者、血族又は姻族である職員に係るものであっても、「当該委員の除斥又は忌避は認められない」。
4　可否同数のときは法律上の規定がないため、「委員長には裁決権がない」。
5　両委員会の議決すべき事項で緊急性を要するときでも、会議を招集することなく、「持ち回りによって決定することはできない」。

【No.043】　正解　5

1　指定都市以外の人口15万以上の市及び特別区は、人事委員会の選択が可能であり、市の場合は人口が設置条件となるが、特別区には「人口条件の適用はない」。また公平委員会は「人口15万未満」の市、町村、地方公共団体の組合に設置される。
2　人事委員会を置く地方公共団体の採用は競争試験により実施する。ただし、人事委員会規則で定める職は選考によることができる。人事委員会を置かない地方公共団体の採用は「任命権者」が競争試験又は選考のいずれかの方法により実施できる。ただし条例で定めれば、公平委員会が競争試験又は選考を行うことができる。
3　人事委員会は、人事行政機関として準立法的権限、準司法的権限及び行政的権限を有する。一方、公平委員会の「準司法的権限は人事委員会と同じ権限である」が、行政的権限と準立法的権限に差異がある。この2点についてみると、準司法的権限の行使に伴って必要とされる行政的権限及び準立法的権限に限定されている。
4　人事委員会には事務局を必ず設置しなければならないが、「人事委員会を設置した人口15万以上の市と特別区は事務局を置くこともできるし、置かなくても差し支えない」。公平委員会には事務職員を置くことが定められている。
5　正解。

【No.044】　正解　3

1　人事委員会の委員は「常勤又は非常勤」の勤務であり、公平委員会の委員は「非常勤」の勤務である。常勤の委員には服務規定の全てが準用される。
2　人事委員会などの委員のうち、「2人以上」が同一の政党に属することとなった場合、1人を除く他の委員を長が議会の同意を得て罷免しなければならないが、その場合でも、政党所属関係に異動のなかった者を罷免することができない。したがって、政党所属関係に「異動があった委員が罷免されることとなる」。
3　正解。
4　人事委員会には、事務局を設置することが原則であるが、人事委員会を選択できる「人口15万以上の市及び特別区の場合は、人事委員会に事務局を置くこともできるし、置かなくても差し支えない」。
5　人事委員会又は公平委員会の委員に委員たるに適しない非行があると認めるときは、当該長は、当該委員を「議会の同意を得て」罷免することになる。

【No.045】 正解　2

2　正解。AとCとDが該当者である。

B. 地公法の改正で、被保佐人として宣告を受けた者であっても、「欠格条項に該当しない」。

E. 当該地方公共団体において「懲戒」の免職処分を受けて、2年を経過しない者が該当する。免職処分には分限の免職処分もあり、分限の免職の場合には欠格条項に該当しない。

【No.046】 正解　5

5　正解。

a. 誤り・・競争試験又は選考を「受けることはできない」としている。
b. 誤り・・欠格条項に該当する者の任用は「無効」となる。
c. 誤り・・任用の「消極的条件」とされている。
d. 誤り・・当然に「失職」する。
e. 妥当・・無効となる。（善意の第三者には有効な行為となる）
f. 誤り・・条例で「その除外例を定めることができる」。

【No.047】 正解　1

1　正解。

2　欠格条項に該当する者は、職員としての採用及び受験資格の二つが否定される。この職員とは一切の「一般職」の地方公務員を指すことから、「特別職は原則として含まれない」。

3　欠格条項の一つとして、憲法又はその下に成立した政府を暴力で破壊することを主張する政党などの団体を結成し又はこれに加入した者があり、この場合、その後その団体などから脱退しても永久に欠格条項の該当者となる。「ただし、これに地方公共団体は含まれない」。

4　欠格条項に職員が該当するに至ったときは、任命権者による「処分を要することなく」、登庁の必要なしとする通知書で足り、特段「発令行為を必要としない」。

5　欠格条項に違反する採用は当然に無効である。したがって、欠格条項に該当する者が行った行為は、法律上「無効となる」が、善意の第三者に対しては事実上の公務員の理論により有効として取り扱われる。

【No.048】 正解　3

1　懲戒免職処分を受けた者は欠格条項に該当するが、「2年が経過すれば」、当該地方公共団体の職員に「なれる」。

2　禁錮以上の刑に処せられ「その刑の執行猶予中の者は、欠格条項に該当し」、当該地方公共団体の職員に「なれない」。
3　正解。
4　地公法の刑に処せられた者が人事委員又は公平委員である場合には、委員としての免職に該当するのみならず、「欠格条項に該当する」。
5　日本国憲法を暴力的手段で廃止することを主張する団体に加入していた者は、その後その団体から脱退しても任用の能力を失うから、「職員として採用することはできない」。

【No.049】 正解　1
1　正解。
2　欠格条項に該当する者を誤って採用した場合、その採用は無効である。しかし、その者が受けた給料は労働の対価として「返還する必要がない」。その者の行った行為については、事実上の公務員の理論により、善意の第三者に対しては有効な行為として取扱われる。
3　法改正で、「成年被後見人」及び被保佐人は、欠格条項に該当しない。
4　地方公共団体の職員が禁錮以上の刑に処せられた場合は、直ちにその職を失うが、その刑の執行を終わり又はその執行を受けることがなくなった場合には、「再び当該地方公共団体の職員となることができる」。
5　日本国憲法の下に成立した「政府」を暴力で破壊することを主張する政党その他の団体に属する者は欠格条項に該当し、「これらの団体を脱退した場合でも、永久的に地方公共団体の職員となる資格を回復しない」。なお、「地方公共団体は含まれない」。

【No.050】 正解　5
1　他の地方公共団体において懲戒の免職を受けた者は、当該処分の日から２年を「経過しなくても」、当該地方公共団体の職員に「なれる」。
2　当該地方公共団体において懲戒の免職を受けた者は、当該処分の日から２年を経過しなくても、他の地方公共団体の職員に「なれる」。
3　当該地方公共団体における懲戒処分のうち、「免職を受けた場合に限り」、当該処分の日から２年を経過しない者は、当該地方公共団体の職員になることができない。
4　「分限免職は、欠格条項に該当しない」。
5　正解。

【No.051】 正解　1
1　正解。
2　禁錮刑以上の刑に処せられ、その刑の執行が「終えた者は該当しない」。

3　その判決を不服として「控訴している者は、刑が確定していないため、刑に処せられた者に該当しない」。
4　その刑の執行を受けることがなくなる者とは、刑の執行が猶予されている者がその猶予期間を経過して、刑の言い渡しが効力を失うまでの間の者である。この執行猶予期間を無事経過した者は欠格条項に該当しないが、「執行猶予となるだけでは欠格条項に該当し、当該職員になることができない」。
5　刑の言い渡しの効力がなくなれば、すなわち、「刑の執行を終え又は刑の執行を受けることが無くなれば、欠格条項に該当しない」。

【No.052】 正解　2
1　成年被後見人及び被保佐人は、民法の規定により家庭裁判所によって宣告を受けた者を指すが、これらの宣告を受けた者は、法改正で「地公法の欠格条項該当者でなくなった」。
2　正解。
3　懲戒免職の処分を受け、当該処分の日から２年を経過しない者は、当該地方公共団体の職員になれない。その懲戒免職の処分を人事委員会又は裁判所が取消すことがあっても、「任命権者が取消すことはできない」。
4　人事委員会又は公平委員会の委員の職にあって地公法に規定する罪を犯し刑に処せられた者は、欠格条項に該当するが、この刑については一般の職員と「異なり」、罰金刑も「含まれる」。
5　日本国憲法又はその下に成立した政府を暴力で破壊することを主張する政党その他の団体を結成し又は加入した者は絶対的に欠格者となる。その場合、その下に成立した政府とは内閣のほか、「国の立法や司法のほか国の行政機関も含まれる」。

【No.053】 正解　4
1　欠格条項者を誤って職員として任用した場合、その任用は当然に無効であるが、その者に支払われた給料については、労働の対価として支払われたものと見なされ、「給与の返還を求めない」。
2　「破産宣告を受けた者は欠格条項に該当しない」。また、成年被後見人又は被保佐人の宣告を受けた者も、「欠格条項の該当者でない」。
3　禁錮以上の刑に処せられた者は、その執行が終わるまでは当該地方公共団体の職員となることができず、また禁錮以上の刑の言渡しを受け刑の執行猶予中の者も欠格条項に該当し、「任用の資格を有しない」。
4　正解。
5　政府を暴力で破壊する団体に加入した者は、地方公共団体の職員となることができない。「現在、その団体を脱退していても、永久的に職員になることができない」。

【No.054】 正解　2

2　正解。AとCとEが妥当である。

B. 当該者の行政行為は、事実上の公務員の理論により「有効」である。

D. 退職一時金は「支給されない」。

9　職員に適用される基準

【No.055】 正解　5

5　正解。

職員に適用される基準の通則には、「平等取扱いの原則」と「情勢適応の原則」があり、前者は地公法の「民主性」を、後者はその「能率性」を保障する基本的な理念である。

【No.056】 正解　3

1　民主主義の理念から見て、「全てではなく」、「合理的な差別は許される」。

2　「政府を暴力で破壊する団体に帰属した場合には、平等取扱いの原則は適用されない」。

3　正解。

4　警察官又は看護師という職の特殊性から、警察官を男性に、看護師を女性に限る扱いをすることに、「合理的な理由がある場合に限り差別に当たらず」、平等取扱いの原則に反しない。

5　平等取扱いの原則は民主主義に欠くべからざる基盤であり、「実体的規定であり」、平等取扱いの原則に違反すると罰則の適用が「ある」。

【No.057】 正解　5

1　平等取扱いの原則は、憲法の規定を受けた原則であり、全ての国民に適用され、この国民には外国人は含まれないが、「外国人を採用することは可能である」。

2　平等取扱いの原則は、憲法の保障が具体化された原則であり、職員の採用で警察官を男性に限り、看護師を女性に限るのは、「合理的な範囲であれば差別とはならない」。

3　政治的所属関係では、「政府を暴力で破壊することを主張する政党を結成した者などは除かれる」。

4　平等取扱いの原則は、政治上の信条に基づく原則でもあり、地公法第16条第4号に規定する場合、すなわち、「政府を暴力で破壊することを主張する政党を結成した者などを除くほか」、政治的意見や政治的所属関係によって差別されることは許されない。

5　正解。

【No.058】 正解 1

1 正解。

2 平等取扱いの原則は、労働基準法にも定めがあり、国籍による差別の禁止を明記しているものの、平等取扱いの原則が適用されるのは「採用後に限られ」、採用そのものには適用されない。

3 平等取扱いの原則は、地公法の適用に当たっての最も重要な原則の一つであり、「それは単なる宣言規定ではなく、実体的な規定である」。

4 平等取扱いの原則は、男女の差別を禁止しているが、雇用の分野における男女の均等な機会及び待遇の確保等に関する法律の雇用の分野における男女の機会及び待遇について定める第２章の規定は、「地方公務員に適用されない」。

5 平等取扱いの原則の違反者に対しては、１年以下の懲役又は50万円以下の罰金を適用する規定を持ち、差別された職員は「審査請求ができる」。

【No.059】 正解 5

1 職員に適用される基準の通則には、情勢適応の原則と「平等取扱いの原則」の２つがある。

2 情勢適応の原則に基づく勤務条件の措置は、「地方公共団体」が負う。具体的には、各機関がその権限と責任の範囲で措置することになる。

3 情勢適応の原則は、「職員の経済的権利の保障」を目的とするものである。

4 情勢適応の原則は、「全ての地方公共団体の全ての職員に共通して適用される原則」であり、当然に地方公営企業に勤務する職員にも適用される。

5 正解。

【No.060】 正解 2

1 情勢適応の原則は、「公務員の労働基本権が制限されていることから、民間労働者との均衡上の代償措置として規定されている」。

2 正解。

3 職員の給与、勤務時間その他の勤務条件が社会一般情勢に適応することの措置を「地方公共団体」に対して求めたものである。

4 職員の勤務条件を決定するに当たっては、職務内容が類似している国家公務員及び「他の地方公共団体の職員」の動向を考慮することとされている。

5 情勢適応の原則は、給与その他の勤務条件の適応を実行する長などに課した責務であるが、「情勢適応の原則に違反しても罰則の適用はない」。

【No.061】 正解 1

1 正解。

2 職員の勤務条件が社会一般の情勢に適応するように、随時、適当な措置を講ずる義務は「地方公共団体」にある。この義務を実行するのが地方公共団体の各機関であり、長をはじめとする任命権者、同じく人事委員会にある。
3　職員の勤務条件が社会一般の情勢に適応するように、随時、適当な措置を講ずべき勤務条件には、経済的給付に関する事項、提供されるべき勤務の量に関する事項、執務環境や職場秩序に関する事項のほか、「勤務の提供に付帯するものも含まれる」。
4　人事委員会の勤務条件に関する勧告は、随時、「独立した勧告として行うことができる」。「給料表の勧告と違い、給料表の毎年少なくとも1回行われる給料表が適当であるか否かについての勧告と異なる」。
5　情勢適応の原則に基づき、職員の勤務条件を社会一般の情勢に適応するように措置することの人事委員会の勧告に対し、それを受け取った議会や長は、勧告内容に対し「どのように対処するかの説明責任を有する」。

10　職員の任用

【No.062】 正解　2
2　正解。
　職員の任用は、「成績主義の原則」と「平等取扱いの原則」とに基づいて行わなければならない。

【No.063】 正解　3
1　職員の任用とは、人事行政の最も重要な部分の一つであり、適材を確保しながら、「任命権者」が特定の者を特定の職に就けることをいう。
2　職員の任用は、受験成績や人事評価その他の能力の実証に基づいて行われる、いわゆる、「実証主義（メリット・システム）」を採用している。
3　正解。
4　職員の任用には、受験成績や人事評価その他の能力の実証が必要であり、「その他の能力の実証については、免許や学歴なども含まれる」。
5　職員の任用には、成績主義の原則のほか、「平等取扱いの原則及び職員団体活動等による不利益取扱いの禁止の適用がある」。

【No.064】 正解　5
1　採用は、職員の職に欠員が生じた場合において、職員以外の者を職員の職に任命することをいうが、「臨時的任用の場合は、除かれる」。
2　昇任は、職員をその職員が現に任命されている職より上位の職制上の段階に属する職員の職に任命することをいい、「競争試験又は選考」に基づく標準職務遂行能力などにより任命される。
3　降任は、職員をその職員が現に任命されている職より下位の職制上の段階に属する職員の職に任命することをいい、「この降任は、分限処分の降任に限られず、役職定年による降任の場合もある」。
4　転任は、職員をその職員が現に任命されている職以外の職員の職に任命することであって、昇任及び降任に該当するものは「含まれない」。
5　正解。

【No.065】 正解　1
1　正解。
2　昇任は任命権者が発令するが、この発令は職務命令として行われるもので「あり」、その要件を満たしている限り「職員はそれを拒むことができない」。
3　降任は、分限降任の場合は、職員の意に反する任命の方法であるから、降任を行うときには「法律」に定める事由による場合でなければ行うことができない。だが、役職定年による法律に基づく降任は、職員の意に反する処分とされず、したがって、不利益処分の審査請求の対象とならない。
4　転任は、すでに他の職にあったことにより、ある程度能力の実証が得られている者であるが、「条件付採用期間中の職員も転任の対象となる」。
5　標準職務遂行能力の標準的な職は、職制上の段階及び職務の種類に応じ「任命権者が定める」が、「長及び議会の議長」以外の任命権者が定めるときは、長に協議する必要がある。

【No.066】 正解　4
1　記述は「平等取扱いの原則」である。ただし、成績主義の原則は公務の平等公開を前提としている。
2　成績主義の原則は、行政の安定性や能率性を確保するというより、「政治的関与を排除するための原則である」。
3　成績主義の原則は職員の任用に党派的情実の介入を防ぐための原則であるが、「公務に有能な人材を確保することは結果であり、直接のねらいではない」。
4　正解。
5　成績主義の原則は、「全体の奉仕者としての観念ではなく、スポイルズ・システムを打破するためのものである」。

【No.067】 正解　3
1　成績主義の原則は、公務能率の増進のために、欠くことのできない原則であると同時に、均分的（均等的）正義を実現するために欠くことのできない条件でも「ある」。
2　成績主義の原則は、単に任用についての根本基準にとどまるものでは「なく」、それ以外の身分取扱い、例えば、給与の決定についても「当然に妥当する」。
3　正解。
4　成績主義の原則は、職員の任用に適用されるが、この職員とは一般職の職員の全てであり、「独法職員についても適用される」。
5　成績主義の原則に反する任用を企て、命じ、ほう助した者も刑罰の対象となるが、その際違反の任用が実際に行われたことは「要件としていない」。

11　任命の方法

【No.068】 正解　5
1　職員の任命は、職に人を就けることであり、職員の職に「欠員を生じた場合」に行うことができる。任命に当たっては採用、昇任、降任及び転任のいずれか一の方法で行うことができる。
2　職員の任命で、正式に任用された職員が赤字団体などとなり過員により離職した後の再採用の際には優先措置を受ける資格を有するが、「臨時的任用の職員の場合には優先措置が認められない」。
3　職員の任命には採用、昇任、降任及び転任の四種類があり、「任命権者」がこの四種類のいずれか一の方法で行うことができる。
4　職員の任用には一般的任用と臨時的任用とがある。一般的任用には採用、昇任、降任及び転任の任命の方法があるが、「臨時的任用の場合は臨時的な採用を行うことを意味することもあるが、地公法第15条の2からして、採用、昇任、降任及び転任の発令を行うことは考えられない」。
5　正解。

【No.069】　正解　4
1　採用試験は、受験資格を有する国民に対して平等の条件で公開されなければならないが、地公法の規定の国民には外国人は含まれない。だが、労働基準法に国籍による差別の禁止の規定があるため、「外国人を採用できる」。
2　採用試験は人事委員会などが行うことになっているが、人事委員会などが他の地方公共団体の機関と共同し又は委託して行うことも「できる」。
3　採用試験は、職制上の段階の標準的な職の標準職務遂行能力のみならず、採用試験に係る職の適性を有するか否かも、「判定するものである」。
4　正解。
5　採用試験は、筆記試験その他の方法により行われ、合格点以上を得た者の氏名及び得点が記載される。「得点順に記載される規定は廃止されている」。

【No.070】 正解　3
1　任命権者が職員を人事委員会規則で定める職に昇任させる場合には、当該職について、昇任の競争試験「又は選考」を行わなければならない。
2　昇任試験は、人事委員会規則で定める受験の資格を有する「指定する職に正式に任用された」全ての職員に対して平等な条件で公開されるため、正式任用されていない「条件付採用期間中の職員は対象とならない」。
3　正解。
4　昇任者は、人事委員会規則で定める職（人事委員会を置かない地方公共団体は任命権者が定める職）に任命されるが、人事委員会が昇任の職を定めるときは、あらかじめ「任命権者」の意見を聴かなければならない。
5　昇任試験の機関に属する者その他の職員は、受験を阻害し又影響を与える秘密の情報を提供してはならない。この規定に違反した場合には「罰則の適用がある」。

【No.071】 正解　1
1　正解。
2　一定の職にある者が他の一定の職を当然に占めることを「充て職」という。
3　ある職員に他の職に就くことを命ずることを「事務従事」という。
4　任命権者を異にする職員の交流のことを「出向」という。
5　法令に基づく公共機関へ職員を送ることを「派遣」という。

【No.072】 正解　2
2　正解。
Aは「失職」、Bは「退職」、Cは「欠格条項該当」、Dは「分限」、Eは「辞職」である。

【No.073】 正解　1
1　正解。
2　欠格条項に該当するときには、何らの手続を要せずにその身分を失うが、「条例で欠格条項の一部を適用しない定めをすることができる」。
3　職員が公務員の身分を喪失すると、地方公共団体との間の特別権力関係は消滅し、これに基づく権利義務も消滅するため、この職員の在職中の行為には懲戒処分を行うことができない。しかし、「刑罰を科すことはできる」。
4　職員が定年に達したときは、当該年度の末日までの間において条例で定める日に自動的に離職するが、その離職により公務に著しい支障が生ずる場合、「1年を超えない範囲内」で期限を定めて勤務延長ができるが、「3年を超えることはできない」。
5　職務上の義務に違反し又は職務を怠ったことにより懲戒免職を受けた職員は、処分の日から2年間は、当該団体の職員となることができないが、「他の団体の職員となることはできる」。

【No.074】 正解　4
1　公務員は、全体の奉仕者として義務づけられていることから、「任意に辞職することは許されない」。したがって、退職願が任命権者に「受理されただけでは効力が生ずるものではない」。任命権者の承認が必要である。
2　職員の退職願の撤回は、退職発令の交付があるまで原則として自由であるが、「撤回が信義に反する場合はこの限りでない」。
3　判例では、「撤回をする場合、口頭でも差し支えない」としている。
4　正解。
5　職員の退職の効力は、本人の了知できる状態に達したときで「あり」、「到達主義」により、任命権者が相手方に退職辞令を交付したときである。「退職発令の発信によって生ずるものではない」。

【No.075】　正解　1
1　正解。
2　競争試験は受験者が相互に競争関係に立つが、「競争試験は職員の採用及び昇任に導入される方法」である。採用については人事委員会を置く地方公共団体の採用は原則として競争試験を実施し、人事委員会規則に基づく職で、かつ委任がある場合には任命権者が選考によって実施できる。人事委員会を置かない地方公共団体の採用は競争試験又は選考による。なお、「昇任は、いずれの自治体とも競争試験又は選考によるとされる」。
3　競争試験は受験者が相互の関係に置かれ、試験の結果、受験者間の能力の優劣が明らかになり、その順位が定まる。一方選考は選考を受ける者の間に競争の関係はなく、したがって、「順位もつかない」。
4　競争試験及び選考は、資格要件において「補充する職員の数によるものではない」。
5　「試験及び選考ともに」、「合格点以上を得た者の氏名及び得点が採用候補者名簿に記載される」。「得点順の規定は廃止されている」。

【No.076】　正解　5
1　競争試験又は選考を実施する主体は、人事委員会を置く地方公共団体においては当該人事委員会が実施し、人事委員会を置かない地方公共団体においては「当該任命権者が実施する」。
2　競争試験及び選考は、他の地方公共団体の機関との協定により、「共同実施のみならず委託実施もできる」。
3　競争試験又は選考の例外措置は、「採用候補者名簿がなく、かつ人事行政の運用上必要であると認められる場合に限り」、国又は他の地方公共団体の合格者を当該職の選考に合格した者とみなすことができる。
4　人事委員会を置く地方公共団体における職員の採用は、「競争試験に限られている」。ただし、人事委員会の規則で定める職については選考によることもできる。これに対し昇任の場合は競争試験又は選考による。
5　正解。

【No.077】 正解 1

1 正解。
2 「受験を阻害した者に懲戒処分を課することができるし、また罰則を科することもできる」。
3 競争試験は特定の個人のために行う事務では「ない」ため、受験者から受験手数料を徴収することは「できない」。
4 競争試験は、「人事委員会の有無にかかわる問題ではない」。任命権者も行うことができる。
5 競争試験は、客観的な標準職務遂行能力又は職の適性を有するかを正確に判定するために実施されるが、その方法は「筆記試験その他の人事委員会などが定める方法による。その他の方法は、例えば、口頭試問及び身体検査などのほか適性等の判定により」、これらのうち、一つ又は複数の方法によって能力の判定を行うものである。

12 条件付採用及び臨時的任用

【No.078】 正解 4

1 条件付採用制度は、「公務員特有の制度ではない」。民間にも試用期間がある。条件付採用制度は実地（実際の勤務）で公務員としてふさわしい能力を有するかを実証するための制度であるが、「全ての職員を条件付としてない」。例えば、「臨時的任用職員や定年前再任用短時間勤務職員は条件付ではない」。
2 条件付採用制度は、職員の標準職務遂行能力及び職の適性の実地の実証を確認する制度であるが、実証し得る場合でも、「条件付採用の期間を短縮できない」。
3 条件付採用制度は、標準職務遂行能力及び職の適性の実地の実証を確認する制度であり、条件付採用期間中の者は正式に任用された者でないため、優秀な者であっても、「昇任させることはできない」。
4 正解。
5 条件付採用制度は身分保障を行わない制度であるが、条件付採用期間中の職員が「勤務条件の措置要求を行うことはできる」。

【No.079】 正解 1

1 正解。

地公法は、職員の「A. 採用」は、実地により能力を実証するため、原則として全て条件付のものとしている。（任用には採用・昇任・降任・転任の４つがある。条件付は採用に限られる）。

この条件付とは、正式任用でないこと、すなわち、「B. 身分保障」の適用がないことを意味している。この『条件』は法定の附款であり、「C. 解除条件」である。

条件付の期間は6月の期間が原則であるが、人事委員会はその期間を1年を超えない範囲内で延長することができる。その事由を「D. 勤務日数」としている。

具体的には、実地により能力が実証された場合は発令行為を「E. 要せず」、正式任用となり、実証が得られない場合のみ免職となる。

この免職に対しては、行政不服審査法の規定が「F. 適用されない」。したがって、不利益処分の審査請求はできないことになる。

【No.080】　正解　2

1　職員の採用は、競争試験又は選考によって能力の実証を得ることができるが、能力だけで公務員としての適格性を有すか否かを判断することは難しい。そこで「実際の仕事を通じて適格性を見るために」条件付採用制度が設けられている。

2　正解。

3　条件付採用期間中の職員には分限が適用されない。したがって、「法律に定める事由によらず」、その意に反して免職することができる。

4　条件付採用期間中の職員に分限処分を行うに当たっても、公正の原則が働き、分限について条例で定めて（地公法第29条の2②）、当該職員の「身分保障を行うことはできる」。

5　条件付採用期間中の職員は、身分保障に関する規定の適用が受けられない。したがって、「行政不服審査法に基づく不利益処分の審査請求ができない」。

【No.081】　正解　5

1　条件付採用は、原則として、「非常勤職員である会計年度任用職員を含む」、一般職の職員について適用される。ただし、「臨時的任用は、職務遂行能力とは関係がなく、正式な任用手続をとるひまがないときの措置であり、条件付採用ではない」。また、非常勤職員である「定年前再任用短時間勤務職員は、新たな採用であるが、再任用前の勤務において職務遂行能力が実証されていることから、条件付採用は適用されない」。

2　条件付採用職員は、条件付採用期間中に特別の措置を執らない限り正式採用となる。「この正式採用については、別段の通知又は発令行為を必要としない」。

3　条件付採用期間中に能力の実証が得られなかったときは、任命権者は、その職員の採用を「将来に向かって」解除できる。

4　条件付採用職員は、正式な任用の職員でないため、その期間中に昇任させ又「特別昇給を与えることはできない」が、転任させることは差し支えない。

5　正解。

【No.082】　正解　4

1　条件付採用期間中の職員も、「勤務条件の措置要求を行うことができる」。

2　条件付採用期間中の職員であっても、その条件付採用期間中に「転任させることができる」。
3　条件付採用期間中の職員には、地公法に定める身分保障に関する規定の適用がない。ただし、地方公共団体は、条件付採用期間中の職員の分限について「条例で必要な事項を定めることができる」。
4　正解。
5　条件付採用期間中の職員は、その意に反して不利益処分を受けた場合には、行政不服審査法に基づく審査請求を行うことは「できない」が、取消訴訟を提起することはできる。この場合、訴願前置主義は「採用されない」。

【No.083】 正解　2
1　条件付採用期間は能力の実証を実地で得る期間であり、この期間は法定事項であり、「条例で期間を短縮することができない」。
2　正解。
3　条件付採用期間後は正式に採用されるが、この場合、「特段、相手方への通知又は発令行為を必要としない」。
4　条件付採用期間は、原則として採用の日から6月の期間であるが、人事委員会は、「この期間を1年を超えない範囲内で延長することができる」。すなわち、さらに「6月の期間」延長できるが、「1年間、延長することはできない」。
5　条件付採用期間は、原則として採用の日から6月の期間であるが、この間の勤務日数が「90日に満たないとき」は90日に達するまで延長する「規則があれば認められる」。この勤務日数不足の場合以外に条件付採用期間を延長しなければならない事由は特にないとされている。

【No.084】 正解　1
1　正解。
2　条件付採用職員の職名の決定も、給与の等級及び号給の決定についても、「正式採用職員と一括で行われる」。
3　条件付職員の分限は、条例で定め得るとされているため、「分限に関する規定の適用を一切受けないわけではない」。
4　条件付採用の職員には、正式採用の職員にある身分保障の規定が適用されないが、「服務規律の適用があり」、服務違反に対し「懲戒処分を受ける」。
5　条件付採用の職員を正式採用するか否かは任命権者の裁量に属するが、正式採用の職員と「同様に」、「解雇の予告制度が適用される」。

【No.085】 正解　5
5　正解。CとDとEが妥当である。
A. 臨時的任用は、「常時勤務を要する職に欠員が生じた場合を要件に」、さらに緊急の場合、臨時の職の場合及び「人事委員会に採用候補者名簿がない場合」の「3つの要件にあてはまる場合」に認められる。
B. 臨時的任用者には、「正式任用に際して優先権を与えられていない」。

【No.086】 正解　5
1　臨時的任用は、正式任用の特例であり、条件付採用の制度が適用されず、また「厳密な能力の実証が必要されずに」任用が行われる。
2　臨時的任用には、「常時勤務を要する職に欠員が生じた場合において」、緊急の場合、臨時の職の場合及び人事委員会に採用候補者名簿がない場合の三種類があり、「人事委員会を置かない地方公共団体には、緊急の場合及び臨時の職の場合の二種類が適用される」。
3　臨時的任用を行う期間は6か月の期間を超えない期間であるが、必要な場合には、任命権者はさらに6か月の期間を超えない期間に限り、「1回だけ」更新することができる。
4　人事委員会を置く地方公共団体の臨時的任用には、任命権者が人事委員会の承認手続を行う必要があり、その具体的な手続は「臨時的任用を行う職についての承認であり、個々の職員についての承認ではない」。
5　正解。

【No.087】 正解　4
1　臨時的任用の職員が服務義務に違反した場合には、懲戒処分の対象となる。しかし、職員の意に反して懲戒処分を受けた場合でも「不利益処分の審査請求をすることはできない」。なお、その取消又は無効の確認を求めて訴訟を提起することはできる。
2　臨時的任用ができるのは、人事委員会を置く地方公共団体では、「常時勤務を要する職に欠員が生じた場合に」おいて、「①正式の任用方法をとる時間がない緊急の場合、②職自体の存続期間が暫定的な臨時の職の場合」、③採用候補者名簿のない場合の三つの場合に限られる。
3　臨時的任用を3か月の期間でした者をさらに3か月の期間臨時的任用をしたときは、引き続く任用期間は6か月の期間であるが、更新は1回に限られるため、さらに引き続いて任用することは「できない」。
4　正解。
5　臨時的任用の職員であった者が正式採用された場合でも、臨時的に任用されていた期間を条件付採用の期間として算入「できない」。

【No.088】 正解　3
1　人事委員会を置く地方公共団体においては、任命権者は「常時勤務を要する職に欠員が生じた場合に」おいて、「人事委員会の規則」で定めるところにより、緊急の場合、臨時の職の場合、人事委員会に採用候補者名簿がない場合に限り、臨時的任用を行うことができる。
2　臨時的任用において、「採用候補者名簿がある場合でも、緊急性があるとき又は臨時的ならば、臨時的任用ができる」。
3　正解。
4　任命権者が臨時的任用を行う場合に、人事委員会を置く地方公共団体にあっては人事委員会の承認が必要である。この承認は「職員個々に対してではなく、職に対しての承認である」。その都度の承認に代わって事前に包括的な承認を得ることもできる。
5　人事委員会は、臨時的任用につき任用される者の資格要件を定めることができる。任命権者が人事委員会の規定に違反する場合には、その臨時的任用を「取消すこともできる」。

【No.089】 正解　3
3　正解。bとdが妥当である。
a. 臨時的に任用される職であっても、顧問、調査員、嘱託員などは特別職であり、「含まれない」。
c.「人事委員会」は、資格要件を定めることができる。
e. 採用候補者名簿がある場合でも、緊急性又は臨時的な場合には「臨時的任用ができる」。
f. 正式任用でないため、「転任や昇給はあり得ない」。

13　会計年度任用職員制度

【No.090】　正解　4
1　会計年度任用職員は、行政需要の多様化等に対応し、公務の能率的かつ適正な運営を推進するために制度化された「一般職」の非常勤職員である
2　会計年度任用職員には、常時勤務の職員の勤務時間と同一のフルタイムの者と、「常時勤務」の職員の勤務時間に比し短いパートタイムの者の二類型がある。
3　会計年度任用職員の採用は、人事委員会を置く又は置かないにかかわらず、すなわち、地公法第17条の2の採用の方法の規定にかかわらず「競争試験又は選考による」。
4　正解。
5　会計年度任用職員の条件付採用については、その任期が一会計年度に限られることから、原則として6か月のところ「1か月」とする特例が設けられている。

【No.091】　正解　5
1　「フルタイム会計年度任用職員」の任用や勤務条件などに関しては、条例に

基づき、任命権者から地方公共団体の長への報告や長による公表などの対象となる。（地公法第58条の2）
2　「フルタイムの会計年度任用職員」は、常時勤務を要する職を占める職員の1週間当たりの勤務時間と同等な勤務時間上、給料、手当及び旅費の支給の対象となり、パートタイムの会計年度任用職員には報酬、費用弁償のほか期末手当が対象となる。
3　会計年度任用職員のうち、「パートタイムの者」はその勤務形態の多様性を踏まえ営利企業への従事等の制限の「対象外」となっている。
4　会計年度任用職員（フルタイムとパートタイムともに）であっても、職務専念義務や信用失墜行為の禁止などの規定が「適用され」（パートタイムの営利企業への従事等の制限を除く）、これに違反する場合には「懲戒処分の対象となる」。
5　正解。

14　定年前再任用短時間勤務職員制度

【No.092】　正解　1
1　正解。
2　定年前再任用短時間勤務職員制度は、定年制の引き上げに伴う措置であり、本人の希望を踏まえ、従前の勤務実績その他の人事委員会で定め情報に基づく「選考により」勤務できる制度である。
3　定年前再任用短時間勤務職員については、常時勤務を要する職に昇任し、降任し又は転任することは「できない」。
4　定年前再任用短時間勤務職員への採用には、「条件付採用の規定は適用されない」。
5　定年前再任用短時間勤務職員は懲戒処分の対象となる。その対象となる行為は当該定年前再任用短時間勤務職員として勤務した違反行為に限られず、「退職前の在職期間の違反行為も含まれる」。

【No.093】　正解　2
1　短時間勤務職とは、常勤の職員と「同様な形態」をとりながらも、1週間当たりの勤務が常勤勤務時間に比して短い時間である職をいう。
2　正解。
3　対象となる職員は、条例年齢以上の者で「退職を条件に」短時間勤務職への採用を希望できるが、すでに定年退職日を経過している場合には希望できない。
4　この制度は、条例年齢日から定年退職日までの間に、「短時間勤務職に昇任、降任、転任させることができる制度である」。

5　短時間勤務職の制度は、普通地方公共団体のほか、「特別区や地方公共団体の組合にも認められる」。

【No.094】　正解　5

1　地公法には人事評価に関する根本基準があるが、この基準は職員に対する人事評価を公正に行わなければならないことを「任命権者」に課したものである。

2　職員の人事評価は、職員の職務遂行において発揮した能力「のみならず」職務遂行結果の業績を「評価する技法でもある」。

3　職員の人事評価は、職員の任用、職員の給与その他の人事管理の基礎として活用するために実施するものであり、また分限処分の基礎とするものでも「ある」。

4　職員の人事評価の基準及び方法に関する事項などは、「任命権者」が定める責任であるが、人事委員会は、この人事評価の実施に関して任命権者に勧告することができる。

5　正解。

【No.095】　正解 1

1　正解。

2　人事評価は、職員の任用、給与、分限、「その他の」人事管理の基礎とするために行う勤務成績の評価であり、人事評価は公正に行わなければならない。

3　人事評価の基準及び方法など必要事項は任命権者が定めるが、任命権者が長「及び議長」以外の者であるときは、当該事項を長に協議しなければならない。

4　人事評価は、公正でなければならないし、また任命権者は人事評価の実施の結果に応じた「措置を講じなければならない」。

5　人事評価は、「人事委員会の設置の有無を問わず」地方公共団体が実施する義務があり、人事委員会は人事評価の実施に関して任命権者に勧告することができる。

【No.096】　正解　3

1　人事評価とは、任用、給与、分限などの人事管理の基礎とするために、職員の職務遂行の発揮能力及び「挙げた業績」を把握した上で行われる勤務成績の評価をいう。

2　任命権者は、職員の執務について定期的に人事評価を行わなければならず、またその人事評価の結果に応じた「措置を講じなければならない」。

3　正解。

4　人事評価の基準や方法に関する事項は任命権者が定めるが、この場合、任命権者が「長及び議会の議長以外の者であるときは」、あらかじめ長に協議しなければならない。
5　人事委員会は、給与、勤務時間その他の勤務条件に関し講ずべき措置を任命権者に勧告できるし、また「人事評価の実施に関しても、任命権者に勧告することができる」。

16　給与・勤務時間その他の勤務条件

【No.097】　正解　2
1　地公法で使用される勤務条件という用語は、労働関係法規において、一般の雇用関係にいう「労働条件に相当するもの」である。
2　正解。
3　勤務条件を性質別にみると、経済的給付に関する事項と労働提供の仕方に関する事項とに分類できるが、勤務時間は「後者」に分類される。
4　勤務条件に関して、職員に権利を付与し又は義務を負わせる場合を条例で定める場合には、条例制定権者に裁量はないが、「それ以外、勤務条件として何を条例で定めるかは条例制定権者の裁量である」。
5　勤務条件は、条例で定めることとされている。これは勤務条件の決定の方法及び決定の結果について、一人「職員のみならず」地方公共団体、ひいては、住民が細心の注意と配慮を払う必要があるからである。

【No.098】　正解　5
1　条例主義の原則は、職員の給与、勤務時間その他の勤務条件を条例で定めることとする原則であり、この原則は、団体協約の締結権が制限されている職員にも「適用される」。
2　平等取扱いの原則は、憲法が定める法の下の平等に由来するものであり、「合理的な理由なくして」差別することを禁止する原則である。
3　平等取扱いの原則は、勤務条件の基本原則であり、個々の職員の具体的な給与を職務の困難性や責任の度合い、又は人事評価などで決定することは、何ら「平等取扱いの原則に反しない」。
4　地方公務員の場合は、労働基本権が制約されており、その代償措置として、職員の給与などについて適切な措置を講ずべきことを「地方公共団体」に課している。
5　正解。

【No.099】　正解　3
1　条例主義の原則は、職員の勤務条件が住民の意思を反映した条例によるとする原則であり、また条例主義の原則は、団体協約が制限されている職員の勤務条件を保障する趣旨でも「ある」。
2　平等取扱いの原則は、全て国民は地公法に基づいて、平等に取り扱われなければならないとする原則であるが、「この原則は原則として外国人には及ばない」。
3　正解。
4　情勢適応の原則は、公務員の労働基本権が「制限」されていることから、民間労働者との均衡上の代償として規定されている原則である。
5　情勢適応の原則は、地方公共団体が職員の給与、勤務時間等の勤務条件が一般社会の情勢に適応するように、「必要な措置を講ずる義務がある」ことを明確にしたものである。

【No.100】　正解　4
1　地方公務員は、勤務時間等については、ほとんど「全面的に労働基準法の適用を受ける」ため、職員の勤務時間等を条例で定める場合には、労働基準法に定める「基準を下回ることができない」。
2　休日とは、正規の勤務時間においても勤務することを要しない日をいい、国民の祝日、「年末年始の間」及び国の行事の行われる日である。
3　休暇とは、一定の事由のある場合、職員が任命権者の承認を得て勤務することを一時的に免除される勤務条件上の制度をいい、休暇には大きく分けて年次有給休暇、病気休暇、「特別休暇」及び介護休暇の「四種類」がある。
4　正解。
5　正規の勤務時間とは、経常的な業務を行うためにあらかじめ定められた時間であり、この正規の勤務時間には「休憩時間は含まれない」。

【No.101】　正解　5
1　勤務時間とは、職員が任命権者の指揮監督のもとに職務に専念することを義務づけられている時間をいい、この勤務時間は正規の勤務時間のみならず超過勤務、休日勤務及び宿日直勤務の時間も「含まれる」。
2　正規の勤務時間は、休憩時間を「除き」1 週間当たり 38 時間 45 分であるが、ただし、4 週間を平均した 1 週間当たり 38 時間 45 分である場合も含む。
3　育児又は介護を行う職員が請求した場合には、「職務に支障がある場合を除き」午後 10 時から翌日午前 5 時までの勤務が制限される。
4　任命権者は、公務のため臨時又は緊急の必要があるときは、超過勤務を命ずることができるが、この場合、「原則として」事前に命令し、必ず事後に確認される。
5　正解。

【No.102】　正解　1

1　正解。
2　休憩時間は、職員が勤務時間の途中に疲労回復のため勤務を離れることを権利として保障されている時間であるが、「勤務時間には含まれない」。
3　休憩時間に関し労働基準法では、勤務時間（超過勤務の時間を含む）が6時間を超える場合には、「45分」を与えている。
4　休憩時間には、労働基準法上、①勤務時間の途中に与える。②同一事業所の全職員に一斉に与える。③職員の自由に利用させる。この三原則があり、「同一事業所の全職員に一斉に与える場合と職員の自由に利用させる場合」には「例外がある」。
5　休憩時間は、疲労回復のための時間であり、通常12時からの時限とされているが、職務の性質によりこれにより難い職員には、「業務の実態に応じて個別にその時限が定められる」。

【No.103】　正解　3
1　週休日とは、正規の勤務時間を割り振られない日をいい、労働基準法の休日に当たるものであり、土曜日、日曜日がこれに該当するが、「祝日や年末年始」は「休日」である。
2　週休日に勤務した場合には、当該週休日を、他の勤務日に振り替えることができるが、人事院規則では、週休日の「前後8週間」の範囲内で振り替えるができるとしている。
3　正解。
4　週休日とは、労働基準法の休日に当たり、本来職員が勤務する義務を課せられていない日をいう。勤務時間条例では、日曜日及び土曜日を週休日と定めている。特に勤務することを命ぜられた場合を除き正規の勤務時間においても勤務することを要しない日は、「休日」である。
5　週休日とは、労働基準法では毎週少なくとも1回を原則としているが、自治体では、毎4週間につき8日とすることもできるし、「人事委員会の承認を得て」毎4週間につき4日以上とすることも「できる」。

【No.104】　正解　4
1　休日は、正規の勤務時間として割り振られて「いる」が、特に勤務を命ぜられる場合を除き勤務することを要しない日をいう。
2　休日は、正規の勤務時間においても勤務を要しない日をいい、国民の祝日に関する法律に規定された休日と年末年始の休日のほか、「国の行事が行われる日」の「三種類」がある。
3　休日に勤務した場合は、その勤務に替えて他の日の勤務を免除されたときには、「休日給は支給されない」。
4　正解。

5　休日に特に勤務を命ずる場合は、当該休日に代わる日を代休日に指定できるが、この代休日は同一週内に「限られず」、「前後に割り振ることもできる」。

【No.105】　正解　5

1　休暇とは、職員が任命権者の承認を得て、勤務することを一時的に免除される制度であり、条例で認められているのは「年次有給休暇」、病気休暇、特別休暇及び介護休暇の「4 種類」である。
2　病気休暇は、療養のため勤務しないことがやむを得ないと認められる必要最小限度の期間が与えられ、給与の減額を免除される期間は 1 回に付き引き続く「90 日」までとされている。
3　公民権行使休暇は、選挙権その他の公民としての権利の行使又は公の職務の執行のための休暇であり、職員の請求を拒むことはできないが、「請求された時刻を変更することはできる」。
4　年次有給休暇は、職員の権利であり、職員から請求があるときに与えなければならないが、逆に任命権者は請求を認めるかどうかの時季変更権を有している。しかし時季変更権は、業務の正常な運営を阻害するかによって判断され、「それ以外の休暇に対する変更権の行使は無効とされる」。
5　正解。

【No.106】　正解　2

1　条例主義の原則は、給与を住民の前に明らかにする必要上、職員の給与は、「法律」又は条例に基づかない限り支給することができないとする原則である。「規則は除かれる」。
2　正解。
3　均衡の原則は、職員の給与の決定にあたっては諸般の事情を考慮しなければならないとする原則であり、人事委員会の給与勧告は「この原則に基づくものものである」。
4　給与支払いの原則は、給与の支払いについては通貨で、直接職員に、その全額を支払わなければならないとする原則であるが、「この原則には例外がある」。
5　労働基準法適用の原則とは、労働基準法の規定は地公法で特に明文をもって適用除外とされるもの以外は全て適用するとする原則であるが、「国家公務員には適用されない」。

【No.107】　正解　1

1　正解。
2　職員の給与は、その職務と「責任」に応ずるものでなければならないが、全てにわたって「完全に職務給の原則が実現されているわけではない」。現行給与制度には生活給、年功給、年齢給が加味されている。

3　職員の給与は、職務内容が類似している国及び他の地方公共団体の職員の給与との均衡を図る「ほか」、「生計費並びに民間事業従事者の賃金を基準として定められる」。
4　職員の給与は、通貨で、直接職員に、その全額を支払わなければならないが、通貨支払いの例外として、「小切手による支払いは認められていない」。
5　職員が特別職を兼ね、その職務に従事することは法律上禁止されていないため、特別職としての報酬を「受け取ることができる」。ただし、給与と報酬の「重複の受給は認められない」。

【No.108】　正解　3
1　条例主義の原則とは、職員の給料は条例に基づかなければ、いかなる金銭又は有価物も支給できないとする原則である。「各種手当も条例事項」である。
2　職務給の原則とは、職員の給与は、その職務と責任に対応し、貢献度に応じて決定されなければならないとする原則であるが、実際の給与には「生活給が加味されている」。
3　正解。
4　給与支払いの原則とは、職員の給与は、原則として通貨で支払わなければならないとする原則であり、「条例に根拠規定があれば」、給与の一部として食事、住宅などの「現物支給が認められる」。
5　給与支払いの原則に基づく職員の給与は、法律又は条例に規定がある場合を除き直接、職員に支給される。ただし、「給与の口座振替については、条例があっても、本人の同意なしに行えない」。

【No.109】　正解　5
1　給与とは、職員が提供した勤労に対する対価を意味し、支給される金銭その他の有価物をいい、具体的には給料のほか「各種手当も含まれる」。
2　給与は、勤務の対価である。旅費のほか「退職手当、公務災害補償」などは実費弁償あるいは給与以外の給付として支給されるものであり、「給与には該当しない」。
3　給与は、民間の労働者のように労使交渉で決定されるものとは異なり、「地公法で定める原則に従い決定される」。
4　給与は、職員の正規の勤務時間の勤務に対する報酬であって、特に給与の中心的なのが給料であるが、「給与」の中から諸手当を除いたものが「給料」である。
5　正解。

【No.110】　正解　4
1　給与は、法律又は条例に基づかなければこれを支給できないが、「地方公営企業の職員及び単純労務職員の給与は、条例で定めるのは給与の種類と基準のみとされており、給与は団体交渉の対象となり労働協約を締結することができる」。

2　給与は、通貨で、直接職員にその全額を支給しなければならない原則があるが、例外として、「法律又は条例に特別の規定があれば」、食事、衣服、宿舎などの「現物支給が認められる」。だが、「被服などが貸与される場合には給与に該当しない」。

3　人事委員会は、給料表が毎年少なくとも1回、適当であるかどうか長及び議会に報告することとされている。報告は義務であるが、「勧告は給料額の増減が適当であるときに限って行うことができる」。

4　正解。

5　給与は条例で定められるが、その職員の給与条例の提案権は、長のみならず「議会の議員にもある」。(自治法第112条、第149条①)

【No.111】　正解　1

1　正解。

2　県費負担教職員の給与条例は、「都道府県条例で定める」こととされている。

3　非常勤職員の給与は報酬と称され、報酬の額及び支給方法を条例で定めれば足りるが、非常勤職員には「報酬以外の給与を支給することができない」。

4　地方公営企業の職員の給与は、「一般行政職員と異なり」、給与条例主義の原則が全面的に「適用されず」、給与条例主義の原則は「給与の種類と基準のみ」とされており、具体的な事項は団体協約によって決められる。

5　臨時的任用職員の給与は、「地公法第22条の3第6項の規定が適用され」、同法第25条第1項により「条例事項とされている」。

【No.112】　正解　3

3　正解。

職員の給料表は、職員の職務の複雑、困難及び「A. 責任」の度に基づく等級ごとに、明確な給料額の幅を定めなければならないとする「B. 職務給」の原則を掲げ、地公法第25条第3項では、条例に掲げる具体的な事項を挙げている。

しかしながら、この「B. 職務給」の原則によらず、いわゆる『わたり』を行う自治体が散見した。

国はこの「B. 職務給」の原則を徹底するために平成26年に地公法を改正し、地方公共団体の職員の給与に関する条例に、新たに「C. 等級別基準職務表」を規定した。

一方、給与などの人事管理の基礎となる人事評価は「D. 標準職務遂行能力」の類型として任命権者が定めるとされているが、「C. 等級別基準職務表」と「D. 標準職務遂行能力」は密接な関係を有している。だが、法律的には「C. 等級別基準職務表」は条例で定められ、「D. 標準職務遂行能力」は任命権者が定めることとされている点から、「C. 等級別基準職務表」が上位にあることになる。

【No.113】 正解　4

1　給料表の適否の報告は、人事委員会に課せられているものであり、「公平委員会にはその権限がない」。

2　給料表の適否について、人事委員会が、毎年少なくとも1回、議会及び長に報告するのは義務であるが、「勧告は義務ではない」。勧告は必要があれば行うことができるものである。

3　人事委員会の報告は、「同時に」議長及び長に対して行うこととされている。

4　正解。

5　「勧告は、長を拘束するものではない」。

【No.114】 正解　5

1　修学部分休業は、任命権者の「職務命令に基づかず」、職員自らの意思で修学資金の「援助を受けることなく」、職員の公務能力の修学を支援する勤務上の便宜を図る制度である。

2　修学部分休業は、職員が、大学その他の条例で定める教育施設における修学のため、条例で定める期間中「一週間の勤務時間の一部について」、職務から離れる制度である。

3　修学部分休業は、具体的な権利として「職員に付与された制度ではない」から、職員の申請に対して、「任命権者がその申請を承認するかは、裁量である」。

4　修学部分休業の対象となる者は、臨時的任用職員、任期付採用職員及び非常勤職員などを除く職員であるが、「一般職でも、企業職員や単純労務職員は対象外である」。

5　正解。

【No.115】 正解　1

1　正解。

2　高齢者部分休業は、定年に備えて地域ボランティアなどを可能にするとともに、「この休業の時間を若年層の任期付短時間勤務職員が代替するワークシェアリングの効果を期待する制度である」。

3　高齢者部分休業は、任用や勤務形態の多様化の一環として制度化された休業であり、「国家公務員にはない地方公務員独自の制度である」。

4　高齢者部分休業は、定年退職日から条例で定める期間を遡った日後の日で、申請した日から定年退職日までの期間とされ、「5年を超えない範囲内とする期間の上限は廃止されている」。

5　高齢者部分休業は、1週間の勤務時間の一部について勤務を要しないことを承認する制度であり、「勤務しない時間については条例で定めるところにより減額して給与を支給するとされている」。

17　休業

【No.116】　正解　2

1　自己啓発等休業ができる職員が、この休業を申請した場合において、公務の運営に支障がなく、「かつ当該職員の公務に関する能力の向上に資すると認める場合」に任命権者が承認する制度である。

2　正解。

3　自己啓発等休業は、大学等の課程の履修と国際貢献活動として外国での奉仕活動に認められ、当該奉仕活動の「国内の準備行為にも認められる」。

4　自己啓発等休業の職員は、当然に職員としての服務を有することから、信用失墜行為の禁止、守秘義務などの地公法の規定の適用を受けるが、「職務専念義務の規定の適用は受けない」。

5　自己啓発等休業の職員には給与が支給されないし、また勤勉手当や期末手当も、それぞれの基準日に「在職していなければ、支給されない」。

【No.117】　正解　5

1　配偶者同行休業は、職員が外国に勤務する場合、外国に住所又は居所を定めて滞在する戸籍上のみならず、「事実上婚姻関係に有る者を含む」配偶者と生活を共にするための休業制度である。

2　配偶者同行休業は、公務の運営に支障がないと認めるときに、任命権者が承認する制度であり、承認に際しては、当該申請職員の「勤務成績その他の事情を考慮した上で」承認される。

3　配偶者同行休業の期間は、「3年」を超えない範囲内において、条例で定める期間であるが、条例で定めるところにより、休業期間の延長を申請できる。

4　配偶者同行休業の効力は、当該職員が休職又は停職を受けた場合や、配偶者の死亡の場合のみならず、「離婚で配偶者でなくなった事由でも失効する」。

5　正解。

【No.118】　正解　4

1　育児休業は、「地方公務員の育児休業等に関する法律」に基づく制度であり、子を養育する職員が勤務を継続しながら育児することを容易にし、職業と家庭との調和を図る制度である。

2　育児休業は、任命権者の承認を受けて、「3歳に満たない子」を養育するために当該子が「3歳に達するまで」休業することができる制度である。

3　育児休業は、子を養育する職員の継続的な勤務を促進する制度であるから、原則として一般職の男女職員に認められ、「両親が同時に取得することもできる」。
4　正解。
5　育児休業は、小学校就学までの子を養育するため、希望日及び時間帯に勤務する「育児短時間勤務」にも認められ、また1日の勤務時間の一部を勤務しない部分休業にも「認められる」。

【No.119】　正解　4
1　大学院修学休業は、公立学校の教職員が、任命権者の許可を受けて「3年」を超えない範囲内において、大学院の課程等に在学するための休業である。
2　大学院修学休業をしている教職員は、その休業期間中は職務に従事しないが、「地方公務員としての身分を有する」。
3　大学院修学休業をしている期間は、公立学校の当該教職員は職務に従事しないため、一切の「給与が支給されない」。
4　正解。
5　大学院修学休業の許可は、当該大学院修学休業をしている教職員が、休職や停職の処分を受けた場合には、「その効力を失う」。

18　分限と懲戒の基準

【No.120】　正解　1
1　正解。
分限及び懲戒の適用に当たっては、地公法は全て「A. 公正」でなければならないと規定している。
このうち分限では、最も重要な「B. 免職及び降任」については地公法自体で定める事由に、「C. 休職及び降給」を地公法に定める事由又は条例（人事委員規則）に定める事由によらなければならないと規定している。
さらに懲戒では、職員の身分上極めて重要なことであるから、「D. 地公法」に定める事由によらなければならないと規定している。

【No.121】　正解　5
5　正解。
Aの戒告、Bの停職、Fの減給は、「懲戒処分」である。
Cの降任、Dの休職、Eの降給は、「分限処分」である。

【No.122】　正解　3
1　職員は、法律の事由によらなければ分限の免職処分が適用されないが、裁判所による勾留などの「刑事事件に関し起訴された場合は、分限休職の事由である」。

2　分限の休職処分は、「法律又は条例の事由」によることとされており、また人事評価又は勤務の状況を示す事実に照らし勤務実績がよくない場合は、「分限の免職又は降任の事由である」。
3　正解。
4　分限の降任処分は、「条例ではなく法律の事由」とされている。当然その事由には、職員の性格等に起因するその職に必要な適格性を欠く場合がある。
5　職員は、法律の事由によらなければ懲戒の停職処分が適用されないが、「心身の故障のため長期の休養を必要とする場合は分限の休職の事由である」。

【No.123】 正解　5
1　分限は公務の「能率維持」、かつ適正な運営の確保を図ることを目的とし、懲戒は公務の「秩序維持」と道義的責任を図ることを目的とする。
2　分限は職員の特定の不当行為といった「道義的な処分ではない」。あくまで公務の能率かつ適正な運営を図るための処分である。懲戒はその制裁を目的として職員の道義的責任を追及するために行われる処分である。
3　分限及び懲戒ともに「裁量の余地はある」が、「まったくの自由裁量ではない」。
4　分限及び懲戒は、いずれも「何らかの行政処分を伴う処分」である。行政処分を伴わない場合には欠格条項該当者の失職、定年退職の失職がある。また、いずれも「職員の意に反する不利益な身分上の変動をもたらす処分である」。
5　正解。

【No.124】 正解　2
1　退職者には、過去の義務違反に対し遡って懲戒処分を行うはできないが、地公法第29条の一定要件を備える場合には「定年前再任用短時間勤務中に懲戒処分ができる」。
2　正解。
3　同一地方公共団体で任命権者を異にして異動したときは、前の任命権者の下の義務違反について、「後の任命権者が懲戒処分を行うことができる」。
4　異なる地方公共団体の職を兼務している場合、身分上の義務違反に対し、いずれの地方公共団体においても懲戒処分を行うことができ、一方が免職で、他方が停職にすることも「あり得る」。
5　一つの行為が分限と懲戒の事由に該当する場合に、いずれの処分を行うかは任命権者の裁量とされており、また「その両方を行うこともできる」。

19　分限処分

【No.125】 正解　5
5　正解。

A. その職に必要な適格性を欠く場合は、分限の「降任」又は「免職」の処分ができる。
B. 刑事事件に関し起訴された場合は、分限の「休職」の処分ができる。
C. 人事評価又は勤務状況を示す事実に照らして勤務実績がよくない場合は、分限の「降任」又は「免職」の処分ができる。
D. 心身の故障のために長期の休養を要する場合は、分限の「休職」の処分ができる。
E. 全体の奉仕者たるにふさわしくない非行のある場合は、「懲戒処分」である。
F. 条例に定める事由に該当する場合は、分限の「休職」又は「降給」の処分ができる。

【No.126】 正解 1
1 正解。妥当なのは、「a、b、g、h」である。
c. 公正の原則が「適用される」。
d. 任命権者が分限処分を行うか又は分限処分のどの処分を行うかは、「自由裁量」とされている。
e. その職に必要な適格性がないという事由で「降任又は免職」の処分にできる。減給は懲戒処分の種類の一つである。
f. 一般的任用による職員の場合は「正式任用の職員に適用され」、正式任用でない条件付採用職員には適用されない。

【No.127】 正解 4
1 分限処分は、公正かつ能率的な行政運営を確保するために一定の事由がある場合に、職員の意に「反して」、不利益な身分上の変動を「もたらす処分」である。
2 条例で分限の「種類」を加えることは「できない」。
3 分限処分は、職員の身分から生ずる法律上の利益の限界を意味し、分限処分の事由に該当するかどうかの判断は、任命権者の自由裁量にまったく委ねられているわけでは「なく」、一定の客観的基準に照らして決められるべきものである。
4 正解。
5 分限処分を行う場合も労働基準法の規定に従わなければならないが、労働基準法上の解雇の予告又は予告手当の支給規定は、職員の意に反する「免職」に限り適用される。

【No.128】 正解 1
1 正解。
2 記述は、「懲戒処分のねらい」である。
分限処分とは、職員の身分保障を前提としつつ一定の事由がある場合に、職員の意に反する不利益な身分上の変動をもたらす処分であり、公務能率を維持することにある。
3　分限処分の処分権者は任命権者であり、当該免職を行う場合に「人事委員会の承認を得る必要はない」。
4　条件付採用期間中の職員には、原則として「分限処分が適用されない」。
5　条件付採用職員及び臨時的任用職員は、地公法第29条の2の適用除外規定により分限に関する規定が適用されないため、身分は保障されていないが、両者に対しても分限に関する公正取扱いの原則が適用されるため、「条例の特例規定があれば、その範囲内でその身分が保障される」。

【No.129】 正解　2
1　分限処分は、公務「能率」の維持や改善及び適正な行政運営を確保する点にある。「一つの事由について、二種類以上の分限処分の併課ができる場合がある」。例えば、降任と休職の二種類の処分を行うことなどが可能である。
2　正解。
3　分限規定は、原則として、条件付採用期間中の職員（会計年度任用職員の条件付を含む）及び臨時的任用職員には適用されない。ただし、「これらの職員についても条例で分限に関する必要な事項を定めることができるため、例外的に、条例に基づく分限がまったくないわけではない」。
4　分限免職をする場合には、「労働基準法の規定に従わなければならない」。したがって、職員が公務上負傷し又は疾病にかかり休養する期間、その後30日間は「分限免職ができない」。
5　降給は、分限による条例の事由に基づく処分に「限られず」、法改正で令和5年4月からは、「法律(地公法)に基づく役職定年制の導入に伴う降給もある」。

【No.130】 正解　3
1　職制又は定数の改廃や過員によって離職した場合には、復職については、人事委員会の定めにより、他の採用と異なる「優先扱いを受ける」。
2　人事評価又は勤務の状況を示す事実に照らして勤務実績がよくない場合に、その意に反して降任又は免職の処分を受けることがある。例えば、「出勤状況が不良の場合も勤務実績がよくない場合に該当し、処分を受ける」。
3　正解。
4　心身の故障のため、職務の遂行に支障があり又はこれに堪えない場合には、これを「降任又は免職にすることができる」が、このような場合には、「その意に反して休職にさせることもできる」。
5　職制又は定数を改廃し、その改廃を根拠に、職員をその意に反して一方的に降任又は免職にすることは、公平の原則に違反し「法の容認しない」ところである。

【No.131】 正解　2

1　分限処分は、同一の事由に基づき二つの分限処分を併せて行うことが「できる」。例えば、収賄事件で起訴された職員に対し「分限休職と分限降任とを併せて行うことができる」。

2　正解。

3　職制若しくは定数の改廃又は予算の減少により廃職又は過員を生じた場合には、その意に反して職員を「免職又は降任にすることができる」。

4　職員が、刑事事件に関し起訴された場合も、心身の故障のため長期の休養を要する場合も、「ともに、分限の休職処分の事由に該当し」、当該職員は「職員としての身分を保有する」。

5　降給は、「現在の給料額よりも低い額の給料に決定する処分である」。人事異動に伴い職務や責任の変更により給料が低くなることは、「降給処分ではない」。

【No.132】 正解　4

4　正解。BとCが妥当である。

A. 身分を失う効果において、分限免職と懲戒免職とは同じである。また、職員の失職は、法律上なんらの処分、意思表示を伴わず職を失うものであって、「処分を伴う分限免職に当たらない」。

D. 分限降給は、職員が現に決定されている給料の額よりも低い額の給料に決定する処分である。懲戒の減給も給料の額が減じられるが、それは一定期間に限られ、その期間の満了とともに自動的に元の給料額に復する。これに対し、「降給は、給料の決定そのものの変更であって、昇給がなされない限り降給後の給料額が継続する」。

【No.133】 正解　5

1　分限休職は、心身の故障のために長期の休養を要する場合及び刑事事件に関して起訴された場合に「限られず」、条例で休職事由を定めることができる。

2　分限休職は、刑事事件で「起訴された」場合にも認められ、これを休職処分とするか否かは任命権者の自由裁量であるが、「起訴前には休職処分にできない」。

3　分限休職はその意に反する処分であるが、辞令書の交付で足りる。処分事由説明書の交付がない場合でも、処分そのものが適法に行われている限り「当然に有効である」。

4　分限休職は、その休職期間が満了した場合には当然に復職し、なお心身の故障のため職務遂行に支障がある場合には、「分限免職にできる」。

5　正解。

【No.134】 正解　2

1　刑事事件に関し起訴され、かつ、裁判所に身柄が拘束されたとしても、休職処分にするか否かは任命権者の裁量であり、「即、休職処分にしなければならないわけではない」。起訴に対して処分する場合には休職処分となる。
2　正解。
3　刑事事件に関し起訴された採用前の事実を採用後に知ったときでも、「休職処分にできる」。
4　交通事故等を起こした場合に、起訴される前に休職事由とすることの「条例を制定することはできない」。
5　禁錮刑が確定した場合には、「欠格条項に該当し、当然に失職する」。休職処分ではない。

【No.135】 正解　5
1　分限処分は、懲戒処分の場合と「同様」に、職員にとって不利益処分であり、処分事由の「処分説明書を交付しなければならない」。
2　分限処分は、処分辞令書とともに不利益処分の処分説明書を交付することが原則であるが、不利益処分の処分説明書の交付は「法的効果の発生要件ではない」。
3　分限処分の手続として、必ず不利益処分の処分説明書を交付しなければならないが、この処分説明書の交付は「処分の効力の発生要件ではない」。
4　分限処分は、職員としての身分から生ずる法律上の利益の限度を意味するが、処分事由の「処分説明書の交付がなくても、処分そのものが適法に行われている限り有効」である。
5　正解。

20　定年制

【No.136】 正解　5
1　役職定年の対象範囲は、管理監督職として管理職手当を受けている職の者のほか、「これに準ずる職であって、条例で定める者も対象となる」。
2　役職定年の対象となる管理監督職は、異動期間に管理監督職以外の職のほか、「管理監督職の勤務上限年齢が当該職員の年齢を超える管理監督職への降任や転任も認められている」。
3　役職定年の対象となる管理監督職は、地公法の特例に該当すれば、「他の職への昇任」、降任もしくは転任により、管理監督職を占めたまま引き続き勤務することができる。
4　役職定年の管理監督職の「勤務上限年齢」及び管理監督職の範囲については、いずれも「国及び他の地方公共団体の職員との適当の配慮が必要である」。
5　正解。

【No.137】 正解　3

1　管理監督職にある者が上限年齢に到達したときは、管理監督職以外の職に降任又は転任しなければならないが、例外として、「異動期間に他の職への昇任、降任、転任した場合や定年退職の特例により管理監督職として引き続き勤務させる場合はこの限りでない」。

2　管理監督職の上限年齢に到達した者を異動期間の末日の翌日以後において、「当該管理監督職に採用のみならず昇任、降任、転任することは認められない」。

3　正解。

4　特定管理監督職群に属する管理監督職員とは、職務内容が相互に類似する複数の管理監督職で、欠員補充が容易でない「人事委員会規則で定める者」をいう。なお、欠員補充が容易でない事由については条例で定められる。

5　上限年齢に達した管理監督職の退職により公務運営に著しい支障が生ずる場合には、1年を超えない勤務の延長が認められ、「最長3年」の延長が認められる。特定管理監督職群に属する管理監督職員の場合は最長5年の延長が認められる。

【No.138】 正解　1

1　正解。

2　地方公務員の定年年齢は、国家公務員の定年（65歳）を基準として「条例で定めなければならない」が、「地公法では65歳と定められていない」。

3　定年制は、臨時的任用職員や任期を定めて任用される職員には「適用されない」。

4　定年制による退職は、法律に基づく統一的な任命権者の再使用の余地のない自動的な退職であり、労働基準法の解雇制限の規定は「適用されない」。

5　定年制による退職は、職員が定年に達した日以降における最初の3月31日までの間において、「条例」で定める日に退職する。

【No.139】 正解　4

1　地方公務員の定年は、国家公務員の定年引上げに伴い将来65歳となり、今後60歳から65歳まで、「2年に」1歳ずつ段階的に引き上げられる。

2　定年の引上げに伴う措置として、役職定年制が導入され、管理職手当が支給されている管理監督者の役職定年の条例年齢は60歳としているが、「特別の事情がある場合には」、例外措置を講ずることができる。

3　60歳を超える職員の給与月額は、当分の間、「国家公務員」の給与及び退職手当の措置を踏まえ、条例において60歳前の7割水準を設定することができる。

4　正解。

5　役職定年の導入に伴い他の職へ降任する場合又は他の職への降任等に伴い

降給する場合には、「不利益処分に該当しない」。

【No.140】 正解　2

1　定年退職制には、新たな人材の登用と組織の活性化の意味合いのほか、「ベテラン職員の経験を活用する仕組みが組み込まれている」。

2　正解。

3　定年退職制は、「臨時的任用職員など法令により任期を定めて任用される職員や非常勤職員には適用されない」。

4　定年退職制の特例として特別事情や職務の特殊性がある場合には、「条例による事由」に基づき、引き続き当該職員の職で勤務させることができる。

5　定年退職制の特例による勤務の延長は、定年退職日の翌日から起算して1年を超えない範囲で認められ、「最長３年」の延長が認められる。

【No.141】 正解　4

4　正解。BとCが妥当である。

A. 職員が定年に達し、その退職で公務の運営に著しい支障が生ずると認められる場合には、条例に基づき、「期限を定めて」勤務させることができる。

D. 定年延長の決定権は「任命権者」に専属するが、行政委員会が定年延長の基準を定める場合には長と協議する必要がある。

21　懲戒処分

【No.142】 正解　3

1　懲戒は、どの処分を発動するか否かは任命権者の裁量に委ねられているが、その処分の撤回は「任命権者といえども行うことができない」。

2　戒告は、職員の規律違反の責任を確認するとともにその将来を戒める処分であり、懲戒処分としては一番「軽い」処分である。

3　正解。

4　減給は、一定期間、給与の一定割合を減額して支給する処分である。減給は給与の基本額そのものを「変更するのではない」。所定期間が経過すれば減給を受ける前の給料額に復するものである。

5　免職は、職員の規律違反に対する制裁として職員としての地位を失わせる処分である。分限免職の場合には、退職手当及び退職年金の取扱い上不利益を受けないが、「懲戒免職の場合には不利益を受ける」。

【No.143】 正解　2

1　懲戒処分は、職員の道義的な責任を追及する制裁であり、職員としての義務違反に対して課する制裁であるから、「職員としての身分を取得する前の非行行為に対しては懲戒処分ができない」。
2　正解。
3　懲戒処分には、戒告、減給、停職及び免職の四種類があるが、一個の義務違反に対し「二種類以上の処分を併課することはできない」。
4　懲戒処分は、特別権力関係に基づき職員の指揮監督権を有する者が処分を行う権限を持つが、その懲戒処分権者は「任命権者である」。
5　任命権者は、懲戒処分の権限をその補助機関たる上級の地方公務員に対し「委任することができる」。

【No.144】　正解　5
5　正解。
a. 誤り・・教育委員会事務局職員の懲戒権者は「教育長ではなく、教育委員会」である。また任命権者（懲戒権者）を異にする職に併任されている場合、その職の懲戒権の所属が問題となる。懲戒事由が職務に伴う事由の場合はその職を行う職の任命権者が懲戒権を有し、職務外の事由であれば本務の任命権者が懲戒権を有する。県の場合は知事が懲戒権者となる。
b. 妥当・・事例は、公務員としての職の信用を著しく傷つけた非行として懲戒処分の対象になる。
c. 誤り・・事件が裁判所で係属する間においても、懲戒免職の手続を進めることが「できる」。
d. 誤り・・懲戒免職は身分そのものを失うが、その身分上の権利義務の一切が消滅する「わけではない」。例えば、秘密を守る義務は退職後も課せられる。
e. 誤り・・処分が下されても、すぐに訴訟を提起することは「できない」。訴願前置主義があり、不利益処分の審査請求の後でなければならない。
f. 誤り・・懲戒権者は予告を要せずに免職する場合、労働基準法第20条に基づき、非現業の職員（事務職員の場合）は「人事委員会」の認定を受ける手続が必要であり、「現業職員」の場合は労働基準監督署長の認定を受ける手続が必要である。
g. 誤り・・裁判に訴え、裁判の判決で免職の「取消」を勝ち取った。「撤回は認められない」。

【No.145】　正解　3
3　正解。
A. 地公法は懲戒処分として四種類を定めているが、条例でさらに懲戒処分の種類を加えることは「イ．できない」。
B. 懲戒処分は職員が負う責任であり、処分は任命権者の裁量によるが、懲戒の原因には職員の故意又は過失を「イ．要しない」。
C. 懲戒処分に関連する措置として、実際には訓告などの措置があるが、訓告などにおいて制裁的実質をそなえる措置は「ア．許されない」。
D.懲戒処分の事由には、①法令等に違反した場合、②全体の奉仕者としてふさわしくない非行がある場合、③職務上の義務に違反し又は職務を怠った場合があり、「ア．事由に該当する」。
E.懲戒処分は、職員としての義務違反に対して科される制裁であり、「イ．処分は遡及しない」。
F.同一職員に複数の義務違反がある場合には、個別に懲戒処分を行うことができるし、全体を勘案して一個の懲戒処分も「ア．できる」。
G.懲戒処分の手続及び効果は、法律に特別な定めがある事項を除き「イ．条例で」定めなければならない。

【No.146】 正解　4
1　懲戒処分は、任命権者が職員の一定の義務違反に対し「道義的責任を問う処分」であり、これによって当該団体における規律と公務遂行の秩序を維持することを目的とする。「公務能率の増進を図る処分は分限処分」である。
2　懲戒処分の事由には、地公法、及び特例法以外の法令に違反した場合があるが、この場合、「職員の職務に関連するか否かにかかわらず」懲戒処分の対象となる。
3　懲戒処分を行う場合には、不利益処分の処分説明書を交付しなければならない。ただし、この処分説明書は行政不服審査法に基づく教示としての意味を持つにとどまり、「処分の効力に影響を及ぼすものではない」。
4　正解。
5　懲戒処分は、組織内部における規律を維持するためのものであるから、当該団体の「職員でなくなった場合には、処分の対象とならない」が、一旦退職した後に定年前再任用短時間勤務職員に採用された場合には、退職前の事由を理由として処分できる。

【No.147】 正解　4
1　同一地方公共団体の異なる任命権者に属する職を兼職する職員に対しては、いずれの任命権者も懲戒処分を行うことができる。なお、「一方の任命権者が行った懲戒処分は他方の任命権者を拘束する場合がある」。
2　懲戒処分の種類は法定されており、いずれの処分を行うかは任命権者の裁量とされている。だがその処分は、数個の義務違反に対して一つの懲戒処分ができるが、「一つの義務違反に対して二種類以上の処分を併せて行うことはできない」。
3　懲戒処分の取消や撤回は、「処分を行った任命権者が行うことは許されない」。ただし、例外として、懲戒処分の取消は人事委員会（公平委員会）の判定又は裁判所の判決によってのみ行うことができる。

4　正解。
5　給与の支給を受けることなく兼務する職員に「減給処分を行えるとする」行政実例がある。

【No.148】 正解　5
1　刑事事件で起訴された場合には、「分限処分の休職処分にすることもできる」。
2　刑事事件で起訴された職員が懲戒処分を受けた場合に、その刑事事件で無罪が確定しても、その懲戒処分は「有効」である。
3　刑事事件で禁錮以上の刑が確定すれば、「欠格条項に該当し、当然に失職する」。
4　無罪を理由に、「懲戒処分を分限休職に変更することはできない」。
5　正解。

【No.149】 正解　1
1　正解。
2　懲戒処分において「重大かつ明白な」瑕疵がある場合等に限り、任命権者は取消し、改めて処分を行うことができる。
3　任命権者といえども、懲戒処分後には「自由に取消又は変更しかつ撤回することができない」。
4　違法な場合は取消が認められるが、取消についての権限がある機関、すなわち、人事委員会（公平委員会）の判定又は裁判所の判決によって取消すことができる。ただし、「いずれの場合でも撤回は認められない」。
5　懲戒処分に、重大かつ明白な瑕疵がある場合又は重大な事実の誤認があることが判明した場合には、無効の処分として、「裁判所の判決を待たず、任命権者は取消すことができる」。

22　服務の根本基準

【No.150】 正解　2
1　服務の根本基準は「憲法」に根拠がある。
2　正解。
3　服務の根本基準は、職員が現に職務を執行している「時間内に限らない」。
4　服務の根本基準は法律の服務基準であるが、「条例によって課せられる服務義務もある」。
5　服務の根本基準は根幹基準であるが、服務の根本基準の規定違反による「懲戒処分はあり得ない」。

【№151】 正解　3

1　服務とは職務に服することであって、服務の基準は「憲法第15条」の規定を受ける。
2　服務の宣誓は、職員が服務上の義務を負うことを確認し宣誓する事実上の行為であり、当該地方公共団体の「住民」に対して宣誓する行為である。
3　正解。
4　服務義務は、地公法のみならず「条例及び規則によっても生ずる」。
5　服務の義務は本人の承諾に根拠を置くが、服務に関する規定に違反した場合には「懲戒処分の対象となり、また罰則の対象ともなる」。

【№152】 正解　5

1　公務員の服務「義務」の根拠は、公務員関係という「特別権力関係の規律に服する」ことを受託した職員本人の意思に求められる。地公法に定める服務規定に基づきはじめて「服務義務を負うことになるのではない」。地公法の服務規定は職員が本来的に負うべき義務を確認した規定である。
2　公務員の「服務義務以前」に、行政が納税者の信託と負担で運営されることから公務員倫理が強く求められ、罪を犯せば住民の信頼を損ねるため、「懲戒処分」の対象となる。
3　全体の奉仕者という服務基準は、職員の職務執行中のみならず勤務時間外や休職などの「職員の職務執行外にも該当する基準である」。
4　職員は、服務の宣誓をしなければならない義務を有している。服務の宣誓を拒否すれば職務上の義務違反となり、「懲戒処分」の対象となる。
5　正解。

【№153】 正解　1

1　正解。
2　職員は、採用時において、「条例」の定めるところにより、服務の宣誓をしなければならない。
3　職員は、「住民全体」に対して、誠実かつ公正に職務を執行する宣誓をしなければならない。
4　服務の宣誓は、職務上の義務に「当たる」ため、服務の宣誓を拒否した場合には「懲戒処分の対象となる」。
5　服務の「義務」は、「特別権力関係に入ることを受諾した辞令交付によって生じる」ものであり、職員が「辞令交付後の服務の宣誓を行うことによって生じるものではない」。

【№154】 正解　3

3　正解。

○身分上の義務は、「B. 信用失墜行為の禁止」、「D. 秘密を守る義務」、「F. 政治的行為の制限」、「G. 営利企業への従事等の制限」、「H. 争議行為等の禁止」が該当する。
○職務上の義務は、「A. 法令等に従う義務」、「C. 職務命令に従う義務」、「E. 職務に専念する義務」が該当する。

【No.155】 正解　4
1　いずれも、「特別権力関係を根拠として発せられる」。
2　いずれも、「特定の者又は不特定の者に発せられる」。
3　職務に必要な名札の着用は「身分上の命令と職務上の命令」で発生させるが、職務の遂行に関係のある出張命令を発生させるのは「職務上の命令」である。
4　正解。
5　いずれも、「要式行為ではないため、文書又は口頭により発せられる」。

23　法令等に従う義務

【No.156】 正解　4
1　法令等に従う義務は、職務遂行に当たっての法令遵守の義務であり、公務員関係での服務義務の一つとして、「職務上の義務」に位置づけられている。
2　法令等に従う義務は公務に携わる職員に課せられた義務であるが、原則として「勤務時間中に限られている」。
3　法令等に従う義務は公務の中で重要な義務であるが、その違反は懲戒処分にとどまり、「刑罰の対象とならない」。
4　正解。
5　法令等に従う義務の法令等には、法規的な性質を有する法律、条例や規則のほか「規程や要綱も含まれる」。

【No.157】 正解　5
1　法令等に従う義務は、法律による行政の原理や行政の適法性の原則に基づく義務で「ある」。
2　法令等に「重大かつ明白な瑕疵がある場合は無効であり」、職員はこれに従う義務を有しないが、「明白な瑕疵がある場合は有効であり」、職員はこれに従う義務がある。
3　法令等に従う義務の法令等とは、「法令一般と解釈するのではなく」、その「職員の職務の執行に関係がある法令等に限られる」。
4　法令等に従う義務は、法令処理の違反を防止することのみならず法令の解釈も「まったく自由ではなく」、裁量の範囲も当然に制限される。
5　正解。

【No.158】 正解　1

1　正解。

2　職員が道路交通法規に違反した場合には、それが職務と直接に関係のない個人的な事柄である場合には、「法令等に従う義務に違反したことにはならず」、それらが懲戒処分の対象となり得るとすれば、信用失墜行為等の禁止等に該当することによる。

3　職員がその職務を遂行するに当たって刑法の収賄を収受したときは、「法令等に従う義務の違反となり」、懲戒処分の対象となる。

4　職員は、その職務を遂行するに関連する法令等に従わなければならず、その法令等とは、国の法律及び政令はもとよりこれを実施するための国の府省令を含むが、「国の通達はここでいう法令ではない」。

5　職員は、執行機関の規則や地方公営企業の管理者が定める企業管理規程に従わなければならず、任命権者が定める「訓令も規程に含まれ」、これに従う義務がある。

24　上司の職務上の命令に従う義務

【No.159】 正解　5

1　階層的に上下をなす二人以上の上司の命令に矛盾がある場合は、「より上位の者の命令が直近上位の者の命令よりも優先する」。

2　職務上の上司は、「職務上の命令と身分上の命令を出すことができる」。

3　上司の職務上の命令は上司から下部職員に発するものであるが、職務上の命令、すなわち、職務命令は「要式行為ではない」。命令は口頭による場合と文書による場合とを問わない。ただし、職務命令のうち特に重要なもの、例えば、後日当該命令をめぐって紛争が予想される場合には一般に文書による。

4　職務命令について、実質的な内容に立入って審査しなければ容易に適法か違法かを判断し得ない場合でも、「職員はその適否の審査権を有しない」。

5　正解。

【No.160】 正解　3

3　正解。AとDとEが妥当である。

　重大と明白の両方の瑕疵がある命令は「無効」となるが、重大だけの瑕疵ある命令や明白だけの瑕疵がある命令は無効とならない。

　また、違法な命令は無効とならないが、「まったく違法」又は「明らかに違法」の場合は無効となる。

【No.161】 正解　4

4　正解。「b、d」が妥当である。

a. 事務職員に対し知識や経験が皆無の工事の設計の職務命令は、「無効」である。
c. 取消されるべき瑕疵ある職命令に従えば、その行為及び結果については責任を「負わない」。すなわち、免責される。
e. 職務命令が当然に無効であるか否かを判断する審査権は、職員に「与えられていない」。
f. 地公法の職務命令に違反すれば懲戒処分の対象となるが、刑罰の対象とは「ならない」。

【No.162】　正解　5
1　職務命令に、重大かつ明白な瑕疵あるときは無効となるため、それに従う義務が生じないが、単に「重大な瑕疵があることが客観的に明らかであるときは、これに従う義務が生じる」。その結果に対しては免責される。
2　職員は、権限のある上司から発せられた職務命令に従う義務を有するが、上司の詐欺や脅迫などによる意思決定に瑕疵がある命令は、「無効な命令ではなく」、「取消されるべき命令」である。
3　職員は上司の職務命令に従う義務を有するが、その職務命令に重大かつ明白な瑕疵がある場合には、当然に「無効」であり、「これに従う義務を有しない」。
4　職員は、上司の職務命令のほか「身分上の命令」として、制服の着用や名札の着用命令にも従う義務がある。また「職員の私生活についても、職務に悪影響を及ぼす場合には職務命令を発することが可能であり」、これに従う義務を「有する」。
5　正解。

【No.163】　正解　3
1　職務命令を発することができる上司とは、職務機能の上級下級の関係を前提として、その職務を指揮監督する権限を有する者をいい、「単に身分的に上位の地位にある者を意味するものではない」。
2　職務命令の内容は、命令を受ける職員の職務に関するものでなければならない。通常、その職員に割り当てられている固定的な職務に限られるものでは「なく」、「特命による事務も含まれる」。
3　正解。
4　職務命令に、取消されるべき瑕疵がある程度では、一応「有効」の推定を受けるため、「無効」として権限ある機関によって取り消されるまでは、その命令に従う「拘束性を有する」。
5　県費負担教職員の場合、服務は「身分の属する市町村教育委員会が監督する」ことになっている。したがって、市町村教育委員会は職務上の上司の職務上の命令を発することが「できる」。

【No.164】 正解　1

1　正解。

2　職員が職務専念義務に違反して職場を放棄するように命じられた場合は、「無効の命令となり」、この命令に従う義務は「ない」。なお、職員は職務命令に対する審査権を有しない。なぜなら、職員の審査に誤りがあれば職員自身が責任を負わなければならないからである。

3　職員は、職務命令に重大かつ明白な瑕疵がある場合にはこれに従う義務を負わない。庁用車の運転手が制限スピードを超えて運転することを命じられた場合は「無効の命令となり」、この命令に従う義務は「ない」。

4　職務命令が有効であるためには、法律上又は事実上可能な内容でなければならない。知識経験が皆無の者に建築設計を命ずる職務命令は「無効の命令となり」、この命令に従う義務は「ない」。

5　職務命令に対して、予算がないにもかかわらず支出命令に従って公金を支出した場合には、明らかな法令違反で「無効の命令となるため」、この命令に従う義務は「ない」。

【No.165】 正解　2

1　職務命令は、権限ある上司から発せられるものであることが原則であり、「必ずしも直近の上司から発せられる必要はない」。

2　正解。

3　職務命令のうち、職務上の命令は受命者の職務に関するものでなければならないが、職務上の上司は身分上の命令を発することもできるため、職員に名札の着用を命ずる命令は「有効」である。

4　職務命令は「要式行為ではない」ため、文書による場合も口頭による場合も「有効」である。

5　職務命令は、「特定の職員のみならず不特定の職員に対しても行われる」。

【No.166】 正解　3

1　職務命令が形式的な適法性を欠く場合は、「拘束力を有しない」。

2　職務命令に重大かつ明白な瑕疵がある場合は、「無効であり、拘束力を有しない」。

3　正解。

4　職務命令が「無効である場合は、拘束力を有しない」。

5　職務命令が単に違法な命令であるときは、一応「有効」な推定を受け、受命者を「拘束する」。

25　信用失墜行為の禁止

【No.167】 正解　4

1　信用失墜行為の禁止は、倫理上の規範にとどまるものではなく、法律上の規範として「明文化されている」。

2　信用失墜行為に当たる行為は、職務に関連する非行に限られるものでは「なく」、直接に職務と関連のない行為も「含まれる」。

3　信用失墜行為は、職員の勤務時間外の行為及び職員のプライバシーに属する行為についても、それが公務員としての信用や名誉を傷つける場合には「該当する」。

4　正解。

5　信用失墜行為の禁止に違反した場合には「罰則の適用はなく」、懲戒処分の対象となるのみである。

【No.168】 正解　3

1　信用失墜行為は、その職の信用を傷つけ又は「職員の職全体の不名誉となる行為を指す」。

2　信用失墜行為は、職員の勤務時間内における行為のみならず「勤務時間外の行為も、禁止事項に当たる」。

3　正解。

4　信用失墜行為は、全体の奉仕者たるにふさわしくない行為を指し、この禁止行為に該当する場合には、「懲戒処分の対象となるが刑罰の対象とならない」。

5　信用失墜行為の禁止は、「職員の行為が犯罪になると否とにかかわらない」。

【No.169】 正解　5

1　公務員の職権濫用や収賄など、公務員の身分を前提とした刑法上の犯罪が該当することはいうまでもなく、公務員の身分と関係なく行われる犯罪も「信用失墜行為に該当する」。

2　服務規定違反である、例えば、リボン闘争で争議行為等の禁止規定に違反したことが、「同時に、信用失墜行為に当たる場合がある」。

3　窓口事務担当者が来庁者に対して粗暴な態度をとった場合には、「信用失墜行為に当たる場合がある」。

4　職務と直接関係のない飲酒運転で事故を起こした場合には、「事故による死亡者の出の有無にかかわらず信用失墜行為に当たる」。

5　正解。

【No.170】 正解　2

1　信用失墜行為とは、職務の関連の有無を問わず、勤務時間中の内外を問わず、職員の職の信用を傷つけ又は職員の職全体の不名誉となるような行為を指すが、これらの行為があっても、地公法上の罰則規定は「適用されない」。
2　正解。
3　信用失墜行為には地公法上の罰則規定はないが、その違反した行為が「職務の関連を問わず」、懲戒処分の対象となる。
4　信用失墜行為には地公法上の罰則規定は「ない」が、その違反した行為が破廉恥罪に該当する場合には、「刑法の罰則が科せられる場合もある」。
5　信用失墜行為の禁止に違反しても地公法上の罰則規定は適用されないが、その違反した行為が「刑法に定める罪に該当しなくても」、「全体の奉仕者たるにふさわしくない非行のある場合に該当し」、懲戒処分の対象となる。

26　秘密を守る義務

【No.171】 正解　3
1　職員は、「在職中であると退職後であるとを問わず」、職務上知り得た秘密を漏らしてはならない。
2　職員が法令による証人や鑑定人等となり「職務上の秘密」に属する事項を発表する場合には任命権者の許可を受けなければならないが、職務上知り得た秘密に属する事項を発表する場合には任命権者の許可を受ける必要はない。
3　正解。
4　職員は秘密を守る義務があり、これに違反した場合には罰則の適用がある。また第三者がそそのかした場合にも「罰則の適用がある」。
5　職員は一般的に了知されていない秘密を守らなければならないが、その秘密の中の「職務上の秘密」は「職務上知り得た秘密」の一部である。記述は逆である。

【No.172】 正解　1
1　正解。
2　秘密を守る義務違反は、懲戒処分及び「刑罰の対象となる」。
3　職員は実質的な秘密と形式的な秘密であるとを問わず秘密を守る義務を負うが、任命権者の許可を得たときに秘密事項を公表できるのは職務上の秘密であり、「職務上知り得た秘密の場合には許可の必要がない」。
4　職員は一般に了知されていない事実の秘密を守る義務を負うが、人事委員会の権限に基づき「職務上の秘密」を公表するときには、任命権者の許可を「必要とする」。
5　職員が法令による証人又は鑑定人等となり職務上の秘密を公表するときでも、任命権者は「法律に特別の定めがある場合」には、その許可を与えないことが「できる」。

【No.173】 正解　2

1　「いずれの秘密も」、公的秘密のみならず個人的秘密も対象となる。
2　正解。
3　秘密の中でその発表に許可を必要とするのは、「職務上の秘密」である。
4　「いずれの秘密も」法令による証人または鑑定人等となり、訴訟事件、議会の百条委員会、人事委員会等による場合において公表できる。
5　「いずれの秘密も」、義務違反者に対し1年以下の懲役又は50万円以下の罰金が科せられる。なお、現職の場合は罰則のみならず懲戒処分の対象となる。

【No.174】 正解　1

1　正解。
　秘密とは、一般に了知されていない事実であって、それを了知せしめることが一定の利益の侵害となる「A.客観的」に考えられるものをいう。
　法令による証人や鑑定人等となって「B.職務上の秘密」に属する事項を発表する必要がある場合は、「C.任命権者」の許可を必要とする。
　これは、証人や鑑定人等としての証言等の重要性を優先させて発表する利益と、「D.行政上」の利益の調整と調和を図るためであり、「C.任命権者」は「E.法律」に特別の定めがある場合を除き許可を拒むことができない。

【No.175】 正解　5

1　秘密には、形式的な秘密と実質的な秘密とがあり、官公庁が秘密であることを明示している文書は「形式的な秘密」に該当する。実質的な秘密は一般に知らせることが本人の不利益となる客観的に認められるような個人的事実、又は一般に知らせることが特定の個人若しくは地方公共団体の不利益となると客観的に認められる事実をいう。
2　秘密には、職務上の秘密と職務上知り得た秘密とがあり、職務上知り得た秘密とは職務の執行に関連して知り得た秘密であり、「たまたま他の職場の職員から知り得た秘密は含まれない」。
3　法令による証人や鑑定人等となり発表する場合に任命権者の許可を必要とするのは、秘密のうち、「職務上の秘密」であり、職務上知り得た秘密は任命権者の許可を必要としない。
4　秘密には、職務上の秘密と職務上知り得た秘密とがあり、職務上の秘密の方が職務上知り得た秘密より範囲が「狭い」。
5　正解。

【No.176】 正解　4

1　秘密とは、形式的に秘密の指定がなされているだけでは「足りず」、秘密というのは非公知の事実であって、実質的にそれを「保護するに値するものを指している」。
2　漏らしてはならない秘密には、職務上知り得た秘密と職務上の秘密とがあり、両者の範囲は異なり、「後者は、前者の一部」である。
3　職務に関する秘密事項であっても、他の法益に基づく強い要請によってこれを公表する場合があり、その公表は訴訟関係における法令による証人や鑑定人となる場合に、「限定されない」。議会や人事委員会などの要請による場合もある。
4　正解。
5　職務上の秘密を漏らした職員には、地公法の罰則が適用され、また秘密を漏らす行為を企てた者やそそのかした者などの第三者に対しても、「罰則を適用できる」。

【No.177】 正解　2
1　秘密を守る義務の直接の目的は「行政に対する信頼であり」、その結果として住民の個人秘密や企業秘密を守ることになる。秘密がみだりに外部に漏洩されることを防止することにもなる。
2　正解。
3　現に職員である者は、法令による証人や鑑定人等となり「職務上の秘密」に属する事項を公表するときには、任命権者の許可を得なければ当該事項を公表することができないが、「職務上知り得た秘密」の公表の場合には「任命権者の許可を必要としない」。
4　任命権者は、職員が証人や鑑定人等となるため職務上の秘密事項を公表する許可を求めてきたときに、「法律に特別の定めがある場合にはこれを許可しないことができる」。例えば、公共の利益を害したり、公務の遂行に著しい支障を生ずるおそれがあると判断したときなどである。
5　職員が秘密を漏らしたときは、懲戒処分と刑罰の対象となり、退職者が漏らしたときは、「1 年以下の懲役又は 50 万円以下の罰金」による刑罰に処せられる。

【No.178】 正解　5
1　「職務上の秘密にも職務上知り得た秘密にも、公的秘密と個人的秘密とがある」。
2　最高裁判所は、秘密とは形式的に秘密の指定がなされているだけでは足りず、非公知の事実であって、実質的にもそれを秘密として保護するに価すると認められる「実質秘密」と判示している。
3　職員が「職務上の秘密」を発表する場合には、裁判所の証人となる場合でも、任命権者の許可が必要である。
4　職員が職務上知り得た秘密を守る義務に違反した場合には、懲戒処分のみならず刑事罰の対象となる。また秘密を漏らすことをそそのかした者は「刑事罰の対象となる」。
5　正解。

【No. 179】 正解　3
1　秘密には形式秘密説と実質秘密説とがあり、行政庁が秘密であることを明示している文書は形式秘密説に該当する。通説の秘密は最終的には、客観的に「実質的秘密」であるかどうかによって判断される。
2　税務職員が特定個人の滞納額を漏らすのは「職務上の秘密」の漏洩であり、教員が生徒の家庭事情を公にするのは「職務上知り得た秘密」の漏洩である。
3　正解。
4　秘密を漏らした職員は、地公法第60条の刑事罰を受ける。これは第61条の刑事罰より「軽い」。
5　退職者が在職中に知り得た秘密を退職後に漏らしたときには、既に公務員としての任用関係にないため、「懲戒処分の対象とならない」。しかし刑事罰に問われる。

27　職務に専念する義務

【No. 180】 正解　1
1　正解。
2　職務に専念する義務は、正規の勤務時間は当然のこと、「時間外勤務又は休日勤務を命ぜられた時間においても適用される」。
3　職務に専念する義務は基本的な義務であるが、「法律又は条例に特別の規定がある場合」に、例外として免除することが認められている。「長の裁量ではない」。
4　職務に専念する義務は、当該地方公共団体が処理する自治事務及び「法定受託事務にもある」。
5　職務に専念する義務は「勤務時間内の義務」である。

【No. 181】 正解　5
5　正解。
職員は、全力を挙げて職務に専念しなければならない。これが公務員の根本基準であり、この根本基準を含む規定として具体化したものが職務専念義務である。この職務専念義務と「A. 職務命令に従う義務」は最も基本的な義務である。基本的な義務である職務専念義務には例外が認められている。
職務専念義務の免除は、「B. 公務優先の原則」に対する例外を認めることであり、この免除は「C. 合理的理由」のある場合において、かつ必要な最小限の範囲で認めるものである。

職務専念義務の免除は、法律又は条例に特別の定めがある場合に限り免除できるが、法律によって当然に免除されものに「D. 分限休職、懲戒停職、在籍専従の許可を得た場合」などがある。選挙権その他の公民権の行使は条例事項である。

なお、法律により当然に免除されないものに営利企業への従事許可、勤務条件の措置要求、不利益処分の審査請求、適法な交渉を行う場合などがある。

【No. 182】 正解 4

1 職務専念義務は、服務の根本基準を更に服務規定として具体化した義務であり、「強い倫理的な要請に基づく義務である」。

2 職務専念義務は、職務上の注意力の全てをその職責遂行のために用い、「当該地方公共団体がなすべき責を有する職務のみに従事しなければならない」。

3 職務専念義務は、全体の奉仕者としての地位に基づく公法上の責務であるが、職員の「勤務時間内」に課せられる義務である。

4 正解。

5 職務専念義務は、全体の奉仕者としての地位に基づく公法上の責務であり、この義務に違反すると懲戒処分の対象となるが、「罰則の対象とはならない」。

【No. 183】 正解 3

1 職務専念義務は「職務上の義務」である。合理的な理由がある場合には、職務に専念することの義務の免除が制度的に認められている。

2 職務専念義務は、職員の正規の勤務時間のみならず「超過勤務時間及び休日勤務時間にも課せられる」。

3 正解。

4 職務専念義務は、職員の精神的及び肉体的な活動の全てを勤務に集中する義務であり、職務に直接関係ないプレート着用は精神活動の面からみれば、注意力の全てが職務の遂行に向けられなかったとして「義務違反となる」判例がある。

5 勤務条件の措置要求や勤務時間中に職員団体の交渉を適法に行う場合であっても、当然に「職務専念義務が免除されず」、職免の手続が必要である。

【No. 184】 正解 2

1 職員は、勤務時間中は職務に専念しなければならないが、この場合の勤務時間とは、条例で定める正規の勤務時間のみならず「超過勤務及び休日勤務を命ぜられた時間も含まれる」。

2 正解。

3 職員が勤務時間中に地公法の規定に基づき勤務条件に関する措置の要求をする場合は、「法律又は条例に特別の定めがなければ」、当然に職務専念義務は「免除されない」。

4　不利益処分に対する審査請求は、職員に保障される法律上の権利であるが、当該職員及びその代理人である職員が勤務時間中に口頭審理へ出頭する場合には、職務専念義務の免除について「任命権者の承認を得る必要がある」。

5　職員が研修を受ける場合や厚生計画の実施に参加する場合、任命権者は職員の職務専念義務を免除できる。その際、「任命権者が、あらかじめ人事委員会の承認を得る必要はない」。

【No.185】 正解　1

1　正解。

○地公法に基づき当然に『免除される』場合（A）には、「ア．休職処分」、「ウ．在籍専従の許可を受けた場合」のほか、停職処分を受けた場合がある。

○地公法に基づくが『当然に免除されない』場合（B）には、「イ．不利益処分に関する審査請求」、「エ．勤務条件に関する措置要求」のほか、営利企業への従事許可、適法な交渉を行う場合、職員が国家公務員や兼職が可能な特別職の職を兼ねる場合がある。これらの場合には任命権者の許可が必要である。

○条例に基づき『免除される』場合（C）には、「オ．研修を受ける場合」、「カ．厚生に関する計画の実施に参加する場合」のほか、人事委員会が定める場合がある。これらの場合も任命権者の許可が必要である。

【No.186】 正解　2

1　職員の職務専念義務が免除されたとしても、給与の取扱いは別問題である。ノーワーク・ノーペイの原則が「適用される」ため、給与は「減額される」。したがって、給与減額免除の手続が必要である。

2　正解。

3　職員には、合理的な理由がある場合に職免が認められるが、営利企業への従事許可を受けた場合でも、同時に職務専念義務の「免除の許可とはならない」。勤務時間中の営利企業への従事許可の場合には、「別に、職務専念義務の免除の許可又は年次有給休暇の許可が必要である」。

4　研修命令などによる「職員の申請に基づかない職務専念義務の免除がある」。

5　職員は、地公法に基づき休職、停職などの職務専念義務が免除され、また、条例に基づき休日、「病気休暇」などの職務専念義務が免除される。なお、「年次有給休暇は、労働基準法に基づく条例による免除」である。

【No.187】 正解　5

1　勤務時間中に勤務条件の措置要求や不利益処分の審査請求をすることは、法律上（地公法上）の権利であるが、当然に「職免されず」、勤務時間中に行う場合には「職免手続が必要である」。

2　職員が国家公務員や特別職の職を兼ねる場合は、その兼職の許可自体が職員としての勤務時間及び注意力の一部を割くことを前提としているが、「あらかじめ職務専念義務の免除について任命権者の承認を得る必要がある」。
3　職務専念義務が免除された勤務時間に対して給与を支給するか否かは、給与条例の定めるところにより任命権者が判断する。ただし、「在籍専従職員については、いかなる給与も支給されない」。
4　職員が職員団体の会合に参加する場合、あらかじめ職員団体が任命権者の許可を受けていても、個々の職員に対する「職務専念義務の免除については、任命権者の承認が必要である」。
5　正解。

28　政治的行為の制限

【No.188】 正解　3
1　政治的行為の制限の趣旨は、地方公共団体の行政の公正な運営を確保するとともに、「職員を政治的影響から保護することにある」。
2　政治的行為の制限規定は一般行政職員、教育職員、警察消防職員に適用されるが、「企業職員のうち上級職員を除く職員」及び単純労務職員には適用されない。
3　正解。
4　政治的行為の制限規定に基づき他の職員を政党に勧誘することは禁止されているが、職員が「特定の政党の構成員（党員）になることは禁止されていない」。
5　政治的行為の制限規定に基づき公の施設を利用して政党活動をすることは、「勤務地の内外を問わず制限されている」。

【No.189】 正解　1
1　正解。
2　職員も、国民の一人である以上、政治的活動は、原則として自由であるが、職員は公務員としての地位にあることにより、「一定の制限を受けることは憲法も許容するところである」。
3　政治的行為の制限は、情実任用が行われる弊害を打破する、いわゆる、行政に内在するスポイルズ・システムの弊害を「防止」する点にある。
4　政治的行為の制限は、公務員の政治的中立性、すなわち、行政の公正な運営を確保することにあり、かつ「職員を政治的影響力から保護するものである」。
5　政治的行為の制限規定は、「地公法のみならず国家公務員法にもある」。

【No.190】 正解　4
4　正解。CとEとFが妥当である。

A. 政党その他の政治的団体の構成員となる・・・・・「制限に該当せず」
B. 政治目的を持って庁舎や公共施設等を利用する・・「条件的制限」
C. 政党その他の政治的団体の結成に関与する・・・・「絶対的制限」
D. 公の選挙で不特定の人に投票を勧誘する・・・・・「条件的制限」
E. 政治団体の構成員となるよう勧誘する・・・・・・「絶対的制限」
F. 政党等の役員となる・・・・・・・・・・・・・・・「絶対的制限」

【No.191】 正解　3

1　公の選挙において、投票するように又はしないよう勧誘運動をする行為は、一定の「政治的目的がある場合に制限される政治的行為である」。
2　寄付金その他の金品の募集に関与する行為は、一定の「政治的目的がある場合に制限される政治的行為である」。しかし寄付金などを与えることは「差し支えない」。
3　正解。
4　文書や図画を、地方公共団体の庁舎又は特定地方独立行政法人の庁舎や公共施設などに掲示する行為は、一定の「政治的目的がある場合に制限される政治的行為である」。
5　署名運動を企画し又は主宰するなどこれに積極的に関与する行為は、一定の「政治的目的がある場合に制限される政治的行為である」。

【No.192】 正解　1

1　正解。
2　政治的目的を持つ署名活動は制限されるが、これは職員が署名活動を企画し又は主宰する等の積極的関与であり、「職員自身が署名する行為は制限されない」。
3　政治的目的を持つ募金活動は制限されており、職員が選挙のために寄付金の募集に当たることはできないが、「寄付金を提供することは制限されない」。
4　政治的目的を持ち庁舎や公共施設に文書や図画の掲出を行うことは制限されており、職員が当該文書や図画を「公営住宅に掲出する場合も制限される」。
5　政治的目的を持ち条例で定める政治的行為を行う場合も制限される。条例では「政治的行為を定めることはできるが、政治的目的を定めることはできない」。

【No.193】 正解　5

1　職員が、政党の結成に関与すること、「政党の役員となることは、勤務地の内外で制限（禁止）される」。ただし、「政党の構成員になることは制限されない」。
2　職員は、当該職員の属する勤務地内で政治的目的を持って、寄付金その他の金品の募集に関与することは制限されるが、「寄付金などを与えることは制限されない」。

3　職員は、当該職員の属する勤務地内で特定の政党その他の政治的団体を支持し選挙事務所で勤務時間外に、「無給で経理事務を手伝うことは制限されない」。

4　職員は、当該職員の属する勤務地内で政治的目的を持って、公の選挙で少数の友達に候補者の推薦文書を出すことは、「勧誘運動に該当しない」。勧誘運動は不特定多数の者を対象としている。

5　正解。

【No.194】 正解　2

1　政治的行為の制限は、条件付採用期間中の職員及び「臨時的任用職員にも適用される」。なお単純労務職や企業職員には適用されない。

2　正解。

3　政治的行為の制限は、行政の公正な運営を確保するために勤務時間の「内外を問わず制限を受ける」。

4　政治的行為の制限は、「職員団体の政治的行為については適用されない」。ただし、職員団体の政治的行為が職員自体の行為となる限り当該職員の制限違反となる。

5　政治的行為の制限は、地公法で列挙する事項に「限られず」、条例で更に一定の政治的行為を「制限することができる」。

【No.195】　正解　1

1　正解。妥当なのは「a、c、e、f」である。

b. スポイルズ・システムの「弊害を防止することにある」。

d. この違反に対する刑罰規定は「ない」。

g. もしこれを理由として不利益を受けた場合には、不利益処分の審査請求をすることが「できる」。

【No.196】 正解　4

4　正解。

地公法は『職員』の政治的行為に制限を課しているが、この『職員』には、企業職員及び独法職員の大部分及び「A. 単純労務職員」は含まれない。また教育職員も地公法の政治的行為の制限規定が適用されず、「B. 国家公務員法」の国家公務員の例による。

また地公法が適用される職員でも、公職選挙法に基づく特定公務員である「C. 選挙管理委員会の職員、警察官、徴税の吏員」については選挙運動を禁止している。

地公法で定める職員が政治的行為の制限規定に違反した場合には、罰則の適用を「D. 受けず」、服務違反として懲戒処分の事由となる。

【No.197】 正解　5

1　政治的行為の制限規定は、一般行政職員や警察消防職員に適用されるし、臨時的任用職員、会計年度任用職員、在籍専従職員についても「適用される」。

2　公立学校の教育公務員には地公法の政治的行為の制限規定が「適用されず」、当分、国家公務員法の政治的行為の制限規定が「適用される」。

3　政治的行為の制限規定は、企業職員（管理監督者等を除く）と「独法職員」の大部分及び単純労務職員には、「適用されない」。

4　職員の身分を有する限り休職、休暇、停職、職務専念義務の免除などを受け、職務に従事していない場合でも、「政治的行為の制限規定が適用される」。

5　正解。

【No.198】 正解　3

1　職員が、特定の地方公共団体の執行機関を支持する目的をもって寄付金の募集に関与することが制限されるのは、「勤務地の区域内のみである」。

2　市議会議員選挙の立候補者の推薦人であることを明示したハガキを自らの勤務地内の有権者に送付することは、「選挙運動を行うことに該当し、制限されている」。

3　正解。（教員は、全国的に制限される）

4　公務員が直接請求の代表者となれないのは「選挙管理委員会の委員と職員のみ」であり、他の職員は直接請求の代表者となれる。

5　市営住宅の建物に、特定の政党を支持する目的を持って政党のポスターを貼り、立て看板を立て掛けることは、「勤務地の内外で制限されている」。

【No.199】 正解　4

1　特定とは、その対象となる政党、内閣、地方公共団体の執行機関の固有の呼称が明示されている場合に「限られず」、客観的に判断して、何人も容易にその対象を判断しうる場合も含まれる。

2　特定の内閣とは「過去の内閣は包含しない」が、現在及び将来の内閣を意味し、地方公共団体の執行機関とは「長のみならず」教育委員会、選挙管理委員会、監査委員などを意味している。

3　特定の人とは、正式の立候補届出又は推薦届出により、候補者としての地位を有するに至った者をいう。「立候補しようとする者は含まれない」。

4　正解。

5　目的をもってとは、支持し又は反対する当該対象が「具体的、かつ明確に特定されていなければならない」。

【No.200】 正解　5

1　職員は、政治的行為の制限に違反した場合には懲戒処分の対象となるが、「刑罰規定がないため、刑罰を受けることはない」。
2　教育公務員は国家公務員の例による政治的制限規定を受けるが、これに違反した場合でも、「刑罰の適用を受けることはない」。
3　職員以外の第三者が制限されている政治的行為を行うよう、職員をそそのかした場合でも、「実行を担保する刑罰規定は設けられていない」。
4　特別職が、制限されている政治的行為を行うように、職員に求めた場合でも、その特別職に「地公法の刑罰が科せられることはない」。
5　正解。

【№201】 正解　4
1　職員は、在職中、公職の立候補者となることができない。ただし、職員のうち単純労務職員又は「企業職員で課長相当職以上の者以外の職員」は、在職のままで立候補できる。
2　公職選挙法の制限規定の対象は、単に一般職に属する地方公務員のみに限られず、「特別職に属する地方公務員にも適用されるものがある」。
3　職員は在職中に立候補ができないが、立候補をしたときは「立候補者としての届け出があった日に」職員を辞したものとみなされる。
4　正解。
5　職員はその地位を利用して選挙運動ができない。地位利用とは選挙運動を効果的に行いうるような影響力又は便益を利用する意味であり、職務上の地位と選挙運動等の行為が「結びついている場合をいう」。

【№202】 正解　3
1　職員は、企業職の大部分と単純労務職員を除き政治的行為の制限規定の適用を受ける。特別職は、原則として政治的行為の制限規定の適用を受けないが、「人事委員及び公平委員は制限規定の適用を受ける」。
2　職員は、いかなる地域においても、特定の内閣を支持する目的をもって、文書又は図画を地方公共団体の固定施設に掲示できない。固定施設に限らず、地方公共団体が所有する「自動車に貼ることも制限される」。
3　正解。
4　派遣職員は、二つ以上の地方公共団体の職員の身分を併せ有する者となるため、「そのいずれの地方公共団体においても政治的行為の制限を受ける」。
5　職員が地方事務所に勤務する場合には、所管区域外で政治目的を持つ署名運動に積極的に関与することは制限されないが、「県税事務所は地方事務所に該当しないため、それぞれの所管区域ではなく、県下全域で所定の政治的行為の制限を受ける」。

29　争議行為等の禁止

【No.203】 正解　2

1　職員は、使用者たる住民に対して同盟罷業、「怠業その他の争議行為をすることが禁止されている」。

2　正解。

3　何人も、争議行為を企て又はその遂行を共謀し、そそのかし、あおることが禁止されており、これに違反した者「（第三者を含む）には罰則の適用がある」。

4　職員が争議行為等の禁止規定に違反した場合には、その行為の開始とともに、地方公共団体に対して、法令等に基づく保有する任命上又は雇用上の権利をもって「対抗できなくなる」。

5　技能労務系職員及び企業職員である場合には、地公法に基づく争議行為等の禁止規定が適用されないが、「地公労法第 11 条の争議行為の禁止規定が適用されるため、争議行為等を行うことはできない」。

【No.204】 正解　1

1　正解。

2　争議行為等の禁止には、住民に対する同盟罷業や怠業その他の争議行為のみならず、「地方公共団体の機関の活動能率を低下させる行為も禁止行為の対象となる」。

3　争議行為等の禁止は、一般職の全ての職員に対し適用される（企業職員及び単純労務職員も地公労法により禁止されている）。なお、職員の争議行為の対抗手段として、地方公共団体の機関等が作業所閉鎖を行うことなどは「認められない」。

4　争議行為等は、「いかなる態様においても、一切認められておらず」、職員が争議行為を行うことを「全面的かつ一律に禁止している」。

5　争議行為等は、その目的の如何によらず「禁止されるものであり」、争議行為のあおり等に対し「社会的に責任の重い刑罰規定の適用ができる」。

【No.205】 正解　3

1　争議行為等の禁止は、地公法で禁止される職員と地公労法で禁止される職員がおり、後者には「企業職員と単純労務職員」が該当する。

2　地公法でいう職員には、地方公共団体の機関が代表する使用者としての「住民」に対し同盟罷業や怠業等の争議行為を禁止し、又は地方公共団体の機関の活動を低下させる怠業的行為も禁止している。

3　正解。

地公労法の規定では、同盟罷業・怠業その他の業務の正常な運営を阻害する行為と規定しており、地公法でいう怠業的行為という文言（規定）がないことから、怠業的行為は直接禁止されていないことになる。

4　地公法が適用される職員に争議行為等を禁止し、職員団体には禁止する旨を明示していないが、職員団体の行為は職員団体を構成する職員の行為にほかならないから、「職員団体としての争議行為等も禁止されている」。

5　あおり等の行為については、地公法が適用される職員を含む全ての人に対し禁止し罰則の適用があるが、企業職員には地公労法による「罰則規定がない」。その理由は、各種事業法に規定する罰則や刑法の刑罰規定が適用されるからである。

【No.206】　正解　4

1　争議行為は、「その目的の如何を問わず一切禁止される」。

2　争議行為には、争議行為等を実行する計画の作成、そのための「会議の開催行為等が含まれる」。いわば、争議行為の実行に影響を及ぼすと認められるものが含まれる。

3　職員は、原則として争議行為等の禁止に違反する処分に対し「審査請求ができない」。例外として、争議行為等を行ったか否かの争いになる場合には、不利益処分に関する審査請求ができる場合もある。

4　正解。

5　争議行為に参加したにとどまる職員には「罰則の適用がない」。ただし、懲戒処分を受ける場合がある。

【No.207】　正解　3

1　争議行為は、その行為の目的が職員の適正な条件を確保する職員団体の主張を貫徹するものであるとを「問わず」、「一切禁止される」。

2　争議行為という場合、職員の行動によって、正常な運営が阻害されたという「具体的な結果が現実に発生することを必ずしも必要要件としていない」。

3　正解。

4　任命権者が、争議行為の禁止規定に沿って行った処分に対し、職員は不利益処分の審査請求ができず、また「給与その他の給付に対する審査請求もできない」。

5　職員が勤務時間中に登録職員団体又は労働組合のために従事する場合に、組合休暇によって対応することは、「地公法で必ずしも禁止していない」。

【No.208】　正解　5

1　地方公営企業の職員や単純労務に雇用される職員についても、「地方公営企業等労働関係法第 11 条及び付則第 4 条の規定に基づき、争議行為等が禁止されている」。

2　争議行為は、実行行為と、実行行為を計画し又は助長するあおり等の行為とに分けられ、「実行行為」はさらに争議行為と怠業的行為とに分けられる。
3　職員が争議行為を「実行したときには、刑事責任の適用はない」が、職員の争議行為等を計画助長する行為には刑事責任の適用がある。
4　職員団体又は労働組合は、争議行為によって生じた地方公共団体の損害について、「民法上の不法行為として、その損害を賠償する責任を負う」。
5　正解。

【No.209】 正解　2
2　正解。AとBとEが争議行為に当たる。
C. 庁舎内での職場大会の参加行為は、「勤務時間にくい込まなければ」「争議行為に当たらない」。
D. 闘争方法として庁舎等にステッカーなどを貼る行為は、「直ちに争議行為に当たらない」。しかし、庁舎の管理問題としての責任が生ずる。

【No.210】 正解　4
1　争議行為とは、一般に地方公共団体の正常な業務の運営を阻害する行為等を指す。職員が争議行為を行うことを「全面一律に禁止している」。
2　争議行為には直接、実行する行為があるが、勤務時間内の職場大会や年次有給休暇を取得して争議行為に参加した場合も、「実行行為となる」。
3　争議行為とは、業務の正常な運営を阻害する場合に該当し、リボン、はちまき、腕章などの着用も業務に支障を及ぼすときは「争議行為に該当する」。
4　正解。
5　争議行為は、超過勤務や宿日直の命令に組織的に拒否する場合に「該当し」、又これらの拒否闘争は職務命令の違反や職務専念義務の違反にも該当する。

【No.211】 正解　5
1　地方公共団体の執務能力を低下させる正常な業務の運営の阻害、すなわち、争議行為に至らないものを怠業的行為という。「直接実行する行為に至らないもの、すなわち、怠業も争議行為に含まれる」。
2　争議行為が行われることが予想されるときは、説得だけでなく、必ず職務命令を発しなければならない。「職務命令は、その時々の情況に応じ口頭、掲示、文書の交付などの方法を用いることができる」。
3　職員から争議行為のための年次有給休暇の申請があるときは、地方公共団体の当局は労働基準法に基づく「時季変更権を行使しなければならず」、年休の申請を認めないことを明確にしなければならない。
4　争議行為には、直接実行する行為と争議行為などをあおりやそそのかす等の助長行為とがある。直接「実行する行為に対しては、罰則規定がない」が、あおりなど助長行為に対しては刑罰規定がある。

5　正解。

【No.212】　正解　1

1　正解。

2　争議行為を行った職員は、その行為の開始と共に任命上又は雇用上の権利を行使できないため、争議行為を理由とする懲戒処分に対して審査請求ができない。「それ以外の事由による懲戒処分に対しては審査請求を行える」。

3　長が職員の懲戒処分を行う場合には、一般に不利益処分に関する説明書を交付しなければならない。「争議行為を理由とする懲戒処分の場合にも当該説明書を交付する必要がある」。

4　地公法が禁止する争議行為とは、同盟罷業のみならず単に地方公共団体の機関の活動能率を低下させる目的で行う「怠業的行為も、違法行為の対象となる」。

5　争議行為の実行行為そのものを行った者は「刑罰に処せられない」が、争議行為の実行の計画又は助長する準備行為を行った者には、その結果として「実際に争議行為が行われなくても、刑罰に処せられることがある」。

【No.213】　正解　3

1　判例では、警職法改正反対のような政治目的のための争議行為が表現の自由として「特別に保障されるということは、ありえず」、まして争議行為自体が禁止されている公務員がこれを行うことは二重の意味で許されないとした。

2　判例では、地方公務員も勤労者としての労働基本権の「保障を受ける」が、私企業における労働者のように労働条件の決定という方式が妥当せず、ゆえに、地方公務員の労働基本権は地方公務員を含む住民全体ないしは国民全体の共同利益のために調和するように制限されることもやむを得ないとした。

3　正解。

4　判例では、職員に対し争議行為をそそのかした場合、その行為により実際に職員に新たに違法行為を「実行させる決意を生じさせなくても」、処罰の対象に「なる」とした。

5　判例では、年次有給休暇の取得は労働者の当然の権利であるが、地方公共団体の業務の正常な運営の阻害を目的として職員が年次有給休暇を一斉に取得し職場の放棄や離脱する行為は、「争議行為に当たる」とした。

【No.214】　正解　1

1　正解。

2　職員が争議行為を実行したときに、その行為に対して懲戒処分を受けるが、「実行行為に対しては刑事責任を受けることがない」。

3　職員が、争議行為の助長する行為をしたときは、その行為に対して「刑事責任を受けることがある」。助長する行為に刑罰が科せられるのは争議行為を未然に防止するためである。

4 職員の実行行為に対しては「刑事責任を受けない」が、職員以外の第三者が争議行為を助長したときには刑事責任を受ける。

5 職員が争議行為を実行したときに、その行為に対して、当該地方公共団体から賠償責任を問われることも「ある」。

【No.215】 正解 5

1 争議行為等をあおる行為等は「何人にも」禁止されており、職員団体の役員であっても、これらの行為を行うことが「禁止されている」。

2 争議行為等をあおる行為等は、「職員は、もとより」職員以外の第三者が争議を煽動する行為を指す。

3 職員団体の指令があおる行為等に該当する場合もあるが、「職員団体が刑罰を受けることはない」。

4 あおる行為等は「何人にも、禁止されており」、これに違反すれば、「職員に限らず」刑罰の適用がある。

5 正解。

30 営利企業への従事等の制限

【No.216】 正解 4

1 職員は、商業や工業等の私企業を営む制限のみならず、営利を目的とする私企業その他の団体の「役員になることも制限される」。

2 職員が自ら営利を目的とする私企業を営むとき又は報酬を得て事務に従事するときには、「勤務時間の内外において」、「任命権者」から従事許可を得る必要がある。

3 任命権者の営利企業への従事許可が任命権者によって不統一にならないように、人事委員会を置く地方公共団体では、「人事委員会」が規則により、その基準を定めることができる。

4 正解。

5 職員が報酬を受ける場合には、「営利企業への従事等の有無にかかわらず」、「任命権者の許可を得ずに報酬を受けることはできない」。

【No.217】 正解 3

3 正解。

本来自由であるはずの職員の時間外の行為について、なぜ制限があるのだろうか。その根拠は、服務の根本基準に求められる。

この服務の根本基準の規定を受けて、職務内の行為として「A.職務専念義務」が課せられ、「B.職務外の行為」として営利企業への従事等の制限が具体化されているのである。したがって、「A. 職務専念義務」が妨げられない場合には任命権者の従事許可により制限が解除される。

この制限の解除に当たっては、任命権者の従事許可が不統一にならないように人事委員会が許可基準を定め、また行政委員会が従事許可の基準を定めるときには、「C. 長」と協議しなければならないとされる。（自治法 180 の 4 ②、自治令 132 ⑦）（人事委員会と別に、長による調整も行われる）

なお、従事許可を受けることにより、「A. 職務専念義務」は当然に「D. 解除されない」。勤務時間外において営利企業に従事しない限り、地公法第 35 条の規定により「E. 法律又は条例」の定めが必要と解されている。

【No.218】 正解　4

1　営利企業への従事等の制限が設けられている最も大きな趣旨は、「職員の職務専念義務の遂行に支障をきたすおそれがあるためである」。
2　営利企業への従事等の制限は、単純な労務に雇用される職員及び地方公営企業に勤務する職員にも「適用される」。
3　営利企業への従事等の制限は、営利企業を営む会社の役員に就任することを制限しているが、その営利企業に社団も「含まれる」。
4　正解。
5　勤務時間内では、営利企業への従事許可の手続とは別に、年休を取るか、「職務専念義務の免除を受ける手続が必要である」。

【No.219】 正解　3

1　営利企業への従事等の制限は、職務専念義務を実質的に確保するための制限であり、職員が営利企業等に従事することを原則として「制限」している。禁止ではない。
2　休職処分を受け職務専念義務が免除されていても、報酬を得て他の事業に従事するときは、「任命権者の従事許可が必要である」。
3　正解。
4　職員が営利企業への従事許可を受けても、同時に職務専念義務が免除されたことにならないため、「勤務時間内においては」、改めて職務専念義務の免除の手続又は年次有給休暇の手続を必要とする。
5　教育公務員は一般の職員と異なり、営利企業のうち、「教育関係の事務に従事することにつき、特例が認められている」。

【No.220】 正解　1

1　正解。
2　営利を目的とする商行為などを行っても、消費生活協同組合や漁業協同組合などは「営利企業への従事等の制限の団体に該当しない」。

3　農業協同組合の役員に就くことは「制限されない」。
4　自らが営利を目的とする私企業を営むことが制限されるのであって、家族が営むことまで制限されない。したがって、家族が営む私企業を「手伝う程度では営利企業の従事制限に抵触しない」。
5　自家消費に充てるため米を生産し、米のあまりを近所に販売する程度では、営利企業への従事等の制限に「抵触しない」。

【No.221】 正解　5
1　職員は、全体の奉仕者として勤務する使命を有することから、勤務時間の「内外」において、報酬を得て、事業や事務に従事できない。
2　職員は、その事業又は事務が営利を目的とすると「否とを問わず」、報酬を得てそれらの事業等に従事できない。
3　職員は労働の対価として支払われる一切の報酬を得ることができないが、「講演料や原稿料などは労働の対価ではないため」、任命権者の許可なしに「受取ることができる」。
4　職員は、報酬を得て、いかなる事業又は事務に従事できない。だが、職員が寺の住職として得る「お布施は、報酬とみなされない」。
5　正解。

【No.222】 正解　3
3　正解。AとDが妥当である。
B. 地方公務員の一般職は、兼職が禁止されていない以上、兼職が行われるときの給与の支給は実態に即して措置されるべきであるが、「重複給与支給禁止の規定は適用される」。
C. 地方公務員の一般職が国家公務員の職を兼ねることにより、国から給与を受けるときには、「それぞれ別個に職務専念義務の免除と営利企業への従事許可を受ける必要がある」。

【No.223】 正解　5
1　任命権者が職員に営利企業に従事することの許可を与える場合に、あらかじめ「人事委員会の承認を受ける必要はない」。
2　任命権者は、職員の営利企業への従事許可の申請に対し許可を与えるべきか否かについて裁量権があるが、職務遂行能率の低下など懸念がある場合の許可は、「裁量権の範囲を逸脱するため認められない」。
3　任命権者が職員の営利企業に従事する時間が勤務時間内である場合に従事許可を与えたときでも、当然に「職免の承認を義務づけたものではない」。別個に職免又は年休の承認の手続が必要である。
4　任命権者は、停職中の職員から営利企業への従事許可の申し出があるときには、「営利従事許可を与えることもできる」。
5　正解。

【No.224】 正解　1
1　正解。
2　会計年度任用職員は、会計年度を超えない範囲内で置かれる非常勤の職であるが、「会計年度任用職員のうちパートタイムの職員に限り」、営利企業への従事等の制限の対象外とされる。
3　在籍専従の職員は、在籍専従する職員団体から受ける報酬に限り、同時に営利企業への従事等の許可を得たものとみなす行政実例があり、「任命権者の許可は不要である」。
4　停職処分を受けている職員はすでに職務専念義務が免除されているが、私企業を営むときには「任命権者の許可が必要である」。
5　退職者は、在職中に密接な関係のあった会社の役職就任について「制限を受けない」が、現職時代に退職後に営利企業等の役職員に就く要求や依頼に基づく場合には制限を受ける。このほか退職者が退職管理の規定により、在職者に契約等事務に関し不正行為の要求や依頼することが制限されている。

【No.225】 正解　5
1　任命権者の従事許可は、勤務時間の「内外」において必要である。
2　その他の団体には、実質的に営利企業に類似する行為を行っている一般社団法人も含まれるが、法律で営利を目的としないものとされている「農業協同組合や消費生活協同組合は該当しない」。
3　役員とは、営利会社の権限又は支配力を有する「取締役及び監査役」などを指す。
4　自ら「営利企業を営み」とは、商業、工業、金融業の業態のいかんを問わないが、営利を目的とする限り「漁業や農業も該当する」。
5　正解。

31　退職管理

【No.226】　正解　4
1　原則、再就職者は、離職前５年間に在職した当該地方公共団体との間における契約等事務であっても、「一般競争入札に参加するなどの行為は禁止されない」。適用除外がある。
2　原則、再就職者は、離職前５年間の職務に関し、現職員に対して「離職後２年間は」、契約等事務に関し要求又は依頼の働きかけができない。
3　在職時に上位の職にあった再就職者は、在職中に自らが決定した契約や処分に関し、「期間の制限なしに」、現職職員に対し働きかけができない。
4　正解。
5　退職管理は、長の直近下位の内部組織の長であった再就職者には、離職5年前より「前の職務」にも、「契約等事務に関して」上乗せ規制が課されている。

【No.227】 正解　3
3　正解。
　退職後に営利企業（営利企業以外の法人「A. 含む」。ただし、国、国際機関、地方公共団体等を除く）に再就職した元職員は、退職前5年間に在籍した地方公共団体の執行機関の組織等の職員に対して、当該団体と当該営利企業等の間の「B. 契約又は処分」に関する事務について、退職後2年間、退職前5年間の職務上の行為をする又はしないように、要求又は依頼の働きかけをすることが「C. 禁止」されている。この場合、元職員の職層によって規制される働きかけの範囲や期間は異なっている。
　規制に違反した元職員には、「D. 刑罰又は過料」が科せられる。また元職員から働きかけを受けた現職の職員は、その旨を「E. 人事委員会」に届け出なければならない。

【No.228】 正解　1
1　正解。
2　退職管理で規制する職員とは、営利企業のほか「国、国際機関、地方公共団体などを除く」非営利法人に再就職した元職員である。
3　退職管理で問題となる事務とは、営利企業等やその子会社と在籍していた地方公共団体との間に締結された契約のほか「処分も含まれる」。
4　退職管理の相手とは、要求又は依頼の相手であり、元職員が離職前5年間に在職していた地方公共団体の執行機関の組織などの「職員」若しくは特定地方独立行政法人の役員を指す。これらに該当する者を「役職員」と定義しているから注意すること。
5　退職管理の行為とは、職務上の行為の要求又は依頼の行為を指すが、職務上の秘密に該当しない情報の提供のような適法かつ妥当なものであっても、適用除外の項目に該当しない限り「禁止の対象となる」。

【No.229】 正解　2
1　再就職者は、在職していた地方公共団体の執行機関の組織等の役職員に対し、当該地方公共団体と営利企業との間の契約であって、当該地方公共団体において、その締結について自らが決定したものに関し、職務上の行為をするように要求してはならない。この場合は、「離職後2年間に限るとするなどの期間制限規定はない」。

2　正解。
3　職員又は職員であった者に、再就職者による依頼等の規制に違反する行為を行った疑いがあると思料して、当該規制違反行為に関する調査を行うのは、「任命権者であり、人事委員会又は公平委員会ではない」。
4　地方公共団体は、再就職者による依頼等の規制の円滑な実施を図り又は退職管理の適正を確保するために、必要と認められる措置を講ずるため必要と認めるときは、「条例により」、再就職者に再就職情報の届出をさせることができる。
5　再就職者が、契約等事務であって、離職前5年間の職務に属するものに関し、職務上不正な行為をするように職員に依頼した場合には、1年以下の懲役又は50万円以下の罰金に処せられるし、また当該依頼を受けたことを理由として、職務上不正な行為をした職員にも、「同じ罰則規定が設けられている」。

【No.230】　正解　5
1　任命権者は、退職職員に規制違反行為を行った疑いがあると思料するときには、遅滞なく、その旨を「人事委員会又は公平委員会」に報告しなければならない。
2　任命権者は、職員に規制違反行為を行った疑いがあると思料して、規制違反行為に関する「調査を行おうとするとき」には、人事委員会又は公平委員会に対し、その旨を通知しなければならない。
3　人事委員会又は公平委員会は、退職管理の規制違反行為の疑いがあると思料するときには、「任命権者」に対し当該規制違反行為に関する調査を行うよう「求めることができる」。
4　再就職した元職員のうち、内部組織の長であった者が法人の役員に就こうとするとき又は就いたときには、「条例」の規定に基づき、再就職情報の「届け出させることができる」。
5　正解。

【No.231】　正解　2
2　正解　AとCが妥当である。
B.「人事委員会又は公平委員会」は、①職員が再就職者から禁止される要求又は依頼を受けた旨の届出、②任命権者から職員又は職員であった者に規制違反行為があるとの報告、又は③その他の事由により職員又は職員であった者に規制違反行為を行った疑いがあると思料するときには、「任命権者」に対し当該規制違反行為に関する調査を求めることができる。
D. 地方公共団体は、職員であった者で条例に定める者が、「条例で定める法人の役員その他の地位であって」、条例で定めるものに就こうとするとき又は就いたときには、離職後、条例で定める期間や条例で定める事項を条例で定める者に届け出させることができる。

32　研修

【No.232】 正解　3

1　職員研修は、人事における能力主義及び成績主義を実現するためのものであり､人事委員会は「職員の研修に関する総合的な企画を行う」とされている。

2　職員研修は、任命権者が自ら主催して実施する場合に限られず、「他の機関に委託して行うこともできる」。

3　正解。

4　職員研修は、職員の能力を開発し人的資源の価値を高めるために実施される。職員研修は職員の自己啓発、職場内研修及び職場外研修から成り立っており、「任命権者は職員に対して研修を実施すべき責務を負っている」。

5　職員研修は日常の職務の適正な執行を図るために実施されるが、「一般教養のように直接的に能力や技術の向上に結びつかない研修であっても、広い視野を養うために行える」。

【No.233】 正解　5

1　地公法は、職員に対して、その勤務能率の発揮及び増進のために、「研修を受ける機会を与えなければならない」と定めている。

2　研修の実施は「任命権者」の責務としており、自ら主催して行う場合に限られず、他の機関に委託して行うこともできる。

3　記述は逆である。「前者が職場外研修であり、後者が職場研修である」。

4　記述は「地方公共団体」の義務である。

5　正解。

【No.234】 正解　4

4　正解。BとCが妥当である。

A. 職員の能力開発の方法には、自律的なものと他律的なものとがあり、地公法で規定するのは「他律的」な能力開発としての研修である。

D. 職員が研修に参加する場合の身分取扱いは、研修を①職務の一環として取扱う方法のほか、「②研修中の職務専念義務を免除する方法、③研修期間中の職員を休職処分にする方法がある」。

33　福祉及び利益の保護

【No.235】　正解　1

1　正解。

2　厚生福利制度と「公務災害補償制度は、福祉の保護の代表格」である。
3　地公法の職員に対する厚生福利制度が恩恵的な面から職員の権利へと転換する中で、地公法の厚生福利制度とは「厚生制度と共済制度」を指し、厚生福利制度とは別に公務災害補償制度がある。
4　地方公共団体は、厚生制度として、職員の保健や元気回復その他厚生に関する事項について計画を樹立し、実施しなければならない「努力義務」がある。
5　共済制度は、職員及び被扶養者の病気や負傷等に関し相互救済を目的とする制度であり、この制度には「退職年金の制度が含まれる」。

【№236】 正解　3
1　公務災害補償は、公務上の災害に使用者の無過失責任主義を採用し、公務のために災害を受けた場合はもちろん、「合理的な経路及び方法により往復する通勤も公務災害の対象とする」。
2　公務災害補償の対象は、地方公務員であればよく、一部例外があるものの、一般職の常勤職員のみならず「知事及び市町村長、副知事及び副市町村長の常勤的な特別職も対象」としている。
3　正解。
4　公務災害補償では、公務災害を受けた職員に対し、地方公共団体が「無過失」の損害賠償責任を負うとしている。
5　公務災害補償は、その公務災害が「公務起因性と公務遂行性」の二つを有することが要件である。なお、業務の遂行性とは災害が使用者の管理下で発生したものを指す。

【№237】 正解　5
5　正解。
地方公務員に対する具体的な災害補償は、「A. 地方公務員災害補償法」に基づき全国の地方公務員について統一的に行われている。
この制度は三つの特徴を持っている。一つは公務上の災害だけでなく通勤災害も補償の対象とし、二つは使用者の「B. 無過失責任主義」を取り、三つは年金制度を採用することにより社会保障的な性格を持っている。
公務災害の認定要件としては、『公務遂行性』と『公務起因性』の両方が認められなければならないが、通勤災害の場合には「C. 公務起因性」があれば、補償の対象となる。
補償内容には、療養補償、休業補償、傷病補償年金、障害補償、遺族補償などがあり、「D. 傷病補償年金」を除く補償の実施に当たっては、当該補償を受けるべき者の請求に基づく請求主義を採っている。

【№238】 正解　5

1　公務災害補償制度は、地方公共団体の故意又は過失による場合はもちろん、「地方公共団体の責めにきすべき事由がない場合でも」、補償が認められる制度である。「無過失」責任主義を採用している。
2　公務災害補償は、住居と勤務場所の間の往復にも認められるし、また往復に先行し又は後続する住居間の買物などで経路を少し逸脱する程度の場合には、「認められる」。逸脱は、合理的な経路及び方法によらなければならない。
3　公務災害補償は、地方公務員の一般職の職員のうち常勤職員に限られるが、特別職である一般地方独立行政法人の役員などの「常勤勤務を要する者などは、対象となる」。
4　議会の議員や行政委員会の委員などのほか、非常勤職員に対する補償の制度は、各地方公共団体が「条例」で定めるように義務づけられている。（地公災法第69条）
5　正解。

【No.239】　正解　2
1　公務災害補償制度の「適用そのもの」は、地方公務員であれば、原則として「一般職、特別職を問わず、また常勤、非常勤を問わない」。ただし、地方公務員災害補償法の対象となるのは「常勤の一般職及び特別職」であり、その他非常勤は地方公共団体の条例によって公務災害補償制度の適用を受けることになる。
2　正解。
3　公務災害補償制度は、地方公共団体に故意又は過失がある場合に「限らず」、「使用者が負う無過失責任」による補償であり、かつ公務と災害との間に相当因果関係がある場合に認められる。
4　公務災害補償制度は、「その災害が公務に起因すること（公務起因性）と公務遂行中であること（公務遂行性）の二つの要件が必要である」。公務中に災害が発生しても私的なことによって生じた場合は該当しない。
5　公務災害補償制度は、地方公共団体が災害を受けた職員に対して行う療養補償、休業補償、障害補償などがあり、かつ「遺族に対する補償も含まれる」。

【No.240】　正解　3
1　公務災害補償は、常勤職員が公務によって負傷し又は疾病した場合のみならず、「公務死亡も補償の対象とする」。
2　公務災害として認定されるには、その災害が公務遂行性を有するとともに、「公務起因性を有することが要件とされる」。
3　正解。
4　地方公共団体が職員に対し「直接補償を行うものではなく」、地公法第45条により設置される地方公務員災害補償法に基づく基金が行う。なお、地方公務員災害補償基金は地方公共団体の「附属機関ではない」。

5　地方公務員災害補償基金が補償の認定を行う場合には、災害を受けた職員の「任命権者の意見を聴いて行うことを要件としている」。

【No.241】　正解　4

1　措置要求は、職員の勤務条件を社会一般の情勢に適応させる措置であり、かつ「労働基本権の制約に基づく代償措置として認められたものである」。

2　措置要求のできる者は一般職に属する地方公務員である。「臨時的任用職員や条件付採用期間中の職員も含まれる」が、「単純労務職員や企業職員は含まない」。単純労務職員と企業職員は、団体交渉によって解決するとされている。

3　措置要求のできる対象は給与、勤務時間その他の勤務条件であるが、「管理運営事項は対象とならない」。

4　正解。

5　措置要求の審査の判定に基づき地方公共団体の機関になされた勧告には、法的な「拘束力はない」が、勧告を受けた機関は、これを尊重しその実現に努力すべきであるとされる。

【No.242】　正解　2

1　措置要求制度は、勤務条件の適正を確保する制度であり、職員が勤務条件に関して、「人事委員会又は公平委員会」に対し適当な措置を執るべきことを要求する制度である。

2　正解。

3　措置要求制度は、正式任用職員のみならず条件付採用期間中の職員、臨時的任用職員の職員個人に認められるが、「職員団体には認められない」。なお、単純労務職員及び企業職員の勤務条件については団体交渉又は労働委員会のあっせん等の制度が適用されるため、勤務条件の措置要求の制度は適用されない。

4　措置要求制度に基づき、職員が人事委員会又は公平委員会へ措置要求の申し出をする際に、申し出の行為を故意に妨げた者に対しては「罰則が適用される」。

5　措置要求制度では、判定に先立って内容審理が行われるが、その審理に際して正当な理由なく証人喚問に応じない者には、「罰則の適用がない」。

【No.243】　正解　3

1　措置要求は、当該職員の現在の勤務条件を変更しないことや過去の勤務条件を「要求できるし」、「他の職員の固有に属する事項を除き他の職員の勤務条件の措置要求もできる」。

2　勤務条件に関する措置要求に対し「再審の手続を執ることは認められていない」が、一事不再理の原則が適用されないため、同一内容の措置要求を再度することはできる。
3　正解。
4　人事評価の評定内容に関しては、「それ自体が勤務条件と認められない」ため、原則として措置要求の対象とならない。
5　措置要求の判定には「法的拘束力がない」。したがって、原則として措置要求の判定の取消を求める「訴訟は提起できない」。

【No.244】 正解　4
4　正解。BとDが該当する。
A. 職員の個別的、具体的な措置要求の代理であれ、「職員団体は措置要求ができない」。
C. すでに退職している者は、退職後に遡って行われた定期昇給であっても、「措置要求はできない」。
E. 一般職の職員が特別職を兼ねるときでも、「特別職に係る措置要求はできない」。

【No.245】 正解　1
1　正解。AとCとDが妥当である。
B. 他の職員の勤勉手当の増額を求めるように、他の職員の具体的な「固有の勤務条件については、措置要求ができない」。
E. 職員定数の増減や、旅費及び時間外勤務手当などの予算額の増額を求める「措置要求はできない」。

【No.246】 正解　5
1　審査機関は、勤務条件の措置要求の内容にかかわらず、人事機関である「人事委員会又は公平委員会のいずれかである」。
2　審査機関は、人事委員会を置く地方公共団体は人事委員会、公平委員会を置く地方公共団体は「公平委員会」である。
3　共同設置した公平委員会がある場合には、共同設置したときの「元の公平委員会への要求ではなく」、その「共同設置された後の」公平委員会に対する要求となる。
4　審査機関は、県費負担教職員の場合には特例があり、任命権者（都道府県教育委員会）の属する「都道府県の人事委員会」である。
5　正解。

【No.247】 正解　1
1　正解。
2　職員は、同一の事項について、何度も措置要求を行うことが「できる」。すなわち、一事不再理の原則は「適用されない」。

3　職員は、職員の服務に関する事項については、原則として措置要求ができないが、「職務専念義務の免除などに関する事項は措置要求ができる」。
4　公務災害の認定などは地方公務員災害補償基金が実施するため、人事委員会の勧告権が及ばず、「措置要求ができない」。
5　昇給が他の者に比較して遅れた場合又は休暇の不承認に不服がある場合にも、「措置要求ができる」。

【No.248】　正解　1
1　正解。
2　職員は、人事委員会等が判定を行うまでの間に措置要求を取下げることも可能である。ただし、「いったん取下げた措置要求を撤回することはできない」。
3　審査機関は、要求が妥当であれば、要求の全部又は一部を認める判定を行うことができる。また要求に妥当性がなければ「棄却」することもできる。
4　審査機関は、判定に基づき当該権限事項を自ら実行し、その他の事項は地方公共団体の機関に勧告し、勧告を受けた機関は「勧告を尊重しなければならない」。
5　人事委員会等の判定や勧告に対しては、「不利益処分の審査請求ができない」。ただし、審査機関の判定に不服があり、その判定に違法性がある場合には取消訴訟を提起することもできる。

【No.249】　正解　5
1　人事委員会は、職員から勤務条件の措置要求があるときは事案について「書面審理を原則とする」が、人事委員会が必要と認めたときは口頭審理によることもできるし又両者の併用の場合も有り得る。
2　人事委員会は、職員から口頭審理での請求がある場合でも、「口頭審理によるか否かは人事委員会が判断する」。なお、口頭審理の公開は法定されていない。
3　人事委員会は、勤務条件の措置要求の審理のために必要があるときは証人を喚問し、書類の提出を求めることができるが、これらの拒否に対しは「罰則を適用できない」。
4　人事委員会は、同一内容の勤務条件に関する措置要求が複数の職員からあるときには、「審理を合併又は分離して行うことも可能である」。
5　正解。

【No.250】　正解　3
3　正解。妥当なのは「a、b、c、e」である。
d. 審理を口頭審理で、かつ公開で行うことを申し出ることはできるが、「法定化されいない」。

f. 判定に基づく勧告には「法的な拘束力がない」。
g. 人事委員会の判定に不服があっても、「再審査請求は認められていない」。

【No. 251】 正解　5

1　勤務条件の措置要求は、原則として、一般職の職員に認められる制度である。したがって、「正式に任用された一般職の職員はもとより、臨時的任用職員や条件付採用期間中の職員にも認められる」。
2　勤務条件の措置要求は、人事委員会又は公平委員会の措置要求の手続に関する「規則の特別の定めの有無にかかわらず」、職員が他の職員からの民法上の委任による代理権を授与して行うこともできる。
3　勤務条件の措置要求は経済的な要求の一つであり、これに対し不利益処分の審査請求は分限処分や懲戒処分などの行政処分に対して、行政不服審査法の一環として行われる。例えば、違法な政治的行為により給与上の不利益な取扱いを受ける場合が考えられる。「両者が競合する場合もありえる」。
4　勤務条件の措置要求は、給与、勤務時間その他の勤務時間に関する幅広い範囲が対象となっている。しかし、「行政機構の改廃や条例の提案、人事異動などは、措置要求の対象とされない」。
5　正解。

【No. 252】 正解　4

1　措置要求は、転勤等により当該職員の過去のものとなった勤務条件でも、また、他の職員の勤務条件であっても、「措置要求は原則としてできる」。ただし、他の職員の具体的な固有の勤務条件の措置要求はできない。
2　措置要求をした者は、審査機関の判定に不服があっても「再審の手続を執ることはできない」。だが、同一事項について改めて措置要求を求めることはできる。
3　措置要求の人事委員会の判定や勧告には法的拘束力が生じないが、職員が判定に不服があり、その判定に「違法性」がある場合に、取消訴訟を提起することもできる。
4　正解。
5　措置要求に関する審査機関の求めに対し、「証人喚問に応じない者へ罰則を適用することはできない」が、審査機関への措置の申し出を故意に妨げた者に対して罰則を適用することはできる。

【No. 253】 正解　3

1　措置要求は、給与、勤務時間その他の勤務条件に関する経済条件の一切が対象となり、「職員団体の交渉の対象となる勤務条件と同義」である。
2　措置要求は、個々の職員が行うことはもとより、職員が共同して行うこともできるし、他の職員から民法上の委任による「代理権を授与して行うこともできる」。
3　正解。
4　措置要求は人事委員会又は公平委員会で審査されるが、審査内容は、法律上の適否、当不当の問題、条例や規則の改廃に及び「勧告の対象となる」。
5　措置要求に基づく人事委員会又は公平委員会の判定結果に不服があっても、要求者又は任命権者は、「再審の手続を執ることができない」。

【No.254】 正解　2
1　勤務条件に関する措置要求に対する要件審査が行われ、補正の余地がなく、又は不適当な措置要求であれば、受理されず、「却下」となる。
2　正解。
3　措置要求が受理されたのちに措置要求を取下げることも可能であるが、ただし、取り下げは人事委員会が「判定」するまでとなる。
4　措置要求の判定で要求内容に理由がない場合には、「棄却」となり、要求内容に理由があれば、要求内容の全部又は一部を容認する判定となる。
5　容認の判定により、人事委員会は、当該事項に関して権限を有する地方公共団体の機関に対し勧告できるし、また当該人事委員会の権限に属する事項については「自ら実行することになる」。

【No.255】 正解　4
1　退職者は勤務条件の措置要求を行使できないが、「不利益処分の審査請求ができる場合がある」。例えば、不利益処分の審査請求は退職者で懲戒免職を受け現に職員でない者を含むため、審査請求ができる。
2　休暇の不承認に不服がある場合は「勤務条件の措置要求で行うべきであって」、「不利益処分の審査請求によることはできない」。
3　勤務条件の措置要求及び不利益処分の審査請求において、その手続並びに審査の結果執るべき措置に関する必要な事項は、「人事委員会の規則」で定めなければならない。
4　正解。
5　勤務条件の措置要求に対する人事委員会の判定も「取消訴訟の対象となる行政処分である」。また不利益処分の審査請求については、処分の取消訴訟を提起することができる。

35　不利益処分に関する審査請求

【No.256】 正解　5
1　不利益処分の審査請求は、任命権者が行った職員の意に反する違法又は「不当」な処分に対して行うことができる。
2　不利益処分の審査請求は、第三者機関である人事委員会又は公平委員会に行うことができるが、「任命権者に行うことはできない」。
3　不利益処分の審査請求は、任命権者から懲戒等の不利益な処分を受けた者であるが、条件付採用職員及び臨時的任用職員は「審査請求ができない」。
4　不利益処分の審査請求は、職員の意に反しかつ客観的にみて不利益を与える処分であり、職員の不利益な処分となる懲戒処分と分限処分に「限られない」。その他意に反する不利益処分も対象となる。
5　正解。

【No.257】 正解　1
1　正解。
2　不利益処分の手続として、処分事由を記載した説明書を交付しなければならないが、処分説明書の交付は「処分の要件でなく」、処分の効力に影響を「及ぼさない」。
3　不利益処分の請求期間は、処分があったことを知った日の翌日から起算して３か月以内、処分のあった日の翌日から１年とされる。職員は国民と異なり、制度を熟知しているべきという理由で、「天災等の理由による申立て期間の例外はない」。
4　不利益処分の申立ては、現に職員である者が人事委員会又は公平委員会に対し申立てる制度であるが、例外として、「免職され現在は職員でない者も申立てることができる」。
5　不利益処分の審査請求は、職員の身分保障の実効を確保する救済制度として設けられたものである。この制度の罰則の適用は、「審査機関の指示に故意に従わぬ者」と「審査のため証人として喚問を受け、正当な理由なくしてこれに応ぜず若しくは虚偽の陳述をした者又は書類などの提出を正当なく応ぜず若しくは虚偽の事項を記載した書類などを提出した者にある」。

【No.258】 正解　5
1　不利益処分の審査請求は、権利、利益を違法又は不当に侵害された者を救済する制度であるが、「単純な労務に雇用される職員は対象とならない」。なお、条件付採用期間中の職員、臨時的任用職員、企業職員も対象とならない。
2　不利益処分の審査請求は、職員の意に反する不利益な処分が対象となるが、行政内部の問題である職員の行った「休暇申請の不作為は、対象とならない」。
3　不利益処分の審査請求は、処分があったことを知った日の翌日から起算して「３か月以内」に、また処分があった日の翌日から起算して１年以内に行わなければならない。
4　不利益処分の審査請求について、人事委員会は、審理を終結したときに裁決を行うが、この裁決は「法的に関係者を拘束する」。
5　正解。

【No.259】　正解　4
1　不利益処分の審査請求先の機関は、上級行政庁の有無にかかわらず、「人事委員会又は公平委員会」である。
2　不利益処分の審査請求は、特別権力関係に基づき認められる権利である。審査請求ができる職員は、分限処分や懲戒処分その他の意に反する不利益な処分を受けた者であるが、一般職でも、「条件付採用期間中の職員、臨時的任用職員、企業職員及び単純労務職員は除かれる」。
3　審査請求は、処分があったことを知った日の翌日から起算して3か月以内、又は「処分があった日の翌日から起算して1年以内に行わなければならない」。
4　正解。
5　職員は、審査請求に対する審査機関の裁決に不服があるときは、行政事件訴訟法に基づく「処分の取消しの訴えを提起できる」。

【No.260】　正解　1
1　正解。
a. 誤り・・禁錮の刑を受けた場合は「欠格条項に該当し失職するため」、「懲戒処分の対象とならない」。
b. 妥当・・不利益処分は書面によることが原則であるが、口頭で伝えることも可能である。
c. 妥当・・不利益処分の審査請求は特別権力関係に基づき勤務関係にある現職に認められる権利であるが、例外的に、勤務関係のない懲戒免職を受けた元職員にも認められる。
d. 妥当・・代理人を立てて行う場合も認められる。
e. 妥当・・職権で審理する場合、証拠調べも、申請を待つまでもなく行うことが認められる。
f. 誤り・・人事委員会は、口頭審理、公開の乙の権限行使を阻害することが「できない。」
g. 誤り・・審査請求に理由がない場合は「棄却」の判定が下される。
h. 誤り・・「再審査請求はできる」。
i. 誤り・・取消訴訟は、人事委員会の判定が「違法」であるとして、原処分の「違法」を訴える必要がある。「訴訟の場合には、不当は認められない」。

【No.261】　正解　5
1　不利益処分の審査請求は、分限処分や懲戒処分のほか、職員の意に反しかつ客観的にみて不利益を与えている事項が対象となり、また、平等取扱いに反する不利益な処分も審査請求の「対象事項となる」。

2　不利益処分の審査請求に対する人事委員会の審査は、「原則として自由であり」、書面審理、口頭審理、また両者の併用もできるが、審査請求人から口頭審理又は公開の「請求がある場合に限って」、必ず口頭審理又公開して行わなければならない。

3　人事委員会は、審査請求を受理したときは、直ちに審査し裁決するが、処分の修正又は取消しの裁決には「形成的効力があり」、これら処分の裁決は「当初から」処分がなかったことになる。

4　人事委員会は、必要があれば、任命権者に対し不当な取扱いを是正するための指示をしなければならない。任命権者はこの指示に従う義務を負い、この指示に故意に従わぬときは「罰則が適用される」。

5　正解。

【No.262】 正解　3

1　任命権者は、原則として職員に対し不利益処分を行う場合には、処分の事由を記載した説明書を「交付しなければならない」。

2　任命権者は、不利益処分でないと判断しても、職員から不利益処分の事由を記載した説明書の交付請求があるときは、「請求のあった日から 15 日以内に」説明書を交付しなければならない。

3　正解。

4　任命権者は、職員からの不利益処分の説明書の交付請求に対して自ら不利益処分でないと判断したときでも、「その交付請求に応じなければならない」。

5　任命権者が不利益処分を行う場合に交付する説明書は、「処分の効果と無関係」であり、また説明書の欠陥も、「処分の効力に影響を及ぼすものではない」。

【No.263】 正解　3

3　正解。AとDとEが妥当である。

B. 停職処分にかかわらず、条件付採用期間中の職員には「審査請求制度の適用がない」。

C. 不利益処分を受けた特定地方独立行政法人の職員は、「企業職員や単純労務職員と同様に、審査請求制度の適用がない」。

【No.264】 正解　5

1　審査請求期間は、処分のあったことを「知った日」の翌日から起算して3か月以内であり、処分のあった日の翌日から起算して「1年」を経過したときは、審査請求が受理されない。

2　上記の記述と同様である。

3　審査請求期間は、行政不服審査法と「同様に」、「処分の日の翌日」から計算する。なお、期間の計算は「説明書の交付を条件としない」。

4　審査請求期間は一定期間内とされるが、ただし、「天災その他のやむを得ない理由は認められていない」。これは、公務員は一般の国民と異なり当然に審査請求の制度や期間を熟知しているべきとする理由による。

5　正解。

【No.265】 正解　4

4　正解。DとFが妥当である。

A. 営利企業への従事等の承認申請に対し許可不許可処分をなすか否かは、特別権力関係における行政庁の判断及び裁量の範囲であり、「審査請求事項とならない」。

B. 職務専念義務の免除など、「職員の申請に対する不作為は審査請求事項とならない」。

C. 職員の意にそわない昇給発令であっても、「昇給発令は職員に不利益を与えないため、審査請求事項とならない」。

D. 妥当。

相当職の職務を担当するものであっても、解職は降任又は転任のいずれかの一の処分に該当すると解されている。

E. 勤勉手当が減額され又は給与が減額された場合は「不利益処分に該当せず」、勤務条件の措置要求の対象である。

F. 妥当。

依願免職処分であっても、退職願が退職の意思表示として真正のものでない場合には、審査請求ができる。

【No.266】 正解　2

1　不利益処分に関する審査請求の審査機関は、職員が属する人事委員会又は公平委員会に限られているが、最終的な「裁決を行うことを除き」審査に関する権限を人事委員会にあっては委員又は事務局長に委任することができる。

2　正解。

3　審査請求書が提出されたときは、審査請求書の形式的要件を審査し、審査請求書の不備が軽微のものであるときは、人事委員会又は公平委員会が「職権で補正することができる」し、「不備について補正が可能なときには補正を命ずることができる」。

4　審査の裁決を不服とする場合に、一定の事由があるときに再審が認められ、再審は「当事者の申立てあるいは人事委員会又は公平委員会の自らの職権で行うことができる」。

5　審査請求の審査に要した費用、つまり、人事委員会又は公平委員会が職権で喚問した証人の旅費や日当のほか文書の送達に要した費用は、「地方公共団体」が負担する。

【No.267】　正解　5

1　審査請求は、処分のあったことを知った日の翌日から起算して「3か月以内」に、処分のあった日の翌日から起算して1年以内に行わなければならない。審査請求期間は行政不服審査法と一致する。

2　審査請求の審理は、職員の権利救済と適正な行政運営の確保を目的として審理の公平性の確保のために行われるが、審理は審査機関の職権によって行われる。だが、不利益処分を受けた職員から「請求があるとき」は口頭審理で行わなければならない。

3　審査請求の裁決には、原処分の承認、修正及び取消の三種類があり、処分を受けるべき理由がない場合は原処分の「取消」となる。

4　処分の修正又は取消の裁決には形成的効力が「あり」、処分の修正の場合は当初から修正後の処分があったことになる。

5　正解。

【No.268】　正解　1

1　正解。

2　処分の承認とは、審査請求人の側からみれば、審査請求の処分を適法かつ妥当と認めたことになり、審査請求が「棄却」されたことになる。

3　処分の修正は処分の量定が不当であると裁決された場合に行われるが、原処分を修正する効力を有するため、当初から修正後の処分がなされる状態になり、「原処分はその効力を失う」。

4　処分の取消は、任命権者の処分が「違法又は不当」であるときに行われ、当該取消しの処分は「最初から」なかったと同じになる。

5　処分の修正又は取消は「形成的効力を持ち」、遡って修正後の裁決の効力が生ずるため、任命権者は裁決に基づき「新たな処分を行う必要がない」。

【No.269】　正解　3

1　この訴訟は、訴願前置主義を「採るため」、不利益処分の審査請求に対する人事委員会又は公平委員会の裁決を経た「後でなければ」提起できない。

2　この訴訟は、職員に対する処分又は身分取扱いであっても、「不利益処分でないものは訴願前置を要しない」。例えば、営利企業に従事することの申請に対する不許可処分などがある。訴願前置は全てに及ぶわけではない。

3　正解。

4　この訴訟は、人事委員会又は公平委員会の審査請求の裁決がなされた後であっても、「その裁決の取消しではなく」、「原処分として、処分の取消しについて訴えを提起しなければならない」。しかし、裁決の手続の瑕疵を理由として裁決の取消しの訴えを行うことは可能である。

5　この訴訟において、人事委員会又は公平委員会の処分の修正の裁決又は処分の取消しの裁決についてこれを不服として出訴できる者は、「被処分者に限られ」、「処分者である任命権者は出訴できない」。

【No.270】 正解　1

1　正解。

2　条件付採用期間中の職員や臨時的任用職員の場合には、「訴願前置の必要もない」。そもそも「不利益処分の審査請求が認められない」。

3　不利益処分の取消しの訴えは、人事委員会又は公平委員会の裁決後に行うことができるが、審査請求から「3か月」を経過しても裁決がない等のときには、「訴願前置の例外として訴訟を提起できる」。

4　不利益処分を裁判所で争う被処分者は、審査請求の裁決がなされた後であっても、「その裁決の取消しではなく、原則として原処分の取消しの訴えを提起することになる」。「原処分主義である」。

5　人事委員会又は公平委員会の裁決について職員が出訴し、第一審裁判所で原判定が取消された場合には、任命権者その他地方公共団体の機関側から「控訴できる」。

36　職員団体

【No.271】 正解　3

3　正解。

<table>
<tr><th rowspan="2">区分</th><th colspan="2">団結権</th><th colspan="2" rowspan="2">団体交渉権</th></tr>
<tr><th>職員団体</th><th>労働組合</th></tr>
<tr><td>A「イ．単純労務職員」</td><td>○</td><td>○</td><td>職員団体
△</td><td>労働組合
○</td></tr>
<tr><td>B「ア．一般行政職員」
「教育職員」</td><td>○</td><td></td><td colspan="2">△</td></tr>
<tr><td>C「ウ．企業職員」</td><td></td><td>○</td><td colspan="2">○</td></tr>
<tr><td>D「エ．警察・消防職員」</td><td>×</td><td>×</td><td colspan="2">×</td></tr>
</table>

【No.272】 正解　5

1　公務員の労働基本権、特に争議権の制限については、学説や判例にさまざまな見解があるが、全農林警職法事件の最高裁判決以降、国民全体の利益の見地から公務員の労働権基本権に制限を加えることは「可能である」とする見解が定着している。

2　ILO 第87号条約は、労働者一般の結社の自由及び団結権の保護に関する基本原則を定めたものであり、日本も批准している。「公務員にも適用される」。
3　ILO 第 98 号条約は、労働者一般の団結権及び団体交渉権に関する原則を定めたものであり、日本も批准している。「地方公営企業職員及び単純労務職員に適用される」。
4　地方公営企業の職員及び単純労務職員に対しては、地公労法に基づき労働組合を組織できることから、その職務の性質に鑑み、団結権及び団体交渉権は認められているが、「争議権は認められていない」。
5　正解。

【No. 273】　正解　4
1　職員団体は、企業職員及び警察消防職員以外の職員が、勤務条件の維持改善を目的として組織する団体である。「政治的目的を従たる目的として持つかは地公法の関知するところではない」。
2　職員団体には、結成、解散、加入、脱退のオープン・ショップ制が採用され、職員の自由に委ねられている。したがって、職員団体への加入は職員の「自由意思に基づいて行われる」。
3　職員団体には、一般の行政事務職員のほか教育職員、「単純労務職員の加入が認められる」。警察消防職員や労働関係法の適用を受ける企業職員は職員団体を組織できない。また警察消防職員は他の職員団体に加入することもできない。
4　正解。
職員団体が当局に交渉の申し出を行うことは、登録の有無にかかわらず差が出るものではない。その申し出に対し当局が交渉を受けるか否かは当局の裁量であるが、登録職員団体からの申し出に対して当局は交渉に応諾する義務がある。
5　職員団体は、職員団体相互が連合した組織も認められる。しかし、職員団体と国家公務員法上の職員団体、又は職員団体と労働組合とが混在する連合体組織は「認められない」。

【No. 274】　正解　1
1　正解。
2　職員団体は、勤務条件の決定方法に基づく制度であり、職員が主たる構成員で組織されていれば、非職員の民間労働者や企業職員なども「加入できる」。
3　職員団体は職員が結成する団体であるが、「一般職全員ではなく」、一般職であっても警察消防職や企業職は除かれる。また職員団体は、条件付採用期間中の職員や臨時的任用職員も含めて結成できる。
4　職員団体は、結成できる単一団体が連合したものであれば、「単位団体が異なる地方公共団体であっても」、また同一の地方公共団体であっても差し支えない。
5　管理職員等と一般職員とが同一の職員団体を結成することを制限している。「この制限は同一の地方公共団体のみならず、全ての地方公共団体を通じるものである」。

【No.275】 正解 4

1 職員団体は、職員が主体となって結成していれば足りるが、主体となる職員に「警察や消防職員のほか、企業職員も含まれない」。だが結成は、同一の地方公共団体の職員に「限られず」、異なる地方公共団体の職員と結成することも可能である。

2 職員団体は、単位団体に限られる組織ではなく、その連合体も職員団体である。しかし、職員団体と職員団体以外の労働組合とが混在する連合組織は「職員団体の連合体ではなく」、その連合組織は「職員団体ではない」。

3 職員団体の役員は、職員たることを要せず、自由に選任できる。非登録職員団体においても、「職員又は非職員のうちから、自由に役員を選任できることは、明文規定をまつまでもない」。

4 正解。

5 職員団体は一般職員のみならず管理職も結成できる。管理職は「管理職員と職員団体を結成できる」が、管理職員等以外の職員との職員団体の結成は禁じられており、これを結成した場合には、職員団体として認められない。

【No.276】 正解 4

1 職員団体は地公法第52条第3項により、また、労働組合は地公労法第5条第1項により、「オープン・ショップ制が採用される」。

2 職員団体は、当局の管理運営事項を交渉の対象とすることができないが、「社交的や厚生的活動を営む適法な交渉は対象とすることができる」。労働組合は記述のとおりである。

3 職員団体は記述のとおりである。労働組合は労組法により、職員が勤務時間中に時間又は賃金を失うことなく団体交渉を認めても、経理上の援助、すなわち、「不当労働行為に該当しない」。

4 正解。

5 職員団体には調停や仲裁の規定がないため、「調停や仲裁を行うことができない」が、労働組合は地方公営企業労働関係法（地公労法）第14条及び第15条により労働委員会が行うとされている。

【No.277】 正解 2

1 交渉は、給与、勤務時間などの「勤務条件に限られ」、経済的条件の改善という目的を持つが、その中でも管理運営的事項は交渉の対象外である。

2 正解。

3 登録された職員団体からの交渉の申入れがある場合でも、「予備交渉がない場合には、地方公共団体の当局はその交渉に応じる義務がない」。

4　「適法な交渉でなければ」、勤務時間中に行うことができない。
5　交渉の結果、法律又は条例などに抵触しない範囲において、「書面による協定」を結ぶことができるが、「団体協約の締結はできない」。

【No.278】　正解　4
1　交渉は、職員団体に認められた権利であるが、「当局が、交渉に応ずる義務があるのは、登録された職員団体からの申し出による場合」であり、単なる職員団体の申し出による場合は、当局はその交渉に応ずる義務はない。
2　交渉の対象は、職員の給与、勤務時間その他勤務条件に関する事項であるが、組織や職員の定数は管理運営事項であり、「交渉の対象にできない」。
3　交渉の条件として、秩序と節度のある関係を確立するために予備交渉を持つことが前提条件である。「予備交渉を行うのは義務である」。
4　正解。
5　交渉の時間は、原則として勤務時間外に限られるが、「適法な交渉である場合に限り」、勤務時間中も行うことができる。

【No.279】　正解　4
4　正解。
a. 誤り・・この交渉は、労働法上の団体交渉として「位置づけられていない」。
b. 妥当・・勤務条件とは職員が勤務を提供する諸条件であり、職員が自己の勤務を提供し又は提供を維持するか否かの決心をするに当たり考慮の対象となる利害関係事項である。
c. 誤り・・職員以外の者を指名することも「できる」。
d. 誤り・・役員の範囲として、上部団体の役員や他の職員団体の役員は、ここでいう役員には「含まれない」。
e. 妥当・・勤務時間中の適法な交渉の間の給与の支給問題は条例で定めることになっている。
f. 誤り・・書面協定の形式は労働協約と同じであるが、法的効果の面で「異なる」ものである。

【No.280】　正解　3
1　地方公共団体の当局は、職員団体から職員の給与、勤務時間その他の勤務条件に関し適法な交渉の申入れがあった場合に、その申入れに応ずべき地位に立つのは「登録職員団体の場合であって、非登録職員団体にはない」。
2　職員団体と当局との交渉の結果、合意に達し、合意内容を確認する必要があるときは、書面による協定を締結できるが、「必ず書面によらなければならないわけではない」。「口頭での約束でも差し支えない」。
3　正解。

4　職員団体と当局との交渉は、事務の管理及び運営に関する事項を対象にできない。すなわち、組織に関する事項や職員定数のほか「職務命令に関する事項は管理運営事項に該当し、交渉の対象にできない」。

5　職員団体と当局との交渉は、本交渉に先立って予備交渉を必要とし、予備交渉を経ない本交渉の申入れは、これを拒否しても「正当」であり、交渉を行わないことの「正当な理由となる」。

【No.281】 正解　3

1　管理運営事項と職員の勤務条件とは密接な関係を持つ場合が少なくないが、このような場合であっても、管理運営事項は交渉の対象外となる。ただし、管理運営事項の処理に伴って勤務条件が影響を受ける場合には、「交渉の対象となる」。

2　管理運営事項は、交渉の対象外となる。勤務条件に関連する事項であっても、共済組合の給付内容や互助組合の運営問題のように別個の団体の権限に属する事項は、「交渉の対象外となる」。

3　正解。

4　人事評価の評定は管理運営事項に該当し交渉の対象外となるが、人事評価に基づく昇給、昇格の措置の基準については「交渉の対象となる」。

5　懲戒処分の基準に関することは勤務条件であり、「交渉の対象となる」が、個々の懲戒処分は任命権者が自己の判断において行う「管理運営事項」であり、「交渉の対象外となる」。

【No.282】 正解　1

1　正解。

2　予備交渉は、秩序ある交渉を確保するための条件として法律に定められたものであり、予備交渉を行わない場合、及び「予備交渉が整わなかった場合には、本交渉に応ずる必要がない」。

3　予備交渉では、交渉の員数などを取り決めなければならないが、「具体的な代表者の氏名まで取り決める必要はない」。

4　予備交渉で取り決めた交渉の時間の終期が到来したときは、たとえ、議題が残されていても、「労使双方の合意による延長を行わない限り」、交渉を打ち切ることが「できる」。

5　予備交渉において定める条件に反する事態が生じたとき、あるいは、本交渉が他の職員の職務の遂行を妨げたときには、本交渉を打ち切ることが「できる」。

【No.283】 正解　5

1　職員団体との交渉の性格は、「民間の労働組合が行う契約ではなく」、職員団体と当局との間で結ぶ書面協定は、「拘束力を有しない」。

2　職員団体と当局との交渉の結果に基づき書面協定を結ぶことができるが、この場合でも、地方公共団体の機関が定める規程に抵触することは「できない」。
3　書面協定は、職員団体と当局との間で合意に達したときに「結ぶことができるものであり、必ず結ばなければならないものではない」。将来、疑義が生じないために書面方式を採ることが多いが、交渉結果は口頭でも差し支えない。
4　書面協定の効果は道義的責任を生ずるにとどまる。給与改定について書面協定をした場合に、条例改正が議会で否決されて書面協定の内容が実現されなくても、その道義的責任は果たされたことになり、当局には責任が「発生しない」。
5　正解。

【No.284】 正解　3
3　正解。AとDが妥当である。
B. 不満の表明及び意見の申し出は、職員全員に保障されているから、「職員団体に加入している職員も、当然にこれらの行為を行える」。
C. 不満の表明及び意見の申し出は、個人でも連名でも可能であり、別段の規定が「ない」ため、「口頭、文書による方法でもできる」。

【No.285】 正解　2
1　職員団体の登録は、職員団体が一定の要件を備えることによって、当該地方公共団体の「人事委員会（公平委員会）」に対し登録の申請を行うことによって認められる。
2　正解。
記述の準備手続を予備交渉という。
3　登録職員団体となるためには、職員団体の組織及び運営が自主的かつ民主的であることが要件であり、かつ同一の地方公共団体の職員のみで「組織しなければならない」要件がある。
4　職員団体は、「登録を受けなくても」当局と交渉を持つことが「できる」が、登録職員団体となることにより、当局に対し交渉応諾義務を発生させる。
5　職員団体が登録することによって法人格の取得ができるし、また登録を受けた職員団体の役員として、「もっぱら」専従する在籍専従職員を置くこともできる。

【No.286】 正解　5
1　職員団体と登録職員団体の記述が「逆である」。
2　職員団体と登録職員団体の記述が「逆である」。
3　「いずれも」、「当局と交渉を行う場合には、必ず予備交渉を行わなければならない」。
4　「いずれも」、「法令に抵触しない限り当局と書面協定を締結できるが、この書面協定には拘束力がない」。
5　正解。
いずれも、職員団体を代表して交渉に当たる者として役員以外の者を指名できる。さらに登録職員団体には、法人格の取得や在籍専従職員制度が認められている。

【No.287】　正解　5
1　登録を申請するときは、「条例」に基づき、理事又は役員の氏名その他の事項を記載した申請書を人事委員会又は公平委員会に対して提出しなければならない。
2　登録の申請には、規約の作成又は変更や役員の選挙などについて、構成員が参加する直接かつ秘密の投票を行い、「過半数」の賛成を得る必要がある。
3　登録を有するには、同一の地方公共団体に属する「警察職員及び消防職員以外の」職員のみをもつて組織する必要がある。なお、ここでいう職員には企業職員は含まれない。
4　登録の停止を受けた期間は、登録に基づいてなされた既成の事実は影響を受けないが、「この期間中は登録を受けない職員団体として扱われ」、交渉応諾義務や法人格の取得などは「影響を受ける」。
5　正解。

【No.288】　正解　3
1　職員団体が登録資格を有し引き続き登録されるためには、同一の地方公共団体の職員で構成する必要があるが、例外として、懲戒免職を受け1年以内の者を加えることも「できる」。
2　登録機関である人事委員会又は公平委員会は、登録を申請した職員団体が要件に適合するときは、登録を行う義務を負い、「裁量により登録し又は登録をしないことは認められない」。
3　正解。
4　登録職員団体に置かれる在籍専従職員は、職員の身分を「保有している」から、他の一般職員と「同様に」公務員としての「身分上の義務と責任を負う」。
5　職員団体が登録を受けるかどうかは任意であり、また職員団体は、登録を受けていると否とによって、交渉ができるという基本的な地位に「差がでるものではない」。

【No.289】　正解　5
1　職員団体が人事委員会に役員変更の届け出を行い、その変更登録がされる前に新役員による交渉の申入れがある場合でも、職員団体が登録職員団体たる地位を失った場合以外は、当局は「交渉の申入れに応ずべき地位に立つ」。

2　管理運営に関する事項は、交渉の対象にできない。しかし、「管理運営事項であっても勤務条件に影響を及ぼす場合には、交渉の対象にできる場合がある」。
3　職員団体を代表して交渉に当たる者は、「職員団体が指名する者であればよく、当該職員団体の役員に限られない」。
4　職員団体と当局は、書面による協定を結ぶことが「できる」。ただし、「書面によっても拘束力はなく」、双方が誠意をもって履行するにとどまる。
5　正解。

【No.290】 正解　1
1　正解。AとBが妥当である。
C. 在籍専従職員は休職者として扱われるが、「分限処分の休職者ではない」。
D. 在籍専従職員は職員の身分と職を「保有する」が、職務専念義務は「免除される」。
E. 在籍専従職員は、職員である以上、分限処分及び懲戒処分の「対象となる」。

【No.291】 正解　4
4　正解。
在籍専従とは、職員が職員の身分を「A. 保有して」、職務に専念することなく、登録職員団体又は労働組合の役員として専らそれらの業務に従事することをいう。その性質上、長期にわたるのが通例であり、1日又は数時間だけの従事の場合に「B. 認められない」。
在籍専従の期間は通算して「C. 5年」を超えられないが、特例を定める人事（公平）委員会規則で「D. 7年」とされている。在籍専従職員が労働組合の在籍専従職員となった場合に、両者の期間は「E. 合算される」。なお、在籍専従の期間は共済年金の期間に「F. 算入される」。

【No.292】 正解　2
1　在籍専従職員にはいかなる給与も支給されない。これは当局が組合活動に介入するおそれがあるためであり、その期間は退職手当の算定期間にも「算入されない」。
2　正解。
3　在籍専従職員が退職して、一定期間後に他の地方公共団体の職員となった場合の在籍専従期間は、「前の在籍専従期間を差し引いた期間」が在籍専従期間となる。
4　在籍専従職員は、職員としての身分及び職を有することから、勤務条件の措置要求や不利益処分の審査請求を行うことも「できる」。
5　在籍専従は、任命権者が相当と認めた場合に与えられる制度であり、在籍専従許可は任命権者の「自由裁量」の処分として位置づけられている。

【No. 293】 正解 3

1 「在籍専従職員以外の者」が勤務時間中に職務専念義務の免除を得て、職員団体の活動に一時的に従事することができることを規定する、この条例を「ながら条例」と呼ぶ。また、この活動休暇を組合休暇とも呼ぶ。
2 ながら条例は組合休暇とも呼ばれ、公務優先の原則を建前としつつ、真にやむを得ない場合に限って認められる。したがって、組合休暇は「職員の権利ではなく」、「任命権者の裁量によって認められる」。
3 正解。
4 ながら条例とは、「条例で認める場合に限り」給与を受取りながら、勤務時間中に登録職員団体又は労働組合等の活動ができる条例である。
5 職員の勤務を要しない日や休憩時間などは、職員が自由に使用できる時間であり、「ながら条例の関知するところではない」。

37 補則

【No. 294】 正解 1

1 正解。
2 地方公務員も労働者であるが、「現業の職員（企業職員、単純労務職員）は民間の労働者の場合と同様に労働基準監督署が、非現業の職員（行政職員、教育職員及び警察消防職員）は人事委員会又は市町村長が監督権を行使する」。
3 任命権者は、毎年、「臨時的任用職員、及び非常勤である定年前再任用短時間勤務職員やパートタイムの会計年度任用職員を除き」、職員の任用、人事評価、給与、勤務条件などの人事行政の運営状況を長に報告する義務がある。
4 任命権者は、等級及び職員の職の属する職制上の段階ごとに、職員の数を、毎年、長に報告しなければならないが、「公表は長が行う」。
5 総務省が行う協力及び技術的な助言は「地方公共団体」の人事行政についてであり、普通地方公共団体はもとより「特別地方公共団体の特別区、地方公共団体の組合も、助言の対象となる」。

38 罰則

【No. 295】 正解 5

1 争議行為を実行した者は懲戒処分の対象となるが、「罰則の適用はない」。ただし、争議行為を企画し、あおり、そそのかした者等には罰則の適用がある。
2 許可を得ずに営利企業に従事した者には「罰則の適用がない」。
3 政党の結成に関与した者には「罰則の適用がない」。
4 信用失墜行為を行った者には「罰則の適用がない」。

5　正解。

【No.296】 正解　4
1　「いずれも、罰則の適用がある」。
2　「いずれも、罰則の適用がない」。
3　「いずれも、罰則の適用がある」。
4　正解。
5　「いずれも、罰則の適用がない」。

【No.297】 正解　3
1　任命権者の許可を受けることなく、「職務上の秘密」を発表したときは罰則の対象となるが、「法令による証人等となり、職務上知り得た秘密を発表するときは許可の対象とならない」。
2　同盟罷業、怠業又は活動能力の低下の怠業的行為の実行行為に対しては、懲戒処分の対象となるが、「罰則の対象とはならない」。
3　正解。
4　政府を暴力で破壊することを主張する政党その他の団体を結成し、又はこれに加入したときは「欠格条項に該当」するが、「罰則の対象とはならない」。
5　審査機関への措置の申出を故意に妨げたときに罰則の対象となるのは、「勤務条件の措置要求の場合である」。なお、不利益処分の審査請求により罰則の対象となるのは、人事委員会（公平委員会）の指示に故意に従わなかったときと、正当な理由なく証人喚問等に応じない場合である。

【No.298】 正解　2
1　争議行為をすることをそそのかし又はあおる行為は、「罰則の適用を受ける」。
2　正解。
3　職務上知り得た秘密を漏らすことをそそのかし又はあおる行為は、「罰則の適用を受ける」。
4　人事委員会の証人喚問で虚偽陳述することをそそのかし又はあおる行為は、「罰則の適用を受ける」。
5　勤務条件の措置要求を妨げることをそそのかし又はあおる行為は、「罰則の適用を受ける」。

【No.299】　正解　5
5　正解。
　離職後「A. 2年」を経過するまでの間に、離職前「B. 5年間」に在職していた地方公共団体の執行機関の組織等に属する役職員、一又はこれに類する者として人事委員会規則で定めるものに対し、契約等事務であって、離職前「B.

5年間」の職務に属するものに関し職務上不正な行為をするように又は相当の行為をしないように要求し又は依頼した再就職者には、「C. 1年以下の懲役又は50万円以下の罰金」の罰則が科される。

なお、現職員が再就職に関して職務上不正な行為をすること若しくはしたこと又は相当の行為をしないこと若しくはしなかった場合には、その悪質さに鑑みて「D. 3年」以下の懲役に処せられる。

【No. 300】　正解　3

1　再就職者が離職後2年間に、離職前5年間に在職した組織の役職員に対し、契約等事務に関し職務上の行為をする又はしないように要求し又は依頼することを禁止しているが、1年以下の懲役又は50万円以下の罰金に処せられるのは「職務上不正な行為をするように又はしないように要求し又は依頼した」場合である。罰則の適用は当該行為を「する」のではなく、「した」ことによる。

2　退職管理の違反には軽い処罰と重い処罰とがあり、「後者」は離職前の現職員による再就職者を受け入れることの依頼があり、「前者」は役職員であった者が離職日の5年前より前に就いていた者で、離職後2年間に、当時の役職員に対し、契約等事務に関し、職務上の不正行為を要求した場合がある。職務上の不正行為に対しては、再就職者は軽い罰であるが、現職員には重い罰が適用される。

3　正解。

4　再就職者が、退職管理の規定に違反して契約等事務に関し、在職する役職員に対し、「職務上の行為」をするように要求又は依頼の働きかけをした場合には、「10万円以下の過料（刑事罰）に該当する」。なお、職務上の「不正」行為をするように要求又は依頼の働きかけをした場合には、1年以下の懲役又は50万円以下の罰金に処せられる。

5　退職管理の適正を確保するため条例を定めることができ、またこの条例を担保するため過料を設定できる。一般に条例による過料は5万円以下であるが、「例外として、退職管理に関する条例では過料の上限は10万円以下となっている」。

《解答一覧》

001……5	038……4	075……1	112……3
002……1	039……2	076……5	113……4
003……2	040……2	077……1	114……5
004……1	041……3	078……4	115……1
005……3	042……1	079……1	116……2
006……3	043……5	080……2	117……5
007……4	044……3	081……5	118……4
008……3	045……2	082……4	119……4
009……5	046……5	083……2	120……1
010……1	047……1	084……1	121……5
011……4	048……3	085……5	122……3
012……4	049……1	086……5	123……5
013……5	050……5	087……4	124……2
014……1	051……1	088……3	125……5
015……2	052……2	089……3	126……1
016……5	053……4	090……4	127……4
017……3	054……2	091……5	128……1
018……5	055……5	092……1	129……2
019……1	056……3	093……2	130……3
020……4	057……5	094……5	131……2
021……4	058……1	095……1	132……4
022……3	059……5	096……3	133……5
023……1	060……2	097……2	134……2
024……5	061……1	098……5	135……5
025……4	062……2	099……3	136……5
026……2	063……3	100……4	137……3
027……3	064……5	101……5	138……1
028……1	065……1	102……1	139……4
029……5	066……4	103……3	140……2
030……3	067……3	104……4	141……4
031……2	068……5	105……5	142……3
032……5	069……4	106……2	143……2
033……2	070……3	107……1	144……5
034……2	071……1	108……3	145……3
035……1	072……2	109……5	146……4
036……5	073……1	110……4	147……4
037……3	074……4	111……1	148……5

149……1
150……2
151……3
152……5
153……1
154……3
155……4
156……4
157……5
158……1
159……5
160……3
161……4
162……5
163……3
164……1
165……2
166……3
167……4
168……3
169……5
170……2
171……3
172……1
173……2
174……1
175……5
176……4
177……2
178……5
179……3
180……1
181……5
182……4
183……3
184……2
185……1
186……2
187……5
188……3
189……1
190……4
191……3
192……1
193……5
194……2
195……1
196……4
197……5
198……3
199……4
200……5
201……4
202……3
203……2
204……1
205……3
206……4
207……3
208……5
209……2
210……4
211……5
212……1
213……3
214……1
215……5
216……4
217……3
218……4
219……3
220……1
221……5
222……3
223……5
224……1
225……5
226……4
227……3
228……1
229……2
230……5
231……2
232……3
233……5
234……4
235……1
236……3
237……5
238……5
239……2
240……3
241……4
242……2
243……3
244……4
245……1
246……5
247……1
248……1
249……5
250……3
251……5
252……4
253……3
254……2
255……4
256……5
257……1
258……5
259……4
260……1
261……5
262……3
263……3
264……5
265……4
266……2
267……5
268……1
269……3
270……1
271……3
272……5
273……4
274……1
275……4
276……4
277……2
278……4
279……4
280……3
281……3
282……1
283……5
284……3
285……2
286……5
287……5
288……3
289……5
290……1
291……4
292……2
293……3
294……1
295……5
296……4
297……3
298……2
299……5
300……3

【第５次改訂版】

地方公務員法基本問題集 300 問

2000 年 11 月 30 日 ［初版］発行
2022 年　1 月 25 日 ［第５次改訂版］発行

著　者　　昇任・昇格試験スタンダード研究会
発行人　　武内　英晴
発行所　　公人の友社
〒 112-0002　東京都文京区小石川５－２６－８
ＴＥＬ ０３－３８１１－５７０１
ＦＡＸ ０３－３８１１－５７９５
Ｅメール　info@koujinnotomo.com
ホームページ　http://koujinnotomo.com/
印刷所　　倉敷印刷株式会社

ISBN978-4-87555-874-3